政府（公共）部门治理与问责系列丛书

绩效问责与反腐败

沙安文　主编
姜岩　王少康　译
姜永华　史星　校译

中国财经出版传媒集团
中国财政经济出版社

图书在版编目（CIP）数据

绩效问责与反腐败/（美）沙安文主编；姜岩，王少康译．—北京：中国财政经济出版社，2016.3

（政府（公共）部门治理与问责系列丛书）

国家出版基金资助项目

ISBN 978－7－5095－6516－2

Ⅰ．①绩…　Ⅱ．①沙…　②姜…　③王…　Ⅲ．①行政管理－责任制－研究　②反腐倡廉－研究　Ⅳ．①D035

中国版本图书馆 CIP 数据核字（2015）第 285169 号

著作权合同登记号：图字 01－2016－2040

责任编辑：吕小军等　　　　责任校对：杨瑞琦

封面设计：思梵星尚　　　　版式设计：兰　波

中国财政经济出版社出版

URL：http：//www. cfeph. cn

E－mail：cfeph@ cfeph. cn

社址：北京市海淀区阜成路甲 28 号　邮政编码：100142

发行处电话：010－88191537

北京财经印刷厂印刷　各地新华书店经销

787×1092 毫米　16 开　25.5 印张　340 000 字

2018 年 12 月第 1 版　2018 年 12 月北京第 1 次印刷

定价：98.00 元

ISBN 978－7－5095－6516－2/F·5249

（图书出现印装问题，本社负责调换）

本社质量投诉电话：010－88190744

打击盗版举报热线：010－88191661　QQ：2242791300

1818 H Street，NW
华盛顿特区 20433
电话：202－473－1000
网址：www.worldbank.org
电子邮箱：feedback@worldbank.org

1 2 3 4 10 09 08 07

国际标准图书编号－10：0－8213－6941－5
国际标准图书编号－13：978－0－8213－6941－8
电子国际标准图书编号－10：0－8213－6942－3
电子国际标准图书编号－13：978－0－8213－6942－5
数位物件识别号：10.1596/978－0－8213－6941－8

国会图书馆图书在版编目数据

《绩效问责与反腐败》/编辑，沙安文（Anwar Shah）.
p. cm.
国际标准图书编号－13：978－0－8213－6941－8
国际标准图书编号－10：0－8213－6941－5
国际标准图书编号－10：0－8213－6942－3（电子版）
1. 政府全面质量管理；2. 政治腐败－预防。
I. 沙，安文。（Shah，Anwar）.
JF1525.T67P43 2007
352.3′4－dc22

2006101263

《政府（公共）部门治理与问责系列丛书》中文版出版说明

由我主编的世界银行政府（公共）部门治理系列丛书中文版由现已过世的姜永华博士牵头负责，其翻译出版得到了中国国家出版基金的大力支持。我曾任世界银行学院公共部门治理项目的主任一职，目前为布鲁金斯学会高级研究员，并担任西南财经大学成都温江校区公共经济研究中心主任。系列书借鉴了近几十年来 OECD 国家和中国的经验，为公共部门治理改革提供了重要的经验教训。

运转良好的公共部门对于减贫至关重要。其必须提供满足公民所需要的优质公共服务，促进以民营市场为导向的经济增长，同时审慎地管理财政资源，并且所有行动对公民负责。该系列书的重要性，在于提供了如何实现这些目标的概念性指导和经验教训。系列书同样有助于世界各国学习彼此理念和实践经验，促进 FAIR（公平、负责、廉洁和回应）公共治理的实现。系列书提炼了现有公共治理的卓见，并提出了提高公共部门效率、公平性和有效性的分析工具。系列书中内容包含了大量顶级公共政策专家和从业实践者的巨大贡献。

以下简要介绍系列中各书的基本内容：

财政联邦主义

本书基于目前公认的理论框架和最佳实践，系统全面地介绍了财政联邦主义的原理和实践。参考世界各地的联邦制国家和单一制分权国家遵循的实际做法，在统一的框架内探讨了关于职责分配、政府间财政安排、财政竞争和转移支付等传统议题。还包括对诸如基层政府治理、自然资源问题的影响等特殊问题，以及对诸如治理、腐败以及全球化和信息革命对民族国家影响等新问题的一体化考虑。应对这些问题的方式是非技术性的，适合包括学者、教师、学生、政策智囊和从业实践者在内的各类读者。

宏观联邦主义和地方财政

近年来，联邦制作为一种政府形式被提出来，它可以提供保障，防止集权剥削和分权机会主义行为威胁，同时使政府决策更贴近人民。但近几十年来联邦制受到了更多来自国内外因素的压力。全球化和信息革命的两大突出影响正在使国家内部以及国家之外的权力分配发生深刻变化。这两种力量将世界从集权治理结构转向全球化和本土化结构，有时也被称作“全球本土化”治理，这种趋势势不可挡。本书通过下述几个方面回顾了国家和全球治理的范式转变：(a) 考察了全球化和信息革命对民族国家内外部多级政府治理结构的影响；(b) 审视了财政安排对动态效率和经济增长的影响；(c) 提供了基层政府组织和财政应对不断变化的世界的比较视角分析。

财政管理

本书提供了解决财政审慎、财政压力、官僚低效、公民赋权和公共廉洁等问题的分析工具。这些工具旨在使政策制定者与实践者能够对政府财政管理和可问责治理的体制安排进行以下诊断测试：

财政谨慎测试：体制安排是否适合确保政府的财政管理决策限于保障项目的可负担性和可持续性?

财政压力测试：政府是否维持净值为正?

公民问责测试：政府如何知道它是在提供公民所要求的? 当它不符合这些要求时会发生什么?

公共廉洁测试：行政部门如何对以权谋私的权力滥用行为问责?

预算与预算编制

预算编制和预算程序能够履行如下重要政府职能：确定公共资源分配的优先顺序；规划实现政策目标；对财政投入进行控制使其遵守规则；以审慎、高效和廉洁为原则管理运行；保障纳税人的权利。根据经济学和政治学文献，预算编制的有效性有助于改善一国财政和经济状况。但是在发展中国家，特别是非洲的发展中国家，预算程序和预算编制尚不完善，难以充分履行上述职能，只是被作为一种法律控制的手段。预算制度的改革对提高政府服务绩效、加强议会和公民对政府运作的监督至关重要。

本书提供了改革预算和预算编制的综合指南。本书分为两部分。第一部分提供了预算和预算编制的入门介绍。它涵盖了预算流程、方法以及相关工具和实践，详细阐述了传统与现代的预算和会计理念。此外，还讨论了将综合财务信息管理系统和评估方法引入公共支出管理和财政问责的实施问题。本书的第二部分概述了在非洲和战后国家对公共支出管理进行优先排序和排序时涉及的问题。此外，还对肯尼亚和南非的预算编制进行了案例研究。

参与式预算

预算实践者和学者提出的参与式预算作为实现包容性和问责治理的重要工具，已在全球众多发展中国家中以各种形式实施。通过参与式预算，公民有机会获得有关政府运作的第一手信息，从而影响政府政策并要求政府负责。然而，参与式流程也存在被利益集团捕获的风险。被捕获的过程可能会继续促进政府决策中的精英主义倾向。

本书概述了参与式预算的基本原理，分析了世界各国参与式预算编制做法的优点和缺点，旨在指导政策制定者和实践者为实现包容性治理而改进这些做法。本书包括五个区域调查，还提出了关于知识共享的议程，并从改革公共部门治理的跨国经验中学习，旨在帮助发展中国家的政策制定者和实践者作出更有针对性的政策选择。

绩效问责与反腐败

基于绩效的问责制具有吸引力，因为它有可能提高政府服务提供绩效，确保公共运营的廉洁性。但是实施这种问责制对任何公共部门组织都是一项重大挑战；绝大多数此类改革都因设计和实施困难而失败。本书就如何将基于绩效的问责制制度化提供了建议，特别是在缺乏良好问责制度的国家。本书还阐述了如何通过加强问责制度来反腐败。

本书分为两部分。第一部分涉及公共管理改革，以确保政府运作的廉洁性和提高效率。本部分概述了公共管理改革的议程，并讨论了电子政务和互联网解决方案在提高绩效方面的作用。本书的第二部分就加强代议机构，如议会机关和委员会的作用提供了建议，以此来监督政府规划和计划。它还提供了如何通过审计及相关机构来发现欺诈和腐败行为的指导。本书还突出强调了导致腐败产生的原因，以及运用内外部问责机构和机制的反腐败情况。本书还就如何针对个别国家特定情况制定反腐方案，以及如何对改革措施进行排序以确保可持续性提供了建议。

总之，我衷心希望这一系列书能有助于政府官员、发展实践者、发展经济学学生及那些有志于改善全球公共治理的人。

沙安文

2018 年 5 月

目　录

概　述

沙安文　Anwar Shah

公共部门治理的机能失调被视为发展中国家腐败、低效和浪费的根本原因。这种失调表现为公民缺乏要求政府对其行为负责的权利。早在本套丛书的几部早期作品中，沙安文（Shah，2005）、安德鲁与沙安文（Andrews and Shah，2005）就提出了以民为本、赋予公民向政府问责权利的治理框架。《绩效问责与反腐败》一书，则呈现了权威发展学家们对运行这种治理框架的最新观点。全书的核心是：如何在没有底线的情况下，建立起基于绩效的问责与监管制度。书中每一章分别论述了构成这一治理框架的一个重要方面。

第一部分：确保公共管理诚信，提高公共管理效率

本书第一部分的 4 章，讨论了公共管理的诚信和效率。在第一章“基于绩效的问责制”中，B. 盖·彼得斯（B. Guy Peters）指出：问责制是保障公共部门民主和效益的核心机制之一。然而，在实施过程中，问责制往往过于偏重于倾向关注某些特殊事件（特别是重大失误）

的政治机制。这些失误诚然具有一定价值，并且能够作为实际案例，敦促政府认识到哪些方面需要改进；但政府的日常绩效和平均绩效，才是问责制中至关重要的问题。

绩效管理可以被视为一种工具，通过绩效管理，把问责制度转变成对政府作为更为持续的评估。这种评价体系或许尚未得到完善的发展，但是能够把严厉的政治评判以外的某些东西制度化，作为衡量公共部门绩效的基础。绩效评价与管理不是政治评判、政治反应的替代品，而是对了解政府所作所为的现有手段的重要补充。

尽管基于绩效的问责制理念对于很多政府内部和外部人员来说，都颇具吸引力，但是由于技术和政治方面的问题，实施这一理念却经常困难重重。需要制定一套有效的指标体系，对政府项目的绩效进行评估，同时避免干扰该项目的正常实施。要让参与评价的机构（其项目作为评价对象）心甘情愿地配合评估工作，并且严肃地对待绩效问题。机构领导者必须接受培训，学会运用这些评估方法，并且把它们与其他的问责机制相结合。

需要说服那些（方案）被评估的机构，配合评估并且认真对待绩效问题。使用这些指标的政治领导人需要接受培训，并且把这些指标与问责制的其他机制结合起来。

彼得斯就如何将基于绩效的问责制制度化提供了建议，特别针对那些历史上没有强有力问责体系的发展中国家。他强调了“渐进式”完成绩效管理体系的重要性，以及两个重要的条件：建立对绩效管理体系的信心，获得这一体系的政治同盟。

在第二章“效率、诚信和能力：公共管理的扩展议程?”中，威利·麦克柯特（Willy McCourt）论证了令公共管理改革开花结果的必要条件。他强调了政治经济问题，特别提及了由那些掌握政策实施大权的机构和集团组成的密集错综的关系网，以及来自于政策改变可能导致其利益受到威胁的集团的不可避免的反对。麦克柯特论证了如何塑造政策同盟，以及初始的政策主张是如何经过打磨，趋于完善的。影响深远的改革总会引发一些强大利益集团的反对，因此，彼得斯探讨了若干不同改革方案的可行性。他阐述了什么可以令决策者和其他利益相关者投身于公共管理改革。

接着，McCourt 回顾了现有改革模式，并用实例说明，任何特定国家引进任何这些模式可能涉及的问题。他探讨了公共管理改革的三个主要方法：高效、诚信和能力方法。

McCourt 的结论是：政策分析是一个计划和发现并重的过程。因此，政策分析家们需要用更多的时间发现和理解在特定国家有前途的政策，以及这些政策扎根的政治经济土壤。这些本土政策成功的可能性大于那些在外人看来有吸引力的从外部发起的政策。

在第三章，“电子政务能使得公共治理更具责任性?”Helmut Drüike 指出，非洲、亚洲和拉丁美洲的发展中国家在为电子政务提供先决条件，建立新的内部工作方式和处理与社会的互动上都落后于其他国家，落后的原因是市场不完善和国家失效之间复杂的相互作用。

电子政务是客户服务、公民参与和内部效率的支柱。把公共管理的质量提升到了一个新水平，建立新的关系，促进了政府与公民和企业之间的合作。

使用电子政务既能规范市场（通过消除缺乏透明度和追求私利机会的不平等），又能加强国家在社会中的作用（通过促进市场机制的建立）。这样做有助于改善监管执法，减少官员的自行决定权和增加透明度。

电子政务有利于国家和私营部门之间创新的合作形式（例如，通过公私伙伴关系或者代理机构化）。通过维持公共服务，扩大和深化公民参与，加强合法性。通过使用电子采购、网上土地利用规划和电子司法可以显著减少腐败，腐败是发展中国家进步和问责制的最大障碍之一。改善与公民的沟通和提高透明度显然能增强政府的能力；利益相关者们作为积极伙伴参与设计、监测和指导电子政务；引入专业的绩效衡量以取代主观性和随意性。

鉴于发展中国家在透明度、合法性和客观性上的重大差距，电子政务的正确方法是非常重要的。如果管理上没有考虑到实施电子政务是全面现代化概念的需要，从而做出明显的改变，那么电子政务就很可能失败。

在第四章，“网络及协作解决方案对撒哈拉以南非洲预算的绩效测量与改进”。Mark A. Glaser 论述了使用系统方法认真权衡绩效的对抗方面，来解决社区关注的问题，并且这个绩效衡量系统明确表达了社区价值观。然后他指出如何结合社区和政府机构的资源，形成合作网络产生系统解决方案，来解决社区关注的问题。

本章采用 Virginia 州 Fairfax 县的经验——一种以技术熟练和社区参与促进基于绩效的预算编制模式，作为撒哈拉以南非洲可用的借鉴。作者的结论是，如果撒哈拉以南非洲使用基于绩效的预算编制模式指导合作进程，那么必须从根本上改变这个模式，作为社区关注问题系统解决方案的合作者，所有核心机构的投资都要记入账目。基于绩效的预算编制必须指出，如何用地方政府和非政府组织的资金作杠杆，确保社区性组织的投资。

第二部分：加强监督和打击腐败

第二部分中的 9 章是有关要求政府负责的机构和机制。在第五章，“政治制度在促进问责制中的作用”，Rob Jenkins 回顾了政治机构——在理论上和实践中有助于问责制促使代表人民执政的公职官员负责的各种方式。他设想的政治机构很广泛（超出了代表机构或者选举政治领导人的选区安排），因为即使是表面上非政治性的机构通常也是政治化的（这是政府很少对人民负责的原因之一）。把政治机构置身于对政治制度更广的了解之中，有助于理解其中主要参与者之间事实上的关系——正如 Jenkins 指出的，问责制首先是关系问题。

第五章介绍和剖析了与问责制理念有关的关键概念。然后 Jenkins 探讨了特定机构在民主的理论常识中预期行使的功能，在实践中这些功能却被削弱的原因，以及某些团体为了改进问责制，而使用的各种方法试图克服这些问题，从而将这些概念付诸实施。然后他概述了可能影响改进问责制工作的一些当代趋势。本章的结尾是通过一个程序把提出的概念和问题应用到一个特定国家的范围，纵览其问责制概况，以便更好理解推进改善问责制的前景。

在第六章，“支持预算编制和服务提供绩效问责制的法律和机构框架”，Malcolm Russell – Einhorn 指出世界各地的公民都要求更强的政府问责制和反应性，和更好地提供公共服务。证据表明适当集中的公民“呼声”能够激励公职官员更好地提供公众需求的服务。适当的法律和机构框架能够（为公民）创造显著的参与空间和机会，以便公民发挥参与作用，对服务提供的质量、使用权限、问责制、效率和公平做有意义的选择。

一般来说，法律和机构框架的构造方式必须能最大限度地加大呼声的影响（公众有实际能力影响政府政策）和呼声的焦点（这种影响能涵盖社会中广大利益，包括穷人的利益）。问责制效果的质量通常主要依赖于这种参与机制的具体结构。如果参与受到人为限制（由于参与的成本对公民来说过高，管制的议程设置，公民难以参加政策讨论会，或者政策讨论会与实际决策不相干，以及过度的技术步骤），那么其对政府决策的影响就相对较弱。因此有效的法律和机构框架必须有高度实用性质的正式或非正式安排，在常规政策周期的一个或多个阶段纳入公民呼声。

为了与政策周期真正相交，这些安排必须涵盖：（1）提供均衡代表性的机构；（2）通知和议程设置机构；（3）提供肯定信息的机构；（4）透明性和文献机构；（5）呼声引发的机构；（6）审议和决策机构；（7）汇报、反馈和评价机构；（8）投诉和申诉机构。其中的一些机构（1）—（4）是基础的和交叉性的，建立了有效的基本规则；其他机构（5）—（7）是暂时的，符合政策周期本身的各个阶段。

各式各样的情境因素难以简单强调机构安排，特别是正式的机构安排。社会和经济团体之间的政治和权力关系、社会文化规范、资源问题、公民、政府和民间社会组织的能力问题都影响公民参与的性质。正如一些典型案例研究表明的，公民在特定情境下的参与取决于涉及的个人和团体的不同利益和地位，涉及的问题的具体类型（对不同公民产生的成本和效益不同）、嵌入的社会规范。这些特点对在特定的管辖范围引进和实施呼声机制也有重要的（在政治、经济方面的）影响。

在第七章，“根据国情裁定反腐败斗争计划”，Anwar Shah 论述了发展中国家在消除腐败上缺乏进展，可能是由于基于薄弱的分析基础上的战略指导错误，以及对各发展中国家的机构环境知之甚少。作为治理失效征兆的公共部门腐败，取决于多种因素，例如公共部门管理的质量、政府和公民之间问责关系的性质、法律框架、公共部门进程伴随的透明性和信息传播的程度。如果反腐败工作没有充分考虑到这些“驱动力”，那么就不可能产生深刻而持久的结果。

为了理解这些驱动力，就需要从概念和实证的角度理解腐败持续的原因和可能有用的反腐败方法。在概念上，提到了许多有趣的观点。这些观点大致可以归为三类：委托—代理或代理模式、新公共管理观点、新制度经济学框架。所有这些模式，尤其是新制度经济学方法，预测普遍推行的反腐败计划因为没有改变对公共管理者执行公务的激励机制，所以不大可能成功。新制度经济学方法论述腐败是公职官员机会主义行为的结果，反映的事实要么是公民没有权力，要么就是公民要付出高昂的办理费，才能让公职官员对其腐败行为负责。实证证据支持这些对过去（反腐败）失败得出的结论。Shah 论述反腐败需要一种解决腐败根本原因的间接方法，因为腐败本身就是根本性治理失效的一个征兆，所以腐败发生率越高，反腐败战略就越不应该只是狭隘的针对腐败行为的策略，而越应该侧重于治理环境的广泛基础特征。他论述在认识每个国家的更广泛的机制环境的基础上，有一套等级排序的改革战略。

第八章，“阻挠腐败”，Omar Azfar 区别了偶然性和系统性腐败，并且提出了对每种腐败的处理办法。在分析偶然腐败时，他比较了犯罪（预防）和委托—代理理论的经济学。犯罪预防的经济学注重的激励机制是基于腐败被察觉和证实之后所受的刑罚。委托—代理理论的基本观点是适当的激励机制可以导致代理采取正确行动（也就是说，不腐败），（拒绝）即使是无法被察觉的腐败。总体上，Azfar 发现委托—代理理论产生更好的反腐败观点，建议了一些具体政策和改革，有助于改变偶然腐败体制中的激励机制。

然后 Azfar 分析了委托腐败时（也就是说，腐败是系统性的）的反腐败。在治理薄弱的国家经常出现政府抽租行为。低级别官员从他们的上司那里买官职，以便索取贿赂，有时甚至与他们的上司分享索取的贿赂。在这种情况下，提高工资是无效的（甚至适得其反），因为提高官职的均衡价格（工资）导致低级别官员负债更多才能买到官职，进而更加变本加厉地索取贿赂。腐败上司领导的问责制可以导致即使是诚实的官员也变得腐败。

系统性腐败很难解决，因为任何反腐败的方法都可能被攻破。但是，因为（腐败）系统是相互连接的，所以（腐败）暴露后紧接着果断地调查，有时可以导致整个系统的瓦解，导致政府解散或者在选举中失败。因此只需要暴露少数腐败行为就能解决问题。司法过程即使无法对腐败官员定罪，但是司法过程中对事实的调查和公布，也能产生有意义的政治结果。

通常的外部问责机制——司法系统、反腐败委员会、审计机关、检察长对系统性腐败无效。因此 Azfar 提出了反腐败的替代方法，例如，随机指派法官和检察官、直接选举检察官、反对党领导立法机关的问责委员会、罢免和公决的规定。基于对白俄罗斯、巴西、肯尼亚和土耳其的系统性腐败的案例研究，他的结论是通过瓦解过程，可以暴露、扰乱和除掉系统性腐败。

在第九章，“税收管理中的腐败”，Mahesh C. Purohit 探讨了五类腐败：政治腐败、行政腐败、大腐败、小腐败、赞助腐败。他指出腐败的关键因素是复杂的税收法律和程序、税收官员的垄断权、税务官员自主决定权的程度、行政缺乏责任性和透明度、政治领导的作用以及工作人员相关的因素。

Purohit 的侧重点是印度税收征管的腐败，官员过高的自主决定权和缺乏充分的监管及报告机制为腐败提供了机会。他强调了腐败对税收、税务官员和纳税人的影响，他指出腐败不仅影响治理的质量，而且影响投资和增长。

虽然每个国家都必须制定最适合自身需求的措施，但是有些政策可能对所有存在腐败问题的发展中国家都有用。税收征管中腐败的驱动力应该是反腐败政策的主要打击对象。有助于反腐败的措施是成立独立的反腐败机构，对税务官员强化培训，促进行为规范，以功能为基础重组税务部门，以及使用信息技术。

第十章，“最高审计机关的反腐败和舞弊侦测”，是世界银行研究所邀请 Kenneth M. Dye 写作的，因为有学者认为最高审计机构在执行财务审计，证明财务报表公正性的过程中，没有察觉到足够的腐败和欺诈。这些审计中审查出的腐败和欺诈太少，是因为举证的法律负担过高，导致了审计员（对问题）的回避。

公共机构的腐败和欺诈通常是能被审查出的，只不过通常是由内部审计员或举报人，而不是由最高审计机构审查出的。最高审计机构在为议会传递信息上发挥着重要作用，但最高审计机构通常并不是欺诈和腐败行为的最早发现者（中国是个例外）。Dye 提出公共部门审计人员应该扩大审计方案和能力，以便审查出和报告欺诈及腐败行为。他还提出公共部门审计人员应该为议会提供明确意见，表明政府管理是否充分。他提供了一些建议，以便改进最高审计机构审计和报告欺诈及腐败行为的能力。

在第十一章，“发展中国家的公共部门绩效审计”，Colleen G. Waring 和 Stephen L. Morgan 提供了绩效审计的实用指南，以及绩效审计在支持问责、反应迅速和负责任的政府中的作用。他们指出了在撒哈拉以南非洲实施绩效审计的条件和挑战。

Waring 和 Morgan 描述了政府方案的基本要素，这些要素都能被绩效审计。这些要素包括输入、过程、输出和结果。他们强调了审计的规划阶段的重要性，在规划阶段评价主要的风险和控制措施，以便选择最增值的审计目标。他们指导了如何进行有效规划，举例说明了在实地调查阶段采用的各种方法类型和各种报告方法。

在撒哈拉以南非洲实施绩效审计既要有现行的治理基础设施，又要建立行政基础设施。公共部门绩效审计对问责制有用。绩效审计方案在很大程度上取决于是否存在某些先决条件，构成对政府行为或疏漏进行问责的基础。这些先决条件包括法治化，限定作用、职责和权力范围的界限明确的政府机构，存在政策和方案规划结构，存在能够追踪、归类和报告经济交易的基本会计制度。

有效政府绩效审计职能的实施和收益所面临的障碍，与非洲社会任何其他方面的发展所面临的重大障碍有着相同的根源。这些障碍包括腐败、贫困、在政治和行政水平的治理不善、基础设施不足和人才外流。

治理问题对政府审计带来的障碍，只能从审计职能外部来克服。如果没有立法授权以及国会议员和公民坚定不移地支持其强独立性，那么绩效审计人员就不能长久。其他关键要素包括行政基础设施和人力资源开发。最终，在撒哈拉以南非洲国家实施和支持有效绩效审计是需要坚定有力的领导，受政治意愿的激励坦然面对政府中的缺点和错误。

在第十二章，“议会预算办公室的发展”，John K. Johnson 和 F. Rick Stapenhurst 指出，于 1900 年首先在美国建立的独立客观、非党派的议会预算办公室，世界其他地区的立法机关也在建立——在很多情况下，这些立法机关有着与美国完全不同的传统。他们描述了加利福尼亚的州议会预算办公室，和墨西哥、菲律宾、韩国、乌干达和美国的国家议会预算办公室。这些预算办公室可能改善国家预算过程。

独立的议会预算办公室能带来几种好处：它有助于打破行政机关对预算信息的垄断，使得立法机关和行政机关的地位更平等；它简化复杂性，以简单和明了的格式展现复杂的预算信息，供议员们使用；它促进预算的透明度和行政的问责制，使得预算过程更简明和易于追踪；它还鼓励更为严格的公共支出。

预算办公室的职能因地而异，但是通常包括独立的预算预测，建立预算估计的基准线，从技术角度分析行政预算建议，进行中期分析以便提醒公众和决策者拟议的政策行动未来可能出现的后果。其他职能包括估计拟议政策的成本、准备削减支出的方案以备立法审议、分析法规和法令的成本，以及税收政策的影响、编写政策简报、为政府节约成本提供建议和作为机构的监督者。

预算办公室必须是非党派的才能有效。只有通过法律建立的预算办公室，才不容易被行政机关关闭。预算办公室需要能获取行政机关的预算信息，才能有效；在某些情况下，建立预算办公室的法律同时赋予其权力迫使行政机关提供预算信息。基于法律的、独立的、专业的、非党派的预算办公室一旦成功建立，就能提高政府预算的质量，使得预算过程更透明，更容易理解，普遍提高政府的公信力。

在第十三章，“针对地区与国家特有问题，强化公共账目委员会”，Riccardo Pelizzo 和 F. Rick Stapenhurst 调查了公共账目委员会在什么情况下以及是否能够审查政府账目。通过分析世界银行研究所在 2002 年收集的 51 个英联邦国家的调查数据，他们发现公共账目委员会的成功取决于委员会成员的行为是否有独立的信息来源，以及媒体审查政府账目的兴趣。

总之，本书洞察了各种方法，以便决策者发起治理改革，在公共部门引入基于绩效的问责制，达到改善服务绩效和消除腐败的目的。本书面向那些有志于改善数十亿没有发言权的人民生活的人士。

第一部分

确保公共管理诚信，提高公共管理效率

第一章

基于绩效的问责制

B. Guy Peters

问责制是一切政治体制的核心价值。公民有权了解以他们的名义所进行的活动。当政府的行为不合法、不道德、不公正时，公民应当具备迫使政府纠正错误的手段。每一位公民，当他的权力被政府滥用，或是当他无法得到本应享有的公共福利时，都应当具备一定的伸张其权益的能力。

问责制在治理中的核心地位

问责制对于政府自身，同样至关重要。问责制有助于政府了解“什么因素可能导致项目的失败”，并且找到“如何让这些项目更好发挥作用”的机制。

加强问责，从一个方面体现了政府日益增长的、对消除腐败和提高政府透明度的侧重（Kaufman，2005）。透明与公开是公共部门问责制产生的必要条件，尽管它们并非充分条件。只要公共部门能够对其行为瞒天过海，官员或公众就无法对它们施加有效控制。

政府透明度可以通过多种途径实现。对绩效数据的使用是其中最重要的途径之一。这些绩效数据能够向领袖与民众展示政府的作为。此类信息比政治化的信息更加具有实用价值。它们也一直是传统问责制的基础。

什么是问责制?

"问责制"（*accountability*）有多种不同的使用形式，每种形式在治理方面都有其独特的含义（Thomas，2004）。一些对问责制的解释与另外一些相互排斥，以至于选择某种形式的问责制，可能就意味着对其他形式的排除或复杂化。因此，政府在设计问责与控制系统时，需要小心谨慎，以便对该项选择可能引发的所有突发状况有所准备。

最简单的问责制形式是要求行政机构述职。述职报告的编制与发表应当面向外部的独立机构（立法机关、审计机关，甚至普罗大众），以便获得适度公开并且客观的评价。其依据可能涉及财务方面，也可能就所输送的服务或某个项目的成败而言。无论上述哪种情况，都涉及了公开"政府以公众之名做了些什么"。这一问责制形式所强调的概念处于最基本的层次，即问责制是关于透明度的，是让置身于公共机构之外的人士也能够识别和质疑公共机构的所作所为。

问责制也可以被理解为"职责"——确保政府官员的行为符合（限于）法律、法规或职业操守（Bovens，1999）。前文所述的问责制形式强调了外界行动者在问责制实施过程中所发挥的作用；而"职责"这一问责制概念则更多依赖于公务员的内在价值观，以及他们对法律和职业行为规范的理解。在那些公共服务体制健全的国家中，这样的个人职责标准可能会被认可，并具有可操作性；但当社会缺乏对行为准则的共识，依靠这种形式问责，则存在风险。

问责制还可以被理解为"回应力"（responsiveness），即公务员对他们的领导、服务对象以及公众的要求作出回应的意愿。"回应力"这一概念指的是：一名称职的公务员愿意接受上级指示，希望为公众服务，并且尽可能地满足公众的需求。这一理念同时指出，多重压力将会冲击该公务员的行为，并且，当他决心采取正确的行动时，可能面临着一些随之而来的困难。

以上这些问责制的概念可能相互冲突。例如，如果公务员以“回应力”作为他们首要的工作动力时，很可能会受到他们所服务对象的利益牵引。特别是一些“基层官僚”，当他们面对似乎麻木不仁的官僚体制时，会转而维护其服务对象的利益（Meyers 和 Vorsanger，2006）。而那些严格遵纪守法的公务员，则难以对他们政治领袖的超出法律范畴的要求作出回应。

问责制对于民主政体的重要性

问责制和透明度是民主政府的基本要素。政府向外界开放、接受外界监察，由独立人士与机构提供鉴别和质疑政府行为的方法。即便在完全民主的政体中，出于对行政权力的尊重，政党体系与立法机构在行政过程中的重要性也在日渐削弱（Peters，2007），为了维护民主体制，监督行政行为的能力随之变得更加重要。而对于那些庞大而坚固的官僚体系来说，监督与问责是对其施加控制的尤为重要的手段；监督与问责为公众提供了有效手段，公众得以对那些在公共政策的准备与执行过程中扮演主角的、专业化的公共服务机构施加管控。

关键是，要将有关政府行为的、公正的、实际的证据，同时提供给广大公众和相关的公共部门正式机构，对低劣的绩效要点名批评。一些国家缺乏完善的社会组织，在使用这些公共服务评价措施的作为问责工具时，将会遇到困难。这些机制均建立在以下条件之上：低劣的绩效一经确认，将会涌现出社会动力，促生变革。而当社会组织缺失，公众对于政府行为或麻木不仁，或悲观失望，即便发现了政府绩效低劣的证据，也不会因之自然地产生任何社会动力。

同时，需要充分调动公共部门中的精英分子。无论哪一种问责形式，都需要政府精英们为不良绩效感到耻辱。这种荣誉感与责任感在政客中并不普遍，他们可以利用权力压制问责工作，甚至“扭转”问责成果。许多发展中国家的政府对绩效管理体系不够熟悉，因此，为别有用心者创造了大量控制与贬低问责工制的机会，他们嘲笑问责制是“与政府实际工作无关的学术练习”。

问责制对于效益与效率的重要性

问责机制同样应当被视为一种为政府服务的工具，它为政府提供了行为反馈，以及让公共服务更好兑现的方法。所有机构必须做到，通过这样的问责成果认识自身的成败，并从中吸取经验教训（Maula, 2006)；而政府比其他任何机构更需要具备检视其所作所为的能力。

问责制的概念往往被单一地（或首先）视为：甄别工作中的渎职现象，以及就不良绩效惩罚个人与组织的手段，特别是在涉及腐败行为的情况下。问责机制需要被理解为一件评估工具，对“政府为民众做了些什么?”进行评估。政府采用的方案是否真正兑现了福利与服务？在这些方案中，是否出现过重大的失误？什么原因造成了方案的失败？如何能够挽回这些失败？从这些问题中，可能会发现渎职与腐败现象。如果出现这样的情况，处罚在所难免。同时，通过这些问题，也能够发现蹩脚的方案设计或者薄弱的执行系统设计。正是这些不尽人意的方案与执行系统，导致了即使最有效、最高效的行政管理者，可能也无法兑现理想的服务。

财务问责在问责制中发挥着一定作用。它在确认兑现服务的能效方面，居于中心位置。与这一方面的问责工作相关的问题是：以什么样的成本获取什么样的服务？如果一项高品质的服务必须以令人却步的高额成本获取，政府，特别是发展中国家的政府，可能会选择放弃该项方案。多种技术，尤其值得一提的是“成本－效益分析”技术，可以衡量项目的成本与成效，然而良好的判断一致是财务问责制评价与执行工作的核心。

政府需要评价经由政府行为产出的福利与服务的质量。通过对评估的研究，一套拓展型的工具被开发出来，用于评价项目质量，并就政府绩效的优劣向政府提出意见与建议。对于那些急于了解项目成果与民众满意度的政府而言，这些技术与工具显然过于奢侈。然而，问责制带来的大量变化，终将对政府产生额外的压力，呼吁对政府项目及其社会影响进行更为有效的评估。

问责制对于社会导向的重要性

问责制是治理与社会导向的核心特征。政府需要从自身的成败中学习经验教训；问责制是发现和纠正错误的主要途径。关键在于，问责过程的参与者需要了解：不甚理想的问责结果并不一定导致处罚，无论是政治处罚还是对个体的责罚；反而，它应当被视为一个学习机会，可以从中与获得更好兑现公共服务的方法。

问责制，尤其是注重提高绩效而非政治处罚的问责制，是一种工具，它将学习治理与引导治理的过程制度化。绩效评价和政策评估的目标一致，在于衡量项目的成败，同时，为制定下期政策做好准备（Vedung，2006）。学术界的分析家们有这样一种倾向：将每项政策的制定过程归结为与其它政策毫无关联的阶段性工作，从认识一个问题着手，以评估这个问题结束。事实上，政策制定是一个持续的过程，各个周期之间环环相扣。

绩效管理作为政策制定活动的反馈机制或许远非完美。它所衡量的通常是政策的近期影响，而最显著的影响则可能体现在遥远的将来。尽管如此，绩效衡量仍然为后续的决策工作提供了有价值的信息。此外，鉴于：通过政策的短期成果的信息，该项政策的近期果效可能被高估，而它的远期效益则可能被低估；因此，绩效衡量的标准必须根据更细微的信息以及项目的政治背景进行调整。

向基于绩效的问责制过渡

工业化民主国家的问责制，已经从传统问责形式过渡到以绩效和政府提供服务的质量为基础的问责形式。本节论述了这些转变的原因，以及新形式的内在逻辑。

传统问责制的缺陷

将传统的问责形式转变为基于绩效的问责形式，部分原因在于传统形式存在着显而易见的缺陷，而基于绩效的问责体系在某种程度上可以纠正这些缺陷。缺陷之一是，传统问责制的重点集中于一些特殊事件，而非机构或项目的平均绩效。一般而言，正是传统问责形式对政治窘境的关注，阻碍了对项目与项目绩效的坦诚的讨论。它的功能与其说是客观分析，倒不如视为参与政治的手段。

通常，传统的问责形式以“处罚”而非“改进”作为出发点。从中获取政治收益，主要做法是曝光政府官员的不作为与渎职行为，而不是认识问题、改正问题。如果问责制的真实标准是政治，就无法侧重于对政府工作成果与效果的客观衡量。这些与问责制相关的主观政治标准固然是重要因素，但是它们无法提供评价公共项目所需的有效信息。

基于绩效问责制的逻辑

全面系统地考虑绩效管理的程序，以及系统化地利用绩效作为问责工具，至关重要。如果未对相关步骤仔细斟酌，则出现失误可能性将会急剧增加。这些失误包括，绩效信息使用不当导致错误决策，以及决策与绩效信息不符。

以下是绩效管理程序的八个相关步骤：

1. *界定效果*：绩效管理程序始于界定效果，即从界定“机构（通常指政府机关）打算通过它们的项目做些什么？希望项目达到何种效果？”入手。

2. *界定成果*：在界定某项决策最终效果的同时，有效的绩效管理体系还需要界定项目过程中的里程碑。例如：在衡量教育部门的绩效时，需要确认教师数量、资金水平，以及一个行之有效的教育项目的其他组成部分。

3. *开发有效的衡量机制*：绩效评价若要超越对政府行为老生常谈

的空洞描述与赞颂，就必须开发出行之有效的衡量机制。好的衡量机制得之不易，并且会带来政治上的争议；同时，这些衡量机制还可能难以解读，尤其是在项目的效果方面。

4. *将方案与方案的效果、成果相关联*：政府的行动必须与它们所产生的效果与成果的优劣相关联。一个项目可能被称为卫生保健项目，但它在卫生保健方面的成果可能取决于其他一些项目，例如教育项目或营养项目。因此，精心构建的关系模型是不可或缺的。

5. *界定“合理绩效”的标准*：绩效衡量意味着什么？（绩效）好到什么程度才算足够好？什么是合理的绩效？出于政治原因，绩效衡量的初始目标可能会为了显示政绩，而被设定得太低。

6. *界定“充分改善”的标准*：什么程度的改善才是充分的，充分到足以说明一个项目和它的管理发挥了合理的绩效？在多长时间内取得什么样的进步才能被视为“充分改善”？

7. *界定责任*：从传统问责形式过渡到基于绩效的问责体系，从某种程度上说，指责已经不再是问责工作的重点。尽管如此，不容忽视的事实是：对整体绩效的研究为衡量个人绩效提供了手段。

8. *关联效果和成果*：以往的预算编制过程仅仅涉及了投入成本的分配问题。绩效管理体系的发展，有助于更好地了解成本如何转化为项目，因而做出相应的决策。

一项变革的策略

鉴于此，本章提及的实施问责制的国家与地区，均有其特定的地方情况，从一组非常基础的选项入手，是不容忽视的。若无清楚明了的策略保障实施，绩效管理就无法成功实现。

从基础做起

在很多政治体制中，绩效管理和基于绩效的问责制都意味着革新。因此，实施的策略是从基础做起。

一次选择一个或少量的机构/项目

一般而言，想要一次性地创建一个囊括所有政府项目的（问责制）方案并不具备可行性。多数情况下政府机构有限的分析能力，以及全方位出击带来的政治威胁，双重不利因素让缓慢入手实施问责成为明智之举。然而，绩效管理的拥趸者们必须有清晰的全盘计划，以便（后续）将方案推及政府其他部门。

一次选择一项指标

在绩效管理项目的初始阶段，可以从能够反映综合绩效评价的单一指标入手（例如：教育领域中的结业率）。虽然无论以哪一指标进行衡量都存在缺陷，但是这一策略让项目在开始时有所侧重，并且有助于未来的管理者们顺利启动项目。即便如此，为了避免对单一指标的过度执著，以及为了提供更为全面的评估，绩效管理方案必须作好向多种指标迅速扩展的准备。

筛选项目

在一切其他条件同等的情况下，优先选择那些产出清晰可辨、易于衡量的项目，以及那些对于公众福祉至关重要的项目。有时，选择一些经过适当努力即可取得进步的项目，也不失为明智之举。

就评估进行沟通

绩效管理者与参与者需要就于绩效评价指标进行协商，并且达成一致。为项目加上一个客观看来有效的评价指标，并且假设它能够奏效，轻而易举；但若要参与者心悦诚服地接受，则需要一定的沟通与共识。沟通还会引起政府部门专业人士对绩效评价演练的关注。归根到底，核心政府可能必须运用其权力，并以其对绩效方案更长远的眼光，强制推行各种评价指标。

降低门槛

尽管基于绩效的问责制的最终目标是让公共项目尽善尽美，为了确保项目与项目参与者有机会展示进步，适度降低对项目的期许，不失为一项策略。负责绩效评价的官员可以随时提高标准，推进对质量的完善。实际上，绩效评价的负责人在实施方案的过程中，应当把长期持续提高绩效作为明确而坚定的目标，时时刻刻铭记于心。

过程透明化

问责制的部分逻辑在于将政府行为制度化，特别是在那些政府毫无透明度的国家中（Curtis，1999）。因此，从政治角度看来，问责过程本身的透明化也非常关键。这是政府内部乃至整个社会学习过程的一个重要部分。

启动学习程序

绩效管理过程应当被视为启动一个学习过程的钥匙。这个过程包括了：对绩效评价结果的传播，以及将绩效评价程序与政府内部、其他国家政府和国际组织的其他评价程序相互关联，以创建多种优良的绩效基准。

其他战略选择

基于绩效的管理和问责制度，若要从实验阶段过渡到政府日常工作的组成部分，则还需做出一些额外的战略选择。诚然，以少量的项目证明绩效方案的实用性是十分重要的，而终极目标却是将绩效概念推及政府上下各个部门。

鉴于此，在项目的实施过程中，特别是项目的实验阶段，必定遇到一些挑战，考虑下列问题似乎为时过早。然而，理解未来可能采用的项目执行方式，有助于决策者解决眼下的问题，避免提前关闭未来的选项。对未来执行策略的考量，也会让政府其他部门的公务员们清楚地意识到：绩效管理即将到来。

确立绩效管理的责任

“谁来对项目负责？”似乎是绩效管理中一个无足轻重的问题，但事实上，这一关乎组织架构的问题非常关键。因此，认真思考权力定位将会对绩效管理的产生什么样的影响，是十分必要的。

绩效管理的第一种组织模式：为绩效管理建立一个横跨所有公共部门的特殊单位。这一模式见于新西兰、英国等几个国家。它具有若干优点；最突出的优点是，它将专业人员集中于一个机构，专门负责制定评估工具和报告，以及解读政府绩效的评价成果。通常，在专业力量不足的情况下，这是对有限资源的最大化利用。

这一模式的潜在问题是，将评价和解读绩效的专家放置在一个独立于政府日常工作之外的单独部门中，可能会造成公共服务的一线部门与评价专家之间的鸿沟。负责提供公共服务的一线部门会认为：独立的评价机构对政府部门遭遇的“真实”问题缺乏切身体验。而站在另外一个角度，绩效评价机构的工作者们则认为一线部门局限于他们对政策和治理的片面的认知中，无法认识到使用科学的管理手段的必要性。

政府内绩效管理的第二种组织模式是，在中央政府机关内设立一个制度化的绩效管理机构，例如，在财政部或总理办公室（Campbell 和 Szablowski，1979；Savoie，1999）。这种模式解决了独立的绩效管理机构面对的一个显而易见的问题：缺乏政治力量，无力敦促一线部门参与到绩效体系中，以及无法强制实施那些通过绩效评价信息得出的建设性意见。显然，在独立机构供职的专家们缺少迫使政府行动的力量，尤其对于那些有着盘根错节的机构与分支的政府而言。

将绩效管理机构放置于财政管理部门，例如财政部或（总统）预算办公室，则绩效管理信息可以直接被用于预算的编制工作中。此外，鉴于这些机关可能兼有人事管理的职能，绩效管理过程中更加个人化的信息可能会被用于公务员的评价和奖励程序中。美国于 1993 年颁布的《政府绩效与结果法案》体现了这种关联的优点（Roberts，2000）。如今，每个部门提交的预算中，都包含了一套详尽的绩效目标与评价办法。国会可以使用这些信息，与传统的评估调查相结合，编制年度预算。

然而，在中央机关内部设置一个绩效管理机构，可能有些困难。首先，财政部面对的主要问题是钱与政府的财政健康。绩效管理在财政部的业务范围内，仅仅是一项微小的附属业务，很可能被忽略。与之相反，这些业务对于独立的绩效管理机构而言，是唯一的焦点。此外，绩效问题可能与税收和支出问题混为一谈；可能无法引起足够的重视，以至于得不到有效地改善。将绩效管理机构置于总理办公室，则可能导致它过多地受制于政治。由独立机构行使该项职能，能够对政府活动提供更加客观的评价。

第三种组织模式是，在每个部委或机关中设立一个绩效管理单位，分别执行绩效方案。如此一来，每个绩效管理单位都能有针对性地研究其所处部门的业务，进而成为相关政策问题的专家，这一模式颇有合理之处。并且，这一安排能够加强绩效管理人员与评价对象之间的信任感，从而生成更加详尽和实用的评价。在部委或机关内部设立绩效管理单位，还会弱化“绩效管理制度化”对这些机关造成的威胁。

这一模式最明显的风险在于评价者与评价对象过于亲密，进而影响到评价的客观性。对公众而言，评价者与评价对象的分离是确保绩效管理制度真实有效的必然条件，业务上的针对性无法与之抗衡。基于上述原因，分散的绩效管理可能是这三种模式中最鲜为政府所采用的，尽管在一些案例中，对绩效管理的敌视程度，也许会证明这种模式的存在有一定的道理。

除了上述模式，还有其他一些选择。其中之一是将绩效评估与管理置于政府的立法部门中，例如美国《政府绩效与成果法案》所规定的。考虑到即便在总统制国家，强制问责也是议会的主要职能，这一位置或许是最恰当的。绩效管理也可以放在公共部门审计或会计机关中，通常与立法部门关联，形成一种更加有力的财务问责手段。在许多国家，公共审计组织已经超越了对财务会计的审计，上升为效率和效益的审计。增加绩效管理职能是审计组织对政府内部控制方法的自然延伸。

绩效管理和预算以及其他分配策略相结合

绩效评估不是孤立的，而应当被视为整个管理和问责体系的一个组成部分。一般而言，对公共部门中组织或个人绩效的评估与了解，脱离里其他公共管理程序。绩效信息的收集和解读，与实际的管理系统并无多少真实的联系。对于试图把绩效信息与管理议程隔离的管理者和政治家们，将绩效评估纳入管理和问责体系，可能会形成威胁。

实施绩效管理的最终目标，是将绩效与公共部门的财务管理、人事管理融为一体（Hilton 和 Joyce，2004）。无论是对组织还是对个人的管理，最终应当尽可能地让这些绩效标准成为日常管理的中心。对多数政府而言，距离绩效评估进入日常工作，而不再被当作新奇的舶来品，仍长路漫漫。许多国家的政府，特别是发展中国家政府，受财力所限，认为这一结合分外艰难。部长们有太多实际问题需要操心，无暇顾及尚属“抽象”的绩效评价。基于以上原因，绩效管理项目的负责人，必须发挥出实质性的领导能力，才能缔造理想的结合。

与财务方面的限制相比，政府在人事方面受到的限制似乎不那么紧迫。因此，绩效与人事管理的结合可能更简单易行。人事部门的负责人通常倾向忠于传统的人事管理方式，例如公务员的薪资与评价系统，对实施“绩效体系”这一似乎是私营企业的产物，可能不甚赞同。这种不赞同，或许出于对公平原则真心实意地恪守，或许出于对传统人事管理核心价值的坚持，即：只要具备最低限度的资格即可任职。此外，不赞同的原因也许是对改变的恐惧。理想中的变革，需要通过训练和领导，才能实现。

绩效管理与传统问责制相结合

多数政治制度，甚至多数公民，习惯于从传统机制的角度看待问责制，例如：议会监督或立法控制。传统问责过程中所使用的证据，更倾向于基于单一事件，而不是系统地对机构、项目与个人的表现进行考量。

将基于绩效的问责制与传统问责形式相结合，应当不是一件难事。通过绩效管理得出的证据可以用于说明官员的表现是否尽职。这些证据可能更加系统或者量化，但它们的用途（与传统证据）一致，即用于向个人和机构问责。

展示绩效管理的收益

基于绩效的问责制方案的管理者与倡导者们，需要向参与者证明，这些方案并不可怕；并且，他们还需要展示，绩效方案为参与者们带来了实际的好处。参与者们可以从绩效管理中获得的潜在收益之一，是这些方案可以展证实示公共部门表现优异，或至少尽职尽责。关于政府，总有许多消极言论，公众轻易地假设政府无所作为。事实上，一些公共项目的绩效和私营企业项目的绩效一样良好，甚至更好。绩效管理可以为改善政府形象提供基础，即便在公众不情愿接受现实的情况下。

致力于绩效管理等同致力于进步和提高，因为绩效管理的目标是识别成败，并且总结教训，纠正错误。在项目评估的过程中，可以并且应当为持续不断的进步而努力。初始的绩效标准可能差强人意，但定期提高的标准、不断推动绩效进步的能力才是绩效项目成功的关键。

阻碍和偏离初衷的后果

绩效管理的实施进程中，阻碍重重。在一些国家和组织中，绩效技术已被广泛使用；即便如此，公共部门仍在质疑这些技术带来的影响，以及它们对提高管理效益的贡献。

阻碍

绩效管理与政府传统相悖；实施绩效管理常常要顶住反对意见。

对于使用传统手段问责的政府而言，即便这些政府非常注重问责制，也不会将绩效管理视为最好的问责工具。特别是，绩效管理在技术上似乎过于复杂，并且与以往用于定义问责制的政治程序相去甚远。

传统问责手段虽然不尽人意，至少能够起到一定作用。鉴于上述提及的大量真实的评价问题，如果一项绩效问责方案过于复杂和专业化，在很多情况下无法实施，那么它只是对官僚体系的又一种形式上的管控，与传统手段同样乏力，甚至更糟。

多数政客与公共管理者们只对自己熟识的体制感到自在，通常倾向于对现有体制进行改造，而不是引入一个全新的体制。这种对变革的抵触情绪，尤其多见于那些利用问责制为其谋求政治力量、塑造公共形象的政客。

实施基于绩效的问责制，对于公共管理者而言，既提供了保障，又带来了隐忧。与其屈从于与传统政治形式紧密相关、并且通常是武断而多变的传统问责工具，不如充分利用绩效评价所包含的客观信息，为更有依据地论证“如何改善公共项目”提供基础。与其完全依靠政客的良知作为支持，不如由公共管理者们自行证明他们所提供的服务是以质量为本的。这些证据在真实的政治世界与政府中，或许并不足以说明问题，但至少提供了辩护与辩论的依据。

发展中国家实施绩效管理的最大障碍之一是，绩效评价过程占用了有限的资源，而这些资源原本可以用于为公民提供服务、支付公务员薪资，以及用于其它必须处理的事项。由此产生了一个显而易见的政治问题：对于这些技术的投入，是否真的改善了公共服务的成绩？是否比用于其他方面更恰当、更值得？特别是，当绩效管理的成果将会在很长一段时间以后显现时，这些问题尤为突出。

许多发展中国家绩效方案的“准管理者们”遭遇的第二个问题是，在很多政策领域中，绩效难以衡量，甚至根本无法衡量。绩效衡量，在较富有、较城市化的社会中反而有一定的难度。在这些地区，民间社会的内部组织较少，统计某项特定政策带来的影响可能极为困难（Bouckaert，1993）。即便在富裕的社会中，有些政策领域也不会服从于绩效管理。这些项目或多或少需要依靠正式制度决定其绩效的优劣。衡量会引发政治争议，在某种程度上说，选择一套衡量标准，等同于选择了一个特定的政治立场。

偏离初衷的后果

几乎所有在管理改革方面做出的努力，无论在公共部门还是在私营企业中，都会带来一些始料未及的后果。因此，未来的改革者们必须清楚地认识到，在引进这一革新时可能发生的困难。和许多出人意料的后果一样，绩效管理所导致的计划外后果，往往出现在当改革的基本思想发展到极致的时候（Hood 和 Peters，2004）。认清问题，即使无法避免它们的发生，也能对其加以控制。意识到问题的存在也有助于评价者们设计出更加实际有效的实施方案。

指标主义

所谓的“指标主义”，是绩效评价中，最突出，也是最普遍的不良后果，即决定政策时过度依赖指标。在公共服务供给这个复杂的领域中，很难通过一个单项指标，衡量一个机构的绩效优劣；单项指标也很难透彻说明和详尽反映该项绩效的成因与结果。

避重就轻

如果对公共部门的组织者与管理者的评判，仅仅取决于他们为客户服务的程度和一些显而易见的成果，这些组织者与管理者就会想方设法地寻找达标的捷径，即使他们的行为并不符合项目的真正目标。例如，如果一个就业项目以成功安置失业人员的数量作为衡量标准，则项目的组织者与管理者会着重安排那些就业能力强、却很可能并不需要协助的失业者；反而忽略了那些就业能力较弱、真正需要通过这些项目得到帮助的服务对象。诚然，有些项目无法选择其服务对象，但是在那些具有选择权的项目中，存在着强烈的动机：优先挑选能够凸现优良绩效的客户。

短期主义

将绩效衡量的指标，设定为“必须在短时间内显示出变化”，以满足政策制定者之用，在某种程度上，也为了达到绩效管理的目标。可惜，诸多长远看来非常成功的项目，未必能在短期内显示出效益。许多项目都具有“睡眠者效应”，换言之，对公共资源的投入只能在数年后或数十年后才能产生效益（Salamon，1979）。而一些项目在短期内即获得了成功，但是项目的效力却随着时间的推移而衰退。这种短期的成功实为长期的失败。

时间问题与政治圈的治理周期相关：政客们需要在有限的时间内以政绩示人。官员们若要支持某个项目和维持它的存在，则需要在正常的预算周期内或者项目的法定有效期内取得明显的成果。因此，无论是政客还是官员，都需求在短期内确认成果，并将之作为政治进程中的核心组成部分。

管理主义

基于绩效的问责制，倾向于同时衡量政策执行系统与系统管理者两者的绩效，并假定管理者的绩效决定了系统的绩效。在某些情况下，项目管理的绩效潜在地解释了政策的成果。在另一些情况下，项目的成败则取决于方案设计、经费是否充足，以及其他方面的原因（Linder和 Peters，1984）。

对管理失误的关注，内中逻辑可能源于基于绩效的问责制与传统问责制的结合点。如果问责制的目标仅仅在于“责”，惩治管理者无可厚非。然而，如果将目标锁定在项目的总体绩效和提高绩效的机制，过度关注责罚则会动摇绩效管理的初衷。

结　论

问责制是治理的核心概念。诚然，问责制与民主治理紧密相关，但是问责制对于其他类型的制度同样关键。无论对于民主或非民主政体而言，问责制均有助于认识以往行动的成败。这些对过往行动的认知，是学习治理和提高政治体制治理能力的工具。问责制也可以被用于指认造成失败的责任人或者造就成功的贡献者（较为罕见），并对绩效体系中的人为因素进行考量。

对基于绩效的问责体系的运用，改变了问责制的执行方式。绩效体系所关注的，不是决策造成的政治后果或责任，而是有据可依的成败指标。有效实施的绩效问责制，将着重改善治理的绩效与能力。与处罚和指责相比，这一改变甚得人心。当然，任何一种问责体系都会涉及对丑行的曝光。关键问题在于此举的目的，以及在追究责任的过程中所采用的依据。

本章注释

1. 两者之间的区别追溯至卡尔·弗雷德里克（Carl Friedrich）与赫曼·芬纳（Herman Finer）就公共生活管理标准的来源所进行的经典辩论（Peters，2001）。

2. 此处的关联性并非含混不清。如果一个机构绩效低劣，应当处罚性地削减它的预算，或是应当给予它更多的资金，以便提高今后的绩效？多数评估体系的缺陷之一是无法识别优良绩效或低劣绩效的产生过程，因而需要与更传统的评估调研相结合。

第二章

效率、诚信和能力：公共管理的扩展议程？

Willy Mccourt

本章颠倒了常规的讨论次序，首先着眼于什么使得政策制定者和利益相关者致力于公共管理改革。接着回顾了一些改革模式，通过实证例子阐明这些模式，讨论在任何特定国家引进任何一种模式可能涉及的问题。然后本章确认了改革蓬勃发展的必要条件，回顾了自20世纪50年代末到60年代初以来采取的三种主要的公共管理改革方法，这些方法可以被称为效率、整合、能力。虽然强调了过去20年来最引人瞩目的前两种方法，但是本章表明所有这三种方法是（各国）政府根据他们自身情况和政治（议程上的）优先事项而采用的可能性目标（导向）。[1]然后本章在提供一个简短结论之前，亦考虑了对公共管理改革进行介绍和定序涉及的一些问题。

许下对公共管理改革的承诺

本节回顾了影响政府改革承诺的一些因素。其争论的焦点是改革的承诺需要接受比其自身范围更广的检验。

超越“买进”：公共管理改革的政治经济

对改革方案之所以成功的条件，仅凭一个人的观点去观察经常是不完整的。如果有人观察到 X 政策在 Y 国家成功了，便认为只要政策制定者“买进”“正确”的一揽子政策，就可以将该政策原封不动地转移至 Z 国家，那事情真就简单了。只是当此简单的处理方式没有奏效时，观察者们便会将怀疑的目光投向指责为“承诺”的缺失。

尽管承诺很重要，但是这些观察者们，特别是外界观察者们，并没有认识到正是通过对团体和机构密集网络的整合利用，才使得最初的政策能得以实施，并最终赢得那些利益受到这些政策威胁而持反对意见的团体的认同（例如公务员工会，或者毕业后期望得到政府就业保障的大学生团体）。唯有如此，其他政府才可能考虑采用那种已完全成熟的毕业生安置模式。对最初政策理念的推敲和整合认同，很大部分可以在政策分析家们，特别是外界分析家们的观察下进行和推进。正如斯里兰卡的公务员改革经验所表明的（专栏 2.1）[2]。这一过程虽然关键，但往往被忽视。

专栏 2.1　斯里兰卡公务员改革的四个阶段

自 20 世纪 80 年代中期以来，斯里兰卡的改革经历了四个阶段，在不同时期得到联合国发展计划署、世界银行、亚洲开发银行的支持。正如其内阁秘书指出的，改革的前两个阶段“来也匆匆，去也匆匆”（引自 Wijesinghe，1997，15）。

第一个阶段正好赶上行政改革委员会的综合报告阶段（1987 ~ 1988 年）。委员会主席随后惊呼“改革中关于加薪的建议颇受欢迎！但是……更为重要的建议却草草了事……当谈及要忍痛割爱时，政客们便溜之大吉”（引用自 Wijesinghe，1997，21、26）。

第二个阶段是结构调整与精简方案的时代。当次阶段结束时，政府雇员们竟然比开始时还多。根据一名官员的说法，此阶段还错误地向所有定期退休人员提供了慷慨的一揽子自愿退休补偿金方案，使得他们既惊讶又感激。

第三个阶段是“经理主义论拥护者”，以使命宣言与战略目标、管理重组、绩效考核为特征。8 年以后，这些措施主要还是纸上谈兵。一名与改革联系紧密的官员表示，管理层的重组“根本就无法做到，新政府实际上增加了部委的数量”。

到 2004 年，捐赠者们纷纷散去，开始否定之前曾经相信的给予他们的承诺；甚至一名斯里兰卡高官承认：“丝毫没有令人满意的余地。”在外界看来，前景黯淡。但此时也给政府提供了新转折点，让自己开始登船远航。

第四阶段的改革，赢得了通过 2001 年第 17 次《宪法修正案》所要求的必须占三分之二多的票数。以前是政客玩物的公共服务委员会，在此改革中恢复了独立性。创建了平行的警察和司法服务委员会，反对派领导人亦对这些委员会成员的任命有真正发言权，委员们任期 3 年，任期与选举周期是分开的。公共服务委员会的第一任主席是一名直率、政治上不结盟的退休大使。

三个主要党派和公务员都通过他们的员工协会支持改革：一个有代表性的观点是“公共服务委员会意味着我们有正义”。根据该服役机构中一名高官所言，在一个穿制服的服务机构，政治干预“从 90% ~100% 下降到 5% ~10%”。然而，人事机构权力的有效集中是以地方自由裁量权的部分丧失及官僚主义拖延的增加为代价的。此外，没有利用公民“心声”，为改革创建一个本会助其挺过去的选区。

资料来源：McCourt（2006）。

由政党、高级公务员和员工协会组成的斯里兰卡非正式整合体，形成了一个基本的、形式上的小型革命性政团，在维持改革中起着关键性作用，因为它要对上述成员的自我认同和缩减赞助者的需要作出回应。正如公务员工会领袖所承认的，“政客聘用公务员有时不考虑聘用的需要……政客认为政府的存在就是为其支持者提供工作的”（McCourt，2006）。一名高官表示：“期望公共部门提供就业岗位是这一问题的根源。”一名捐赠者对早期改革失败的解释是：“政客在维持赞助制度方面存在既得利益。”

作为改革的核心，虽然强化其公共服务委员会并非斯里兰卡的发明，却是斯里兰卡的一项本土新倡议。同样，尽管这一改革仍风雨飘摇，但是比先于它的由捐赠者发起的改革阶段更稳定。具有讽刺意味的是，这一改革也变得更深入和更激进。

斯里兰卡经历的一个重要教训是公共管理改革的需要与一个国家自身的政治经济（条件）相一致。改革无需总是要内生的——成功的改革可以是从别处借鉴的，但至少必须是根据这个国家自身条件借鉴，从而变为己有（世界银行，1998a）。然而，外界强推的改革，虽然理论上有价值，但几乎必然失败：用盎格鲁—威尔士诗人大卫·琼斯（1974，56）的话说“恶习连根拔起或许就是美德”。

二战后民主成功移植到日本便是一个著名的历史事例。保留了公民效忠的关键制度。这些制度包括今日的君主制（天皇的默许成为新模式运作的关键）和平民政府运作机制制度（美军总督通过二战结束后不久在大选中被合法化的日本平民政府进行裁定。Moore 和 Robinson，2002）。

不指出一揽子改革方案所嵌入的政治经济环境，便不能将它与其他改革方案进行好与次的比较。虽然这或许看似是个刻板的观点，但可能是政治科学家们的主流观点（Gulhati，1990；Killick，1998；Nelson，1990；Williamson，1994）。此观点与世界银行（1998a）的《评估援助》报告中以及最近的与世界银行战略非常相关的观点一致：“世行集团的战略是要以长远有效和持续的方式帮助发展中国家政府，根据各国所面临的不同挑战，确定他们自身提高治理水平的（方案）优先次序，明确表达并实施回应这些优先次序的项目”（World Bank，2006，iii）。

公共管理改革的政治模式

政策分析家们倾向于采用一个政策过程的理性制度模式，将公共管理和其他类型的改革写入法令全书。有着启蒙、信息、审议、决策、实施、评估和终止阶段的詹金斯模式（1978）便是这样的一个例子。相比之下，表2.1中呈现的政治模式，是基于对7个成功的公共政策改革的案例研究，总结了本节的政治政策信息。

可行性

只有当领导人所作承诺的项目面临挑战和强大反对者时，其承诺才变成了一个政治承诺问题，如此一来，失败和屈辱的可能性也就变得真实起来。

表 2.1　　改革的政治模式在斯里兰卡公务员改革中的应用

政策阶段	例子	对成功的威胁因素
“社会能量”积聚	2000 年选举胜利	政策缺乏群众基础或者是强制执行的（结构调整政策）
形成政策理念或者强调现存的政策理念	公共服务委员会的改革	刻板的反对主义，社会活动家局限于批判政府政策
结成联盟	政党、高官、员工协会	联盟可能解散（例如，选举失败以后）
使将改革理念加入政策议程的领导人显眼	（没有一个领导人认同改革）	领导力弱可能无法克服必然的挑战以进行改革
克服旧制度支持者的反对	迫使两大政党中进行政治拨款分肥的政客退出	赞助者或寻租者（特别是分肥拨款的政客）可能会捕获这个政策（信息）
将联盟制度化，赋权于受益者，阻止赞助者和寻租者	第 17 次《宪法修正案》	
利用反馈（机制）使政策适应变化的环境以巩固联盟	（对官僚主义僵化和拖延的抱怨没起作用）	政策的刻板与无序

资料来源：基于 Bebbington 和 McCourt（2007）。

无需特殊的观察力，但凡实施广受欢迎的政策，例如，比起支付采摘樱桃费用的建议，要想实施斯威士兰政府改革委员会一份报告所提及的为公务员提薪的决策，其难度显然更大（McCourt，2003）。

在艰难改革备受关切之处，领导人三思而后行是明智的。贝宁的政府（公共）部门薪资改革经历中，特别是尼塞福尔·索格洛总统发挥的作用，表明审慎如何变为领导人之大勇。虽然赞同世界银行的新自由主义意识形态（索格洛曾是世界银行的前区域主管），但是索格洛总统作为政治家不能实施这一意识形态。当他尽力实施紧缩措施时，遭到了工会和国会议员的强烈反对。政治势力“警惕他对现有制度，包括公务员制度设想的结构调整政策和转变”（Kiragu 和 Mukandala, 2004, 97）。索格洛的失败表明社会政治压力影响选民。当政治制度上的压力过大时，他对改革的个人承诺也不足以使改革能被接受。由此可见，比起政府方面的政治承诺或意愿，改革的失败更在于缺乏政治的可行性。

评估改革的可行性并不意味着认输，且因为政治上的难度，排除了改善公共服务管理的机会。评估改革的可行性，意味着对促进或制约改革的政治因素能有清晰的理解。达到了这种理解程度，有助于形成利益相关者的认同感（在贝宁涉及的例子中，利益相关者包括公务员、政治家、军队、公务员工会、学生、教会、地区、捐赠者）。

如同摩洛哥尝试推行职工改革时那样，这也有助于制订标准的组织改变其分析技术。比如，源于摩洛哥的“力场分析”技术，确定了摩洛哥支持和反对改革的势力（表 2.2）。虽然这种分析理论上看似很机械，但是在现实生活中，仍需要敏感性、灵活性和判断力。

表 2.2　　　　摩洛哥公务员改革的驱动力和约束力

驱动力	约束力
王室权威及其对总体改革的承诺	王室不情愿强推改革
民间团体的增长	一些关键政治参与者的被动性（“观望主义”）
要能干的技术官僚	农村名流对革新的敌意
本土所有权	分裂的政党
新国王统治下的政治自由化	
参与的途径是允许良好实践星星点点地出现	

资料来源：Al - Arkoubi 以及 McCourt（2004）。

摩洛哥的经验表明，如果官员们向其部长们提交其可行性建议，在顾及利益相关者所支持的（建议）同时，尽可能小地牺牲改革的精髓，那么即便先前失败过的人力资源改革，也有可能成功。摩洛哥的经验已证实：“在许多方面，官员们的政治意愿视其向政治家们提交建议的质量而定”（世界银行，1998b，iii）。

承　诺

即便只是政坛明星们达成共识，诸如本章所述的斯里兰卡宪法修正案的案例等，此类的公共管理改革也都需要政治家和高官们的承诺。当最初绝对不可行的改革终得以允许之时，就应重视世界银行所得出的这个结论：缺乏政治承诺是导致20世纪90年代中期大约40%的世行公务员改革项目失败的最有说服力的原因（Nunberg，1997）。

何为承诺，政府如何做能增进承诺？一项来自斯威士兰员工改革的研究提供了答案：当一项特定改革是可行的，改革的“先行条件”也充分具备时，领导人可以选择作出有望实施具体改革的现实承诺。这一承诺会在如下程度上受约束：

- 自愿的（并非是捐赠者或其他影响政府作出更好判断的外界代理机构强制执行的）；
- 明确的（清晰直接，不受限制条件或附加材料的束缚）；
- 挑战性的（带来实质性而非细微性提高）；
- 公开的（领导人通过大众媒体和其他方式公布自己的承诺）；
- 不可撤消的（如果改革遇到艰难困苦，领导人不能允许自己轻易退缩）。

增进承诺的第一步，是要以一个个案例为基础，对改革的政治性条分缕析，正如Nelson（1990，361）所指出：“每个国家都必须创造自身独特的答案。”之后，政府按照合乎自身政治情理的方式继续下去。举一个例子，一项关于斯威士兰（McCourt，2003）的研究表明，在继续专制政治制度而形成的根本利益与延续政府工作分配中庇护者及被庇护者所形成的或有利益之间，政府需要仔细加以分辨。该研究指出，作为显示政府对改革承诺“不可撤消”的一步，需要恢复公务员董事会（等同于斯里兰卡的公共服务委员会）的独立性。

本章用大篇幅从政治经济条件、可行性和政治承诺方面论述了改革成功的政治先决条件，因为在处理公共管理改革时，对这些政治先决条件的认识不充分。在为公共管理改革拉选票时，有必要评估政治势力的均衡、拟议改革的可行性以及获得关键领导人和集团对改革作出承诺的所需条件。要为领导人将一个改革问题提上政治议程，并能说服他人接受这项改革留出空间。然而，只有当所有的政治先决条件都有利时，必要的“买进”才会发生，改革才会成功。

创造公共管理改革的条件

公共管理改革遵循大致的历史顺序。将非洲和亚洲在20世纪60年代的独立时代作为起始点，可以确定四个阶段：[3]

1. 20世纪60～70年代的国家建设时期：创建了基本公共服务供给（体系），或至少按比例扩大了殖民统治者早期遗留下的基本公共服务规模。此阶段为能力建设年代。

2. 20世纪80年代的结构调整阶段：石油价格冲击导致的累计超支加重，需要政府减少或限制公共支出。此阶段为就业改革年代——该词组（就业改革）狭义上指精简裁员和“公务员改革”。

3. 整合阶段（与第二阶段重叠）：公众和开发机构对腐败的感知增加了。此阶段为反腐败战略年代。

4. 千禧年阶段：千禧年发展目标的采用重新强调了能力，比早先的能力建设更侧重教育和卫生服务。

虽然这种阶段划分是有点人为因素，各阶段也有重叠，且政府可能需要同时强调整合与效率，但仍然有助于分析。

过去25年来，对政府（公共）部门规模和成本的改革一直处于首要的地位。1987～1996年间，世界银行在职工改革方案上帮助了至少68个发展中国家和转型经济体（Nunberg，1997）。即使在工业化国家，改革规模也是壮观的：1987～1992年间，经济合作和发展组织（OECD）的27个成员国中22个进行了政府（公共）部门的裁员改革，使其成为到目前为止波及范围最广的人力资源新方案（OECD，1994）。Manning和Parison（2003）发现控制薪资账单的改革在21世纪仍然很重要，在他们调查的所有 14 个国家（其中 11 个是 OECD 成员国）的改革方案中占重要位置。经合组织自身的报告表明，控制薪资账单的改革已有所减缓（OECD，2004）。

1994 年的一份经合组织调查表明，通过对私有化方案公开积极的宣传，并通过对规模与成本滞后的主动比较所形成的政府人力资源管理排名措施，可以提高政府管理的水平。到 2001 年，裁员改革就不太突出了，大概表明至少在某些国家裁员改革已经成功了。在这份 1994 年调查报告中，其他人力资源管理措施中（尤其是顺着部委和机构的隶属关系下放管理权力，并引进绩效管理与评价，有时包括与绩效相关的薪酬要素）又加入了新措施。例如，增加了劳动力的性别和种族多样性，增加了员工态度调查和员工论坛的使用，采用了管理员工的总体战略框架。Manning 和 Parison（2003）列出了以下措施：提高服务供给水平（13 个国家）、反腐败（4 个国家）、改善雇佣合同（3 个国家）、处理赞助事务（3 个国家）、提高货币激励机制（2 个国家）。

加强法律框架，以便绩效管理能蓬勃发展

在尽力解释为什么绩效管理在 3 个前共产主义国家收效甚微方面，来自世界银行的作者们，对此研究总结为“在公共管理基础尚未确立的环境中制定绩效管理，最好的情况是无足轻重，最坏的情况是风险重重”（Anderson、Reid 和 Ryterman，2003，16）。明确的法律框架是公共管理不可或缺的基础，因为法律框架为管理者和员工们的日常行为确定了基本规范。或许有必要在国家宪法中规定基本机构的职权范围，并在这些机构不健全时修订宪法，如提高了公共服务委员会地位的斯里兰卡宪法修正案。

在民主国家，任命的官员必须服从民选的政治家。但是将政治领域和行政领域分离也是适宜的。在经典的新公共管理阶段，政治家应该“掌舵而不是划船”——也就是说，确定政策框架，必要时设定目标，然后让官员们实施政策并实现目标。对官员们而言，他们应该合理而忠实地执行政策，而非凭自身资格为自身建立权力基础。这一分离，在公务员业务守则中也得以阐述。

平衡中央与其所属机构

把管理责任下放到隶属的机构，是新公共管理方案中管理公共服务的核心纲领，且这一点在许多工业化国家的实践中都有反映。例如，在英国的行政部门，权力下放是一个逐步的过程。从 1964 年开始，文书职员的招聘就下放至各部门。曾经到 1983 年还继续由中央公务员委员会来批准公务员的任命。到 1991 年，所有 7 级（中级管理人员）以下公务员的招聘也都下放了；到 1995 年，分界点又提高到了 5 级（高级管理人员）。此外，中央逐步把工资和评级权力下放到各部门。现在，公务员服务委员会的角色只是颁布行为准则、将任命权下放至 5 级官员、听取上诉、选任审计人员、颁布选举准则等，进而促进各部门内部的最佳实践。

在英联邦的各下属机构内部，其管理者负责选举、纪律惩戒、绩效奖励、职业发展。作为部门人事战略与政策的贡献者、下属部门的管理者及后勤服务的提供者，人事管理单位得到了应有的尊重。这些单位负责 5 级以下官员的工资和评级；继任规划、审计、部门绩效的监察；管理者需要时，为其提供关于选举、纪律惩戒和培训的建议。因此，经过整整四分之一世纪的逐步权力下放之后，由中央来管理文职人员的方式正在走向终结。现在是来自职业化和职务地位的压力，而非中央控制，维持了员工们的整合和共识。

尼泊尔的经历则表明权力下放也并非灵丹妙药。自 1956 年以来，尼泊尔的公共服务委员会一直是一个有完整历史的稳定机构。在一个裙带关系和政治偏袒猖獗的国家，该委员会拥有允许自身与政客保持距离的宪法地位。委员们由包括总理、最大反对党领导人、首席大法官在内的委员会来任命。政客不能撤他们的职，他们的任期与选举周期是分离的。尼泊尔顶住捐赠者的压力，不同意捐赠者提出的权力下放或者把聘任私有化等胡乱修改公共服务结构的要求，因为以前捐赠者提出的权力下放就曾经将国营企业变成赞助的乐园（McCourt，2001a）。

权力下放或许适合于那些能逐步实施（增量法是可取的）且职业化和职务地位压力机制能够运行的国家。中央控制可能仍适合于尼泊尔，以及其他那些优先保持裙带关系和政治偏袒，且对法治及透明文化尊重程度不深的国家。

中央机构的职权范围

当政府讨论人力资源的责任归属时，他们通常讨论的是中央相对其所属部门和机构拥有多大权力。但是，政府还是需要决定中央部门和其所属机构本身之间责任的适当划分。以员工管理为例，在许多还没将责任下放到所属部门和机构的国家内，其政府部委各自的角色，看起来大致如表 2.3 所示。

表 2.3　中央政府机构职工员工管理的责任（英联邦结构）

机构（实体）	职能
首相办公室	总的政府方针
财政部	工资和退休金
文官部	公务员的部署和服务条件
公共服务委员会	任命、升职、调任、纪律惩戒
国家行政人员学院	培训和发展

资料来源：McCourt（2006）。

该结构与英联邦模式尤为接近，特别是在公共服务委员会的角色方面，但即便诸如韩国和泰国这样的非英联邦国家也有类似的结构。

从战略或者企业角度，这种结构类型似乎“割据”了公共管理，并且导致机构之间的冲突。在结构调整时代，当许多政府尽力裁员之时，各部委就通常被相对应的财政部门视为政府内部的特洛伊木马（卧底），充当非正式的公务员工会，以期阻挠改革目标的实现（Corkery 和 Land，1996）。例如，加纳财政部的员工就曾公开声称，他们的公务员同事是改革成功的最大威胁（McCourt，2001b）。

从战略角度看，补救方法似乎很简单：将所有这些职能一同集中到一个单一的战略机构，例如首相办公室或者类似的办公室。虽然有些政府，例如南非，已经朝此方向推进，但是没有政府将此争论达成合乎逻辑的结论。任何国家的财政部都不情愿交出对公务员工资的控制权，即使这将耗费公共支出很大的份额。或许政府更愿意让确立已久的机构保持竞争的传统，例如，设立国家行政人员学院来保持竞争，即便正是它们的存在削弱了政府的战略推动力。

实施就业改革

虽然近年来，在工业化和发展中国家就业改革（裁员）的频率可能都下降了，但是限制公共支出的长久需求意味着政府需要不时地减少用在员工上的支出。但是裁员计划未必总是适宜的。如坦桑尼亚政府发现，通过提高税收或许更能减少政府赤字（Dia，1996）。以前通常在结构调整贷款中附带的裁员方案可能已不存在，但这并不意味着裁员本身应成往事。例如商业周期导致的经济衰退；外部冲击（例如农业欠收或石油价格上涨）；使减少执行标准化任务（例如，邮送税收单据）人员数量的新技术成为可能，所有这些因素使得裁员成为改革舞台的本质特征。

20 世纪 80 ~ 90 年代的就业改革经验表明，应该强调这样三个原则：有效的就业改革应该是战略性的（也就是说，改革应始于政府或个体部门要往何处进展的战略性视角，以及员工就业的战略影响意识）；就业改革应兑现真正的节支，而非简单地减少员工总数；就业改革应将带给员工的困难降至最低。

要使某个机构逐渐达成共识，需要有两个阶段的转变过程：一个阶段是通过紧急行动阻止衰退；另一个阶段是要对未来的战略作出规划。这样一个过程，也被称为“恢复性战略”。在实践中，战略方法是指什么？对工业化和发展中国家来说，在基于私有与公共部门经验性复核的战略模式中，其就业改革始于政府或个体部门的总体战略和人事战略。在此战略背景下，适当时要进行管理性复核并以此形成一项就业改革规划，要采取措施尽量减少对员工造成的困难，使减少就业岗位不要成为管理性复核的必然结果。

在这一“过程”中，所采取的具体措施要始终如一地贯穿于全过程，因为人们会持续地关注这一问题。过程中所采取的措施，既要包括建立产权制度和确立改革承诺，又要包括与员工及其代表的磋商和沟通。这一过程的另外一个问题是，要对战略行动规划作出时间安排，以便使整个方案的实施保持适当的速度。

一旦战略框架到位后，下一步就要通过以下措施，尽量避免减少就业岗位：

■ 进行人力资源预测，以便预期一些地区的员工需求减少，或者员工薪水的支付能力下降。

■ 通过多技能化探寻出职能的弹性。英国的福特汽车公司采取行动把独立工种的数量从1986年的516个减少到1988年的45个（Slatter，1984）。

■ 设立一个人员重新配置程序，其中，新职位被公布前，必须考虑人员配置“库”中的员工。防止这个“库”被用作政治上失宠员工的“倾倒所”，例如，将以前曾握有权力的高级公务员滞留库中。

■ 提供再培训（例如，把多余的管理人员重新安排成电脑程序员）。

通过恰当的程序来预测冗余，使政府能够有条不紊地处理问题。制定这种程序需要时间，特别是在不得不与工会协商方面。这些程序应该被拟定为日常人力资源管理实践的一部分。在英国的一个地方当局，通过制定裁员协议使当局能够在数年内逐渐减少职位，而不必强制裁员。

此外，政府需要控制好新设职位。政府有时会沮丧地发现，在经历了痛苦的裁员之后，员工总数几乎没有减少；正如一条漏水的船，水渗入的速度与舀出的速度一样快。可以通过以下方法避免此问题：

■ 确定任命权将定位何处（在中央机构或在地方机构）。

■ 规定可以进行新任命的精确条件（例如，通过员工转岗机制，管理者有可能继续规避控制措施）。

■ 监测新控制措施的运行（经历了短期的中央监督之后，控制措施或许得以放宽，员工数量可能就重新开始上升；事实上，可能会出现任命高峰，因为各部门尽力"追补"他们认为之前被遗缺的职位）。

如果采用了这些步骤之后，政府仍觉得需要减少就业岗位，那就应该考虑以下行动（见 McCourt，2001b；Nunberg，1994）：[4]

■ 取消空置已久且不再需要的职位。

■ 强推（法定）退休年龄。乌干达曾发现，仍有数千名员工在超过官方退休年龄之后继续工作（McCourt，1998）。

■ 引进兼职和灵活的职位。

■ 按临时合同聘用新员工。

■ 强推冻结招聘。

■ 结束受保证的职位。有些国家，例如贝宁，保证所有毕业生进入公务员行列。鉴于毕业生数量的增加，这种保证在大多数国家可能再也不适合了。

■ 暂停自动晋升。许多国家提供自动的、基于资历的晋升（机制），这种晋升，除了它对工资的影响外，还削弱了晋升与功绩之间的联系。

■ 鼓励自愿离职，这通常是员工所欢迎的。在英国和其他地方，配额的完成速度比预期快（McCourt，1998）。但这种方案可能成本昂贵：在加纳改革的前 5 年以来，自愿离职耗费了政府总支出的 2%。

■ 将工作私有化或者签约外包。虽然这些措施能减少员工人数，但可能不会减少支出，因为签约外包的服务未必更便宜。

■ 冻结工资。

■ 强制裁员。

这个选项列表的显著特点是，强制裁员是这个长列表中的最后一项。如果政府设法通过其他途径节省足够的开支，那么就绝无强制裁员的必要了。如果需要裁员，负责的用工单位（雇主）应该尽量减少给下岗员工造成的困难。一般来说，一旦政府就其裁员计划与工会和其他方进行磋商，或许最好是将援助（措施）集中在被裁员工收到的一次性付款和养老金方面：有证据表明在这笔付款的使用上，下岗员工自己做的决定比政府代表他们做的决定要好得多（Younger，1996）。政府提供的建议和信息对消除误解，并让员工为这些改变做准备也很重要。尽管有助于下岗员工获取新技能的再培训方案在理论上是可取的，但是其成本可能很昂贵，难于管理，缺乏针对性，通常几乎不能为员工提供切实好处。

采用整体分析方法处理公共管理中的整合问题

20 世纪 90 年代末以来，在公共服务内部，为了促进作出更公正和更诚实的承诺，增加了整合促进措施。面对大多数政府以某种方式或其他形式确立的道德行为规定，本节专注于如何给予有力支持。

控制腐败

其他条件相同时，整体分析方法可能是反腐败的最好方法。这种方法应该包括以下要素：

- 无论涉及谁，都要有政治领导人作出的明确或者“公开的”反腐败政治承诺。
- 通过被赋予强大法律权力的自治机构，实施全面的反腐败立法（Pope，1999）。
- 确定和锁定最容易受腐败影响的政府职能，审议将权力滥用余地最小化的程序。
- 保持公共部门足够的工资，不能太低于私有部门的工资水平（虽然在满足这个条件之前，是能够采取有效的反腐败行动的）。
- 采用额外的法律威慑腐败，例如注销通过贪腐获得的合同、执照或许可证。这一措施将迫使海外出口担保机构密切监察他们承保的国际交易，并且赋予公众避免腐败行为和报告对行贿（案件）要求的激励机制（Pope，1995）。

确立公共服务价值观

具有讽刺意味的是，本章讨论的一些改进措施，会冒有侵蚀公共服务价值基础的风险，而正是这个基础支撑着政府的效率和公民对政府的信任。在许多发展中国家和转型经济体中，其政府还面临另外一个威胁：由腐败、裙带关系及偏袒所形成的文化，已对政府造成损害。

有些政府发现，对其所说的“价值观”含义进行清晰陈述，很有助益。在新加坡，总检察署（2003）为其员工草拟了操守准则。为了要求个人行为“无可指责”，这一准则包括以下原则：

■ 我们始终都要用荣誉、诚实与尊严来指导自己的行为。

■ 我们的行为不能损害公众对总检察署和检察官的信任与信心。

■ 我们不得以权谋私。

■ 我们不得透露利用职务之便获得的机密信息，不得将之用于与职责履行无关的任何目的。

■ 我们的行为不得危害正常的司法行政。

■ 我们应该尊重、体贴和礼貌地对待同事、员工及在工作中接触的其他人。

尽管这些准则只是简短的陈述，而非详尽的规则手册，但每个人都应该清楚，如果公务员违反了这些准则，便可适用相关制裁，所以，应该将准则的内容与存在原因教给员工们。准则是诚实公共服务的必要但不充分的条件，所以，必须在公共管理中佐以其他的完善措施，例如提升招聘、选拔和培训的专业质量。

实施操守准则

操守准则的一个关键要素是建立一个独立的反腐机构（Pope，1999）。这一机构将监察对操守准则的遵守情况，并且在不遵守其规定的情况下，采取适当的行动。有必要按照这样的方式设立执行机构的原因分为两点：第一，公务员可能会将这一机制的缺失理解为一个信号——他们不必认真对待操守准则，或者不必改变自身操守以符合操守准则的规定。第二，如果没有看到政府处理腐败及其他滥用公职问题，那么尽管存在准则，来自公众愤世嫉俗的批评将会渐渐出现。然后，这种愤世嫉俗的批评或许会延伸至公共服务改革的其他方面，渐渐破坏政府部门与民间团体努力建立起的伙伴关系。下面，利用中国香港、新加坡和英国执行机制中存在的实例，揭示几条重要教训。

控制中国香港和新加坡的腐败。在中国香港和新加坡，腐败曾被视为一个严重的问题。一定程度上，新加坡因二战中日本占领时期的高通货膨胀和实际工资下降，所以在二战刚结束以后，不道德行为的发生率很高。20 世纪 60 ~70 年代，在香港和新加坡这两大辖区内，应对这一问题，政府经过持续努力，使腐败得以控制。正是因为这些努力，腐败已经不再被视为对其国家或地区诚信的严重威胁。

在此过程中，政府决心是关键（Quah，1994）。政府的回应是，除了别的，通过新的立法，对腐败行为从死者遗产中所产生的收益也要收回。

中国香港和新加坡都通过了全面的反腐败立法，该法律设立调查机构并赋予它们（调查机构）相当大的合法权力（例如，在新加坡，有取得证人证词的权利；在中国香港，要求政府机构改变工作程序，以减少腐败机会）。在新加坡，对腐败行为的惩罚还包括有交出非法收入可以缩短服刑的规定。

20 世纪 80 年代，香港的廉政公署有 1 087 名员工和 1.09 亿港币（约 1 400 万美元）的预算。相比之下，新加坡贪污调查局就显得很小，只有 71 名员工和 600 万新加坡元（约 400 万美元）的预算。虽然这些机构比起其他多数国家的反腐败机构都大，但是新加坡的成果也表明，即使其机构比香港反腐败机构小很多，一样也能取得好成果。

除了调查玩忽职守和支持起诉的核心活动以外，这两个机构还发挥其他作用，通过对公务员进行的项目培训，以及对媒体的运用，进行预防（建议对政府程序进行改变使之少受腐败影响）和意识构建。

香港的廉政公署会广泛接触公众、社区组织和专业机构。为了建立信任和收集可靠信息，开设由机构员工、市政委员会委员和公民协会的代表联合加入的地方办事处。包括审计师和会计师协会成员在内的六个机构监督各种活动，带给它们（地方办事处）专业知识与可信性。

新加坡贪污调查局的建立，得到了财政部的支持，可直接对其他部委采取各种措施以减少在脆弱区域的腐败。这些措施包括更好的监督、减少程序拖延、定期轮换员工、突击核查。必须每隔几年定期审议这些措施以确保它们仍然有效。

控制英国的腐败。在英国，政府处理关于公众公平和公正问题的主要机构是监察专员，官方称为行政议会专员。它不是专门的反腐机构。腐败案件的处理是通过国家正常的调查和司法机构。

没有专门关注公共行政腐败的机构。或许这反映的事实是，尽管最近比较关注国会议员的玩忽职守和国会对政府监督的不力，但是公共行政仍然被认为比较清廉。公务员操守准则于 1995 年被提出，是为了回应关于维持部长和公务员之间适当关系的问题，而非腐败问题本身。

为了回应最近对政客不当行为的关注，国会还设立了一个内部委员会调查被指控有玩忽职守罪的国会议员。该委员会有两党的联合支持，反映的当前看法是：一个政党对其被指控有玩忽职守罪国会议员手软，将会受到公众的责罚。

其他促进整合的机制

其他几项机制可以促进整合，包括起诉违规者、分权与控制腐败、提高公共服务声望。

起诉违规者

中国香港和新加坡都继续依靠正常的司法程序起诉那些被指控从事腐败活动的人员。尝试起诉违规者可能会遇到宪法障碍，且在民主国家可能难以被接受（虽然可以使用独立于刑事诉讼的公务员惩戒机制）。

司法系统中的弱点——案件过长或者裁决的不可预测性，如在一些国家的情况一样，可能成为反腐运动的致命弱点。作为反腐战略的一个组成部分，司法系统可能需要强化。因为控制腐败新方案的可信度通常取决于是否能带来立竿见影的成效，所以也应该探寻其他的制裁手段，包括对公务员的纪律处分程序以及对政治任命官员的撤职。

分权与控制腐败

管理分权能增加腐败吗？腐败发生率有时与官员能在决策时自由裁量权的程度有关；减少官员的自由裁量权通常被规定为能减少腐败行为可能性的手段。在一些国家，公共服务中的管理集权，证明是将自由裁量权和腐败可能性降至最低的手段。

然而，透明国际指出集权可能产生腐败，因为人们试图克服延误和效率低下。它引用了两个极端的例子："一个［官僚化］组织如果被赋予如下特点：存在混乱、缺乏规则、记录保存不良、人事变动迅速，那么，所有这些都表明行贿是这些不确定性因数的解药。［官僚化］的另一个极端是，可能受过于僵化之苦：尽管拥有清晰的等级制度和大量规则，但是由于决策权只在最高层，因此助长了行贿的黑钱要绕过瓶颈，以确保在通过这一系统时所需资源不被减除"（Pope，1995，285）。这些案例与来自其他国家调查发现相一致：高度集权最终是弄巧成拙，因为人们面对多重的规章制度时就会试图规避它们。

提升公共服务声望

公共服务只有效率和公平是不够的，其本身还应该为公众亲眼所见。公共服务在公众心目中的形象非常重要。公民需要对代表他们提供公共服务的政府有信心。只要公职被年轻人及其家庭视为值得干的职业，政府就会吸引到高素质的员工。

政府作为一个雇主，应该降低其相对于私人部门的声望，即使这或许是不可避免的，甚至是可取的。除了私人部门主导的经济增长本身的价值以外，在许多国家私人部门的增长，意味着许多年轻人有了他们父母未曾有过的职业选择。但不只是相对于私人部门的声望，政府（公共）部门的绝对声望也下降了。无法迅速修缮许多国家政府的不良形象；没有任何网站或者广告活动能在一夜之间改变公众的看法。长远来说，本章陈述的耐心而又长期的发展活动（在提升政府声望方面）将发挥重要作用。

两个国家案例表明，随着时间的推移，公共管理的决定是如何显著提升政府声望的。博茨瓦纳和新加坡都选择了规模相对较小的精英型公务员队伍，从最具才华的研究生和毕业生中招募员工。

博茨瓦纳将薪资作为主要杠杆。1990 年，其审核收入政策的总统委员会作出的关键性决定是，允许市场力量决定工资率。它解除了对收入的原有约束，将最高工资和最低工资之间的比率从 1984 年的 15∶1 扩大到 2002 年的 39∶1。现在，其工资率（标准）在撒哈拉以南非洲是最高的（Kiragu 以及 Mukandala，2004）。

1988 年，新加坡等级制度顶层的“高级”官员有 493 名，低于公务员总数的 1%。这些高官都是来自精英大学的尖子毕业生；事实上，公共服务委员会在这些大学提供奖学金，条件是奖学金获得者毕业后进入政府部门。

因而不足为奇的是，透明国际所报告的政府腐败排名中，博茨瓦纳和新加坡的排名都很低。强有力的反腐政策帮了很大忙。由于不会像博茨瓦纳和新加坡那样享有良好的经济增长，许多国家也不会像它们那样容易采取措施。然而，其他国家的政府可根据自身情况和需求，选择性地应用这两个国家所代表的模式特点。

如何介绍和定序改革？

即使在公共管理改革有可行性并且决策者致力于改革的国家，也需要领导者的指引才能帮助渡过改革难关。虽然在强化公共行政方面取得成功的那些国家，会实行不同的改革策略（表 2.4），但是其领导人都具备能够做艰难决定并且实施这些决定的领导力。

表 2.4 公共管理改革的定序

目标	第一阶段的改革	第二阶段的改革
促进职业生涯管理	增强职业安全感（工作保障），免受政治干预	减少终身职位，与持续的绩效评估相联系
实现公务员的团结	创建有常见术语和条件的法定干部制度	下放工资制度安排的权力并使之多元化，为用人单位提供灵活性
提供个人激励机制	一贯地执行标准的论功晋升（按业绩升职）和奖励规则	建立年度绩效目标
创造开放性	在封闭制度内鼓励职业发展，避免裙带关系	朝基于职位的制度前进，鼓励公开选拔机制

资料来源：Manning 和 Parison（2003）。

一名受过训练的优秀公务员，强调可预测性、规律性及对规则的遵守，但他未必就是一名优秀的领导人。反之，管理者关注的是一惯性和秩序性，而领导者的指引则是要推动有目的性和建设性的改变（Kotter，1990）；管理者可以对工作表现出客观性（非个人的）及职能性的态度，而领导人是个人的投身和承诺；管理者可以寻求有效地执行现有的（制度）安排，而领导人寻求打破成规找到解决问题的新方法（Zaleznick，1997）。

能引领成功改革的领导力，其中一个重要元素就是远见，这也是 Williamson（1994）通过对 11 个国家政治经济改革进行研究所确定出的三因素之一。远见需要领导人超越相互竞争的利益相关者，避免与之耗费大量时间，以便能够看到未来事物的状态，并能激发起他人的动机，使其能赞成自己的远见。远见是“转型领导力”的要素之一（Burns，1978）。远见非常不同于日常管理中的技能。

改革的经验表明，成功的领导人是亲身实践的领导；领导力的委托只能到一定程度。马来西亚总理默罕默德·马哈蒂尔主持召开了所有的 10 次委员会会议，改革公务员薪资并引进有绩效工资要素的绩效考核（Government of Malaysia，1991）。10 年以后，他亲自命令官员对这一改革计划做重大变动以回应公务员工会对该计划运行中不公平的、主观性的抱怨。英国首相玛格丽·撒切尔在20世纪80年代进行的受人称赞的人员安置改革与20世纪60年代哈罗德·威尔逊进行的改革并无大异。不同之处是她在改革上花了“足够的时间”，并将改革的全面实施坚持到底。

如果寻求引领改革的高官不干涉组织的施压手段，便不能亲身参与改革：他们需要一些授权。在毛里求斯，甚至一个很高级别的中央官员都抱怨道：“实际的集权制有利于‘推卸责任’。”一个大型服务部门的领导评论道：“虽然你希望人们按管理者那样行事，但是你并没给他们机会……我不得不忍受比如 x、y、z 那样的人及其他员工。他们是由别的部门选拔的……甚至在我不知情时，就把我机构中的员工调离了”（McCourt 以及 Ramgutty - Wong，2003，608）。除非中央的措施仍然合适，否则领导人应该有能力或制定管理制度来行使支持改革的领导力。

在复杂的政治和制度条件下——例如，改革取决于松散和变换的支持者联盟，强有力的领导作为斩断制度上的戈尔迪之结（斩钉截铁的手段解决制度难题）的方式就更重要了。如果联盟的理念要转化成具体改革，则领导人是那些联盟必须拥有的公众人物。墨西哥的卡洛斯·萨利纳斯等领导人利用对经济危机的广泛看法，使用互利互惠权将支持者安排到关键职位，迫使敌对政党领导人和工会退出（Grindle，2007）。简言之，领导人便动用他们正式职位赋予自己的所有权力手段，来打破僵局和降服寻租者。

公共管理改革的领导力的现实即使是强有力的，也远比机场书报摊上描绘的粗暴英雄形象（虽然那种英雄领导人也是存在的：马哈蒂尔是一个例子）复杂得多。领导力并非单个领导人的特色，而是“分布在”政策联盟的数个成员之间（Barry，1991）。莫桑比克楠普拉省的地方规划、融资、治理模式（Jackson 即将出版）似乎就是这样的案例，那里的省级政治领导、公务员、荷兰政府（主要的长期资助者）和由捐赠者资助的两个技术顾问，都为改革的方向作出了贡献。领导力或许也是“有顺序的”，不同的个人在政策发展的不同阶段有着或多或少的权力。在巴西，一项为贫困家庭提供现金转移支付的计划被议员提上议程，但在被联邦政府采用之前首先在市一级实施（Melo，即将出版）。

虽然领导力的某些方面可能是普遍的，但是其他方面却因国而异。Leonard（1991）指出，肯尼亚成功的公共管理者有良好的政治关系网和捐赠者资源；Kanungo 以及 Conger（1995）表明在有集体主义取向的国家，领导人应该采用“家庭方法”，例如通过参与社交场合（使他们自己）了解员工。Pascal 的观察是，在一个国家是正确的可能在另一个国家却是错误的［*vérité en - de. à des Pyrénées*, *erreur au - delà*（在比利牛斯山的这面是对的，到了比利牛斯山的那面就是错的）］，此说法适用于领导力指引。

结论：深入改革

如前所述，一揽子改革计划没有参考它所嵌入的政治经济环境，便不能说它比其他一揽子改革计划好还是次。本章提出的改革模式可被视为各国政府适应于符合自身情况的备择方案。

政策分析家和外界机构，包括发展机构的创新和建议仍将是决策者们思想的丰富源泉。然而，政策分析既是一个发现的过程，又是自上而下的指示。因此政策分析家的挑战是以自己的方式确定和了解国家层面上有希望的政策，了解那些政策嵌入的政治经济环境。支持改革更多的是确认吸引地方决策者兴趣的有希望的想法，而非鼓励——更不用说强迫决策者采用某一国际改革模式，无论这个模式在外人看来或许多有吸引力。

本章注释

1. 其他选择方案当然也是可能的。分开选择方案是为了便于分析；在实际生活中，政府经常采用多种方法组合，在某些时候可能更偏重其中的一种。

2. 斯里兰卡并非作为成功改革的模式在此提出，虽然它的经历在有些方面是积极的，但因其改革根植于当地的土壤，只能成为一种涉及其国内政治因素的实例。

3. 这项计划也不太适用于拉丁美洲或者较早或较晚获得独立的国家，例如印度和津巴布韦。

4. 为了与本章采用的政治经济学方法一致，这些步骤是按可能存在的政治难题的顺序列出的。

本章参考文献

Anderson, James, Gary Reid, and Randi Ryterman. 2003. *Understanding Public Sector Performance in Transition Countries: An Empirical Contribution.* World Bank,

Al - Arkoubi, Khadija, and Willy McCourt. 2004. "The Politics of HRM: Waiting for Godot in the Moroccan Civil Service." *International Journal of Human Resource Management* 15 (6): 978 – 95.

Attorney – General's Chambers. 2003. "Code of Conduct." Singapore.

Barry, David. 1991. "Managing the Bossless Team: Lessons in Distributed Leadership." *Organizational Dynamics* 21 (1): 31 – 47.

Bebbington, Anthony, and Willy McCourt, eds. 2007. *Development Success: Statecraft in the South.* London: Palgrave Macmillan.

Burns, James. 1978. *Leadership.* New York: Harper and Row.

Corkery, Joan, and Anthony Land. 1996. *Civil Service Reform in the Context of Structural Adjustment.* European Centre for Development Policy Management, Maastricht.

Dia, Mamadou. 1996. *Africa's Management in the 1990s and Beyond: Reconciling Indigenous and Transplanted Institutions.* Washington, DC: World Bank.

Government of Malaysia. 1991. *Report of the Special Committee of the Cabinet on Salaries for the Public Sector.* Kuala Lumpur: National Printing Department.

Grindle, Merilee. 2007. "When Good Policies Go Bad, Then What? Dislodging Exhausted Industrial and Education Policies in Latin America." In *Development Success: Statecraft in the South*, ed. Anthony Bebbington and Willy McCourt. London: Palgrave Macmillan.

Gulhati, Ravi. 1990. "Who Makes Economic Policy in Africa and How?"

World Development 18 (8): 1147 -61.

Hyden, Goran, Julius Court, and Kenneth Mease. 2004. *Making Sense of Governance: Empirical Evidence from 16 Developing Countries*. Boulder, CO: Lynne Rienner.

Jackson, David. Forthcoming. "The Nampula Model: A Mozambique Case of Successful Participatory Planning and Financing." In *Development Success: Statecraft in the South*, ed. Anthony Bebbington and Willy McCourt. London: Palgrave Macmillan.

Jenkins, William. 1978. *Policy Analysis*. London: Martin Robertson.

Jones, David. 1974. "The Tribune's Visitation." In *The Sleeping Lord and Other Fragments*, ed. David Jones, 42 -58. London: Faber and Faber.

Kanungo, Rabindra, and Jay Conger. 1995. "Modal Orientations in Leadership and Their Implication for Developing Countries." In *New Approaches to Employee Management*, vol. 3, ed. Rabindra Kanungo, 155 -70. Greenwich, CT: JAI Press.

Kaufmann, Daniel. 1999. *Governance Redux: The Empirical Challenge*. World Bank Institute, Washington, DC. www. worldbank. org/wbi/governance/pubs/govredux. html.

Killick, Tony. 1998. *Aid and the Political Economy of Policy Change*. London: Routledge.

Kiragu, Kithinji, and Rwekaza Mukandala. 2004. *Pay Reform and Policies Report*. OECD Development Assistance Committee, Paris.

Kotter, John P. 1990. *A Force for Change: How Leadership Differs from Management*.

New York: Free Press.

Leonard, David. 1991. *African Successes: Four Public Managers of Kenyan Rural Development*.

Berkeley: University of California Press.

Manning, Nick, and Neil Parison. 2003. *International Public Administration Reform: Implications for the Russian Federation*. World Bank, Washington, DC. www. worldbank. org/publicsector/civilservice.

McCourt, Willy. 1998. "Civil Service Reform Equals Retrenchment? The Experience of 'Rightsizing' and Retrenchment in Ghana, Uganda and the United Kingdom." In *Beyond the New Public Management: Changing Ideas and Practices in Governance*, ed. M. Minogue, C. Polidano, and D. Hulme, 172 - 87. Cheltenham,

United Kingdom: Edward Elgar.

Washington, DC. www. worldbank. org/wbi/governance/govdonors/pdf/reid. pdf.

——. 2001a. "The New Public Selection? Anti - corruption, Psychometric Selection and the New Public Management in Nepal." *Public Management Review* 3 (3): 325 – 44.

——. 2001b. "Towards a Strategic Model of Employment Reform: Explaining and Remedying Experience to Date." *International Journal of Human Resource Management* 12 (1): 56 – 75.

——. 2003. "Political Commitment to Reform: Civil Service Reform in Swaziland." *World Development* 31 (6): 1015 – 31.

——. 2006. *The Human Factor in Governance: Managing Public Employees in Africa and Asia.* London: Palgrave.

McCourt, Willy, and Anita Ramgutty - Wong. 2003. "Limits to Strategic Human Resource Management: The Case of the Mauritian Civil Service." *International Journal of Human Resource Management* 14 (4): 600 – 18.

Melo, Marcus. Forthcoming. "Political Competition Can Be Positive: Embedding Cash Transfer Programmes in Brazil." In *Development Success: Statecraft in the South*, ed.

Anthony Bebbington and Willy McCourt. London: Palgrave.

Moore, Ray, and Donald Robinson. 2002. *Partners for Democracy: Crafting the New Japanese State under MacArthur.* New York: Oxford University Press.

Nelson, Joan, ed. 1990. *Economic Crisis and Policy Choice.* Princeton, NJ: Princeton University Press.

NEPAD (New Partnership for African Development). 2004. "Country Self - Assessment for the African Peer Review Mechanism." Bamako, Mali. www. nepad. org/2005/files/documents/156. pdf.

Nunberg, Barbara. 1994. "Experience with Civil Service Pay and Employment Reform: An Overview." In *Rehabilitating Government: Pay and Employment Reform in Africa*, ed. D. Lindauer and B. Nunberg, 119 – 59. Washington, DC: World Bank.

——. 1997. *Rethinking Civil Service Reform: An Agenda for Smart Government.* World Bank, Poverty and Social Policy Department, Washington, DC.

OECD (Organisation for Economic Co - operation and Development). 1994.

Public Management Developments. Paris: OECD.

——. 2004. *Issues and Developments in Public Management: Canada* 2001. Paris: OECD. www. oecd. org/dataoecd/39/25/1923850. pdf.

Pope, Jeremy. 1995. "Ethics, Transparency and Accountability: Putting Theory into Practice." In *Civil Service Reform in Anglophone Africa*, ed. Petter Langseth, Sandile Nogxina, Daan Prinsloo, and Roger Sullivan. Pretoria: Economic Development Institute, Overseas Development Administration, and Government of South Africa.

——. 1999. "The Need for, and Role of, an Independent Anti - corruption Agency." Transparency International Working Paper, Berlin, www. transparency. org/working_ papers/pope/jpope_ iaca. html.

Quah, Jon. 1994. "Controlling Corruption in City - States: A Comparative Study of Hong Kong and Singapore." *Crime, Law and Social Change* 22 (4): 391 -414.

Slatter, Stuart. 1984. *Corporate Recovery.* Harmondsworth, United Kingdom: Penguin.

Wijesinghe, D. 1997. *Administrative Reforms: International Perspectives and the Case of Sri Lanka.* Colombo: Government of Sri Lanka.

Williamson, John. 1994. *The Political Economy of Policy Reform.* Washington, DC: Institute for International Economics.

World Bank. 1998a. *Assessing Aid: What Works, What Doesn't, and Why.* Washington, DC: World Bank.

——. 1998b. *Public Expenditure Management Handbook.* World Bank, Poverty and Social Policy Department, Washington, DC.

——. 2004. *World Development Report* 2004: *Making Services Work for Poor People*, Washington, DC: World Bank.

——. 2006. "Strengthening Bank Group Engagement on Governance and Corruption." Draft Development Committee strategy, World Bank, Washington, DC.

Younger, Stephen. 1996. "Labour Market Consequences of Retrenchment for Civil Servants in Ghana." In *Economic Reform and the Poor in Africa*, ed. David Sahn, 185 -202. Oxford: Clarendon Press.

Zaleznick Abraham. 1997. "Managers and Leaders: Are They Different?" *Harvard Business Review* 55 (3): 67 -78.

第三章

电子政务能否使公共治理更具责任性？

Helmut Drüke

全球化、信息与通讯技术领域的变革、意识形态重要性的降低、组织中关于效率动机的新思想，以及对国家与社会关系已经变化了的理解，都要求对公共管理部门进行广泛的重组。挑战是要以影响全社会与全民族的方式来改变公共管理部门的结构与职能。

实现公共管理部门现代化的新方案正在全世界开展。第一代变革，执行于20世纪80年代，专注于公共部门现代化，基于新公共管理概念及手段。新公共管理有两条主线。第一条是将通过强化顾客对此的关注，并引进诸如外包、公司化、代理机构化、私有化（Naschold、Jane及Richard，1999）等，替代其仅用于内部的服务，以此来重塑与外部行为者之间的关系。第二条是通过成本—效益评估来增加财务管理的透明度，通过行政诉讼来完善其透明性，以及通过变革其激励结构（等特征的）等，来优化公共管理部门内部的程序与组织。

电子政务代表着改革的第二代。电子政务的主要影响，“无非是通过更好的政策预后、更优质的服务、更密切的公民联系，以及通过业已证实的关键性产出，来改善政府的管理。人们将愿意并将用这些确立起来的成功标准，评判政府与公共管理”（OECD，2003，12）。

在电子政务的辅助下，发展中国家正在为实现公共管理现代化而做巨大努力。但面临的异常挑战是，要实现公共部门的现代化和公共生活的渐进民主化。在发展中国家，网络技术在公共管理部门中的运用，已经开创了政府与社会之间的新链接。电子政务是否将造就一个更加透明、互动、公开、进而负责的政府，仍要拭目以待。

本章讨论的是电子政务在多大程度上能促进可问责的公共治理的实现。第一节讨论了公共治理中问责制的概念。第二节将电子政务描述为一种综合的现代化概念，并确认电子政务在被引入发展中国家之前所需的前提条件。第三节讨论了发展中国家在促进电子政务发展方面的力所能及之处。最后一节论述了确保电子政务提高问责制必须付出的努力。

公共治理中的问责制

政治学者们同意将问责制定义为“让那些影响了人民生活的人为这些影响负责”。受其影响的人，有权发表自己的意见，其观点要予以考虑。权力者有倾听与反馈的义务。为强制执行这些权利与义务，社会已建立制裁措施。

问责与民主

问责制是现代民主的基石。根据 Brin（1998）的观点，问责制是透明社会的基本原则。Brin 引用 Popper 的观点，问责制是涉及民主社会中行政与经济制度的理性原则：根据 Popper 的概括，只有坚持问责制，我们才能不断地提醒公务员自己是公仆身份。为使商人不能欺诈大家或者工厂不能污染水源，问责制也是我们保持这种信心的方式。尽管质问权力机构，这一习惯有时似乎效率低下且暴躁吵闹，但却可以远比以往任何以委托或信任为基础的旧社会制度更有效地确保自由（Brin，1998，12）。

问责制不仅限于公共治理，它也是所有社会关系所预期的基本的规则及原则。私有部门、非营利性及公民组织，均须对公众及其机构利益相关者负责。

谁对谁负责因情况而异，对于一个组织或机构而言，主要取决于作出的决策或采取的措施究竟是内部或是外部的。一般来说，一个组织或机构要对受其决策或措施影响的人负责。问责制是社会中的基本原则，这一事实是可问责的公共治理得以奏效且为社会中行为者所接受和期望的前提条件。

问责制对治理的合法性至关重要。在本书中，内部与外部问责制间的差别十分重要。内部问责制是指政府与公司中的行为者，对分配给他们任务的那些人负责。合法性面临的更困难之处是外部问责制，意思是那些本身不直接或间接参与政治关系网但却受政治决策影响的人，有机会影响这些决策。只有通过更多的透明及公开方可实现外部问责制。

问责与良治

市民有权要求良治，这应予以理解。公共管理部门的质量必须良好，接受这一事实毋庸置疑。公共管理部门应提供高品质的社会服务并允许公众参与政治过程。从此意义上讲，良治的概念是一个古老而熟悉的词语。但良治是个近期才被提出的术语，反映了被治理群体对治理行为者的新期望。“假定流行的心态为公民是政府的主体……且自由选择与自由言论亦是政府机构的基石，那么顺着指导政府服务于民的具体过程看，在许多国家（即便事实上不在大多数国家）良治是被忽视的”（Saarenpaa，2002，10）。

在治理结果与过程方面，良治视被治理者为（专门对政府）怀有志向与期望的公民。联合国亚太经济社会委员会认为，良治有八个主要特征：参与式的、共识导向的、可问责的、透明的、回应性的、有效与高效的、公平与包容的，并遵守法治的（联合国亚太经济社会委员会，2006，1）。

这一定义更清楚地表明，不仅从有效官僚机构的意义而言，而且还从民主治理的意义上讲，问责制是良治的重要特征。民主治理“强调公民、政治代表、行政机构间的互动，为公众有机会影响并参与决策制定，以及参与发展及服务过程提供了特殊视角”（Anttiroiko，2004，5）。就公众在透明的决策制定过程中的积极参与而言，问责制能够促进良治。依照对良治的这一理解，公众有（法律强制的）权利积极参与治理，并享有优质的公共服务。

良治具体指什么？为了明确实现良治的具体行为，Fuhr 与 Stockmayer（2002）确定了良治的四个维度，并提出各自的指标（表 3.1）。[1]

表 3.1　良治的维度

国家任务及其改革	政府能力	民间团体	法律
执行分支结构的任务绩效	咨询连贯政策的设计	创造公民参与的环境	创建经济产权的独立经营秩序
通过提供持续公共服务以加强合法性	设置改革导向型的政府机构	引进国家机构与民间团体的建设性互动	归属权利并确保其应用
通过更为有效的公民参与加强合法性	持续提高		国家的法制
消除腐败			
废止一些行为者的普遍暴力行为			

资料来源：Fuhr 与 Stockmayer（2002）。

第一个维度（国家任务及其改革）通过推广有效的公众参与，触及任务完成的分支结构的根基，并增强其合法性。第二个维度（政府能力）指制定连贯政策的能力及改革导向型政府机构配置的能力。第三个维度（民间团体）主要包括民间团体及其机构。第四个维度（法律）提出建立产权制度，这对社会内部、社会与国家之间的透明而可靠的互动尤为重要。

作为现代化综合概念的电子政务

电子政务依靠的是客户服务、公民参与及内部效率。它开创了一种全新质量的公共管理。运用信息与知识的新方式是以重组台前台后部门、在不同层级政府间建立管理人员的合作及扩大决策过程中的公众参与为基础。目前，一方面在行政机构之间，而另一方面在公众和企业之间，有可能建立全新的关系及合作形式。

电子政务明确了组织内部间的关系或内部与公共部门管理的组成部分。电子政务是指公民、政府机构与当选官员之间的互动。它专注于决策与政策制定过程。信息通信技术在决策制定阶段提供支持（信息搜寻、意见形成、共同决策、商讨、冲突解决及投票）。

在此略举几个应用程序：电子政务是提高公共管理部门透明度的一种方式，使公共管理部门更容易向被治理者（公民）解释其活动。通过发挥公民在行政程序中的监督角色以支撑透明度，该监督角色随后融入工作流系统中。另一种方式是实行追溯系统，申请政府服务、许可及特许权的人员凭此系统可以跟踪申请程序。提高公共管理部门对“客户”质询的回应性有助于政府意识到社会对公共服务方面的期望。积极的投诉管理系统，能够引导公民提出投诉意见，并对已收到投诉意见形成透明的处理程序。

在实施单窗口解决方案时，个人及企业应对公共管理的压力更小、更简单，这意味着申请者可以从访问点获得信息。单窗口解决方案需要前台与后勤部门的整合，以便在要求标准化或半自定义化的情况下，前台部门即可以对其进行处理。在面对面处理客户问题的授权客服中心与后勤部门之间，其责任与活动的新布局，为在公共管理部门重新组织其内部活动的分配，开启了全新的可能性。

来自不同层级（地方、区域与联邦）管辖区的公共权力机关（政府当局）也可能进行合作。外部合作伙伴亦可以不考虑距离而通过电子方式进行联络。

存在这样一种倾向：人们高估了数字治理可能有的潜力。电子政务是一个组织概念，它以欲改变政府与被治理者（公民）互动方式的强大政治意愿及清晰视觉为基础。经合发展组织恰如其分地表述道："电子政务更侧重于政务而非'电子'"（经合发展组织，1993，6）。

发达国家的电子政务

最先进形式的电子政务意味着政府及行政机构的所有方面（公共政策形成、决策制定、服务开发及提供、参与）都是由信息通信技术支持的。这包括行政机构与其顾客间的无缝交易，以及公民通过互联网与数字电视在地方层级的政策形成与决策制定过程中的参与。

整个发达国家的电子政务由上述这些标准衡量，处于由信息与交流阶段向交易阶段转移的边缘。开发的初始阶段集中在建立市政信息系统，例如行政指导、形式、市政门户网站与通信设施（如电子邮件、聊天室）。诸如出生注册、地址变更、公司注册等简单电子交易很普遍。

更为复杂的交易（例如，税费缴纳及电子采购）也只在一些对交易安全、法律约束交易及真实性方面的法律与技术障碍较少的国家进行，例如加拿大、英国及美国，这些都是在线服务的基准研究方面处于世界领先地位的国家。根据凯捷集团 2004 年为电子欧洲进行的在线可行性研究（凯捷集团，2005），欧盟国家通过下载表格实现了双向互动，但完全电子化的案件处理方式仍属少见。商业服务的在线可行性要高于公民服务的在线可行性，这反映了由电子政务向商业导向型服务的转变。

参与型服务特征也大为不同。在许多国家，公民可以通过网络直接联系上议会成员及行政人员；在一些国家，公民参与构建许可程序。在芬兰则布设了更为广泛的参与设施。电子政务本身，一种特殊形式的公众参与已经在弗吉尼亚州的弗吉尼亚滩得以开发，其中公民委员会监督项目工作。因为高投资、低需求，一度被寄予厚望的电子投票只在小型选举中使用或测试（Malkia、Anttiroiko 及 Savolainen，2004）。

只有将电子政务设计为行政现代化的综合项目，它方能成功。Drüke（2005）编辑的书册中，所有先进的当地社区都有书面的电子政务战略，且大多数的案例都基于展望。如果政治高层及行政领导认同电子政务及现代化，那么电子政务将被视为一大成功因素。这一承诺是确保现代化项目与其他政治改革项目之间连贯性的主要条件。

发展中国家的电子政务

直到最近，除一些国家外，电子政务已在澳大利亚、欧洲、日本、新西兰、北美及新加坡广泛应用。以国家与社会之间互动的坚实结构为基础，重组内部操作及与社会互动的新潜力即将被电子政务显著改变。使信息更容易、更迅速地传播至用户的渠道已经到位。如果提供"实质性民主"（即每个人都有机会在政治进程中提高自己的话语权），且国家强大，则电子政务的参与便给予被治理者（公民）更强的话语权。法律制度及市场监管的发展程度，使得对网上交易的管理有效而透明。

非洲、亚洲和拉丁美洲的发展中国家，创造电子政务的先决条件，及在建立内部工作和处理与社会互动的新方法上，是落后于发达国家的。市场缺陷和政府失灵的复杂相互依赖性，是其进展缓慢的原因。现代化的推广者面临着特殊条件和挑战："在发展中国家电子政务必须适应某些独特的条件、需求和障碍。这些可能包括持续的口授传统、缺乏基础设施、教育制度的腐败、薄弱和使用技术的不平等。太多情况下，缺少专业技能和信息的使用权，加剧了资源和技术的匮乏"（太平洋国际政策协会，2002，1）。

发展中国家的公共治理

新型工业化国家、欠发达国家及最不发达国家的传统评估准则已过时，因为它们只限于单一的英国方式——国民经济的表现。两种趋势要求不同的方式：发展过程中对国家日益差异化的反映（Messner，1995；Rotberg，2004；世界银行，1993；世界银行学院，2004）及被治理者（公民）将“良治”的意义作为主要要求（Chesterman，2004；Minogue 及 McCourt，2002；经合发展组织、DAC，2002）。

Risse 及 Lehmkuhl（2006）提出了重点关注国家发展水平的新分类方法。具有“受限无政府状”的国家，主要是缺乏权威决策能力及国家对暴力的垄断（表 3.2）。

表 3.2　“受限国家性”的国家特点

国家类型	特点	例子
衰退国家	既没有到位的国家垄断暴力并且政治行为者有效执行政治决策的能力也不到位	阿富汗、哥伦比亚、刚果民主共和国、尼日利亚、塔吉克斯坦
弱势国家	通常由于缺乏政治行政能力，在许多转型经济体以及发展中国家中的国家垄断暴力及有效执行政治决策的能力严重缺失	阿根廷、亚美尼亚、阿塞拜疆、格鲁吉亚、印度、印度尼西亚、墨西哥、巴基斯坦
新兴国家	国家暴力垄断，权威决策仍得不到全方位的有效执行	巴西、韩国、南非

资料来源：Risse 及 Lehmkuhl（2006）。

在一些拉美国家，市场结构不完善，监管制度不发达（Fuhr，1998）。腐败的精英们滥用国家特权寻租及挪用租金，与中产阶级和工会之间建立租金分配链条，从而融入强势的社会集团中并抵消了反抗的潜在性。“由国家及社团主义控制的民粹主义，是导入替代性工业化中市场限制及保护主义的政治吊坠”（Fuhr，1998，5）。因为决策制定于这些广泛联盟的内部，所以问责制缺失。政治责任被掩盖，而成功却只归功于政治阶层的成员。

在拉美大多数国家，该路径已经导致经济浩劫：长期经济衰退及导致严重预算限制的累累国债。

合法性问题日积月累。因此，始于一些国家进行的影响深远的经济方向调整及政治权力重新洗牌，国家现代化的浪潮已经来袭。

新公共管理，以公共任务及内部现代化的重新定义为基石，目前已经被公认为是摆脱困境的方式，尤其在拉美国家，然而，结果平平。Fuhr（1998）的结论是国家现代化并没真正成功，一定程度上是因为大多数国家中的特殊权力人物，以及因为新公共管理无法解决基本问题，如人力资本低投资、反腐力度不够、与民间团体联系程度低、正式民主制度中制衡的缺失等。

市场不完善及国家失灵也给信息社会的发展造成很大障碍。一些保持电信垄断、阻碍竞争者自由进入、限制竞争性市场的国家，被置于社会发展中的缓慢增长及随之而来衰退的不利地位。

在新兴国家，官僚机构正扮演着特殊的角色。诸如巴西、南非等国由一种官僚团体控制，该团体使国家成为一个主导而有效的机构。此官僚机构履行除协调与支持职能之外的控制职能，该职能是一种有着议会民主结构的狭隘经验的产物。有能力、有资格的公务员们，通常对此做派畏而远之，而选择私人部门，则可提供更具吸引力的薪水、职业道路及工作条件。尤其是公共管理机构中的中层管理人员，其高流动率导致这些国家与其他国家的合作关系十分紧张。

电子政务对良治的贡献

电子政务对市场缺陷及国家失灵问题均奏效。使用电子政务便意味着对市场的调节（创造透明、公平的机会以追求个人经济利益），以及加强国家在社会中的角色（使市场机制奏效）。这反过来也有助于增强监管的执行力，减少官员的自由裁量权，提高透明性。电子政务在解决“受限无政府状”这一国家缺陷，更好地使公民通过电子参与方式参与决策制定过程中，发挥着显著作用。此外，电子政务有助于国家任务及其改革的再形成与现代化，提高政府能力，发展民间团体，强推新型法律构架并在公共管理部门引进法制（表3.3）。

改革国家任务

由于网络化的新潜力，以及不同层级的行政部门之间与单一层级行政部门内部的新合作机会，使20世纪80年代原本卡在公或私的二分法讨论，现已在更广泛的背景下继续进行。电子政务的范围比新公共管理广得多，主要是指与外部世界之间的新型关系。高度纵向整合或

表 3.3　　电子政务对良治的贡献方式

良治的维度	电子政务的应用
国家任务及其改革	
执行分支结构的任务绩效	外包、代理机构化及公私合作关系
通过提供持续公共服务以加强合法性	查阅（有权使用）记录、地名录、移动服务及电子采购
通过更有效的公民参与加强合法性	更有效地且不受控制地使用信息及政府服务、电子采购、城市土地规划
消除腐败	电子采购、跨境检查、电子司法审判、税收制度、腐败案件的电子注册
废止一些行为者的普遍暴力行为	电子司法审判
政府能力	
咨询连贯政策的设计	利益相关者参与、积极交流
设置改革导向型的政府机构	职业绩效测评、电子司法审判、公私合作关系
持续提高	职业监督、问责机制的公民监督
民间团体	
创造公民参与的环境，引进国家机构与民间团体的建设性互动	电子参与、利益相关者参与 公私合作关系的形成、信息与通讯技术产品及服务的市场开发、经济发展
法律	
创建经济产权的独立经营秩序（参见消除腐败）	通过电子签名、电子交易、许可及网络犯罪立法、电子采购的运用实现市场自由化
归属权利并确保其应用	选民进行电子注册可防止在投票人名单上漏掉
国家法制作为良治的属性	能力与责任、查阅（有权使用）记录、电子司法审判的定义及透明性

资料来源：作者。

国家活动的调节自动化的备选方案，包括代理机构化及公私合作关系的形成。代理机构化是指一种将公共活动（权力）下放至民间团体的形式；公私合作关系是一种连接公共机构与私有企业的方式。[2]

使代理机构成为完全私有化且令人感兴趣的备择方案，是因为比之公共机关，代理机构具有更大的灵活性。英国的公共代理机构是以决定其能力、义务、政治目标、财政来源、产出及绩效的框架文件进行运作的。但它们在职能（监狱管理、专利局、土地勘测、海关清关、劳工部等）与规模方面（从40到400位员工）存在着显著差异。代理机构的资金来源于税、费或在公开市场的销售额。

公私合作关系——公共机构与私营企业双方共同投资经营合作项目已不再是新的投资工具，例如这种方式在建筑行业运用过一段时间。[3]电子政务中，公私合作关系的双方优势在于，各方承担有限风险并可带来特殊的专业技术及利益。在连接公共机构与私营企业的过程链中，公私合作关系具有高度相关性（例如，包括建筑许可证的发放、门户网站的建立、电子采购）。诸如芬兰与英国等的国家经验表明，公私合作关系这一方式，为双方追求共同利益提供了巨大契机（Drüke，2005）。

另外，公共管理部门与外部世界之间的新关系就是合作，只是不一定适合于上述严格的法律形式或过程。有长时间合作经历的芬兰，就是通过引进电子政务，将这种合作推向新水平。芬兰的电子政务，就建立在国家传统合作结构以及利益相关者组织间工作关系的基础之上。

“我们甚至可以说，这一趋势表明，芬兰地方电子政务中的很大一部分，几乎都是建立在合作、网络与伙伴关系的基础上”（Anttiroiko）。履行政府职能合作形式的所有变体，将竞争与创新引入公共领域，打破了一些特权阶层中不透明且经常腐败的核心集团。国家改革的另一方面，以及国家行为中的效率及问责的提高，就是反腐败。电子政务是应对这一挑战的绝妙工具，如专栏3.1所示。

专栏3.1　世界各国运用电子政务进行反腐的案例

数个国家已经开始使用电子政务打击腐败，包括哥伦比亚、德国、印度、韩国、墨西哥、纳米比亚、菲律宾及泰国。

哥伦比亚

哥伦比亚通过公开信息实现预算的透明性（工作规划、收入、支出）。通过引进财务管理与成本计算软件使支付与会计程序合理化。通过分散注册、处理及数据提供增强可验证性及公民导向（Von Richter、Breckner 及 Friedland，2002）。

德国

不莱梅市网上收债系统的实施，使市政府的法庭数目，由三个精减为一个。网上收债还替代了与那些可疑讨债者的交易（Grabow 及 Siegfried，2003）。

印度

在古吉拉特邦，为了使每辆车的营运收入最大化，载重汽车运输公司鼓励运输者在许可的轴负载之外使卡车多装载货物。政府安装了摄像系统以登记所有入境卡车，并使用中央数据库的数据检查每辆卡车的许可载重。使用电子地秤对车辆进行称重，计算机自动开出罚单。驾驶员可使用储值卡支付，避免了携带大量现金的必要性，因此减少了边境的腐败问题。该系统使得税收在两年内由 1 200 万美元增至 3 500 万美元，并且将对每辆车所需的平均放行时间由 30 分钟缩短至 2 分钟（Kumar 及 Sushil，2005）。

韩国

首尔公民申请软件的在线程序增强版，使得公民能够对其网络申请进展进行监督。人人均可得到即时信息，官员也无需没有正当理由地压着案子，或武断地作出决定。行政程序所有阶段的公开记录，消除了与特殊官员进行私人接触的必要，且去掉了“快办费”。透明性是用于遏制腐败的（Wescott，2003，4）。

墨西哥

墨西哥的网络系统“使公民能够看到政府将资源花在何种服务及商品上，以及哪些公司提供这些服务”（太平洋国际政策协会，2002，10）。它每天记录 6 000 多个公共部门的投标者，并且拥有 20 000 多个服务提供公司作为固定客户。从成功经历中借鉴的教训，透露出电子采购为反腐及提高官僚机构效率所能作出的贡献。

纳米比亚

纳米比亚使用信息技术增强法庭审判的效率及透明性。司法行政正被调整为由德国技术公司出资的法律能力建设项目的一部分。该项目的主要结果是司法行政，包括对法院分院的财政转移支付，促进电子程序及监督，提高了透明度（BMZ，2006）。

菲律宾

菲律宾使用的数据库将公司申报的销售额与采购、不动产交易、税收抵免、退款、进口报关及政府奖励相匹配。如果发现明显不符或虚假陈述，公司将受到罚款或惩罚。

泰国

已创建试点项目登记腐败案件，这样更容易确定腐败行为，因为在整个泰国登记处都是可用的。

电子采购能够确保参与的供应商甚至购买者的匿名性，直到竞标得以公开。它能够确保透明性，因为任何与交易有关的人员都能获悉交易状态。它能够提高效率，因为竞标过程的透明性节省了时间，加强了库存规划。与人工采购过程相比，主观性、偏袒性及歧视性因素减少了，使得交易过程变得更加安全、可靠及负责。

公共管理部门的商品及服务采购的在线投标、竞标过程是反腐与制定合法市场机制的最重要应用之一。根据泰国反腐委员会估计，在泰国，多达30%的政府采购预算，可能会因腐败行为而损失（ADB，2001）。电子采购将规则与程序的透明性、问责性及可预测性引入到投标与竞标中。

税收过程的网上处理是反腐的另一重要工具，其目标是要将更多透明性引入商业税收，并要减少海关清关时的逃税行为。

提高政府能力

通过引进电子政务转变服务提供的质量，以及通过减少腐败增加透明度，两者有希望提高政府能力。在相关的组织及技术方面，全世界公共机构的特点是确切的仓储定位及信息孤岛式解决方案。电子政务有利于横向合作（相同层级的机构之间）及纵向合作（不同层级的机构之间)。合作仅通过网上信息交流便可实现。例如英国萨里郡的网站，这使得郡议会、区自治区议会、地方警察、急救服务、卫生局及军队之间可以迅速分享重大事件或紧急状况的信息，诸如洪水一类的灾难（Ferguson，2005）。

公共机构之间建立的下一步合作，可以是共享服务中心的形成。在新西兰的奥克兰，7 个区自治会在共享包括联络中心在内的服务(Socitm 及 I&DeA，2002)。在英国的坎布里亚郡，6 个区自治会和自治市议会、消防部门和警察局，以及郡议会间的合作关系，“正在探寻机构间的协同工作，以提高解决基于管理/地理因素的制度和数据，这将成为未来客户中心型电子政务服务的基础”（I&DeA，2004）。

在出现预算限制及社会对公共管理效率较高预期时，再也负担不起对具有高固定及可变成本的成熟行政机构的运行。官方之间的合作，则有助于克服整合的高成本。

可以提高政府能力的另一个方面，是监督与控制系统的职业化。一个恰当的例子是德国电子报告的运用。电子报告是为控制行政单位的成本及投资散布信息的系统，其数据从数据搜集点被运送至负责强化和解释数据的项目中，为固定的接受群体准备的报告自动编辑而成。为创建一个运行良好的过程，所有相关结构、程序及信息技术系统必须结合起来。参与的信息技术系统之间的无缝连接至关重要。除了技术规格外，新信息技术过程中的职能与组织规格也必须考虑。

授权民间团体

改革者寻求为公民参与营造氛围、引进国家机构与民间团体之间的建设性互动。通过电子政务进行的公共管理部门改革、行政机构与民间团体之间的互动朝着更具客户导向性、透明性、效率性及合法性的方向显著地改变。但公民参与及国家机构与民间团体的互动需要重组政治决策过程，这有助于公开不透明的政治阶层圈，赋予被治理者（公民）更强的话语权。电子政务支持电子参与。利益相关者的参与，加强了公共管理（机构）及其用户之间的联系。

电子参与有三个目标：增加电子信息、加强电子咨询及支持电子决策。电子参与的宗旨必须要建立“市民公共性”。公民作为公共领域的参与者及（联合）生产者，应该能够在其中承担积极性及创造性的角色，并能够参与公共讨论领域及日程的规定（Ridell，2004，96）。

电子信息系统能够确保公民完全了解政策与项目、预算、法律及法规。但这不足以保证程序的公开性，及公民对文件的使用权。信息自由需要有关公共利益问题信息的积极交付。因此，公共机构必须通过安装有效程序来确保公共信息及时获取及使用。

对要建立和维护问责制的政府而言，电子咨询是一种义务。在发达国家，有两种方式证明是有效、可行的：来自行政机构及政治代表的直接的电子邮件；以网络为媒介的咨询与讨论。在荷兰的阿默斯福特，“要求公民定期对各种当地问题发表自己的观点，过去两年，通过电子邮件向特殊部门或涉及的私营部门服务提供者，提交了关于公共区域和环境问题的投诉意见。公民及有关的部门与组织，视该过程是成功的”（Socitm 及 I & DeA，2002，101）。

网络为媒介的咨询更进一步。公共利益的话题已上传网络供讨论，在该讨论中，对访问者进行即时档案记录。未加入组织的公民、加入协会的公民或利益相关者委员会以及决策者，参与聊天室的服务，提供话题讨论。

在美国，公民使用电子政务应用软件进行自我组织。在阿拉巴马州的尤宁顿，政府为该市的网站提供资金援助。但是公民，作为尤宁顿护理网站的成员，则进行网页的维护与更新。“这必定是尤宁顿市民感觉自己有权参与并同政府官员合作实现他们目标的方式……通过访问网页提供的信息，公民感觉彼此相连，与他们更广范围的社区及其政府连为一体”（Slaton 及 Arthur，2004，128）。

芬兰坦佩雷的 Manse 论坛鼓励在城市代表、政治家、居民及经济参与者之间展开对话。还创建了一个尝试讨论公民导向形式及内容的论坛（Ridell，2004）。以网络为媒介的讨论，补充而非取代网页编辑与当地基层公民团体之间的面对面交流。

网络查询与城市代表和经济行为者、线下活动相连接，后者运用网络“以补充的方式促进对既定问题的公共处理，尤其是将那些选择不参与面对面集会，或不被大众媒介公共领域生产者所‘打扰’的当事人，拉入集体谈话中”（Ridell，2004，99）。Manse 论坛也创建了公开的电子公告栏，及公共参与者指南。该公告栏大多由当地公民团体及协会发布事件。通过该指南，可轻易获得关于地方居民问题的信息，例如土地使用项目中的法定权利。

来自坦佩雷的其他例子，也展示了公民的积极性与创造性如何得到支持。该市已经组织了关于热点话题的温和讨论，这些话题的不断变化，则取决于该市政治讨论中已处于紧要关头的主题。每年，坦佩雷还会用互联网权衡关于特定问题的公众意见。例如，在一份关于2002 年春季市政经济与金融问题的问卷调查中，公民呈送了 1 000 多条有关市政金融问题的答案或意见，这些意见在准备市政预算过程中得以考虑。在公众调查问卷中收集的公民想法，甚至在一定程度上促进了将新的重点放在预算上。德国汉堡的城市管理，安排了三个温和的在线讨论区，分别涉及日益发展的大都市、家庭友好型城市及 2007 年的预算主题。对此，居民参与度较高，在网站开放讨论的两周内，他们就给出了 2 000 多条城市预算的提议（来自于汉堡市电子政务经理的访谈，2006 年 3 月）。

澳大利亚的 TeamWest 项目，是地方和区域当局运用网络支持决策的佐证。这是一个响应大悉尼地区（大都市区）新倡议而设计的区域性网站，它的建成“对链接区域组织及社区而言，已形成一个易于进入且结构透明的公共形象”（Sproats、Cairney 及 Hegarty，2004，208）。

最高级、最具约束性的电子参与，则被定义为电子决策。政府以电子政务的这一形式，在决策时将公民投入考虑在内，并对特定问题的结果给出反馈。在德国的法兰克福，土地使用规划中的在线参与便是一个例证。在规划过程中，会将土地使用规划的草案发布到网上。公众受邀参与该讨论，并作出评论和提出反对意见。在区域分区规划的情况下，在线参与尤为有用，其中数千平方公里的规划区域将得以规划，涉及数百个具有公共利益的当局及组织，影响到数百万公民。

使用网络，可以获得提高问责性的显著优势。人口中更多的不同群体，如老年人或有工作的人，均可匿名参与。

通过电子政务提高利益相关者的参与度

“公民参与”是指在公共利益问题上赋予民间团体及其利益相关者强有力与影响力的话语权。利益相关者（市民、企业及利益集团）的参与，是一个富有生命力的民主国家的明显证据。

为了增强社区在电子政务本身发展过程中的影响力，弗吉尼亚州的弗吉尼亚滩创建了一个关于电子政务的特殊委员会。尽管这一机构只扮演咨询的角色，但不仅是政治机构与行政机构之间，也是民间团体之间的重要沟通渠道。“委员会成员代表大范围的利益集团，并使用其联系方式集合这些集团组织，在面对面会议上讨论电子政务”（Brown 及 Schelin，2005，236）。

为实现同一目标，英国塔姆赛德市政当局创建了一支由来自不同利益相关者集团的代表们组成的电子小组（Ferguson，2005）。芬兰的埃斯波市政当局维护对关键利益相关者的外联网服务，这意味着只有注册过的用户才能进入网站室，以防未授权用户进入（Anttiroiko，2005）。费城无线执行委员会充当着咨询或倡议团体的角色，寻求“建立公私合作关系以实现整个费城的无线接入，并促进邻近地区的经济发展，帮助克服数字鸿沟并提高所有费城人民的生活质量”（费城无线执行委员会，2004，7）。

加强民权及法制

电子政务是加强国家行为合法性及问责制的强力手段。通过严格执行能实现和维护市民权利的法规，电子政务可以解决国家失灵及市场缺陷问题。例如，信息自由及自由平等的投票权；为市场法规引进产权；提高公民在决策中的参与度。

电子政务为引进或加强公民权利创造了新机会，如平等获取信息。

可上网的公民现在可获得公共信息。目标是要实现信息自由作为民主的基本和内在要素。信息自由是强迫政府在合理及界定的范围内，公开自己活动信息的基本前提条件。公开性与问责制紧密相连。信息发达的社会，能够控制国家行为并积极地影响决策过程。关于信息自由的法律条例，将使公民更有效而不受控制地获取信息及政府服务。政府的积极角色十分关键，它必须告知公民（政府）自己在做些什么，而不是期望公民尽力获得他们参与公共生活所需的信息。

另一项公民权利是，在合理的时间内对信息的需求作出决定。该项权利通常由引入回复邮件的规则，以及安装追查软件来加以保证。而这一切，都需要一个能够运行的公共信息系统。

政治权利可以通过电子政务系统得以加强。例如选民的电子注册。马达加斯加政府计划是，使用电子政务来解决上届政府遗留下的腐败问题。它正在创建选民电子注册方式以确保所有公民能在 2007 年选举中投票，并确保选民名单不会将公民名字遗漏（DOT - COMments, 2005）。

在发展中国家，建立强大而又具法律约束力的司法制度是设置与完善市场机制的一种手段。这些国家需要制定相应法规以保护人权。例如，作为消费者关系管理系统的大数据库，其数据同样可供当局使用，但这对个人隐私也构成危险，所以，就公民们的情况看，已很难再控制当局对其数据的使用。

在政府与经济行为者之间的关系中，产权及劳动者权利对于问责制必不可少。电子政务可促进透明的市场交易以及公平的信息交付。最好的例证就是电子采购。

另一个引入法制的领域是电子政务本身。这样做能够确保（只列举最为重要的方面）数据安全及隐私。需要约束有关电子政务的技术及组织潜力以保护基本权利。行政程序必须由法律法令约束，这些法律法令能够提供具有电子签名的，且与书面文件具有同等重要性的文件。公私合作关系等新合作形式需要严格的法律框架。电子政务法规的预期效果是要提高市场机制中的透明性。

促进电子政务及问责制的发展

只有国家才能设计、执行实现公共治理现代化的项目。然而，尤其在具有受限国家性的国家中，需要国际援助者、顾问及其他专家的支持与合作。

供国家使用的工具

与社会中获得授权的行动者进行合作的国家，拥有各种可用来建立并执行变更管理过程以进行改革的手段，包括财政资源、金融监管以及国家日益作为谈判者和激励者的角色。

提高电子政务的准备性

电子政务的成功实施，很大程度上取决于其电子商务准备度达到了多么高的水平。[4]在全世界的各个地区和国家，有权使用各种工具来甄别财富创造中仍然严重失准的信息，依然非常关键。尽管在 1980～2005 年间发展中国家固定、移动电话数量增加了 30 多倍，但仍然只有 1/3 的人能够使用电话（联合国经济社会事务部，2005）。在韩国，有一半人口使用互联网，而哥伦比亚只有 1/1 250 比例的人群能够上网。“残酷的现实是，发展中国家的许多人，尤其在农村地区，无法获得信息通讯技术”（联合国经济社会事务部，2005，4）。

电子政务必须完善的又一个领域是电子技术。拥有充分技能的公务员是实现公共管理真正改革的关键。媒体能力对充分利用新潜能好处的用户而言非常重要。除了培训之外，基础教育方面的努力也不可或缺。诸如电子学校等项目也很必要，其中孩子们在一个团体环境中接受电脑使用方面的培训，会因此加强他们的团队合作意识。

政府必须尽其所能在电子医疗等有前景的应用领域取得重大进步。一项重要的政府任务是，确保正在开发中的技术框架能够提供电子政务服务所需的技术，并实现其水平：诸如宽带投资、新媒体的市场准备、第三代（3G）技术及管理数字版权的技术。[5]一些发展中国家已经意识到，其国家必须提供这些基本技术。例如，印度已经运用宽带技术建立了广域网络，且已几乎完成了大多数政府部门的计算机化。

刺激电子政务服务需求

国家可以发挥作为经济行为者的重要角色。政府采购可由纸面上的投标与竞标，向在线方式转变，这可以显著促进电子政务领域的创新。如此的巨变亦需要法律框架的到位，以便供应商接受该制度，并执行与公共实体进行在线交易的标准化制度。

投资也可以将传统的公共活动转变为有可能促进国民经济创新的电子活动。这一创新的重要领域，包括促进互联网在学校、卫生保健部门的开拓，支持在线学习，以及在内部程序中使用电子政务。

资助电子政务计划

各层级的政府当局耗费大量资源促进中央、区域及地方层级的电子政务。在 2000～2004 年间，德国经济劳工部为三个试点项目注资 2.5 亿欧元；地方政府也共同划拨了同等数目的配套资金，以支持区域计划。2006 年英国将地方政府的在线资金增至 6.75 亿英镑（约 10 亿欧元）。日本政府为其电子日本战略中的电子政务划拨了大量的财政资源（Fujita、Izawa 及 Ishibashi，2005）。

组织竞技场

组织竞技场是指通过协商、调节等将合作伙伴聚集起来。对电子政务最根本的促进，就是给民间团体及组织起来的利益相关方进行赋权，这有助于它们建立联盟，促进国家由弱变强，并提高政府的能力。很明显，在此过程中政府必须实施合适的制度，提供合适的公职，以便大体上促进信息社会的建设，尤其是电子政务的建设。该战略包括授权予机构、标准化机构、基准小组、国家改革委员会、信息技术任务小组及电子政务指导小组。该战略旨在激发公共部门管理及民间团体内部重要参与者的积极性，并从一开始便非常清晰地组织其战略及操作过程。

保证标准及互操作性

市场本身并不能生成关于如何在网络环境中起作用的公认规则。比如，若告知100位系统工程师去组织互操作性，他们便会提出100个解决方案。结盟是确保在低成本及精力下获得网络通信量的关键。国家可以单方面设置和宣布标准，或组织一个关于开发标准与互操作系统的协作过程。没有标准，就不可能实现规模经济，因为无效的（信息）孤岛式解决方案将继续存在。

成功的障碍

国家行为影响利益及权力群体，并危及政治及民间团体中的惯例，尤其是处于受限无政府状的发展中国家。其本地人的构成及态度，可通过电子政务来约束其公共治理改革。

根据 Eifert 及 Püschel（2004）的观点，调控电子政务面临的核心挑战是协调与合作。在一定限度内，与个别联邦国家相比，强有力的中央政府更容易将标准及互操作性，强推至必须高度复杂地应对其政治及法律影响的不同行政层级（地方、区域及中央）。

行政文化与公共管理部门中，当局如何理解他们的职能，与如何看待他们和社会之间的关系有关。该文化的典型类型遍布很广，既可从盎格鲁—撒克逊及一些斯堪的纳维亚国家管理主义中找到，也可从德国的温和现代主义中找到，甚至亦可从东欧的现代精英双重结构与主导性国家——社会主义态度中找到。[6]德国自治区的强势宪法地位，通常挫伤了与其他行政管辖区建立合作关系的主动性。相反，即使解决方案成本高且处于次优状态，其自治区一般也更愿意独自去寻找它们。另一个极端的代表是芬兰，其行政管辖区则与私营部门合作，一起来解决共同利益的问题。

误解、错误定位、判断错误及高估，都描述了发达国家中公共管理部门及电子政务的历史特性。政策失败的根源包括，被误导的焦点、延迟执行、不切实际的目标设立、对公民支付电子政务服务的意愿的高估，及来自公务员及公共管理人员的抵制。

电子政务项目的经济状况（成本—效益比率）重要性尚未被充分提出。许多决策者面临的预算限制，也激发起人们确定电子政务的成本及收益的积极性。由于财政资源经常处于缺乏状态，像培训这样一些敲边鼓式的措施已经不被考虑。发达国家的政府将要从这些失误中汲取教训。在许多国家，对聚焦公共服务的在线实用性的大肆宣传，导致出现这样一种方式：将最高优先权给予在线服务，以便为不同用户群体（例如公民及企业）带来收益。作为一种管理现代化的综合概念及社会关系，循序渐进的电子政务而非公共服务的分销渠道，可被更好地理解。当谈及应对政府与企业、政府与公民及政府间的更为复杂的交易时，这一理解尤为重要。

结　论

透明性及问责制取决于国家行政管理部门与社会、治理者与被治理者之间良好的关系基础。电子政务是公共治理能够提升到新水平的关键。电子政务可以显著地加强问责制，有助于提高治理水平；电子政务有助于通过促进国家与私营部门之间创新形式的合作；有助于通过可持续的公共服务加强法制，通过扩大与深化公民参与的方式使政府改革合理化。电子采购、在线土地使用规划及电子司法审判，能够大大减少腐败，而这正是发展中国家进步与落实问责制的最大障碍之一。在下列情况下，政府能力可得以明显提高：当政府与公民的交流加强且更加透明；当利益相关者在设计、监控及操控电子政务方面扮演了积极的搭档角色；当引入专业绩效衡量以代替主观性与随意性。

电子参与及利益相关者的参与，有助于以理性与客观为基础，促进公民之间的互动。遵循法制而不是非透明的模糊与缺失，正在成为政府的行动。清晰而合法的规章，构成了社会内部、国家权力机关与社会之间的互动。

本章中良好惯例的描述，给出了电子政务潜力的某些想法。这些例证表明，在公共治理这一变革过程中，技术并非核心促成者。电子政务不是一项信息技术工程，而是一个对国家权力机关的工作方式及如何组织自己与民间团体之间关系进行改革的综合而深远的项目。

许多发展中国家在透明性、合法性（法制）及客观性上面临巨大差距。“电子政务……对那些先天具有腐败及缺陷的政治、社会和经济制度与结构的社会而言，并非是灵丹妙药……认为电子政务能够并的确会将一国（失败的国家）转变成高效、可信及发展导向型的超级国家，此观点显然很荒唐……电子政务实际上要视其用以摆脱现存条件的能力、性能及政治意愿而定”（Aziz，2003，2）。

如果电子政务不作为实现公共治理现代化的综合概念而加以探讨，则很有可能招致失败。如果敲边鼓式的措施都在消失，且重要的改革都被忽视，则电子政务只不过是过眼云烟而已，是又一个被高估的创新项目。一些发展中国家政府在准备电子政务的过程中已取得巨大进步，除美国外，比世界任何地方有更多宽带线路运行。目前该国正为数字化管理做下一步准备。但最基本的要素缺失：政策制定者尚未建立国家互操作性标准。“目前，电子政务标准的缺失正导致公民层面上信息孤岛的扩散——数字化的信息池仍完全不对相关组织开放。其结果，电子政务的关键效益之一，即来自遗留数据库的公民信息的自由化，将不会实现”（公共部门技术与管理，2004，10）。

因此，发展电子政务的第一个指导方针必须要协调所付诸的努力并使之标准化。“所有的部分——基础设施、安保措施、透明性、创新及技能——必须恰当地交织在一起以确保电子的准备性”（经济学人智库，2005，4）。

第二个指导方针是将重中之重放到提高电子政务在民间团体及公共管理部门的准备之中。为此，需要强大的政治意愿、以说服性远见为基础的清晰战略，以及明确的责任分配。信息社会的发展，即使在发展中国家复杂的环境下，也必须成为所有新方案的整体目标。通信基础设施必须得以发展，人力资源做到随时可用，培训得以强化。一个将学校、医疗保健及基础设施融合为一体的伞型项目，必须建立起来。电子商务的氛围必须得以培育。电子政务的引进速度，将大大影响国家开展电子商务的能力。在此过程中，电子采购的作用至关重要。

第三个指导方针是将电子参与建立在“实质性民主”基础上（Ridell，2004）。此方面是指发展中国家的突出问题：保证均等享有在线服务与数字民主的需求。“很难想象数字媒介通讯如何能民主地运行，除非每个人，且不论其物质财富、社会地位、文化能力，都有权使用新通讯及信息技术，并有机会获得充分的计算机素养及操纵技能”（Ridell，2004，86）。

《2005 年联合国全球电子政务准备性报告》的作者，从社会包容性治理的角度，将良治与获取所有良治的结果相联系。“只有除去政治、经济、技术及社会壁垒，并且均等分配这些机会，参与才有可能实现”（联合国经济社会发展事务部，2005，xiii）。

对于印度政府承诺促进电子政务发展的新方案，哈克（2002，244）在其评估中总结道：由于在保证获得所有良治结果过程中的无法克服的问题，因此印度的“电子政务尚未显示出任何有前景的结果”。电子政务的实施，增加了管理层与被治理者（公民）之间的距离，因为“在电子治理的环境下，政治家与公务员之间的关系性质，或许已经由原来的以中立，以及由问责制为基础，转变为融合型的权力结构，由信息专业知识赋权的官僚，成为该结构的主导”（Hague，2002，245）。

因此，第四个指导方针是，要在电子政务战略中，给予对抗数字鸿沟的攻坚战以适当的优先权。为了应对技术熟练与不熟练、城乡及老幼之间的数字鸿沟，电子政务为其提供了工具。

在家没有互联网，则可以通过在购物中心、休闲场所、工厂及办公室安装公共网络接入点，使这些用户在相关指导下便可使用电子政务享受信息、通讯，甚至商业交易等服务。

提高互联网应用度的另一种方式则是，诸如巴西的巴伊亚、英国的利物浦及芬兰的坦佩雷正在使用的互联网总线。在巴伊亚这些移动单位，可以允许公民使用身份证或出生证明，去利用计算机网络及数据库。能够得到电子病历的巡回卫生队，便也可以为国家最贫困地区的公民看病，这给数百万民众带去了医疗服务（太平洋国际政策协会，2002）。

在遵循上述四个指导方针后，如果在管理中却没有出现任何一项清晰的变动，那发展中国家的创新者，便面临着失败的风险。维护现有公共治理制度的弱势国家中，政界封闭圈子里代表们的抵抗，会让部分认真创新的人们感到气馁，并让必须适应新公共治理的普通公务员缺失了接受度，这些都将危及公共管理部门进行长期创新的准备。

本章注释

1. 这些维度与世界银行评估治理时所用的维度相似：话语权及问责制、政治不稳定及暴力、政府有效性、调控负担、法治及渎职（参见 Kaufman、Kraay 及 Zoido - Lobaton，1999）。

2. 这些机构是指公共的自治组织，由于不受官僚主义限制，因而它们在管理、人事管理、预算及财务管理领域有扩展的空间。

3. 鉴于所给定的这一公私合作关系（PPP）定义，以所谓“制度性公私合作关系”取代公私合作关系而形成的永久性合作，并不包括在内。

4. 根据联合国经济社会事务部的观点，“电子政务准备度的确定，不仅视乎一国的准备状态，还视乎它的技术与电信基础设施，以及人力资源的开发水平；在其他因素中，最低限度上也应该以上述三点为基础”（联合国经济社会事务部，2005，14）。

5. 第三代（3G）服务提供同步传递语音数据（电话呼叫）与非话数据（例如下载信息、交换邮件与即时通讯）。

6. 管理主义认为，公共管理被视为类似于私企的管理。温和的现代主义认为，政治广泛形成于国家与行业协会、工人协会或非政府组织之间的谈判。

本章参考文献

ADB（Asian Development Bank）. 2001. “Technical Assistance to Thailand for

Strengthening Accountability Mechanisms." Working Paper R86 - 01, Manila.

Anttiroiko, Ari - Veikko. 2004. "Introduction to Democratic E - Governance." In *E - Transformation in Governance: New Directions in Government and Politics*, ed. Matti Malkia, Ari - Veikko Anttiroiko, and Reijo Savolainen. Hershey, PA: Idea Group Publishing.

——. 2005. "Urban E - Government in Finland." In *Local Electronic Government: A Comparative Study*, ed. Helmut Drüke, 19 - 59. New York: Routledge.

Aziz, Tunku Abdul. 2003. "E - Government: Impact on Transparency and Anti - corruption."

Paper presented at the World Bank Workshop "E - Government: Impact on Transparency and Anti - Corruption," Washington, DC, January 28.

Bikshapathi, Shri K., Bala P. Ramaraju, and Subash Bhatnagar. 2006. "E - Procurement in Government of Andhra Pradesh, India." World Bank, Washington, DC. http://web.worldbank.org.

BMZ (Bundesministerium für Technische Zusammenarbeit). 2006.

"Korruptionsbekämpfung." ("Fight against Corruption"). http://www.bmz.de.

Brin, David. 1998. *The Transparent Society: Will Technology Force Us to Choose between Privacy and Freedom?* Reading, MA: Addison - Wesley.

Brown, Mary Maureen, and Shannon Schelin. 2005. "American Local Governments: Confronting the E - Government Challenge." In *Local Electronic Government. A Comparative Study*, ed. Helmut Drüke, 229 - 69. New York: Routledge.

Capgemini. 2005. *Online Availability of Public Services. How Is Europe Progressing?*

Web - Based Survey on Electronic Public Services. Report of the Fifth Measurement October 2004, prepared by Capgemini for the European Union Commission Directorate General for Information Society and Media, Brussels.

Chesterman, Simon. 2004. *You, the People: The United Nations, Transitional Administration, and State - Building.* Project of the International Peace Academy. New York: Oxford University Press.

DOT - COMments. 2005. "Pushing the Envelope on E - Government." http://www.dotcom - alliance.org/index.htm.

Drüke, Helmut, ed. 2005. *Local Electronic Government. A Comparative Study.*

New York: Routledge.

Economist Intelligence Unit. 2005. "The 2005 E – Readiness Rankings." White Paper. http://www.eiu.com.

Eifert, Martin, and Jan Ole Püschel. 2004. *National Electronic Government. Building an Institutional Framework for Joined – Up Government: A Comparative Study.* New York: Routledge.

Ferguson, Martin. 2005. "Local E – Government in the United Kingdom." In *Local Electronic Government: A Comparative Study*, ed. Helmut Drüke, 156 – 97. New York: Routledge.

Fuhr, Harald. 1998. "Staatsreform und Verwaltungsmodernisierung: Zur Neuen Rolle des Staats in Lateinamerika." ("State Reform and Administrative Modernization: On the New Role of the State in Latin America.") Working Paper, Department for International Politics, University of Potsdam, Germany.

Fuhr, Harald, and Albrecht Stockmayer. 2002. "Reformen im Öffentlichen Sektor: 'Good Governance' und Die Beratungsaufgaben der GTZ." ("Reforms in the Public Sector: 'Good Governance' and the Consulting Task of GTZ.") Paper written for the Society for Technical Cooperation (GTZ) Eschborn, Germany.

Fujita, Masahiro, Takahiro Izawa, and Hiroki Ishibashi. 2005. "The E – Public Administrative Process in Japan." In *Local Electronic Government: A Comparative Study*, ed.

Helmut Drüke, 197 – 229. Milton Park, UK/New York: Roultedge.

Grabow, Busso, and Christine Siegfried. 2003. "Re – Engineering der Aufbauorganisation."

("Re – engineering of the Organizational Structure.") In *Success Model Local E – Government*, ed. Busso Grabow, Helmut Drüke, and Christine Siegfried.

http://medikomm.difu.de/erfolgsmodell/index.php?m = 2, 12, 3, 18&highlight – = Mahnverfahren.

Gupta, M. P., and Prabhat Kumar. 2005. "E – Governance in Gujarat." Department of Management Studies, Indian Institute of Technology Delhi Huaz Khas, New Delhi.

http://www.egovonline.net/articles/article – details.asp?articleid = 507& typ = In%20Practice.

Haque, M. Shamsul. 2002. "E – Governance in India: Its Impact on Relations among Citizens, Politicians and Public Servants." *International Review of Administrative Sciences*68 (2): 231 – 50.

Hill, Hermann. 2002. "Electronic Government: Strategie zur Modernisierung von Staat und Verwaltung." ("Electronic Government: Strategy for Modernizing the State and Administration.") *Aus Politik und Zeitgeschichte* B 39 – 40: 24 – 37.

I&DeA (Improvement and Development Agency). 2004. "The Building Blocks of E – Government." London. www. idea – knowledge. gov. uk.

Kaufmann, Daniel, Aart Kraay, and Pablo Zoido – Lobatón. 1999. *Governance Matters.*

Washington, DC: World Bank.

Malkia, Matti, Ari – Veikko Anttiroiko, and Reijo Savolainen, eds. 2004. *E – Transformation in Governance: New Directions in Government and Politics.* Hershey, PA: Idea Group Publishing.

McCourt, Willy, and Martin Minogue, eds. 2002. *The Internationalization of Public Management: Reinventing the Third World State.* Northampton, MA: Edward Elgar.

Messner, Dirk. 1995. *Die Netzwerkgesellschaft: Wirtschaftliche Entwicklung und Internationale Wettbewerbsfaehigkeit als Probleme Gesellschaftlicher Steuerung.* (*The Network Society: Economic Development and International Competitiveness as Problems of Social Steering.*) Cologne: Deutscher Wirtschaftsdienst.

Naschold, Frieder, Walter Jann, and Christoph Reichard. 1999. *Innovation, Effektivität, Nachhaltigkeit: Internationale Erfahrungen Zentralstaatlicher Verwaltungsreform.*

(*Innovation, Effectivity, Sustainability: International Experiences of Central State Administrative Reform.*) Berlin: Sigma.

OECD (Organisation of Economic Co – operation and Development). 2003. *The E – Government Imperative.* Paris: OECD.

OECD DAC (Organisation of Economic Co – operation and Development Development Assistance Committee). 2002. "Note DCD DAC." 11/REV1, May 16, Paris.

Pacific Council on International Policy. 2002. "Roadmap for E – Government in the Developing World: 10 Questions E – Government Leaders Should Ask Themselves."

Los Angeles.

Popper, Karl. 1945/1995. *The Open Society and Its Enemies.* London: Routledge and Kegan Paul.

Public Sector Technology and Management. 2004. "Chinese E - Government: Too Hot to Handle." Alphabet Media, Singapore, October 9 - 10.

Ridell, Seija. 2004. "ICTS and the Communicativc Conditions for Dcmocracy: A Local Experiment with Web - Mediated Civic Publicness." In *E - Transformation in Governance: New Directions in Government and Politics*, ed. Matti Malkia, Ari - Veikko Anttiroiko, and Reijo Savolainen. Hershey, PA: Idea Group Publishing.

Risse, Thomas, and Ulrike Lehmkuhl. 2006. "Problemstellung." ("Problem.") Free University, Berlin. www. sfb - governance. de.

Rotberg, Robert I. 2004. *When States Fail: Causes and Consequences.* Princeton, NJ: Princeton University Press.

Saarenpää, Athi. 2002. "E - Government: Good Governance? An Impossible Equation?"

Paper presented at the Public Policy Forum "Integrating Government with New Technology: How Is Technology Changing the Public Sector?" Commonwealth Centre for Electronic Governance, Ottawa, February 25.

Schmidt, Manfred G. 1995. *Wörterbuch zur Politik.* (*Dictionary of Politics.*) Stuttgart: Kröner.

Slaton, Christa Daryl, and Jeremy L. Arthur. 2004. "Public Administration for a Democratic Society: Instilling Public Trust through Greater Collaboration with Citizens."

In *E - Transformation in Governance: New Directions in Government and Politics*, ed.

Matti Malkia, Ari - Veikko Anttiroiko, and Reijo Savolainen. Hershey, PA: Idea Group Publishing.

Socitm, and I&DeA (Improvement and Development Agency). 2002. *Local E - Government Now: A Worldwide Perspective.* London: Socitm Ltd.

Sproats, Kevin, Trevor Cairney, and David Hegarty. 2004. "Building Regional Communities in an Information Age: The Case of Greater Western Sydney." In *E - Transformation in Governance: New Directions in Government and Politics*, ed. Matti

Malkia, Ari - Veikko Anttiroiko, and Reijo Savolainen. Hershey, PA: Idea Group Publishing.

UNDESA (United Nations Department of Economic and Social Affairs) . 2005. *UN Global E - Government Readiness Report* 2005: *From E - Government to E - Inclusion.* Division for Public Administration and Development Management, New York.

UNESCAP (United Nations Economic and Social Commission for Asia and the Pacific) . 2006. "What Is Good Governance?" Bangkok. http://www.unescap.org.

von Richter, Wolfgang, Elke Breckner, and Carsten Friedland. 2002. "E - Government: Ansätze für die Deutsche Entwicklungszusammenarbeit." ("Approaches for the German Development Cooperation") . Presentation to the workshop titled "Electronic Government: Herausforderungen für die deutsche Entwicklungspolitik," ("Electronic Government: Challenges for German Technical Cooperation") December 4, Bonn.

Wescott, Clay G. 2003. "E - Government to Combat Corruption in the Asia Pacific Region." Paper presented at the 11th International Anti - Corruption Conference, Seoul, May 25 - 28.

Wireless Philadelphia Executive Committee. 2004. "Wireless Philadelphia Business Plan.

Wireless Broadband as the Foundation for a Digital City." Working Paper, Philadelphia.

World Bank. 1993. *The East Asian Miracle.* Oxford: Oxford University Press.

World Bank Institute. 2004. *Governance Matters.* Washington, DC. www.worldbank.org/wbi/governance/pdf/govmatrs.pdf.

第四章

网络及协作解决方案对撒哈拉以南非洲预算的绩效测量与改进

Mark A. Glaser

在很大程度上，受全球化及全球经济的推动，世界正在迅速发生变化（Birdsal，2003；Kettl，2000）。虽然这些变化本质上是全球范围内的，但地方政府采取的行动，将与社区的繁荣有着很大的关系。

本章说明，在组织、协调、应用社区资源、形成政府与非政府机构之间共生关系过程中，基于绩效的预算与关切到社区问题的系统方法是如何起作用的。它建立在这样一种理解的基础上：即社区富有意义的完善，需要将民间团体建立在良好的政府基础之上（Baker 等，2002）。除非政府致力于服务公民，否则基于绩效的预算几乎没有什么结果。在政府与社区之间，必须形成一种共生关系。

本章第一节论证了社区所关注的系统方法，即绩效测量系统要清晰地表达社区的价值观，且要谨慎地平衡绩效测量中最具说明力的那些量度。第二节探讨的是，在社区资源与关切社区问题以生成系统解决方案的政府代理之间，是如何相互结合而形成协作式网络的。第三节探讨的是，目标市场选择是如何被用来提高绩效的。第四节论证的是，为何必须不断地调整和确定绩效测量与预算，以便不断地适应动态组织变化中的决策需要，且以一种能为公民所理解的方式呈现出来。第五节探讨的是，诸如调查研究等各种研究工具是如何用于向公共决策者灌输社区价值观的。第六节确定的是，撒哈拉以南非洲绩效改进中面临的障碍。最后一节讨论的是，如何制定基于绩效的预算，以促进包括公众参与在内的社区问题的协同解决。

全球化为撒哈拉以南非洲的社区提高其在国际上的经济地位，提供了独一无二的机会。为利用好这一机会，这些社区必须实现网络化，以便将包括政府与社区机构在内的协作，及有限资源的战略应用协调起来。合作企业及网络化的解决方案，必然包括合作生产，这将促使公民加入政府及其他社区机构（非政府组织），基于社区的组织及基于邻居的组织，以完善其社区。对于发展中国家而言，合作生产是必不可少的，即使对发达国家而言，也已变得日益重要。公民可以通过探索创新方式，使自身参与到有益于社区的商品或服务的合作生产中，从而由负债方变为资产方。

尽管应对社区关切问题的系统方法改变了地方政府领导阶层的性质，但不会减少其重要性。在团结社区机构以确定并解决社区所关切的问题方面，地方当局的领导力发挥了其应有的作用。在许多情况下，解决方案将需要地方政府及非政府机构的共同领导。

积极参加社区活动的地方政府必须欣然接受变革（Melkers 和 Willoughby，2005）。绩效预算常常是调整变革的供给，包括政府与社区合作者（为了社区完善的）的资源应用。如果公民要积极参与到社区决策过程中，则政府行为的透明性是必要的。公民参与对撒哈拉以南非洲民间团体的运行至关重要。

费尔法克斯县的选择

本章探讨了弗吉尼亚州费尔法克斯县运用基于绩效预算制度的模

型。选择该社区有多种原因，包括其技术熟练度及绩效预算的透明度。费尔法克斯县也是一个与它所服务的社区有关的模型方式。社区参与是该县使命必不可少的一部分，对其包括绩效预算在内的运作的几乎各个方面都有重要影响。地方政府与社区之间的关系本质上是动态的。

费尔法克斯县运用战略规划及基于绩效的预算以整合与制定政府产品并促进组织使命与社区福祉的一致性。战略规划基于绩效的预算中，对专注于未来、欣然接受变革并鼓励政府间、政府与社区间协同合作的组织文化有贡献。

当人们通过费尔法克斯县与撒哈拉以南非洲其他社区之间的对比，清晰地认识到两者间存在的巨大差异，从而决定要用费尔法克斯县案例作为此次讨论的模型。虽然用费尔法克斯县的成就来要求所有发展中国家的社区都要与其相匹配，这种做法不合情理，但期望这些社区能够通过具有大量优点的模式指导，开始不断地改进其过程，进而为变革打下基础，这也是合情合理的事情。

绩效量度

绩效改善首先要建立绩效的常见定义。虽然大家都支持改善绩效，但在选区之间，对于如何定义绩效仍存在巨大差异。绩效测量始于对绩效维度间天然的紧张关系的清晰理解。在某种程度上，对公益事业领导力的定义，可通过对设计的与绩效说明力相关价值的选择来确定。因此，重点是要认识到各个绩效量度之间的互动性，以便在运用参与社区的产出时，尽力平衡各种最具说明力的绩效量度，进而作出慎重选择。以下讨论主要集中在绩效量度上，以便能让公益事业的领导力落实到深思熟虑的行动中，同时亦能够反映出公益事业的价值观，以及从这些价值观角度出发，如何最大限度地基于绩效来制定预算。

效　率

效率是指公共机构以尽可能最低的价格提供优质产品的程度。一般有些观点认为，政府更应秉承通行的商业价值观来提升自己在公共项目中的绩效，并不断地改进效率。效率专注于降低产品或服务单位成本的各种行动。生产力，即生产某一特殊商品或服务所需的劳动时间数量，该术语经常被用以与效率进行替换。尽管公共机构不为盈利所驱使，却负责用最少的公共资金尽可能提供最佳的产品。

在提高效率与绩效的其他量度之间，存在着天然的紧张关系。例如，公共机构也要对民主进程加以回应，也要对公民负责。当政府花时间倾听公民心声时，效率经常会因之受到影响（Berry、Portney 及 Thomson，1993；Burke，1989；Pecorella，1986）。因此，政府更倾向于通过降低回应，以便将不成比例的价值要求相应地配比到效率中。

回　应

公共机构不愿让公民参与政府决策，因为会滋生不信任与不满，并会逐渐消弱公民对政府行动的支持。回应包括公共机构采取行动倾听公民心声，并以符合人们意愿的方式作出回应。一般说来，回应是合格的，但是当政府机构仅对人口的一部分作出回应而以其他人口为代价时，却促成了不平等（Andrews 和 Shah，2003a）。从政府不平等行为中受益的优势阶层公民，会通过向政府施压，要求获得更多的相同利益。而劣势阶层公民，则会利用对政府不信任的情绪、撤出民间团体、更专注于自身利益的方式，来对政府的不平等待遇作出反应。为防范产生不平等并因此而发生撤出民间团体的事情，政府必须彻查自己使用有限资源的方式。

在撒哈拉以南非洲的政府，回应对其而言尤为重要。当政府通过改革，包括进行地方选举后，就将政府的责任由中央转至地方，更提高了政府的回应性（Andrew 和 Shah，2003a；Schou，2000）。当地方政府鼓励公民参与政府决策时，政府的回应又进一步加强。尽管政府不可能倾听每位公民独有的关心的问题，但却可以搭乘公民参与的便车，用来组织与优先考虑公民的需求。

街区及街区组织是组织社区话语权，简化公民与政府间沟通的潜在有效工具。可以利用街区组织使公民参与政府决策，并鼓励合作生产以完善社区。社区往往十分同质化，包括相似的社会经济地位及价值体系。邻里间、街区间、社区机构间及政府间的共生关系，可能会创造出大量的关键性资源，进而促进富有意义的变革。

效　果

在许多方面，有效性与绩效测量之间有着最为明显的联系。绩效测量由目标、目的及措施间的逻辑联系所推动。有效性是指政府机构成功实现组织目标的程度。从系统视角看，在作出一个决定后，且分配资源是以社区长期福祉为基础，此时的效果是很好的（Berman 和 Wang，2000）。通过将绩效测量注入至战略规划中，是可以提高有效性的（Kelly 和 Riberbark，2003；Poister，2003）。战略规划应该是基于社区而非基于政府的。而要想提高有效性，就要促使政府积极地投入战略规划，通过长期的努力保持行动的一致性，同时，使公民及社区组织参与到战略规划的过程中，将战略规划结果融入到基于绩效的预算中，并形成融合政府与社区机构活动于一体的综合绩效测量体系。

政府的单边行动经常造成社区资源利用的次优化。由于没有充分考虑其他政府机构或社区机构的行动或资源利用，所产生的公共资源消耗导致次优化，所以，为了社区的长期福祉，也要通过混合政府与社区资源，并改善利用这些资源的方式，以促进其有效性。

公　正

公正，即公平、平等对待公民，不论其生活中的地位如何，通常是一个被忽视的绩效量度。不平等及不公正待遇有许多形式，包括基于种族、种族本源、宗教、性别及社会经济地位的歧视。对更具优势的社会阶层需求的回应，往往代表着重要的绩效关注点。一个社会，恰恰需要其政府通过促进所有阶层公民机会均等的行动得以运行（Simonsen 和 Robbins，2000）。

发展中国家的公正问题，特别是在撒哈拉以南非洲，尤为令人头疼。机会不均等是其发展的巨大障碍（Foster，1980）。当那些缺少机会的人，同时也失去了希望，混乱便盛行开来（Balogun，2003）。通常，发展中国家利用有限资源促进经济发展的同时，却忽视了弱势群体的困境（Andrew 和 Shah，2003a）。

社　区

在此讨论的社区，地理意义较少，而更多的是存在于每一个体心中的社会福祉与个人利益之间的矛盾张力（Wheatley 和 Kellner - Rogers，1998）。最好视这一张力为一个社区在一端，而个人利益在另一端的连续统一体。那些脱离社区利益退入个人利益中的人，基本不可能再关心其同胞或后代的困境；而那些与社区紧紧相连的人，则会意识到他们的福祉与他人的福祉密不可分。这些充满爱心之人，往往将孩子视为未来，并会迫使社会认识这一未来以规范其行为。这些人往往更能意识到社会的责任，以关照那些弱势群体。

政府行为与公民行为有很大关系。那些能以符合社区长期福祉的方式而作出决策，并为此安排资源的公益事业领导人，更有可能以身作则，引发公民作出类似行为（Berry、Portney 和 Thomson，1993；Denhardt 和 Denhardt，2000）。

社区归属感普遍很重要，但在民间团体较为弱势的撒哈拉以南非洲，这种归属感尤为重要（Baker 等，2002；Balogum，2003）。坦桑尼亚的政府改革，就引发了基础性的积极变化，包括地方政府，因脱离中央政府的自治，从而更增加了回应性（Baker 等，2002）。可不幸的是，由于地方税基往往较弱，迫使地方政府依然依赖中央政府的转移支付。

当然，通过使用几乎对支出没有任何附加条件的分类转移支付，可让这一依赖性得以一定程度的缓和。

Baker 等人（2002）提供了坦桑尼亚强化的公民参与及民主进程方面的证据。尽管他们已意识到所发生的积极变革，但仍继续提出建议，在建设社区机构能力时，地方政府应较少地依赖单边行动，而更多地依靠企业的合作。

基于绩效的预算收入，受经济的健康发展、地方税基的加强及公民纳税的意愿所推动。比起公民所愿意支付的税收，当他们要求从政府那里得到更多好处时，便会发生税收需求的中断（Glaser、Denhardt、Glaser 和 Hildreth，1996）。发展中国家软弱无力的民主进程，促进了税收需求的中断（Andrews 和 Shah，2003）。健康的民主进程是由透明、公平及专注于社区长期福祉的政府行为得以加强的，这将会增加公民纳税以及共同完善社区的意愿（Glaser、Aristigueta 和 Miller，2003；Glaser、Aristigueta 和 Payton，2000；Glaser、Denhardt 和 Hamilton，2002；Glaser、Parker 和 Payton，2001；Thomas，1992）。绩效测量及基于绩效的预算，则促进了地方政府的透明性、可信性及信赖性（Holzer 和 Yang，2004）。

绩效量度的类型

为了使绩效测量具有挑战性，并产生内在的互动，对绩效量度类型的讨论，主要集中在以下两个主题上：通过第一个讨论主题，将展示出一个重要的原因，即公共机构为什么要能够有意识地、谨慎平衡地匹配各个绩效的量度。第二个讨论主题则专注于绩效测量的技术方面，如测量的有效性及可靠性问题。

技术考量主要集中于开发绩效测量中行之有效而又比较可靠的方式，以便最大化地测量绩效。而且，既要分别使用每种测量方法，也要集合使用各种测量方法，以便使所获得的评估能够覆盖所观测的关键性活动，并能够给各种绩效量度合理地配置最为接近的权重。任何一项可被视为孤立的测量，都有可能无法体现出所测量的绩效。而只有多重测量，包括使用各种类型的测量方式，对于精确评估绩效才是非常必要的，有时这也涉及一种类似于相互勾稽的测量，这里名之为“三角式测量方式”（Glaser，1991；Holzer 和 Yang，2004；Melkers 和 Willoughby，2005；Poister，2003；Wholey 和 Hatry，1992）。

对于三角式测量方式的讨论，就精确反映绩效所需的多少种测量方式，以及选择哪些类型的测量方式，提出了诸多问题。Poister（2003）提议，应使用“项目逻辑模型”，系统地处理这种三角式的测量。他的这些项目逻辑模型，对于项目评估很有影响，因为这些模型解释了干预与预期结果之间的逻辑联系。这些模型也推动了与项目设计、交付及测量有关的进程及逻辑的一体化。

与该方式相一致的是，Yang 和 Holzer（2006）辩称，应该考虑测量的备择项或非项目对绩效的影响。绩效结果受项目与非项目的双重影响和驱动。其中，有些影响可由机构控制，有些则不然。尽管人们一直在努力地、更为全面地去理解究竟是什么在驱动着绩效的形成，但依然无法就项目或服务供给的结果设计出一种因果关系和无懈可击的测量方式（Kelly 和 Rivenbark，2003）。一般说来，测量旨在跟踪绩效变量，且当绩效结果因预期（基于测量目标和绩效目标）而异时就应提醒决策者。

工作完成的测量

对工作完成或工作量的测量，是绩效测量所用到的最基本、最常见的方式。工作完成测量专注于所提供的某件产品或某项服务的数量（Berman 和 Wang，2000）。

但是，绩效测量也因过分依赖工作完成的测量，却又无法因此而说明其成本、质量或效果，从而受到非议。更多的是，绩效测量的支持者们则越来越多地向公共机构发起挑战，其中包括要进行更强有力的绩效测量，其呼声也超越了对工作完成的测量（Kelly 和 Rivenbark，2003）。鉴于产出测量在应用中存在局限性，采用绩效测量的人们，利用那些可体现管理和预算决策重要信息的工作量或服务量，确实能就其中的变化，提供富有价值的测量指标。

费尔法克斯县就在持续努力减少对工作完成测量的依赖。其机构正在使用更多的测量方式进行绩效评估。[1]

如果可能，机构应该将提供绩效衡量的格式标准化，正如费尔法克斯县那样。标准化的评估格式，使得组织内部及组织之间，更有可能相互交流对彼此合作至关重要的信息。此外，对那些不是很了解政府的公民来说，这种标准格式也提高了必要的透明度。

费尔法克斯县警察局搜集了各种关于工作完成测量的数据（表4.1）。其工作量的测量很大程度上受警察局无法掌控的问题及关切点所推动。犯罪应归根于外在环境所关切的数量，许多都超越了执法机构的掌控（至少在短期内）。尽管犯罪的波动多是受外在环境的影响，但警察局所提供的工作量测量，依然是该组织负担变化的良好指示器，并将最终影响其资源配置。与犯罪类型有关的子分类，则揭示了犯罪构成的趋势及变化，以及待处理案件数量难度上的变化。原已逐渐边缘化的案件数量完成报告，渐渐地转变为更为生机勃勃的工作完成测量。不仅提供了与绩效及预算报告有关的定量描述，更提供了有助于犯罪趋势分析及相关部门所采取的战略行动的细节。

表 4.1　　费尔法克斯县警察局工作完成测量的报告

指标	2003 财年实际	2004 财年实际	2005 财年估计	2006 财年估计	2007 财年推测
工作完成					
分配的案件	11 848	12 106	11 723	11 706	11 805
清理的案件	7 556	7 949	8 089	7 648	7 718
调查的抢劫案	423	482	448	451	454
清理的抢劫案	102	133	133	123	124
调查的加重攻击罪案件	46	42	44	44	44
清理的加重攻击罪案件	16	34	29	28	28
效率					
每个侦探负责的案件	174	178	172	172	172
结果					
清理所有案件的百分比	64	66	69	65	69
清理抢劫案件的百分比	21.1	27.6	29.6	65	69
清理的加重攻击罪案件的百分比	34.8	81	63.4	67	63.4

资料来源：www.fairfaxcounty.gov/dmb/advertised/FY2007/pdf/Volume1/00190.pdf.

除了一个重要的例外情况，消防与援救的工作完成报告，也与警察局的报告相似（表4.2）。这些活动表明，究竟是哪些活动创造收入的测量与预算有更直接的联系。作为其结果，相关纳税人将很容易确定各企业要为所增加的消防安全任务承担什么样的一个比例。

表4.2　　费尔法克斯县消防与救援局工作完成测量报告

指标	2003 财年 实际	2004 财年 实际	2005 财年 估计/实际	2006 财年 估计	2007 财年 推测
输出					
受理的火灾调查	465	372	465/380	380	390
执行的防火检查活动	21 330	20 816	21 000/ 20 052	20 800	20 800
执行系统的测试活动	10 164	10 872	10 000/ 11 738	10 000	10 000
检查活动产生的收入	$2 486 047	$3 032 272	$2 900 000/ $3 308 634	$3 000 000	$3 100 000
效率					
每次检查的净成本（收入）超过平均成本	（$0.72）	（$14.60）	（$9.89）/ （$23.17）	（$8.64）	（$8.64）
服务质量					
总的火灾调查结案百分比	69.5	57.7	60.0/59.0	52.0	60.0
结果					
起诉成功的火灾刑事案件占百分比	——	74.1	60.0/90.0	60.0	60.0
商业建筑的总火灾损失结构	$949 010	$1 153 350	$1 250 000/ $5 296 600	$4 000 000	$4 000 000

资料来源：www.fairfaxcounty.gov/dmb/adopted/FY2007/pdf/Volume1/00192.pdf.—无法使用。

工作完成测量是绩效测量的最普遍、最直接的方式之一。表4.3提供了费尔法克斯县公园服务的工作完成测量例子，包括可维护的路径直线英尺数，及得到维护的田径场数目。当与定性测量结合时，工作完成测量变得更有意义，例如，该表格最下方报告的数据。定性描述可帮助读者理解绩效质量与数量之间的互动。决策者可以为了完善工作完成的质量而选择牺牲其数量，反之亦然。

表 4.3　　　　费尔法克斯县公园管理处工作完成测量报告

指标	2003 财年实际	2004 财年实际	2005 财年估计/实际	2006 财年估计	2007 财年推测
工作完成					
可维护的路径[a]直线英尺数	1 067 485	1 076 294	1 076 294/1 077 194	1 114 182	1 154 182
田径场数目	274	274	275/275	289	291
效率					
每直线英尺的成本	$0.12	$0.10	$0.11/$0.11	$0.11	$0.11
每个田径场的成本	$6 882	$7 885	$7 840/$7 840	$7 881	$8 382
服务质量					
满意的客户百分比例[b]	65	67	75/69	70	70
结果					
达标且得到维护的路径百分比	32	19	20/17	20	20
可使用的田径场百分比	97	98	96/97	96	96

资料来源：www.fairfaxcounty.gov/dmb/adopted/FY2007/pdf/Volume1/00151.pdf.

a. 在 2005 财年，1 077 194 直线英尺的路径得到维护，预计在 2006 财年、2007 财年新路径分别增长 36 988 直线英尺、40 000 直线英尺。2006 财年、2007 财年的路径的每直线英尺成本预计保持在 2005 财年的 $0.11。

b. 满意度调查用以确定路径及田径场的服务质量。此次调查的质量结果反映了受访者的百分比，他们将满意度在 1～10 个等级中评定为 8、9 或 10，1 为最差，10 为最好。满意度评级在 2005 财年略增至 69%，与 2006 财年、2007 财年 70% 的目标更接近了。

表 4.4 包括两个工作完成测量，均不同于前三个表中列出的测度方式。可以认为第一个工作完成测量（提供的义工时间）实际是结果测量，因为它显示出的是合作生产（公民加入地方政府合作提供娱乐性服务的意愿程度）。

表 4.4　　费尔法克斯县社区及娱乐服务成本中心工作完成测量报告

指标	2003 财年实际	2004 财年实际	2005 财年估计实际	2006 财年估计	2007 财年推测
工作完成					
提供的义工时间	14 981	9 122	11 403/15 667	16 450	17 273
社区中心出席人数	119 685	116 185	1 394 224/142 531	149 658	164 624
效率					
每位义工服务的平均时间	57	60	60/56.5	60	60
社区中心每位出席者的成本	$8.23	$9.81	$8.29/$8.14	$8.73	$6.55
服务质量	90	78	85/84	85	85
满意的义工百分比满意的参与者百分比	91	86	85/87	85	85
结果					
社区中心项目中提供的义工时间变化百分比	(43)	(39)	25/72	5	5
公民出席社区中心活动的变化百分比	(13)	(3)	20/23	5	10

资料来源：www.fairfaxcounty.gov/dmb/adopted/FY2007/pdf/Volume1/00150.pdf.

注释：定性解释——社区中心出席人数及义工时间显著增长，主要因为 James Lee 社区中心重新隆重开幕。目标——在创造一种福祉意识、社区意识及社区责任感的同时，向费尔法克斯县儿童、年轻人及家庭提供消费得起的休闲机会，这将促进社会化、公民身心及个人的成长；设计并实施休闲项目、活动，这将提供终身休闲技能、促进个人休闲哲学的发展，有助于个体选择合适的休闲方式；向年轻人及其家长提供干预、早期干预、危机干预及参考服务。目的——（a）增加 5% 的由成人和青少年义工（他们提供活动和项目支持以灌输社区主人翁意识并以社区中心提供的项目与服务为骄傲）提供的小时数；（b）将所有社区中心活动出席人数增加 10%，以确保居民有权享用项目与服务，加强对健康的休闲娱乐的积极选择。

与犯罪的变量相比，社区中心出席人数的变量可能受到机构活动的影响。出席人数的预期增加反映了设施使用预期的增加，尽管人口增长、市场或服务提供的质量受到这些增加的何种程度的推动尚不清楚。

这些产出测度恰恰反映了其多变性，且证明了使用三角式测量的重要性。关于之前讨论的绩效量度，它们与回应性有明显的联系：娱乐活动和社区的注册需求（社区中心出席人数），可通过合作生产、社区成员自愿为提高同胞生活质量的意愿加以测量。

生产力测量

生产力及效率的测量对于公共资金支出的解释尤其重要。对生产力的测量，人们更关注的是提供产品或服务所需耗用的雇员工时数量。但对组织来说，则从生产力的角度更专注于其绩效，即如何来减少生产单位产品或提供单位服务所需的雇员工时数量。

以生产力概念为基础，效率的测量将雇员工时数转化为与商品及服务生产相关的劳动成本。相应地，效率的增加包括减少生产所需时间或降低每小时的成本。所以，要让每小时的成本能够限制在支付给员工的实际工资的范围内，否则，人们就有可能到处去截获可计入劳动成本的机会，包括利用诸如病假、医疗保险及退休等方式，获取额外福利。在某些情况下，有些行政或监管成本也会想方设法增加到员工每小时的成本中，进而更加充分地截获生产成本。

费尔法克斯县正尽力推行一种直接成本法。直接劳动成本的计算方法是：将与某一特定商品或服务的生产相关联的员工总的年工资，乘以每个员工用于生产产品或提供服务的时间百分比。该百分比可以由员工个人通过日志维护来估计或跟踪。该日志要求其员工每日要报告他们花费在特定商品或服务上的小时数。

额外福利通常被视为直接劳动成本，因此也包含在效率测量的计算过程中。

费尔法克斯县已经根据员工类别制定出了一套额外福利的标准比例。额外福利比率乘以与某一特殊职位有关的总劳动成本，以获得确定给某一产品或服务的额外福利值。费尔法克斯县还将运营资本成本的一部分，配置到了所提供的产品或服务中。而若想求出直接成本，可以用总直接成本除以由每单位服务成本所累积起的单位总数量。

费尔法克斯县还提供了一份带有固定公式的电子表格，以便最大限度地减少与计算效率有关的错误及时间。该过程促使管理人开始意识到，雇佣额外人员或增加某一特殊产品或服务，会给其他直接成本带来什么样的影响（费尔法克斯县管理预算部门，2005a）。一旦能在计算机中编制出这种电子计算表格，那么，效率测量便不再具有挑战性了。发展中国家的地方政府机构，可能没有上网索取这些数据的全部权限，从而使其总体上的绩效测量，尤其是评估效率更具挑战性。

尽管效率测量是最直接的绩效测量之一，但通常因为几个原因而难以执行：第一，由于日志需要精确反映投资在某一特定服务、产品、项目生产上的时间，所以效率测量的质量需取决于写日志员工的勤奋度。另外，某些类型的工作或活动，并不支持这一报告方式。第二，担心工作相关后果的员工，可能会以符合有利结果的方式，操纵确定给某一特定产品或服务的小时数。另外，如果某些地方政府为了促进其内部竞争有限资源，并在惩罚性程序中使用效率测量的，将会腐蚀这种报告的实践。

大多数情况下，效率报告的障碍与技术能力不太相关，而更多地是资源配置的政治后果。效率报告所需的多样化属性及创造性过程将给撒哈拉以南非洲的社区带来挑战。

由于受机构能力及提供的产品属性的影响，绩效报告往往体现为一个动态过程。表4.1中的“效率”（每个侦探的案件数）一栏中，其报告的测量更精确地反映了侦探们的工作效率或工作完成情况。侦探们根据案件的不同难度同时致力于多重案件，一些案件得以结案，而一些犯罪案件则永远解决不了。从理论上看，效率测量应当是很明确的，但实践中则不然。

一波三折的是，与消防援救有关的效率测量更接近于教科书中的方法。在这种情况下，其效率测量则基于每次检查的平均净收入究竟是中性的、负的还是正的。换言之，在扣去每次检查的平均成本后，机构评估将专注于每次检查中的每一个检查项目是否创造了净收益。表 4.3 中报告的第一效率测度（路径直线英尺的平均成本）更符合教科书中效率的定义。

社区与娱乐服务部门（见表 4.4）提供了额外两个效率测量方式。第一个专注于合作生产或每个义工贡献的平均小时数。第二个方式测量了社区中心每个出席者的成本。事实通常表明，教科书中所定义的生产力或效率，可被以上机构所开发的创造性测量中的相关术语代替。

结果测量

结果测量特别有价值，因为它是目标实现的最佳指标之一。在结果测量的情况下，建立有效性（掌握概念本质的精确性）及可靠性（掌握概念上的测量一致性）可能更具挑战性。很大程度上，测量过程的质量将取决于机构活动、目标、目的，及测量之间的结合性或一致性。较早之前所讨论的项目逻辑模型，旨在帮助机构将组织活动与结果测量进行有逻辑的联系。在机构活动、相关目标和目的与用于评估目标实现的实际测量方式之间存在的不一致性，既歪曲了绩效，也可能使目标实现适得其反（Holzer 和 Yang，2004；Streib 和 Poister，1999）。

解决有效性及可靠性问题的难度在于所测量的活动范围，纠结于可直接观察部分与其预估体的对比中。对可直接观察到的量，往往有明晰的测量方案。例如，关于执法人员发布引文数量的测量，几乎没有任何的争议空间。相反，对诸如犯罪恐惧感的预估体，则不容易测量，从而引起了对有效性及可靠性的关注。

关于影响性的有效测量，也对测量提出了挑战。跟踪犯罪率的变化相对简单（尽管许多犯罪未报告），但很难确定的是，犯罪中的变量在多大程度上是视乎法律执行而定，或归因于诸如影响经济健康的环境波动。尽管跟踪犯罪率的变量是有价值的，但对于作为社会指标的结果，机构还是要依据这些变量，谨慎居功，或者勇于接受因其变化而带来的责备。

最后，基于机构坚持数据搜集及报告协议而形成和加以验证的程度，该结果的变化是相当大的。结果的测量通常需要加以具体说明(包括决策规则)、培训及定期核实，以确保其精确性并符合协议。通常这些挑战会迫使谨慎的机构更多依赖于该结果的中间测量值，如表4.1中所示内容。

那些受到鼓舞的机构，会越来越倾向于测量其提供服务的质量。反之，那些专注于数量而忽视其质量的绩效测量系统，可能会导致其所提供的服务在满意度方面出现问题。服务质量通常被视为结果测量的范畴。在有些情况下，费尔法克斯县就是通过其结果测量来报告其服务质量。例如，其消防救援部门就是通过报告总的火灾调查结案百分比，一并以此作为其服务质量的测量。

尽管灭火的有效性一般被视为绩效结果，预防则代表了先进的有效性形式。正如执法与预防火灾有关的成功取决于多种环境问题，其中许多问题都不易被消防部门控制。所以，费尔法克斯县仅采用了两种处于中间的火灾预防测量结果（参见表4.2）。一是用有关火灾犯罪案件被成功起诉的百分比，来报告其与之相关的威慑结果。二是利用货币的计量，来检查核实其相关商业火灾总损失的趋势。地方政府则可运用统计分析，来阐明或区分环境与部门的影响。例如，他们可以通过检查商业空间的建筑面积、建筑物年限的总体变化、商业活动组合的总体变化以及其他因素等，来尽力解释引发火灾损失的各种变量。如果火灾损失增长速度超过商业空间的扩张速度，则消防部门就可能要调查那些接受火灾检查者的协议。从而找出能显示原因的种种证据，诸如，某些类型的商业活动已构成很大的火灾风险，或者一些灭火系统较其他的更为有效，这些调查结果可能会导致火灾检查频率或协议发生变化。比如，该县内的区域分析就能表明某些地区发生了比例不正常的高火灾损失，从而进行更加具体的火灾调查，以便更好地了解协议中的系统性偏差是否与那些特定的火灾检查者有关。

在某种程度上，有效性测量最重要的标识之一是公民对服务提供的满意度（Swindell和Kelly，2005）。但遗憾地是，公民通常缺乏所需的相关知识来支持有效而可靠的服务评级（Morgan和England，1987）。

例如，如果公民被调查关于自己对消防救援业务的满意度，因为相关知识缺乏，多数不能以有效、可靠的方式回答。相比之下，公民通常具备大量知识，并能更好地提供关于公园及娱乐服务方面的深刻见解。因此，在使用服务提供满意度作为绩效结果之前，评估（合理预期）公民对某一服务的充分了解程度很重要。表 4.3 提供了费尔法克斯县是如何利用公民调查研究结果对顾客满意度进行评估的案例。该案例用定性证据来补充通过定量证据，以提供对服务供给的深刻见解。

尽管许多读者或许并不能十分理解，对维护自然路径并使之“达标”的公园服务而言，表 4.3 的第一个结果项意味着什么，但它使读者对服务提供的质量有了大致了解。描述表明，符合标准的路径维护比例在下降。图表注释说明路径直线英尺的数量已增加。这一解释有助于读者理解效率与效果之间的冲突关系。为了增加公园的通行，决策者可能通过降低公园的专业标准选择，侧重于其实际效果而非其功效性。决策者已经采用的方法是允许自己在效率（减少路径每直线英尺的成本）及有效性（路径维护符合标准的百分比）之间选择一个可供平衡的支点位置。作出的这些决策，并非是要与坏的绩效一比高低，而是要让决策者能够获得更多的测量方法，以便允许他们有机会决定如何最大限度地平衡绩效中相互较劲的因素。

在大多数案例中，绩效测量是可以且应该是可量化的。目的是为决策者提供实证性证据，以便使这些量化过的测量更易于复查，并进而用之总结某一机构的种种活动。不过，即使大部分绩效报告应该是定量的，但是也要注意，定性报告对维持测量质量并为决策提供信息，依然常常有用。许多案例表明，绩效中的变量是各种力量作用下的产物，不易被组织控制。定性报告可以利用向机构提供解释的机会，就其相关条件或绩效问题，以及相关的整改行动加以报告，从而也促进其机构的诚实性。

过程测量

总的来说，绩效测量系统与特殊情况下的结果测量，尽管已提醒所有的用户要注意绩效中的各种变化，但它们对这些变化的解释却很有限（Behn，2003）。当人们利用自己从项目实施及环境保护中所掌握的方法去测量这种变化时，同时也就改善了原有的绩效测量。如果能将过程测量用于绩效测量中，那么，这几乎和用于评估研究一样，是能为报告的决策提供更好的信息的。当应用研究无法达到无懈可击的因果测量时，就应有选择地使用过程测量来加强对规划与结果之间关系的理解。许多与项目评估逻辑有关的属性，均可与绩效测量进行协调，以帮助作出决策（Glaser，1993）。

植根于项目评估的过程测量，旨在确定一个项目或一项服务是否能以所设定的方式和所预期目标加以实施。且在确定项目执行协议中的变量（有意或无意的）是否对结果中的变量负责方面，过程测量十分有用。过程测量可以提供关于服务或项目执行协议履行程度方面的宝贵信息。如果没有过程测量，则很难确定，那些没有实现的目标结果到底是否因不良的项目逻辑（影响模型）还是因偏离项目执行协议而决定的。当项目评估使用影响模型描述项目逻辑时，就要能够回答，以所期望设定的项目解决特定的问题或关注点，为什么是合理的。影响模型要能为项目执行提供具体的指示或协议，包括明确预定目标。

项目执行协议的变量，包括偏离预定目标的偏差，对所涉及的绩效测量具有潜在的重要影响。偏离既定目标的原因多种多样，从低劣质量的控制到欺骗的有意为之，范围很广。因为负责项目执行协议的利益相关方试图通过人为操作，以便让项目比真实情况或多些或少些成功，持有这种目的的并不常见。因此，机构在跟踪了代表重要投资资源的项目绩效时，就应该在基于绩效的预算中考虑使用过程测量。

过程测量还可以用于解决公平问题。例如，如果有理由相信特定部分的目标人口服务可能受阻，或相信一项服务或一个项目可能被变更为一部分预定目标的有利或有害之处，那么可采用过程测量来测试与项目提供协议的偏离度。如果过程测量显示某一特定的分组人口得不到应有的服务，则可以作出调整，以确保服务提供的公平性。在表4.4中呈现的例子，如果与年轻人相关项目的特定目标是生活在特定街区的低收入青年，则可使用过程测量来确定这些目标青年是否正从该项目中获益，且该项目提供协议是否会因所服务的部分人口而出现差异。

从政府管理到政府治理：网络及协同合作解决方案

社区关切的问题，通常会超过公共机构可以用来解决这些关切问题的资源。为了填补其中的不足，政府的单边行动应让位于与企业的协同合作，其中，政府及社区机构应在社区福祉的共同愿景基础上，共同引导与投资资源。

社区发展与网络协同合作

有许多因素导致了贫困，同时还在以各种方式致使各种解决方案趋于失败。薄弱的市政基础设施，就是影响撒哈拉以南非洲生活质量改善的巨大障碍（Balogum，2003）。经社区网络与地方政府及各种社区机构（非政府组织、社区组织及街区组织）在协同合作方面的推动，社区发展可以为提高生活质量提供最佳的机会。合作生产已成为社区发展及强化市政基础设施的重要来源。

利益相关者是指因机构的活动而致使其有得或有失的任何人（Aristigueta，1999）。当社区被视为一个系统，而绩效测量又被视为一个可以促进协同合作的工具时，各利益相关者的观点就会变得更具包容性，而政府与社区机构之间的隔阂，也会变得更具渗透性。用以支持协同网络的绩效测量，记录并指导着核心机构间的互动。从网络分析的术语角度看，核心机构是指那些产品或服务对网络绩效至关重要的机构（Provan 和 Milward，2001）。从与政府相对的社区角度看，通过网络协同合作来建设市政基础设施，可优化资源的使用。相应地，必须通过政府与社区机构之间更充分、更可控的互动来改变绩效测量。要建议那些正在与其他核心行为者（非政府组织）协同合作的地方政府，作为网络化解决方案的协同合作者，采取必要的步骤，促进社区组织形成，并改进其相关能力。通过讨论，加深了人们对费尔法克斯县所采取步骤的观察与理解，也使地方政府能够更好地测量和促进社区的参与。

通过合作生产以改变公民

在加强市政基础设施及社区归属感以支持撒哈拉以南非洲社区发展方面，合作生产常常很有帮助。通过增进公民与政府之间的协作与理解，既可利用绩效测量降低来自自我利益的障碍，也可让各种社区机构转变为改善社区的合作生产者。表4.4与表4.5提供了费尔法克斯县通过合作生产致力于社区参与及附加值认可的证明。与社区与娱乐服务部门有关的成本中心是用来展示个体间的合作生产（表4.4）及通过社区组织所做的贡献（表4.5）。通过围绕项目或有时被称之为成本中心的附带活动而组织的预算报告，基于绩效的预算促进了预算的透明性及公民参与（Melkers和Willoughby，2005）。

表4.4提供了诸如社区与娱乐服务部门等政府机构是如何赢得公民们的支持以提高（公民对）娱乐服务的使用权及质量的例子。该例子还增进了对目标、目的、绩效量度之间社区重要性的理解；提高了对绩效测量中包括定量和定性报告在内的三角式测量的运用。出现在表4.4底部的目标陈述表明，机构旨在通过鼓励公民加入到与政府的合作中，并通过参与共同创造休闲娱乐使用权的机会。娱乐企业也已意识到弱势年轻群体的特殊需求。目的表明项目的意图是鼓励所有年龄段的公民要积极参与，以增加提供休闲活动使用权的机会，并通过替代政府服务提供的合作生产，以提高成本效率。因此，这也降低了每个参与者的成本。目的还表明了志愿服务旨在通过加强与社区项目参与者和援助项目执行的志愿者之间的联系，以建设公民能力。换言之，费尔法克斯县不仅希望提高服务供给质量，还希望通过志愿服务——公民互助，构建对社区的忠诚。该方法在绩效量度（效果、效率及社区）之间产生了交集，且三角式测量也增强了绩效测量的理解。

表 4.5　　费尔法克斯县综合服务社区计划的产出报告

（义工小时数）

指标	2006 财年估计	2007 财年推测
效率		
投资方面总服务时间的回报	83 103	87 258
由社区合伙人直接支持的总社区娱乐服务项目百分比	30	33
服务质量		
对服务经历满意的社区领导及义工百分比	85	90
对特殊合作关系经历满意的社区合伙人百分比	85	90
结果		
支持项目、服务及活动供给的社区领导及义工人数的变动百分比	5	5
由社区合伙人提供直接支持的项目数量的百分比变化	—	20

资料来源：www. fairfaxcounty. gov/dmb/adopted/FY2007/pdf/Volume1/00150. pdf.

注释：定性解释——志愿主义为社区娱乐服务项目的成功奠定了必不可少的基础。介入到项目规划与实施中的社区，促成了更广泛的合作关系，进而能确定并提供自身的需求。当大厦中的领导者允许该过程自我维护时，也就加强了社区建设。为此，社区及娱乐服务寻求增加社区领导者及直接参与社区项目与服务的全部义工的人数。此外，社区及娱乐服务试图以上述努力为基础以确保至少 25% 的社区及娱乐服务项目，通过社区合作人提供直接支持。除了社区涉及的活动，诸如咨询委员会、社区规划小组、“青年大胆说出”及各种岗位义工的活动得以发展以外，社区的领导力，包括培训和教育能力，也都获得了发展机会。目标——为了构建社区能力，可通过发展社区领导、促进社区参与、提供可利用与各种社区、公共及私人组织之间合作关系的综合服务，以倡导并满足社区要求。目的——（a）为项目、服务及活动供给提供支持的社区领导及义工人数增加了 5%；（b）由社区合伙人提供直接支持的项目数量增加了 20%。

表格中的符号“—”，表示数据不可得。

产出测量跟踪了义工时间及义工人数。效率测量跟踪了与增加的志愿服务相关的生产力改进，以及在降低每位参与者成本方面所取得的成功。效果测量专注于义工与参与者的满意度。也就是说，除了提高项目参与者的生活质量之外，义工有望通过对社区所做的贡献而获得内在奖励。绩效结果包括义工与项目参与者人数的量化增长。最后，三角式测量包括为反映结果定量测量变化而提供解释的定量报告。这些测量中，任何一项孤立的测量都不能提供完整的绩效情况，而这些测量间的结合，则更清晰地表达了目标的达成。

建设社区组织能力

挪威卑尔根的 Chr. Michelsen 研究所对坦桑尼亚做了大量研究工作。得出的结论是：通过政府与社区机构之间的网络协同合作，推动社区发展为提高生活质量提供了重要契机。一项坦桑尼亚中央政府（试图将机构组织参与制度化）的政策研究发出警告：必须谨慎地实施相关政府政策，以避免干预这些基层性质的组织（一度被视为自身有效性的关键）所采取的行动（Lange、Wallevick 和 Kiondo，2000）。自治或独立于政府通常是维护社区组织有效性的重要条件，同时也是网络协同合作的重要考量之一（Glaser、Soskin 和 Smith，1996；Warren、Rosentraud 和 Weschler，1992）。

Chr. Michelsen 研究所的又一项研究（Baker 等，2002）指出了非正式社区组织取得的成功，其中许多是由女性组建的。该项研究是政府支持基层企业的案例，有助于加强撒哈拉以南非洲的市政基础设施建设。

费尔法克斯县重视社区参与，利用地方政府政策并通过社区组织促进社区发展（Kelly 和 Rivenbark，2003）。公共服务系统管理部门及社区娱乐服务部门的以下讨论，阐明了地方政府采用基于绩效的预算对积极建设社区组织能力的意义。

人类服务系统管理部门在完善县政府内部运行、缩小政府与社区之间差距方面发挥着重要作用。诚如所有其他与费尔法克斯县政府有关联的机构，公共服务系统管理部门，通过基于绩效的预算将战略规划与绩效测量相结合。通过承担加强政府与社区机构之间合作关系的责任，公共服务系统管理部门引进了与战略议程相关的报告。公共服务系统管理部门对组织内与组织间的制度协调责任作了如下描述：

公共服务系统管理部门支持整个系统内服务提供的一体化，以及整个公共服务地区、各种公共服务与非公共服务机构之间的规划、管理及运作的协调化。在公共事业部门区域内、各种公共事业与非公共事业机构之间的计划、管理及运作协调。该部门使用项目管理方式履行这些职能、职责，根据特定机构或社区要求，或根据确定的全系统体制内部的要求展开工作。该部门的调查、分析、项目服务员工将继续专注于对整个公共服务部门有用的信息，进行搜集、分析、传播，跨系统协调或多机构协作，建立县级机构与社区合作伙伴关系，帮助机构重新设计工作程序以实现更高效率，提高服务质量并且在资源受限的背景下更好地将服务提供与战略目标及能力相结合（费尔法克斯县人类服务系统管理部门，2006，410）。

通过基于绩效的预算，费尔法克斯县对社区的承诺变得切实而有形。地方政府通常不愿意参与或加强社区组织，因为担心社区机构会篡夺其政治权力（Logan 和 Rabrenovic，1990；Sharp，1990）。费尔法克斯县将社区视为一个系统并将社区组织视为该系统的重要组成部分，必须参与和加强该系统以共同完善社区。该县依照这一认识积极参与社区组织。费尔法克斯县制定了唯一的金融工具——综合社区基金池，以支持这些合资企业。该基金池构建了社区组织的能力，旨在“引领，县与私企、非盈利性组织之间强化关系及简化程序的新时代”（费尔法克斯县人类服务系统管理部门，1999，7）。

费尔法克斯县意识到，尽管有大量资源，但自己没有能力应对县的所有需求。因此，总的来说，费尔法克斯县和公共服务系统管理部门与社区组织特别合作，明确了社区需求，并提高了社区机构解决关注问题的能力。

在许多方面，通过诸如综合社区基金池这样的工具而进行的投资，加强了社区机构解决问题的能力。在提高社区组织能力的同时，该过程也加强了市政基础设施建设。费尔法克斯县通过以下网址清楚地说明了社区组织的能力建设（http：//www. fairfaxcounty. gov/ccfp/NPODInitiative. htm），该网址描述了 15 个关键的管理能力要素：

1. 社区组织的使命及其使命完成的商业计划；

2. 战略规划过程；

3. 财务管理制度（包括预算、税收报告、审计准备及社区组织当前财务状况的其他相关方面）、未来前景及应对变化的能力；

4. 过去的绩效及测量绩效结果的能力；

5. 社区组织服务提供制度，包括消费者满意度、质量控制及社区需求敏感度；

6. 社区组织董事会参与政策规划及融资；

7. 运作程序的充分性及使用性；

8. 保存记录与报告系统的充分性，以及报告的精确性与及时性；

9. 融资能力的充分性，与利用其他支持所取得的成功；

10. 人事的充分性，及相关人力资源管理能力；

11. 社区组织运作工具的可得性，及满足未来需求的充分性；

12. 技术资源的充分性（及使用性）；

13. 与其他组织合作的充分性；

14. 组织多样性及文化多样性；

15. 客户信息的充分性，及数据分析能力。

网络协同合作及社区发展的成功与社区领导紧密相连。意识到领导能力缺失是挣扎中的社区组织及弱势社区的典型特征，费尔法克斯县便启动了加强志愿服务与社区组织领导能力的项目设计。表 4.5 中的目标与目的，表明县政府旨在利用公共资金建设社区能力，以促进社区发展，并赋予弱势公民在塑造社区美好未来方面以更强的话语权。与新发起的合资企业相关的措施，阐明了政府预期，包括完善的社区领导能力，以及增强的合作生产能力。依照系统方法，费尔法克斯县一心一意要促进具有自立社区组织的合资企业发展。

网络化的解决方案必然要求对地方政府与社区机构之间的合同关系进行关键评估。最近的一项研究（Snyder 和 Flentje，2000）提供了上述合同关系如何得以改善的深刻见解。该研究探讨了如何使用绩效监督及评估提醒地方政府重点的绩效问题，提出了用于建设社区机构能力可采取的行动，制定了解决社区重点问题的合作方案，包括“提高非盈利服务供给者的责任：将标准、合规模型与结果、绩效模型相结合”（Snyder 和 Flentje，2000）。

最终，利用政府、非政府组织及社区组织资源的协同解决方案，需要连锁的绩效测量系统，该系统通过（从社区而非政府角度优化资源利用的）变革的问责制极大地提升了透明度。这种对绩效测量更具包容性的方式，促进了非政府组织、社区组织及政府机构的战略议程的交流，并联合以推进社区福祉。

目的及绩效目标

目的，通常也分解为很多可操作的小目标，以便对政府及合作机构的行动给予指导。各项绩效目标则规定了实现这些目的的预期，以作为实施过程中的各个具体测量单位。利益相关者通过参与设定目标、制定措施、建立绩效目标等过程，将所作出的一项项承诺付诸于一项项所实现的目标中（Aristigueta，1999）。如果非政府组织计划与政府实体合作，以共同制定社区关切问题的系统解决方案，则必须密切参与战略规划及决策过程（Lacey、Adeyemi 和 Adewuyi，1997）。尽管包容性合作过程所消耗的时间比单边行动更多，但更有可能争取到对决策的承诺，并有助于参与者实现由政府导向向社区导向的必要转变。

如果基于绩效的预算需要提供政府的透明情况并示意政府的意图，那么目标的陈述就很关键。对预防与协作式解决方案相关的次优化，目标陈述尤为关键。形成网络协同合作的机构，尤其是核心机构，必须能够理解网络合伙人活动的意图，以便提高相互联系，避免重复陈述，并确保能满足确定的社区需求。缺乏特殊性或复杂晦涩的目标陈述，可能会适得其反。

在描述项目意图方面，表 4.4 中所示目标陈述展示了关于娱乐活动意图的大量信息。社区中心提供的娱乐活动的目标，并非限于在短期内提高生活质量，而是旨在促进生活方式的变化，包括长期的健康福利。

绩效提高趋势及目的

要想使绩效测量变得有意义，必须建立绩效目标并且对比实际。虽然人们对建立目标的需要几乎没有争议，但在方法上还是存在分歧。

最为常见的方法之一，涉及建立绩效相关的种种趋势，以建立相关目标。而建立一个趋势，有必要使用两个或更多的历史数据点。

不论用以建立目标的方法如何，但为目标调整提供机会很重要。组织及组织环境经常在发生变化，而这些变化必然会影响绩效。最终，必须对绩效目标进行调整，以反映不断变化的现实，包括环境的变化。

在协议中谨慎规定变化十分重要。太过轻易的调整，或不遵守协议而调整的绩效目标会招来谩骂。相反，死板的绩效目标在绩效报告中也容易招致欺诈。

对合法目标调整与实际及预期的社区中心出席人数增加的相关性，表 4.4 提供了具体的例子。该表格中的定性研究报告解释了各种结果的巨大差异，主要与社区中心通过增加能力重启相关的推动有关。通过对各项目标的评估，使当前及未来的业务操作得以调整，反映了除社区中心利用率总体增长外的社区中心的增加能力。目标陈述要求增加 10% 的社区中心利用率。

基准绩效

基准绩效包括确认组织在特殊活动、职能或项目规划中的绩效。例如，如果社区对法律执行的情况不满意，并且在调查决定由传统法律执行向社区监督转变之后，基准绩效则可能发起一项调查，以探寻用什么作为社区监督的模型机构。模型的可转移性很大程度上取决于社区的可比性程度（Behn，2003；Folz，2004；Kelly 和 Riverbark，2003；Poister，2003）。表面上看着类似的社区和机构或许存在对绩效测量至关重要的环境差异（Poister，2003）。虽然如此，从所有社区的职能对比中可以得出许多启示（Ammons，1995；Kopczynski 和 Lombardo，1999；Wholey 和 Hatry，1992）。

尽管机构的内部对比非常有用，但对撒哈拉以南非洲地区来说，若要执行严格的基准绩效，仍然是欠考虑的。因为这些方式包括所有社区内的标准化测量，及严格的对比。虽然测量的标准化和测量系统，或许有朝一日是可行的，但是对发展中国家来说，技术挑战与政治后果可能会弊大于利。通过掌握社区、政府机构、非政府机构及社区组织独有特征的创新性与创造性，撒哈拉以南非洲的社区可能会更受益。

战略规划及绩效目标

当绩效测量及基于绩效的预算嵌套在战略规划过程中时，它们才是最为有效的（Kelly 和 Rivenbark，2003；Poister，2003）。合作方式及网络化的解决方案必然要求与政府战略规划相对应的社区战略规划。议程的设定必然涉及那些核心机构的关键性利益相关者，其中包括对目标实现与社区完善至关重要的政府与非政府机构。由具有广泛基础的利益相关者们制定的战略议程所推动的基于绩效的预算，将会强化对社区及民用基础设施的承诺兑现。

与政府的其他日常活动相比，就政府这方面的活动而言，通过追寻参与这些政府活动的政策制定者、社区机构及公民，你会对这些与战略议程相关的产品特别感兴趣。因此，对于公民，不论是个人，还是社区机构中的参与者，都能够利用绩效测量追踪战略项目进程，这一点很重要（Holzer 和 Yang，2004）。作为参与监督投资并跟踪社区完善情况的社区机构的利益相关者，公民更加信任政府并与之共同完善社区状况（Yang 和 Holzer，2006）。

意外后果

当各机构更关注绩效报告而非实际结果时，多会采用“随机测量”办法，来应对意外后果和共同关注的绩效测量问题（Kelly 和 Rivenbark，2003）。作为一个机构，一旦出现了忽视绩效的情况，就会以这种方式来修正自己的行为，进而来影响绩效测量，这种做法已很普遍。

例如，人们常用标准化的测试来评估教育绩效。为了努力展示该绩效的外貌，教师通常也会关注这些出现在标准化测试中的论题。对公民身份或劳动素质相对良好的人来说，教育内容的重要性可能会被压缩课程所取代，以便能提高课程与标准化测试内容的匹配度。此外，为了提高学生成绩，一些学校提供了特别课程，侧重于测试内容及应试技巧，并鼓励学生参加考试实践，以做好与考大学相关的标准化测试的准备。因此，这有可能提高标准化测试的分数，但却没有提高劳动力素质。这个例子证明了批评性思考的重要性，以及关于测量与组织行为之间联系的逻辑。尽管 Kelly 和 Rivenbark （2003） 意识到了这些关注点，以及其他绩效测量的缺陷，但依然坚持。尽管如此，政府仍必须推进绩效测量的完善。

基于绩效的预算

可以采取数项行动，来加强基于绩效的预算与改善绩效之间的联系。这些行动中亦包含了公民参与决策的各个步骤。

从一般信息至与决策有密切关系的信息

基于绩效的预算与积极的组织变革之所以能够成功，很大程度上就在于它们已成为领导肩上的重负。为此，领导层必须欣然接受变革并重视绩效，必须建立对变革有利的组织环境（Behn，2003；Melkers 和 Willoughby，2005）。这意味着，如果要提高绩效，政策制定者与管理人员必须一贯地支持提高绩效的行动，其中也包括基于绩效的预算（Berman 和 Wang，2000）。

通过基于绩效的预算而得到的信息，应该用于帮助而非替代领导层的决策责任（Melkers 和 Willoughby，2005）。即使基于绩效的预算满足了决策过程的要求，但它也只是推动决策的众多考量因素之一。决策的性质与合理化系统的影响程度（例如基于绩效的预算）有着很大关系。某些决策十分依赖人类的行为知识，需要通过对组织及其环境的透彻理解来满足需求。

绩效测量及基于绩效预算的有效性，将取决于信息对于决策的关系密切程度。绩效测量的最初版本往往是通用的，它们可以通过迭代过程得以不断地塑造。由于政府组织身处不断变化的环境中，因此，必须不断地塑造基于绩效的预算，以便符合组织变化中的信息需求。这就意味着，组织内与组织间的利益相关者应积极参与调整基于绩效预算的整个过程中。通常，地方政府领导往往并不欣赏这样一个动态过程。其结果便导致绩效测量与决策的松散联系（Glaser，1991）。

财务与项目问责

如果公民想要在塑造政府行为中扮演积极的角色，且基于绩效的预算想要在公民参与中发挥作用，那么，就必须以易于理解的形式提出预算证据。Kelly 和 Rivenbark（2003）将基于绩效的预算描述为对预算差异（财务问责）与绩效差异（项目或服务提供的问责）来说十分可取的方式。他们认为，分项预算及项目预算对形成完整的绩效描述是必要的。

他们将财务问责描述为一项如何利用资源的计划。分项预算则提供了一份遵守计划的详细评估。一般每月都会跟踪支出及约定付款数，以顾及调整并（支付承诺）确保全年度的合规性。当一个机构将公共资源用在非计划部分，或超出项目的预算时，它便与计划不符，并且必须对那些对此偏差负有责任的人进行问责。在有些案例中出现的计划偏离是可以调整的。但是必须要修订其预算，以反映新的现实情况。例如，对于组织、环境变化或优先权的调整。分项预算有助于确保政府在可用资源的边界内运转，以及将公共资源花费在预期的或经过预算的项目上。

项目预算是问责的第二种形式。它要根据目标达成进行绩效测量。要使用较早以前讨论的一种或多种方法来设定绩效目标，并且要明确，绩效测量可以用来评估实现的目的。且这些目的是可以通过各种测量与绩效目标而具体化的。

为了确保分项预算的纪律能够得以维护，开展财务审计是非常必要的。财务审计可以改善预算限制内的和指定项目内的支出。内部审计一般则由地方政府内部的独立机构执行。通常，这些机构在结构上是独立的，或分离于其他机构，以便限制其他内部机构对审计职能施加的影响。内部审计员具有了解组织及其运作方面的优势。但内部审计的主要缺点，仍然源自于难以确保其机构的真正独立性，所以也难以确保其审计结果。Fjeldstad 等人（2004）在与坦桑尼亚地方政府合作中就发现，其内部审计是软弱无力的。所以，与分项预算相关的审计，应专注于财务问责。

对独立评估而言，使用外部审计是其最根本的条件，因为财务问责通常需要有来自独立性的保证。作为财务考量因素的外部审计，对发展中国家尤为重要，因为那里的政府，正试图加强公民与（政府）自身的相互信任。2000 年，Fjeldstad 等人（2004）就曾报告，来自坦桑尼亚的外部审计揭露了大量的公共资金违规使用现象，以至于其最近的外部审计显示，已有更多的地方政府在使用公共资金时能够遵守政府的会计制度。

就基于绩效的预算本身而言，通过那些与特定项目、活动或成本中心相关联的支出，就可为财务问责（在有些案例中见其分项预算报告）及项目问责提供证据。这种形式的问责，试图让那些不熟悉政府工作与公共预算的公民，也可通过这一途径审查那些已用于公共产品的各种支出。绩效审计也能对公众的纳税回报程度提供评估。其不仅可以用于评估价值与产品质量，也可用于仔细检查与数据搜集相关的方法及绩效报告的精确性（Kelly 和 Rivenbark，2003）。而失败的绩效审计，只会助长绩效报告中的不精确性。

透明度及利益相关者的参与

员工是会上行下效的。如果一个组织的领导层能够为满足其决策需要，积极参与和量身打造绩效测量，则员工们就更有可能积极效仿。如果上级使用绩效测量来指导决策，则下属更将勤于维护这一绩效测量制度。绩效测量促进了这种勤奋投入，以及对细节的关注。绩效测量被视为一个持续的过程，并与一年一度或一年两度的事件相对应，以满足其决策需求。Kelly 和 Rivenbark（2003）指出，费尔法克斯县就是这方面的模范实体。要想使绩效测量能够推进决策，则信息准确、及时、贴切是势在必行的。当一个组织的员工成了利益相关者，他们就会颇有微词地审查报告信息，并会从其他机构接收信息，从而使数据质量得以提高。当员工们成为利益相关者后，也会像审计员那样，颇有微词地审查系统信息，并报告所发现的问题。这种由利益相关者参与审计的方式，也可确保与特殊单位相关的利益相关者熟知与其定期互动的其他单位，从而促进了系统化思维。而进一步了解其子单位如何与其机构的广泛使命相联系，可以降低其次优化。如果绩效测量实际上推动了影响结果的决策，则与绩效报告有关的信息和活动将继续接受仔细检查。这一过程可产生更清楚、更可靠的数据，它们将不断地被塑造，从而与资源配置的决策密切相关。

员工的利益相关者化过程，将有助于减少零和行为，而对有限资源展开的机构内部竞争，其成功与否将由机构争夺额外资源的能力所决定。通常，预算过程促进了部门之间的竞争，但这种竞争较少关注组织的绩效，而更多是一种博弈。这种零和心态会加剧次优化，使竞争适得其反。

鉴于零和行为的倾向，考虑绩效测量与资源配置调整背后的逻辑就很重要。在有些情况下，基于绩效的预算由绩效成就所推动。在这种情况下，基于绩效的预算的有关决策，将包括满足或超过目标绩效的资源奖励，或某一情况特殊的机构，在未能实现绩效标的时，将受到惩罚或被缩减资源。在其他情况下，基于绩效的预算调整，则专注于绩效优化。在此情况下，绩效调整较少关注绩效的奖励或惩罚，而更多关注于组织及其环境的巨大变动（如资源利用的战略调整）。此外，仍有其他情况，一个单位的良好绩效可能导致远离零和倾向的资源再分配。也就是说，如果一个单位可以满足目标产出，同时又减少了支出（由于效率提升幅度），可能会为了组织的使命向其他单位转移其结余。该例子展示了绩效测量（团体绩效评估）与绩效评价（个体绩效测量）之间联系的重要性。绩效测量与评价之间的联系，个体因促进了其单位用更少资源进行运转的效率而获得奖励。绩效评价与测量通常被视为两种独立的评估，但从系统上看，它们彼此也相互联系（Glaser，1993）。

将基于绩效的预算与绩效改进相联系

如果基于绩效的预算能对绩效产生积极影响，则它必须成为合理及可预测过程中的一部分（Rugumyamheto，2004）。用于连接绩效报告与绩效改进的方法差异相当大。

Scheps（2002）描述了一个得克萨斯州达拉斯县的持续评估模型，阐明了一些确保绩效改进所必要的行动。第一，已决定好的计算方法及进展评估必须到位，为绩效调整提供机遇。为了评估绩效，达拉斯县采用了一种持续的绩效改进模型。第二，绩效衡量必须考虑可控制因素、政府可控范围之外但影响绩效的环境影响。要求有预算责任的领导用批判的态度审查并描述与其单位有关的绩效预期，包括对绩效的预期环境影响，并描述与维护回应绩效问题的推荐行动。第三，审查过程必须透明，为有广泛基础的利益相关者（包括服务接受者或项目参与者）的参与提供机会。第四，预算影响必须从逻辑上贯穿整个绩效测量的复核过程。

并非每个机构都有时间或资源投资到持续的绩效改进过程中。例如，那些已在此讨论过的每个机构。但是，仅靠一年一度或一年两度的绩效评估，不可能带来有意义的绩效改进。

绩效报告中的透明性

当分项问责与绩效预算结合时，透明性便得以促进，并且更为完整的政府运作情况得以呈现（Kelly 和 Rivenbark，2003）。费尔法克斯县的社区娱乐服务部门提供了一个绩效测量的纲领性观点（见表 4.4 和表 4.5）。基于这些描述，本节探索了费尔法克斯县处理绩效报告中透明性问题的方法。[2]

绩效问责的一个重要要求，取决于确定一个特定的政府机构并对其问责的能力（Andrew，2003）。根据此要求，与每个部门相关的绩效报告都始于一份组织结构图。例如，社区娱乐服务部门的组织结构图，就包括各部门分支或各成本中心的划分，以方便读者查明哪个分支机构或成本中心对哪种特殊产品或服务负有责任。费尔法克斯县就通过其网址，向大众提供了其使命、关注点，以及与战略议程的关系。

重要的是，用来描述机构活动的语言，要么排除，要么至少得解释一下其中的技术行话。描述的内容应以此为假设：读者在预算、绩效测量及政府活动或职能方面所拥有的背景知识有限。几乎没有任何公民有时间或有意向参与对绩效测量的全程跟踪。所以，一定要找出那些易于引发公民兴趣和具有战略属性的事项。

使用对所有机构的通用报告格式，社区娱乐服务部门就各部门的行动及活动提供了一份综述，其中包括“新计划”及“费尔法克斯县憧憬中的最近成就”，因为它们与战略议程相关。该综述简单地描述了当前活动及预测的活动。通过这些描述和活动的探讨，将有助于读者理解社区娱乐服务部门与其他部门之间的关系。例如，针对社区娱乐服务部门和与费尔法克斯县公立学校之间相互联系的陈述，描绘出了彼此间就课外规划所形成的无缝连接体系。该讨论展示了娱乐、教育及社会技能规划是如何彼此结合，对参与青年的福祉形成一个更为整体的分析。

财务报告使用了包括单项展示在内的多种格式。所提供的预算信息中，包括对全体机构（人员、运作及资本设备）及已划分的各成本中心的单向财务问责。该财务信息的综述中，还包括收入的产生，以及需要向当地确认的净成本。

财务报告向读者提供了一份预算变化的纵视图，这使得公民能够评估预算趋势及本年度对预算的修订情况。除电子表格外，报告还确认了调整总量，并解释了资金调整背后的论证。对于那些主要对一般预算信息感兴趣的读者来说，一张饼形图即可提供该机构 2007 财政年度的预算资源情况及各成本中心的划分情况。其成本中心的财务划分已伴随早先讨论的绩效信息提到（见表4.4和表4.5）。

为公民参与和尊重公共价值而备的工具

政府既然要坚持使自己的行为与社区的长期福祉保持一致，就要对公民的需求加以回应。当公民过度关注自身利益时，绩效量度之间的冲突就会加强。尽管有许多因素可以让公民改变自身利益或愿意接受社区，但政府的行为尤为重要。当政府邀请公民参与决策过程并致力于提高公民对政府及未决问题的了解，公民则更可能支持符合社区长期福祉的投资。

与基于绩效的预算相一致的调查研究，可以规定并推进公民对绩效主张的理解，并促进相互较劲的绩效量度间的趋同性。例如，对于回应性与社区的绩效量度。费尔法克斯县用各种调查工具，包括调查研究，赋予公民在政府决策中以话语权。该县将调查研究与基于绩效的预算一并报告，以促进公民对所提供服务的质量或满意度的理解。它积极鼓励地方政府机构使用该调查研究方式，并提供了一本讨论让消费者满意度的研究方法论的在线手册（费尔法克斯县管理与预算部门，2005d）。

尽管政府已承诺要给公民提供参与平台，诸如调查研究平台等，但仍然要认识到，其中有很多的考量因素和限制因素。Andrew（2003b）指出，公民对政府工作仍然知之甚少（例如，预算知识），这对撒哈拉以南非洲尚有意义的公民参与而言，仍然是一大障碍。虽然这些挑战非常严峻，但并非无法克服。在撒哈拉以南非洲一些地区，社区组织已经打下了促进参与所必要的信息基础（Dolny，2001）。通过打下与政府交流所必要的信息基础、组合影响政府所必要的政治权力、为公共活动而加强市政基础设施建设、搜集足以促进包括协作生产的集体资源在内有意义的变革，社区组织及街区组织便有可能成为促进社区完善的多功能平台。

另外，测量公民的需要时，要多方观察所遇到的相关困难。比如，与公民愿意缴纳给政府的税款相比，他们要求从政府那里得到的可谓更多，且这样的做法并非罕见。当调查研究提供了不受税收影响的各式服务时，公民则更加倾向于支持更多地增加此类服务。用于确认服务优先项的调查研究，必须防范与通胀需求相关的测量错误（要注意增加服务提供的要求是否已超出公民实际缴纳的税款，有时候这将导致税收与需求的断裂）。开展调查研究时，建议要运用三角式测量法来评估公民需求，即对以下三个方面开展测量：建立服务提供优先项，使用率模式，以及增加税收的缴纳意愿评估（Glaser 和 Bardo，1994）。

服务需求及纳税意愿之间的联系，在发达国家表现得不如在撒哈拉以南非洲那么直接。地方税基产生的收入，是满足地方政府服务提供与规划需求的许多（资金）来源之一。因此，可能需要调整对公民服务需求的评估，以专注于机会成本。各个环节的审议过程对评估机会成本尤其适合。为了通过对问题及备选方案的缜密详尽的讨论而促进学习，Weeks（2000）特别为这些审议过程准备了一个案例。根据他的研究报告，这些审议过程有助于公民较少地考虑自身利益，而更多地考虑完善社区的长期福祉，以及加强市政基础设施建设。

合作生产是公民参与的一种方式，保证了撒哈拉以南非洲的考量。重建市政基础设施有助于社区完善；合作生产为加强公民之间、公民与政府之间的联系提供了途径。例如，医护成本一定程度上是人为在推动。如果所作的规划能用公民的自身行为，以及相关的社会压力，来影响人们对公共医疗的理解，则个体或许更愿意调整自己的行为，通过合作生产降低医护成本，并进一步完善卫生条件（Glaser 等，2004）。调查研究和审议过程，有助于为进一步的变革打下坚实的知识基础。

在撒哈拉以南非洲，公平依然是一个绩效尤为关切的重要问题。政府必须努力使所有阶层的公民，不论其民族与社会经济地位如何，都能公平参与。通常，用于调查研究（参与者从该名单中抽取）的抽样结构，本身就不足以代表穷人的利益。要想努力提高那些身处贫困中的人们参与政府事务的权利，就要更多使用那些能包括以参与式贫困评估而著称的信息搜集技术（Norton 等，2001）。Robb（2001）总结了与参与式贫困评估的应用有关的逻辑，并辩称当它们（参与式贫困评估）与调查研究共同使用时，可能会更加有用。像三角式测量法，就参与式贫困评估而言，则更需要应用该测量法来搜集数据。调查研究有助于确认广大公民的需求及关切，参与式贫困评估则有助于理解贫困的含义，并专门用于制定干预措施，以满足贫困人口的特殊领域的特定需求。研究贫困的经验已暴露出许多难以克服的沟通障碍，这使得有效及可靠的数据搜集更具有挑战性。参与式贫困评估需要在信息搜集者与提供者之间更多地开展互动性对话。Robb 指出，只有通过面对面的接触，才能真正地确认并更正与询问相关的概念性误解，才能对被调查者的处境有透彻的了解，这对精心制定贫困政策至关重要。作为参与式贫困评估的一个组成部分，访谈调查则比较简便，可以通过对大量问题的筛选，引导访谈将讨论放在其他的重要领域上。通过参与式贫困评估的参与过程，还可向穷人证明政府是关注其困境的。

改进撒哈拉以南非洲的政府绩效

在基于绩效的预算可能有望推进完善撒哈拉以南非洲的政府绩效之前，仍有许多挑战必须克服。其中，领导层对变革的抵制将是最大障碍之一。那些已当选或已被任命的官员，由于现状对其自身利益已经有利，通常会抵制变革（Andrew 和 Shah，2003b）。通常，在领导层及组织文化之间出现的相互制肘，更增加了促进绩效改进的难度。在某些情况下，腐败也潜在地推动着对于变革的抵制（Baker 等，2002；Fjeldstad，2003；Fjeldstad 等，2004）。根深蒂固的腐败文化，往往极难改变。尽管透明性及公民参与有助于削弱腐败文化，但身处贫困的公民，对于久已强势存在的政府行为，通常缺乏监管其变革或成功向其挑战的能力或意愿。人们不难理解，为什么撒哈拉以南非洲的有些社区，会陷入绝望的漩涡难以自拔。

由于许多结构性问题及财政障碍，更难以打破这一绝望的循环。

如果公民想通过对政府问责促使政府对人们的需求及所关切问题作出回应，则必须要强化地方政府的控制（Andrew 和 Shah，2003c）。政府改革的主要推力，包括将控制由中央政府转移至地方政府（Baker 等，2002）。然而，如果地方政府想要拥有回应公民需要及请求的能力，则必须通过经济上的独立形成结构性的独立。撒哈拉以南非洲的许多政府，由于深陷债务囹圄，已几乎没有完善社区的财政能力（Andrew 和 Shah，2003a）。这些政府常常依赖有限的各种杂七杂八的收入来为政府提供资金（Andrew 和 Shah，2003a）。

技术能力的局限性，则更加剧了财政问题。例如，财产税评估系统通常受到不精准性的困扰。在一定程度上，这一不精准性是由用于财产评估的落后方法所致（Andrew 和 Shah，2003a）。技术问题还包括收入估算的不精准，经常性地导致收入短缺（Fjeldstad 等，2004）。在撒哈拉以南非洲，很难获得可以记录、跟踪、分析绩效的计算机系统。

通过网络协同合作重新定义绩效

从长远来看，要想扭转撒哈拉以南非洲的命运，取决于恢复其当地的市政基础设施，并加强公民之间、公民与政府之间的信任纽带（Lange、Wallevik 和 Kiondo，2000）。假设地方政府真正有意于公民的参与，那么接下来的问题便是，何种公民参与方式可能更为有效。尽管地方政府采用的许多公民参与方式，具有公民参与的表象，但实际上均未给予公民在政府决策中的话语权（Simonsen 和 Robbins，2000）。另外，避免使用错误的公民参与方式也很重要，不然会造成民心分散，搞乱政府与公民之间的沟通，使双方产生抵触（Andrew 和 Shah，2003c；Berry、Portney 和 Thomson，1993；Glaser、Yeager 和 Parker，2006）。

公民参与必须认清撒哈拉以南非洲的种族多样性，包括每个种族的价值观及文化。当公民参与能和社区各个不同部分的独有特征鱼水相容时，它才能更为有效（Andrew 和 Shah，2003b）。在同一个街区中，公民会自然而然地与具有类似价值观及社会经济地位的其他公民组织起来。公民越来越广泛地参与政府决策，将有助于防止政府的俘获。与政府俘获相关的公平问题包括如下情况：政府行为主要受有限数量的机构或个体影响，同时会忽略更广大社区的利益。

各街区组织可被组织起来共同形成整个社区的政治话语权，并在全社区内更公平地分配权力（Berry、Portney 和 Thomson，1989）。当街区组织都在同步发展其政治、经济及社会资本时，这些组织才能发挥出他们的效力。社会资本与每个个体的互联性密切相关（Putnam，2000）。当邻里之间携手在政治和经济上强化他们的街区时，他们便会在撒哈拉以南非洲构建起极其需要的社会资本及市政基础设施。

尽管通过街区发展组织输送的街区资源对社区发展是有必要的，但是这些资源依然不够。在大多数情况下，为加快自己社区的发展将需要来自于社区外部邻居的资源。

费尔法克斯县的地方政府坚持通过各种社区组织提供资源以给社区发展加油。该县已经开发出大量的资源，便于人们将这些社区资源转换成公共资金，以用于提高社区组织的能力，使社区组织真正成为提升人们生活品质的合作生产者。

与费尔法克斯县形成鲜明对比的是，撒哈拉以南非洲的大多数地方政府及其所代表的社区，缺乏这些能够激励人们单独推动社区发展所必需的资源。然而，如果人们能将地方政府的资源与外部资源（例如那些非政府组织）结合，那么，就有可能将资源的利用最大化，从而可显著地推动社区的完善。该方法也取决于网络协同合作的形成，包括地方政府和非政府组织，要能够成为支持社区完善的核心机构。

如果用基于绩效的预算指导撒哈拉以南非洲的合作过程，那必须要从根本上对其变革，以便为所有合作者的核心机构系统解决社区所关切的投资，提供一个合理的缘由。在以社区为基础的战略议程中，所有合作者的透明度都必须能够说明谁在负责哪一个项目，或者在基于社区战略议程中能够确认出各项目组成部分的责任人。因此，基于绩效的预算必须解决如何利用地方政府与非政府组织基金，以确保社区组织投资安全的问题，包括社区战略议程指导下的街区组织行动，也要与此保持一致。这种对社区资源更为全面的诠释，也使得公民能够通过街区组织行动，见证其投资是如何用以提高组织、街区及社区福祉的。尽管这一方法并没有改变一个组织对财务审计的需要，但这也确实影响了审计。那些能够了解自身行动与核心机构（包括地方政府）行动的参与型公民，更能有效地利用这些社区资源，对这些机构进行问责，且能够成为社区福祉中有实质意义的利益相关者。

本章注释

1. 此处展示的表格只反映了每个机构的一小部分活动与绩效测量。对与特定职能相关的绩效测量感兴趣的读者，应该密切注视表格底端提供的链接。

2. 本章节使用的所有信息都公布在费尔法克斯县的网站上。在某些情况下，针对一个机构所发布的多项帖子，可反映出整个报告过程中的变化性及连续性。

本章参考文献

Ammons, David N. 1995. "Overcoming the Inadequacies of Performance Measurement in Local Government: The Case of Libraries and Leisure Services." *Public Administration Review* 55 (1): 37 – 47.

Andrews, Matthew. 2003a. "Performance – Based Budget Reform: Progress, Problems and Pointers." In *Ensuring Accountability When There Is No Bottom Line*, ed. Anwar Shah.

Washington, DC: World Bank.

——. 2003b. "Voice Mechanisms and Local Government Fiscal Outcomes: How Does Civic Pressures and Participation Influence Public Accountability?" In *Bringing Civility in Governance*, ed. Anwar Shah. Washington, DC: World Bank.

Andrews, Matthew, and Anwar Shah. 2003a. "Assessing Local Government Performance in Developing Countries." In *Measuring Government Performance in the Delivery of Public Services*, ed. Anwar Shah. Washington, DC: World Bank.

——. 2003b. "Citizen – Centered Governance: A New Approach to Public

Sector Reform. ”

In *Bringing Civility in Governance*, ed. Anwar Shah. Washington, DC: World Bank.

——. 2003c. “Towards Citizen - Centered Local - Level Budgets in Developing Countries. ”

In *Bringing Civility in Governance*, ed. Anwar Shah. Washington, DC: World Bank.

Aristigueta, Maria Pilar. 1999. *Managing for Results in State Government.* Westport, CT: Quorum Books.

Baker, Jonathan, Hege Wallevik, James Obama, and Nazar Sola. 2002. “The Local Government Reform Process in Tanzania: Towards a Greater Interdependence between Local Government and Civil Society at the Local Level. ” Research and Development Report 6/2002, Agder Research, Kristiansand, Norway.

Balogun, M. J. 2003. “Performance Management and Agency Governance or African Development: The Search for Common Cause on Excellence in the Public Service. ”

Occasional Paper 9, Development Policy Management Forum, Addis Ababa.

Behn, Robert D. 2003. “Why Measure Performance? Different Purposes Require Different Measures. ” Public Administration Review 63 (5): 586 - 606.

Berman, Evan, and XiaoHu Wang. 2000. “Performance Measurement in U. S. Counties: Capacity for Reform. ” *Public Administration Review* 60 (5): 409 - 20.

Berry, Jeffery M. , Kent E. Portney, and Ken Thomson. 1989. “Empowering and Involving Citizens. ” In *Handbook of Public Administration*, ed. James L. Perry, 208 - 21.

San Francisco: Jossey - Bass.

——. 1993. *The Rebirth of Urban Democracy.* Washington, DC: Brookings Institution.

Birdsall, Nancy. 2003. “Asymmetric Globalization: Global Markets Require Good Global Politics. ” *Brookings Review* 21 (2): 22 - 27.

Burke, John P. 1989. “Reconciling Public Administration and Democracy: The Role of the Responsible Administrator. ” *Public Administration Review* 49 (2): 180 - 84.

Denhardt, Robert, and Janet Vinzant Denhardt. 2000. "The New Public Service: Serving Rather than Steering." *Public Administration Review* 60 (6): 550 – 59.

Dolny, Helena. 2001. *Banking on Change*. Johannesburg: Viking.

Fairfax County Department of Management and Budget. 2005a. *A Manual for Performance Measurement: Fairfax County Measures Up*. Fairfax County, VA.

http: //www. fairfaxcounty. gov/dmb/Basic_ Manual. pdf.

——. 2005b. *Fairfax County Manages for Results: A Guide to Advanced Performance Measurement*. Fairfax County, VA. http: //www. fairfaxcounty. gov/dmb/Manages_ For_ Results. pdf.

——. 2005c. *Fairfax County Manual for Data Collection for Performance Measurement*.

Fairfax County, VA. http: //www. fairfaxcounty. gov/dmb/Data_ Collection_ Manual. pdf.

——. 2005d. *Fairfax County Manual for Surveying for Customer Satisfaction*. Fairfax County, VA. http: //www. fairfaxcounty. gov/dmb/Survey_ Manual. pdf.

Fairfax County Department of Systems Management for Human Services. 1999.

"Consolidated Community Funding Pool." Fairfax County, VA. http: //www. fairfax county. gov/service/pdf/ccfparticle. pdf.

Fjeldstad, Odd – Helge. 2003. "Fighting Fiscal Corruption: Lessons from the Tanzania Revenue Authority." *Public Administration and Development* 23 (2): 165 – 75.

Fjeldstad, Odd – Helge, Flordia Henjewele, Geoffrey Mwambe, Erasto Ngalewa, and Knut Nygaard. 2004. "Local Government Finances and Financial Management in Tanzania: Baseline Data from Six Councils 2000 – 2003." Chr. Michelsen Institute, Bergen, Norway.

Folz, David H. 2004. "Service Quality and Benchmarking the Performance of Municipal Services." *Public Administration Review* 64 (2): 209 – 20.

Foster, Philip. 1980. "Education and Social Inequality in Sub – Saharan Africa." *Journal of Modern African Studies* 18 (2): 201 – 36.

Glaser, Mark. 1991. "Tailoring Performance Measurement to Fit the Organization: From Generic to Germane." *Public Productivity and Management Review* 14 (3): 303 – 19.

——. 1993. "Reconciliation of Total Quality Management and Traditional Performance Improvement Tools: Program Evaluation, Performance Measurement and Performance Appraisal." *Public Productivity and Management Review* 16 (4): 379 – 86.

Glaser, Mark A., Maria P. Aristigueta, and David R. Miller. 2003 – 04. "Willingness to Pay for Capital Investments in Public Education: The Mitigating Influence of Community and Enlightened Self – Interest." *Public Integrity* 6 (1): 39 – 61.

Glaser, Mark A., Maria P. Aristigueta, and Stephanie Payton. 2000. "Harnessing the Resources of Community: The Ultimate Performance Agenda." *Public Productivity and Management Review*23 (4): 428 – 48.

Glaser, Mark A., and John W. Bardo. 1994. "A Five – Stage Approach for Improved Use of Citizen Surveys in Public Investment Decisions." *State and Local Government Review* 26 (3): 161 – 72.

Glaser, Mark A., Janet Vinzant Denhardt, and Linda K. Hamilton. 2002. "Community v. Self – Interest: Citizen Perceptions of Schools as Civic Investments." *Journal of Public Administration Research and Theory*12 (1): 103 – 27.

Glaser, Mark A., and Robert B. Denhardt. 1999. "When Citizen Expectations Conflict with Budgetary Reality: Discontinuity between the Public's Demand for Services and Its Willingness to Pay Taxes." *Journal of Public Budgeting, Accounting and Financial Management* 11 (2): 276 – 310.

Glaser, Mark A., H. Edward Flentje, Daniel J. Bryan, and Misha C. Jacob. 2004. *A Systems Approach to the Study of Community Health: Voter Concerns, Investment Priorities, and Willingness to Pay Increased Taxes.* Hugo Wall School of Urban and Public Affairs, Wichita State University, Sedgwick County, KS.

Glaser, Mark A., and W. Bartley Hildreth. 1996. "A Profile of Discontinuity between Citizen Demand and Willingness to Pay Taxes." *Public Budgeting and Finance* 16 (4): 96 – 113.

Glaser, Mark A., Lee E. Parker, and Stephanie Payton. 2001. "The Paradox between Community and Self – Interest: Local Government, Neighborhoods, and Media." *Journal of Urban Affairs* 23 (1): 87 – 102.

Glaser, Mark A., Mark D. Soskin, and Michael Smith. 1996. "Local Government Supported Community Development: Community Priorities and Issues of Autonomy."

*Urban Affairs Review*31 (6): 778 - 98.

Glaser, Mark A., Samuel J. Yeager, and Lee E. Parker. 2006. "Involving Citizens in the Decisions of Government and Community: Neighborhood - Based v. Government - Based Engagement." *Public Administration Quarterly* 30 (2): 177 - 217.

Holzer, Marc, and Kaifeng Yang. 2004. "Performance Measurement and Improvement: An Assessment of the State of the Art." *International Review of Administrative Sciences* 70 (1): 15 - 31.

Kelly, Janet M., and William C. Rivenbark. 2003. *Performance Budget for State and Local Government*. Armonk, NY: M. E. Sharp.

Kettl, Donald F. 2000. "The Transformation of Governance: Globalization, Devolution and the Role of Government." *Public Administration Review* 60 (6): 488 - 96.

Klay, William Earle. 2001. "Management through Budgetary Incentives." In *Performance - Based Budgeting*, ed. Gerald J. Miller, W. Bartley Hildreth, and Jack Rabin, 215 - 30.

Boulder, CO: Westview Press.

Kopczynski, Mary, and Michael Lombardo. 1999. "Comparative Performance Measurement: Insights and Lessons Learned from a Consortium Effort." *Public Administration Review* 59 (2): 124 - 34.

Lacey, Linda, Victoria Adeyemi, and Alfred Adewuyi. 1997. "A Tool for Monitoring the Performance of Family Planning Programs in the Public and Private Sectors: An Application in Nigeria." *International Family Planning Perspectives* 23 (4): 162 - 67.

Lange, Siri, Hege Wallevik, and Andrew Kiondo. 2000. "Civil Society in Tanzania." Chr.

Michelsen Institute, Bergen, Norway.

Logan, John R., and Gordana Rabrenovic. 1990. "Neighborhood Associations: Their Issues, Their Allies, and Their Opponents." *Urban Affairs Quarterly* 26 (1): 68 - 94.

Melkers, Julia, and Katherine Willoughby. 2005. "Models of Performance - Measurement Use in Local Governments: Understanding Budgeting, Communication, and Lasting Effects." *Public Administration Review* 65 (2): 180 - 90.

Morgan, David R., and Robert E. England. 1987. "Evaluating a Community Development Block Grant Program: Elite and Program Recipient Views." In *Policy Evaluation for Local Government*, ed. Terry Busson and Philip Coulter, 31 - 43. New York: Greenwood Press.

Norton, Andy, Bella Bird, Karen Brock, Margaret Kakande, and Carrie Turk. 2001. *A Rough Guide to PPAs (Participatory Poverty Assessments): An Introduction to Theory and Practice*. Overseas Development Institute, London.

Pecorella, Robert F. 1986. "Community Input and the City Budget: Geographically Based Budgeting in New York City." *Journal of Urban Affairs* 8 (1): 57 - 70.

Poister, Theodore H. 2003. *Measuring Performance in Public and Nonprofit Organizations*.

San Francisco: Jossey - Bass.

Provan, Keith G., and H. Brinton Milward. 2001. "Do Networks Really Work? A Framework for Evaluating Public - Sector Organizational Networks." *Public Administration Review* 61 (4): 414 - 23.

Putnam, Robert D. 2000. *Bowling Alone*. New York: Touchstone/Simon and Schuster.

Robb, Caroline M. 2000. "How the Poor Can Have a Voice in Government Policy." *Finance and Development* 37 (4) 22 - 25. http://www.imf.org/external/pubs/ft/fandd/2000/12/robb.htm.

Rugumyamheto, J. A. 2004. "Innovative Approaches to Reforming Public Services in Tanzania." *Public Administration and Development* 24 (5): 437 - 46.

Scheps, Phillip B. 2000. "Linking Performance Measures to Resource Allocation." *Government Finance Review* 16 (3): 11 - 15.

Schou, Arild. 2000. "Democratic Local Government and Responsiveness: Lessons from Zimbabwe and Tanzania." *Comparative Sociology* 41 (1): 121 - 43.

Sharp, Elaine B. 1990. *Urban Politics and Administration: From Service Delivery to Economic Development*. New York: Longman.

Simonsen, William, and Mark D. Robbins. 2000. *Citizen Participation in Resource Allocation*. Boulder, CO: Westview Press.

Snyder, Nancy McCarthy, and H. Edward Flentje. 2000. *Enhancing the Delivery of Public Services by Nonprofit Agencies.* Hugo Wall School of Urban and Public Affairs, Wichita State University, Sedgwick County, KS.

Streib, Gregory D., and Theodore H. Poister. 1999. "Assessing the Validity, Legitimacy, and Functionality of Performance Measurement Systems in Municipal Governments." *American Review of Public Administration*29 (2): 107 - 23.

Swindell, David, and Janet Kelly. 2005. "Performance Measurement versus City Service Satisfaction: Intra - City Variations in Quality?" *Social Science Quarterly* 86 (3): 704 - 23.

Thomas, John Clayton. 1992. "Citizen Involvement in Public Management: Lessons from Municipal Administration." In *Public Administration in Action: Readings, Profiles, and Cases*, ed. Robert B. Denhardt and Barry R. Hammond, 163 - 73. Pacific Grove, CA: Brooks/Cole Publishing Company.

Warren, Robert, Mark S. Rosentraub, and Louis F. Weschler. 1992 "Building Urban Governance: An Agenda for the 1990s." *Journal of Urban Affairs* 14 (3/4): 399 - 422.

Weeks, Edward C. 2000. "The Practice of Deliberative Democracy: The Results from Four Large - Scale Trials." *Public Administration Review* 60 (4): 360 - 72.

Wheatley, Margaret J., and Myron Kellner - Rogers. 1998. "The Paradox and Promise of Community." In *The Community of the Future*, ed. Frances Hesselbein, Marshall Goldsmith, Richard Beckhard, and Richard F. Shubert. San Francisco: Jossey - Bass. Wholey, Joseph S., and Harry P. Hatry. 1992. "The Case for Performance Monitoring." *Public Administration Review* 52 (6): 604 - 10.

Yang, Kaifeng, and Marc Holzer. 2006. "The Performance - Trust Link: Implications for Performance Measurement." *Public Administration Review* 66 (1): 114 - 26.

第二部分

加强监督和打击腐败

第五章

政治制度在促进问责制中的作用 Rob Jenkins

本章回顾了政治制度能够得以发挥作用的各种途径，这将使政治制度在理论和实践中，有助于政府官员代表人民，强化对政府官员的问责制。这里所构想的政治制度是广义上的，也就是说，不仅仅是要通过选择政治领导人去构建代表机构或作出选举安排。之所以这样定义政治制度，是因为即使“非政治制度”也常常被政治化，而这也是政府对人民负责的问责制常常被人为限制的原因之一。将政治制度置于对政治体系的一个更广泛认识中，使各主要参与者涉入其中的实际关系的本质得以被察觉。

本章的目标读者为非专业人士的实际工作者，包括在政治体系的各个层面进行管理并扮演多种功能性角色的政府官员（包括当选政治家和公务员）。因此，本章没有讨论学术研究人员感兴趣的所有理论关注点。本章借助学术研究来说明一些变量，这些变量在决定不同背景下实现的问责制水平起到决定性的作用。同时，本章将采用一些简单的案例研究来说明各种观点。

本章分为四个主要部分：第一部分介绍并解析与问责制理念相关的主要概念。提出这些概念是为了表达与问责制术语相关的意义范围，其目的是帮助实务工作者对问责制体系形成更细致且符合情景事实的理解，而这种理解可以在传统工具被证明存在不足时促成创新方法。在第二部分，这些概念将付诸实践，本部分研究在民主常识理论中特殊制度被期望发挥的作用，这些功能在实践中受到破坏的原因，以及一些组织寻求克服这些问题以促进问责制的方法。第三部分概述当代的一些趋势，这些趋势可影响完善问责制的努力。最后一部分概述了一个程序，通过该程序前三部分所提出的概念和问题可用以鉴定给定国家的问责制情况，以便更好地了解，推进其改善前景。

问责制体系的主要概念

在最近几年的发展性领域中，问责制概念越发可见，并为关注改善治理的所有参与者所强调。那什么是问责制呢？

所有的问责制的定义的核心概念都是：某个人或是机构有义务对他人说明他的活动。问责制类属模型，指的是任何一种与问责制相关的类型。在治理领域，问责制指的是公共与私人参与者的关系。把通用模式运用到政府—公民关系的具体案例上往往是有争议的，主要由于被认为是合适的标准模式因国家、政府活动范围等等而异。问责关系中的准则也随着时间推移而改变。

思考政府对公民负责的问责制时，要牢记在心的第二个基本点是，问责制不是一种孤立的关系或自我运行的部门机构，而是一种系统关系。一个机构如何运行会影响其他机构的运行且并不必然以一种可预料的方式。一方面，一个绩效欠佳的机构可能损害其他专业问责机构。另一方面，当一个机构完不成任务时，另外一个机构有时可以介入来填补空缺，搭把手。

公众话语权和问责制的重要性谈及的越多，这些术语表示的意义就越少，且其与普通人特别是穷人的相关性就越小。接下来的讨论试图定义问责制，并举出一些能说明该术语多种用法的例子。

问责制描述的是一种关系，在这种关系下，如果 A 有义务向 B 解释并证明他或她的行为的合理性，或如果 A 因为 B 发现其行为，或为其行为而做的解释有待改进而受到制裁，则 A 对 B 负责（Schedler, 1999）。因此，问责制是一种权力关系。但是它指的是各种具体的权力：要求某人证明他或她的行为合理性的能力，以及对表现不佳进行处罚的能力。

民主问责制关注的是对委托以权力的官员进行控制的能力。取得普通公民的同意本身就是一项艰巨的任务，并且会由于其他因素而变得复杂。关于问责制体系实际操作的考虑强调理解问责制的概念在对国家与公民之间、公共部门与私营部门之间，以及国家与全球机构之间关系变化作出反应的一些区别。

治理性质的结构转变包括一些国家职能的私有化。因其已经模糊了问责制的界限，导致难以确定哪些参与者应承担特定类型政策或服务的最终责任。全球化进程已经产生了一些新的当权者，如跨国公司和跨国社会运动，使参与其中的一些人游离于划分各国当局管辖范围的缝隙，但其行为却对人们的生活造成了深刻影响。诸如世界银行、国际货币基金和世界贸易组织，这些多边的机构，对贫穷国家经济政策施加的影响，弱化了许多国家政府的自主权，使得其国内的民主问责制更加难以捉摸。

问责制的委托代理概念

问责制的理念通常是对委托人和代理人而提出的。委托人授权给代表委托人采取行动的代理人，在民主国家，公民（或选民）是委托人，政府官员（政治家和公务员）是代理人。委托代理理论的核心问题是要确保代理人做委托人授权他们做的事，这些事是为了促进公众福利。而代理人则有个人倾向，常常与公共项目中的某一特别的小部门或个别人，通过相互勾结以提高自身利益。

Keohane（2002，3）指出，问责制“是指一种关系，在这种关系下，委托人有要求代理人回答其所提议的及其过去的行为的相关问题，经过辨别代理人的行为，及对代理人的行为不满意时，有实施制裁的能力。”在民主国家，这种关系转变成一种要求，即要求政府就其行为向选民负责并且在其公共职责失职时在选票上受到惩罚。因此，当选政治家是某一政体的选民的代理人，政体选民则是集体委托人。同样地，一个制造公司的所有者是寻求确保他或她的利益不受海外经销代理侵犯的委托人。

体现委托人和代理人的另一种方式是，在民主政治制度依然稳固的国家的背景下具有意义，涉及问责制的目标及谋求者。问责制的目标相当于代理人，即有义务对他的行为负责，并面对制裁的人。问责制的谋求者则是委托人，即有资格要求得到解释及实施惩罚的人。

这些替代术语是有用的，因为它们正受到挑战，通过原下属参与者发起的政治运动或机构独立性的主张，使现有权力关系背景之间更具相关性。现代完善问责制的许多实验旨在授权给更广泛的委托人以更有效地审责代理人；那些寻求问责制的人并不都与委托人有同样明确的法律地位。此外，他们视野里的目标并不总是认为自己是这些选区的代理人。简言之，委托—代理框架是建立在正式合同模式上的。因此，它适用于静态而非动态情形。在没有将权力明确授予——不管是代理人或是委托人的情况下，问责制谋求者和目标这两个术语越直接越有益。

问责制的可答复性及执行

问责关系的两个方面对分析问责制制度及对其提出改革至关重要。首先是可答复性：必须提供其行为的相关信息及这些行为正确性的理由。其次是执行：必须承受那些对行为本身或者对证明行为合理性的依据不满意的人施加的惩罚。问责制的这两个方面有时被看作是判别问责制强弱的依据（以必须解释其行为的形式负责，比起以受到制裁的形式负责，其法律责任要小）。然而在分析特定情况时，对这些核心概念进行分解是有益的。

可答复性包括解释部分和信息部分，其相关性因环境不同而变化。低需求形式的可答复性要求被授权者简单地对他的行为提供一个解释或者理由。例如，当有关公民群体询问为何占用公共土地的建筑物发放建筑许可证时，规划人员通常提供公式化的答复：同意发放许可证是因为已完成所有相关法律要求的步骤。这样的回应对人们考察竞争中的事项如何全面进行权衡、基于证据的理由几乎没有提供实质意义的价值。

当可答复性的这一解释部分结合一个信息部分，如要求官员展示决策的证据基础的完全信息披露义务，如人们咨询的支持文件和证词——官员会发现根据不合理的逻辑更难以解释清楚。即使还没有提供措施，这也可以强化问责制。

执行也有两个组成部分，在描述问责关系的性质时，这两个部分必须加以区别。第一部分是对当权者绩效性质的判定。这包括根据可获得的信息和普遍适用的公共行为准则来确定其解释的说服力。

第二个部分是处罚。目标对象解释的可行性公布后，执法机构必须决定所适用处罚的性质。这个过程至少涉及三个组成部分：评估未来竞争性制裁的威慑效应、考虑公众是否会相信正义得到了伸张以及测算处罚机构有效实施所选执行方式的能力。

主要概念的这种分解对分析政治制度在促进问责制中的作用特别重要，因为政治制度通常在特定环境下有较为具体的任务。代表机构（如立法机关）也许需要信息，但会发现很难对关于行政机构决策的解释作出权威性裁决。立法机关也许可以预扣未来资金，但确定法律遵从情况（涉及的机构是否遵守法律规定的义务）通常是法院的职责。

对此另一种表述方式是问责关系往往涉及复杂的劳动分工。那些有权要求当权者回复的人并不等同于那些负责决定和实施处罚的人。在某些情况下，一个公司提供给监管机构的信息——作为正式的国家程序的一部分如果公开，则可能激起一种完全不同的类型的制裁，即以消费者抵制的形式，在市场和民间社团提供的空间内运作。

当然，各种机构所扮演的角色比这个简图所呈现的更为复杂。问责职能在不同的机构参与者之间划分，特定的参与者起到的作用不止一个，一个当选立法者既要对全体选民负责又有责任要求行政机关负责。法院起着一个重要的作用。他们显然是问责制的横向机构（在下文讨论），因为它们被期望能确保政府遵守法律规范，尤其是要求他们进行自由、公正选举的义务及裁定政府立法部门和行政部门之间的冲突。但法院也提供一个论坛，通过该论坛公民（与政府代理人处于一种纵向问责关系的委托人）试图确保官员不侵犯他们的民主权利。

纵向及横向问责制

问责制的纵向途径指的是直接连接公民与政府的途径。当非国家参与者要求国家负责时纵向问责制即产生。选举是纵向问责制的正式途径，但其也包括非正式程序，通过这些非正式程序公民把自己组织成能够游说政府、要求解释及威胁进行如负面宣传那样不能正式制裁的协会。

问责制的横向途径涉及监督政府机关的公共机构。问责制的横向机构——巡视员、总审计长、反贪局，都是为了补充选举机构发挥的作用。当一个国家的参与者具有正式或非正式的要求从另一方获得解释，或对其进行处罚的权力时横向问责制即产生。行政机关必须对立法机关解释自己的决策。在某些情况下，他们会因违反程序而被驳回或制裁。政治领导人要求公务员负责，审核官僚体系政策决策的执行情况。

横向问责制还有一个非正式的部分，即公务员集体形成官僚文化。在某些文化中，公务员不赞同偏离规则约束的治理路径的同事，而另一些文化则只要求官员不得参与违反正式规则的行为。在政府部门形成“廉洁文化”是力求完善国家机构问责制的改革者面临的主要挑战之一。

为完善国家对公民负责的问责制而提出的诸多创新建议中包括破除分离问责制的纵向及横向途径的障碍。使公民直接参与问责制的横向（国家机关与国家机关之间）程序是进行改革方法中的当务之急。

政府财务审计职能中的普通公民参与可以帮助政府审计员更好地工作，这一逻辑成立是因为公民可以增强薄弱的政府审计部门的工作能力，监督这些机构处理本部门事务的方式，杜绝官方监督机构和审计部门审计的行政部门之间的共谋行为。对这种“混合问责制”方法的反对意见其理由从腐败的审计机构的自利行为（他们不希望自己的劣迹暴露于普通公民的监督之下）到担心审计部门的独立性受到损害的合理顾虑都有，如果以监督机构中的公民参与为名义，隐藏意图的人会发现自己可以扰乱总审计长、巡视员和其他政府官员的工作，而这将损害审计部门的独立性。

俘获及偏见是问责制失败的根源

理论上，应当促进以公众的名义而得以行使职权的当权者对公众负责的问责制的政治制度，但往往没有履行其预定的职能。在发展中国家，这样的失败经常被归因于腐败。但是仔细考察那些失败的问责制度，和他们允许继续存在的对人类发展的剥夺，则揭示有其他因素在起作用。因此，区分导致问责制失败的俘获和偏见的角色是有益的。

俘获包括两种损耗问责制的现象。到目前为止，最盛行的一类俘获现象是腐败——非法使用公共权力以谋取私利。俘获的另一类型表现为其他各种形式的不当影响，按照严格定义，这种不当影响并不构成腐败。特别是当官员由于受到胁迫（例如，来自政治家和有犯罪的组织）而不是直接的金钱利益而推翻决策规则时，问责制会受到破坏。

偏见则指不是非法的或者由于私利欲望引发的行为，但这些行为却涉及优势群体受益的分配或监管决策。关于问责制的文献，尤其是定量文献，主要基于与腐败相关的问责制失败问题。然而，与偏见相关的问责制失败，在解释问责制为什么不是为普通民众的利益而运作时同样很重要。

腐　败

在腐败领域，以下四个区别值得牢记在心：

1. 小腐败与大腐败：小腐败包括办事人员和其他小官员的小规模索贿；大腐败包括诸如对能决定给予国防合同的高层决策者支付佣金等的交易。

2. 系统性腐败与个性化腐败：系统性腐败几乎是官员身份固有的（从官员为了赚回使自己被任命到这些有利可图的岗位的支出而要求的非法收入的意义上看）腐败；个性化腐败是指品行不端的官员利用一次性机会获取非法收益的情况（Wade，1985）。这种区别很重要的一个原因是在当地背景下，系统性腐败（这种情况下官员除了受贿别无选择）在人们开始同情那些发现自己在这种情况下的官员时变得相对合法化。这种典型表现使得公民参与到寻求促进地方层面政治制度的问责制的过程变得更加困难。

3. 积极腐败与消极腐败：积极腐败产生于官员从他或她的公共职位中积极寻求个人利益时；消极腐败则产生于官员为了避免招致强大的参与者的愤怒而作出的有偏决策时。这些强大参与者包括政治家、指挥链条上更高层的官员，这或足以让相关官员被换岗、申诉，甚至如果他或她拒绝该人的要求则将被控犯罪的私营商人。积极腐败即是本章所指的腐败。消极腐败则相当于不当影响这一术语。

4. 盗窃腐败与无盗窃腐败：一些腐败案件给公众带来损失（“盗窃”）；而在另一些案件里，其非法资金从特定的个人或公司获得，并没有使普通公众状况变差（“无盗窃”）（Shleifer 和 Vishny，1993）。这个区别可被视作是协商一致的腐败（如一个官僚和承包商共谋从公共工程项目中掠取资金）和敲诈腐败（比如，有资格获得反贫困受益的人为了得到他或她的权益必须向官员付费）之间的差异。

偏　见

问责机构经由非腐败但有偏见的官员（官方）决策而不能让穷人受益。当穷人或其他社会边缘群体因为内在的（或制度化的）那些减少其贫困的障碍而仍处于贫穷状况时，则产生偏见相关的问责制失败。

两个主要偏见种类对边缘群体有着特别不利的影响。首先涉及的情形是问责制机构没有解决弱势群体遭受不公正待遇的正式豁免权。这种情况的发生是因为权利保护的不一致或扭曲的官员绩效标准。

偏见在法律措辞、解释及执行上，经常允许侵犯弱势群体权利的犯罪者逃脱处罚。例如，“盎格鲁撒克逊”法律传统的“挑衅法”则倾向于赦免因自卫杀人的男子，而严重惩罚杀死对其进行虐待的丈夫的妇女。其他法律和判决——比如关于流浪、土地使用期限和债务集合，可能存在对穷人固有的偏见。

许多人事上的程序既不处罚有歧视弱势群体行为的官员，也不奖励那些为穷人带来好处的官员。医疗服务官僚机构及承担维护科学和道德责任的医疗专业团体内的问责制体系可能不作为，或者至少可能认为自己无力进行干预，因为工作人员已经遵循正式批准的程序并且达到专业标准。卫生服务面向社会富裕成员的需求，医疗研究和临床治疗方案优先关注城市中产阶级的疾病。

第一类偏见是服务获得的阻碍。此类偏见主要包括两种形式：第一种是服务提供的有偏设计。在程序上正确的行为可能掩饰政策或项目设计对社会非特权阶层不利的有偏方面。由于未经检验的假设他们有更高的效率，主流社会群体经常会发现自己更容易获得更高层次的公共服务。Staudt（1978）在对东非农业推广服务的研究发现，男性比女性更容易获得这些服务，因为男性被认为更有可能提高农业生产力，同时还因为男性推广人员觉得与男性农民互动更方便。

第二类偏见涉及各种各样的准入壁垒。这种偏见主要有两种形式：第一种形式是对服务交付设计的偏见。因对社会弱势阶层存有偏见，仅靠行为程序可能会掩盖在设计相关政策或项目时就已存在的偏见。居于主导地位的社会团体往往会发现，仅靠对其未经检验的假设，就会认为其效率更高，从而更容易让其获得更高水平服务交付的准入。

第二种服务获得障碍与调整机构有关。各种不利于穷人的偏见常常内在于机制本身，通过这些机制，公民可有权直接使用问责机制，例如寻求司法途径起诉强大的国家或非国家行动参与者的诉讼人所面临的服务获得的限制。有偏见的法官和陪审团可能会降低对他们的证词的评价，或者他们在掌握取得这些领域的成功而需要的文字和语言技能上有困难。

在评估政治制度促进问责制的贡献时，所有这些形式的偏见都很重要。认识到由于偏见而非俘获使得制度有时无法追究强势行动者的责任，政策制定者可能会根据所涉及的问题提出不同的改革措施。例如，如果立法机关通过的法律出现各种形式的性别偏见，而从理论上讲，这些立法机关对妇女选民而言（以及对承担确保妇女根据法律享有平等受保护的权利责任的法院而言）是可问责的，体制改革的一种方法可以是建立一种配额系统，以在立法机关为妇女提供更大的代表性。关于受歧视的（由于偏见而不是俘获）种族群体或宗教少数群体的歧视的一个类似机制也可加以考虑。当这些失败主要是社会偏见，而不是俘获的结果时，这些步骤是对政治制度失败的应对措施，以维持对特定的选民负责（或对他们维护平等待遇规则的绩效负责）。

正式和非正式问责制

“正式”和“非正式”问责制的区别经常在讨论中被提及关于为什么政治制度不能形成对普通公民负责的问责制和在哪些地方集中努力以纠正这些不足，但这绝不是通过这种区别就能明确其意义的。当前使用的至少有四种意义的“非正式”问责制。

1. 作为实际存在的问责制的非正式：现实世界中，由于他或她施加制裁的权力（事实上问责制）使得其根据法律或被接受的程序（法律上的问责制）应对谁负责与实际上对谁负责往往存在差异。因为这个原因，本章使用的问责制的精简的定义不详述谁扮演问责制的目标和谋求者。原则上，政治家应该对公民负责，但实际上，他们往往更关心的是企业利益集团施加的制裁，如竞选资金的撤销。在依赖援助的发展中国家，政府常被视为更多地对外部捐助者而不是国内机构如议会负责，因为如果不采取某些行动，国际赠款和贷款的撤销或撤销的威胁将构成严重的制裁。法律与事实的区别意味着区分应该存在的官方关系（根据法律）和实际存在的关系——这种关系往往会破坏对权利实施的正式限制。

2. 作为机构模糊（虽然仍是机构）的问责制的非正式：这种用法不是指非官方关系对官方规定的破坏，而是指纵向或横向问责制机构内运行的较少结构的约束机制。在纵向机构内，选举中的投票是公民用来惩戒政治家的问责制的正式/结构化的机制。在这种纵向渠道中的非正式/较少结构的机制是公民协会游说政治家及新闻调查所施加的压力，这两者有助于促进形成更强的责任感。横向层面——即在国家层面，在国家内审计办公室向行政机关行使正式权力。横向问责制的非正式部分由官僚文化体现，官员在官僚文化中运作，并且通过官僚文化——他们的专业认同得以形成。那些坚持高廉洁标准的机构作风的地方，声誉压力——问责制的一种非正式机制可以替代更多的正式方法。

3. 作为“道德化”诉求的非正式问责制：这种用法是指努力质疑法律中存在的正式问责制的事实关系的根基。它不仅仅是寻求使实际问责制与法律关系一致。相反，这种非正式指的是这样的事实，例如，也许没有正式规则要求一家制药公司有责任向全体公众做出解释——此义务仅限于对股东和监管部门进行解释，但实际上，这些公司所作的决策影响了普通人的生活，使得许多人寻求从这些公司获得有关其药物的长期影响的解释、投入的研发经费更多偏向哪类疾病等等。消费者也可以通过抵制、负面宣传和改变监管的压力实施制裁。

4. 作为公民—国家关系以外的领域的非正式机制：这种用法源自于 Lonsdale 的观察，“在国家的高层政治、诚实统治者和自由选举之下，很可能存在问责制，但在社会的深层政治里，即富人与穷人，强者与弱者之间的关系下，则存在着严重的不公正或不负责任的行为”（Lonsdale，1986，128）。在按年龄、性别或血统赋予而不是由民众同意授予权力的家庭或种族社会关系中，问责制经常被视为无足轻重。由女权主义者、宗教改革者和人权活动家制止非国家领域滥用权力的斗争很复杂，因为公共当局不愿介入如家庭内部关系或宗教活动之类的私人问题，但是这些关系的下属成员越来越要求当权者的行为要接受严格的审查。这种往往涉及关于人权和公共廉洁标准提高的证明，以展示问责制理念渗入公共领域之外的机构的程度。

治理相关概念

问责制与治理的其他概念紧密相关，尤其是外国援助在建设机构能力中起作用的背景下。在某种意义上说，建立国内的问责制是法治程序的基本目标。法治认为固定程序优先于酌情裁定。确保有正式的决策审查，以及采取执行措施带来不良或有偏见的决策，是使法治变得根深蒂固的手段。

问责制也是人权改革和机构改革的各种重组的核心。它比权利的概念更全面。甚至在非民主体系，它也已变成很有需求的语言符号。在人权、法制或者新的援助关系中，不论问责制效果如何，但对所有相关主体而言，基于他们对各种问责制关系性质所作的清晰分析，都是要依此进行相关的制度改革，这样的问责制，无论对公共支出系统还是对反腐败机构的内部运作都至关重要。也只有实施这样的问责制，才有助于面对各种机构的参与者，明确激励机制，并突出改善问责结果的潜在相关性。

问责制也需要区别于其他两个使用很多的术语：响应和责任。响应是人们所期望的当权者对公民的态度：官员应对普通公民的顾虑和问题有所响应，公正、公平地听取不同意见，并用公众一致同意的规则听取所有需求和利益方面的表达，以便通过权衡，在相竞争的权利主张中找出优点所在。依照惯例，公共部门行为主体有责任对与他们互动的公众成员做出回应，但是要对他们的管理者解释其行为，其管理者则对立法机关和行政机关、向财务审计员及上级法院法官负责（Blair，2000）。

责任的概念与问责制紧密相关。和问责制一样，它的特点是缺乏正式规定的强制性。一个行为主体也许觉得有责任采取行动来改善众多穷人的生活，但不觉得有义务解释他或她的行为或不作为。责任是为了能分享人性美德而对他人负责，而不仅仅是要依照一致同意的准则，确保某些正式规定的合同可以得到执行。企业通常所说的责任是其社会责任而不是说企业问责制。这不仅只是一个术语上的区别，它反映的是一种观念。这种观念认为，要尽量采取措施减少企业行为的负面效应，使之成为一种志愿行为。

另一个重要区别存在于一般意义的问责制和特定含义的问责制（如财务问责制、法律问责制等）之间。这些提法所使用的修饰语并不总是一致或有用的。如财务问责制适用于问责制目标从事的活动领域，而不适用目标与寻求者关系之类的任何特定性质的变化。与此相反，法律问责制是涉及评估活动领域的手段的性质。各类问责制并不是相互排斥的，由法律问责制所体现的原则也可用于财务问责制之中，同样道德问责制概念所体现的原则（法律规范的范围之外）也可能制约涉及的行为主体的行动。

同样地，政治问责制和行政问责制也常常要进行区分。世界银行采用以下政治问责制定义："政治问责制是指有权力对公共官员进行制裁的组织和选民对官员行为实行的约束。随着政治问责制的发展，政府官员采用损害公众利益以获得自身利益的决策的成本也在增加，从而其对腐败行为起到威慑及抑制作用"（http：//www1. worldbank. org/publicsector/anticorrupt/political accountability. htm）。从这个方面看，政治问责制几乎与一般问责制没有区别。它既无明确的官方（当选或行政）的性质也无源于寻求横向或纵向问责制的性质。

各种术语在使用混淆后的教训是：虽然环境会影响问责制的性质，但试图用形容词前缀的方法来使问责制进行归类几乎对理解问责制毫无帮助。更为可取的应是：确保利益相关者通过对问责制一般含义及什么因素起作用形成一个良好运作的问责制体系的基本了解，而致力于提高政治制度工作的效益。

机构：功能、缺陷及创新疗法

把这些概念和区别应用到具体机构，对于理解为什么真正的问责制（委托人严格控制他们的代理人，寻求者约束其目标的能力）在实际存在的民主政体里常常是不足的也是很有必要的，但是强调这些个别机构包含在一个较大的体系中是很重要的。而这个功能又是如何影响其他功能的呢？

选　举

民主选举即便存在，如法国或印度那样的民主国家里也常常不能形成促使代表提高穷人利益的激励。是什么原因导致这种失败呢？调查问责制具体情况的现实尝试必须评估任何特定国家背景下六个因素发挥的相对作用，以及采取行动方案改善每一个因素的可行性：

1. 多问题时的分歧：投票是委托人用以对自己的行为负责的一种比较僵化的工具。除非每个决策都进行全民公投，否则选民将不得不对政府绩效进行全面评估，这使得只要有足够多的选民政府为那些对他们最重要的事情而采取行动，那么政府（代理人）大量的不良（甚至是腐败）决策行为就会免于问责。对于每个政策决定甚至每个政策领域——缺少公民投票的情况下，选民必须选择对更广范围的有争议的问题采取行动的政府。一个选民可能同意某个党派的一些政策立场，但不大可能同意其所有的政策立场。

2. 信息不对称：根据定义，选民几乎不能全面了解政府在什么条件下进行决策，甚至不了解政府对什么作决策，更不用说了解关于这些决策的结果了。即使政府并没有特别保密，选民也不拥有必要的信息来评估他们的公共代表的绩效；即便是对一个机警的公民而言，如何获得信息都存在限制。

3. 追溯问责制的神话：一些学者认为，选举根本不是追溯问责制的主要机制（Fearon，1999）。当选民行使自己的选举权时，他们选择的是他们认为可能成为好的政府的，而不是对现任政府进行制裁才这样，部分原因在于选民隐含地或清楚地理解进行决策的环境可能随着换届的不同政府的“指令”而发生改变。这削弱了民主问责制的纯粹概念。选民调查——诸如现任政府被感知到的腐败程度等问题——显示，选民大多对他们认为一个政府未来会怎样做的情况与这个政府过去所做的情况一致。政府在制定未来的决策时拥有重要的决策权，而他们的对手不会具备，这显然是最理想的选择。

4. 庇护主义：庇护体系中的精英赞助人和地位较低的民众的联系，可以防止选民在选举期间惩罚行为不当的政治家，因为他们害怕失去作为忠诚客户可得到的任何好处。当选民对曾经选举的政府感到绝望，已知其无法充分回应其允诺，并无法有效改进其顽固的决策体系时，他们就有可能投票给被视为最有可能为他们提供可支配利益的政党，这种利益就是该政党本身能酌情发放的各种福利，既可以是对个人的补贴福利（如政府提供的房子），也可以是对地方的集体福利（如修缮道路）。当选民这样投票时，也就不会投票支持那些有着关于治理改革最有吸引力的方案的政党。在这种情况下，可以说庇护政治已战胜了纲领性政治。像大多数恶性循环一样，这种情况是难以避免的，因为受强烈的能于短期内获得的利益（无论多小）的加权诱惑，而不再支持需要长时间才能实现的系统性变革（如果有这样的变革）。

5. 历史、文化和社会结构：社会阶层分化常常使得穷人不能使用投票箱进行制裁，甚至在穷人组成选民大多数的地方也如此。如果选民在身份问题上出现分化（民族、种姓、阶层、种族、宗教、教派等等），政治家可以避开没有为穷人提供服务和公正待遇的问责。这种分化往往是长期身份形成过程的结果，而国家机构及社会力量助长了这种分化。

6. 信誉：在不成熟的民主国家，几乎没有政党在广泛的扶贫计划中有令人信服的成就，政治竞争者常通过针对性的支出安排来发展和奖励目标对象的忠诚度以寻求选举优势（Keefer，2002）。选民很难确定对政治家在公共服务绩效上应进行奖励或惩罚，特别是对于基础医疗和教育，因为这些服务是复杂的并且很难将其归为哪一个代表（或政府）任期的结果。因此，选民倾向于给予那些倡导公共工程项目（如建筑）的政治家更多的信任，给予为基本商品（粮食和化肥）提供直接补贴及增加公共部门就业机会的政治家更高的评价。这些公共资源最容易且最直接针对支持者。

此外，许多国家都有合法的渠道让那些凌驾于穷人之上的权贵以权谋私，诸如宽松的金融监管制度以及形成专业化的游说行业。竞选融资的相关法律是力求改进当选官员对普通民众责任的问责制的一种重要手段，可限制富人或特殊利益使用资助改变进程以便推选其候选人的能力。

许多国家的选民对选举和竞选活动融资体系的改革表示怀疑是正确的，这种改革对在职的政治家积累非法收入的可能性没有影响。要求国会议员公示个人资产的措施可能会附带使普通公民无法获得这些信息的保密条款。选举委员会取缔从事犯罪或暴力活动的政党或阻止有犯罪记录的政治家取得议会席位的努力，可能还是无头绪，会被长达数年的法律程序所拖延或被受到犯罪政治家胁迫的法官直接破坏。

一旦当选，代表可以很容易就避开公民的需求。代表和普通公民之间的联系如此暂定（大多数立法者将注意力重复地放在讨好那些地位在他们之上的人而不是他们之下的人民群众），且代表往往不再像当选之前那样关注选民对他们的制裁（事后问责制），也不再更多地关注对政党和政治家素质的事前控制，以及在他们进入政府之前是否能够让选民判断出其中的政治流氓。

增强作为问责机构的选举团体的能力是近几年发生了显著创新的领域。非政府团体已经显示他们有能力填补政府机构由于资金不足、腐败滥用、党派偏袒（偏见的一种形式）或不够独立（专栏 5.1）而留下的许多空白。选举的监督可能涉及来自政府间组织的外部参与者（如欧洲或英联邦安全与合作组织）的使用，这一选择不仅可用于国际民主声誉严重败坏的国家，而且可用于寻求用额外资源支持运作不良的国家机器的国家。

专栏 5.1 阿根廷和美国改进选举秩序的公民努力

阿根廷的公民承担着一些国家问责机构的作用，如选举委员会，通过Poder Ciudadano，民间社团协会致力于促进更透明的政治竞争。Poder Ciudadano 监控竞选融资准则，传播政治家的资产信息，并积累可以用来披露政治腐败的证据。它具有“填补政府机构假定能够给选举程序带来透明度但却失败而留下的空白”（Manzetti，2000，35）。

为了发展选举中公民控制的机制，Poder Ciudadano 首先创建了阿根廷政治家数据库，包括他们的职业概况和政治纲领。后来，它发起了一个旨在“联邦区市议会（1997 和 2000）竞选活动和总统选举的全面财务公开”的项目（Manzetti，2000，35）。这种包括候选人个人资产公告的透明度本身并没有提供问责制的所有要素，但它的确增加了一个弥补程序的责任感因素，通过该项目，普通民众能够以选民选择的形式对他们的当选代表行使强制机制。这个意义上，该项目表示在朝着“通过要求政治家遵守民主治理的规范标准使他们对民意更负责……把传统上或是被动的或是党派的选民转化为知情的公民”上迈出了坚实的一步（Manzetti，2000，35）。此外，个人资产数据可以作为基准信息，根据该资料，当选候选人的财务操守可随后通过把他们选举前的资产与一个任期之后的资产进行比较而加以评估。

Poder Ciudadano 还为监控竞选支出创建了一套方法。这通常是选举委员会的工作，但如果这些机构没有履行这一重要职能，就为非国家参与者留下承担这些职责的空间——有时与国家合作，有时努力争取使有关国家机构有愧而不得不更有效地履行他们的指定职能（Manzetti，2000）。

其他地方的选民教育，如美国俄勒冈州引人注目的项目 Votesmart，还没有提出像 Poder Ciudadano 那样的公布竞选融资的细节或披露政治家资产积累的过快速率。Votesmart 项目为美国办公室创建了一个超过 13 000 个当选官员和候选人的数据库。这些信息包括官员和候选人的背景、问题职位、投票记录和竞选财务报告，以及 100 多个从保守派到自由派利益集团提交的绩效评估。

与 Poder Ciudadano 不同，Votesmart 项目不直接要求政治家申报资产或对秉公办事作出承诺。相反，它寻求通过给公民和媒体提供制裁政治家不当决策或犯罪行为所需要的信息来促进政治问责制。

但令人失望的是，Votesmart 项目的评估表明，获得关于政治家行为的更多信息对那些被社会排除在外的选民的动员几乎没有任何短期影响（Steel、Pierce 和 Lovrich，1998）。上述这个失败项目反映了一个事实，即信息本身是不足以改变产生政治疏远或庇护主义关系的社会环境，在这个社会环境下穷人根据物质诱惑及强大的赞助人施加的社会压力进行投票。事实上，对发达国家的民主流程的研究表明，选民对有关政治腐败证据的反应是对政治参与的价值的态度变得更宿命论和冷漠，及越来越多地人拒绝投票（Pharr 和 Putnam，2000）。对政治家的事后控制（投票使其下台）在选民可以得到他们执政行为的良好信息时不一定能更有效地运作。选民教育只有微弱的“责任感”工具才是最好的（选民教育最多只是个弱势的“责任感”工具），因为它既不使公民更直接地参与公共决策，也没有审核支出，更没有把信息披露设为调查过程的要求。

有关选举监督的问责过程经常涉及国内非政府参与者。非政府行动者（参与者）可以参与很多活动，以确保问责制能够体现出其关键性的民主因素。即使最终资格裁决权由国家机构保留，非政府组织（NGO）也可以审查登记用以支持候选人提名的证明文件。如果选举规则要求候选人公开他们的资产信息，并透露他们是否曾经被指控或被判定有刑事不法行为，则非政府组织可以增强国家对他们的审核与索赔能力，或者至少能证明他们的作假行为，或通过整理并公布候选人的声明以让选民有机会审视其可能的真实性。

与国家机构协调进行工作的非政府行动者（参与者）也可以参与监督竞选活动或竞选之后的活动。在流程及内容方面，非政府组织可以监督各区域内的竞选支出（以一致同意的指标与供应商的协商，诸如车辆、广告支持等竞选活动投入的量化为基础）并向主管机关报告。在内容方面，非政府组织可以整理候选人的政策声明、竞选承诺和政党宣言承诺的信息，并使这些信息可以无障碍的扩散。投票期间，非政府组织可以被授权派驻在投票站，护送投票箱到计票中心（或监视投票机器和数据处理中心），并与候选人的政治代理人及选举官员一起观察计票。

所有这些角色都具备公务员之间的积极协作，一套明确的行动指南可以阻止党派偏袒的各种非政府组织，以及大量的实际操作。尽管为改善选举问责制而创建一套改善选举问责制（下文讨论）的国家—公民混合机制存在风险，但此举不仅在完善选举的管理（并因此对当选官员的问责），而且在更广泛地激励民间社团，教育公众有关专门问责制机构的职能及拉近人民与其代表之间的距离上，都起到很大作用。

选民对曾经执政的政治家所实施的控制很薄弱，并且反对派的立法者与一个腐败的行政部门之间的共谋可以进行廉价地购买，因此关于多大程度上公民参与能促进政治问责制有着诸多的局限性。需要对法律和宪法的框架进行实质性修改，以形成公民对政治家更直接地问责，这一修改可以在政府中为民间社团建立正式的制度提供空间，正如社团宪制安排一样。

公民发现参与到其他公共监督机构以实现较大的影响是有可能的。

立法机构

在理论上，立法机构应是评审政府政策、检查行政机构绩效并仔细审查关键政府职能——特别是公共开支管理的具体操作情况的论坛。但是众所周知，这常常因没有正当理由引起（如给顺从的立法者以过多的奖励）的所谓“政党纪律”，及通过部门利益集团甚至是个别富人对某些立法者进行收买，立法机构可被掌控。

各种形式的偏见的存在是显而易见的。制度设计经常不利于关注弱势群体的某些议题的审议。例如，英国上议院，直到最近还是由大土地所有者所控制，长期阻挠赋予租户比地产“终身所有者”更多权利的财产法改革。美国参议院每个州，不论其人口多少，只可选出两名参议员，从而给位于人烟稀少的西部各州的农业企业和牧场利益集团更多的发言权。

议会制和总统制下的问责制

代表民意的各种体系在许多方面存在差异。也许最明显的差异就在于，在总统制中是直接选举行政长官，在议会制中则是从集体选出的代表中再选出行政长官。这种差异不但在国家层面上，而且在次国家层面上（州或省），甚至地区一级层面上均可发现，制度设计的特点只是作为相应修订。

从理论上讲，总统制规定了民主问责制的首要核心。在其指示下大量的行政机构开始运作，一个直接选举产生的代表确保处于一种全面的问责制的地位，并且确保进行必要的调整和权衡，以实现其结果与对民众授权的全面理解相一致。在议会制下，通过不信任投票可以立即“召回”行政部门人员。不管是在一些国家的民选下的委员会，还是在议会采取威胁行动，都有可能使民愤直接影响行政部门的国家一级，代表组成的议会制都可以严格控制政府。

在实践中，事情往往不同。总统制下的行政长官常常陷于无法与竞争政党或派系控制的立法机关达成协议的困顿之中。这可能导致各级政府履行其义务时的瘫痪和失败。由于各政府部门互相指责对方，因此很少有真正的问责制。议会制下的行政长官能够熟练运用激励措施威胁立法机关：诱惑其可能获得重要的行政岗位，支持国会议员所在选区的支出。首相也可以使用他自己的“威胁”。

规则制定和监督职能

立法机关制定法律。凡涉及可接受的问责制标准的，皆由其编制成为规则。通过精心制定这些规则的内容，并设立发展规则的方法，立法机关便得以运行。反之，不明确、充满漏洞或缺乏全面、具体的处罚规定（或对遭受行政部门职权滥用伤害的公民的补救措施）的法律，将为官员提供自主决定的空间，其结果往往是腐败和对问责制的破坏。

代表机构将以各种方式辩论规则变化的可行性，这不仅为利益集团追求自身利益提供了论坛，而且指明了公务执行中最低限度可接受的行为方式应是什么的各种议题。从理论上讲，这将有助于推动公共规则的发展。根据该规则，公民可以通过选举或其他手段支持其代表对自己负责。

Keohane（2002）强调，代理人需要就“提议的或过去的行为”对他们的委托人负责。这可以看作是事前和事后问责制之间的区别。对问责制的大多数理解仅指事后或追溯，问责制——代理人需要就他们过去的行为回答委托人的质询。当这个概念扩大到包括事前或预期的问责制时，将官员更牢固地和公民需求及愿望绑定在一起的可能性就出现了。正是通过不断的参与公共事务，立法机关才可改变寻求转向该领域相关事务的事前。这样做至关重要，因为一旦一个决策已形成危害，提供追溯式的公正往往为时已晚。

委员会制度：信息、能力和参与

捐助机构对议会机构的支持在发展领域有着悠久的历史。这种支持是通过官方捐助机构，以及由德国和美国救援计划中呈现出的党派“捐助”所提供的。这样做是为了使立法机关的内部微型机构，能够更有效地提高其执行任务的能力。通常的假设是：议会职员办公室、党派核心小组、伦理小组和部门委员会系统等机构，往往资源不足。另一种观点是：他们缺乏系统获得进行有效评议的相关必要信息。还有一个令人关切的问题是：关于委员会任命的相关规则（这经常赋予政党管理者巨大的自由裁量权，把特别喜欢质询的国会议员排挤出委员会）可被秘密操作，以使那些会要求行政部门实行问责制的人不被任命。所以改善对政治机构（如议会）问责功能的正式努力，专注于使当选的政治家能够对行政机关进行问责。这些领域的传统改革，包括相关的财政和审计法规，注重于审核详细的实际支出的月度报告，通过促进解决预算的能力建设或约束预算外支出的机制，来强化立法机关的控制力。公民通过努力参与所设计的能够阐明部门操作或账外支出的流程，可以展现大众对廉政的要求，进而来加强改革立法者的角色要求（专栏5.2）。

专栏5.2 墨西哥、南非和赞比亚的民间社团成就

墨西哥公民联盟之下的一个有着广泛网络基础的民间社团FUNDAR，通过其侦查和宣传工作，帮助终结了一个未经国会批准运作的总统秘密账户的使用（Krafchik，2001）。经过持续的活动，该团体成功地将该秘密资金彻底废除，并使提高预算透明度的其他措施也落实到位。

南非议会委员会是透明的，并向公众开放，为了克服贫困人群的活动和时间局限，做到了在偏远地区召开听证会。尽管这些步骤是积极的，但是向议会委员会提交陈述的权利使民间社团仍处于弱势的"信息提供者"角色。呈送的陈述并不能保证一个全面的听证或是调查，尚无民间社团能得到立法者据以做决策的信息。

赞比亚的民间社团也一直很活跃。2000年，他们通过议会发起了前所未有的解除总统免于起诉的运动，冻结了总统自主基金，并发起了公布议会成员私人财产的运动（www.state.gov/e/eb/ifd/2005/42202.htm）。

此外，近几年有不同的新制度手段的出现，形成了对立法活动实施监督的趋势，这些包括公民及其协会直接参与。最为人所知的是巴西各直辖市的参与式预算过程（专栏5.3）。

专栏5.3 参与式预算编制是否促进了巴西的问责制？

在巴西，工人党自1988年以来一直在推动市级的参与式预算编制。在当地资金如何支出，以及在监督公共工程执行和审查实际支出中使参与者的作用制度化方面，该程序给予公民团体直接的话语权。工人党负责的市政府，一般是最有效率的，特别是在阿雷格里港和贝洛奥里藏特。

参与式预算编制是一个多步骤的年度活动，直接涉及在公共议会或部门委员会的分级体系下，通过社区代表关联到城市居民。这些机构在自己的社区确立基础资本投资支出（铺平道路、排水和排污、学校建设）的优先次序。

公民参与监督公共工程带来了实体项目执行上的高效率（Navarro，1998）。不管该系统是否赋予参与者法律和技术能力去进行审计，但从已公开的账目看，过去的支出的确不够明晰。当对以往预算的“审查”顺着每个规划年度的开始进行时，其过程实际上就是在一种大型的会议中进行的，因此很多审计必然涉及的资本项目支出决策，却受到了许可上的限制。同样不明晰的是，支出信息被分解细化到什么程度，参与者是否有权利要求了解每个项目的支出细节，以及在多大程度上将由参与式预算委员会成员通过其所负责编制的市政预算，对公共工程的监督涉及对投入要素质量及其技术适当性以及其他相关要素进行严格检查。

最近的研究已经发现，用这类方法增加对正式机构的问责，也会产生额外的问题。扩大公民在参与式预算中的作用，能够让他们更直接地介入到关键过程中，“这些机构也能削弱市政委员会遏制市长特权的能力”（Wampler，2004，79），以及削弱当选代表机构担负关键性问责职能的能力。“当有着不同能力的市长执行其所偏好的政策时，就极大地影响了问责制的拓展”（Wampler，2004，82）。

政　党

选举规则的影响

针对政治制度所产生的问责制模式的影响，确定其具体制度的差异是非常困难的，因为不同变量有多种可能的组合。例如，总统制可以使用单一成员简单多数票制，也可使用几种比例代表投票制中的任何一种。不同的政党结构，可以存在于每个不同的排列中。而且与其他类型问责制行为主体（如民间社团和司法部门）的关系，对最终实现的结果有重大影响。

Bowen 和 Rose - Ackerman（2002，202）发现，“如果总统制中，党的纪律相对较严格且如果法院和民间社团是相对薄弱的，则行政监督将相对更政治化”，这也意味着，更容易沿着党的路线运作。该结果的缺点是，引入问责制的努力，包括对渎职的特别指控，更容易因为政治利益的运动而被搁置。阿根廷的情况便符合这一命题。阿根廷是封闭式名单及比例代表投票制下的总统制，腐败调查很容易被贴上党派斗争的标签。相比之下，巴西对行政部门的监督一般就明显较少有党派色彩。巴西是开放式名单及比例代表投票制下的总统制；德国实行议会制；美国实行总统制和单一成员简单多数票制。对这些国家政治质量层面的研究，将要求推导出比其他国家情况更敏感的相关性结论。

更大规模民间社团背景的重要性

从概念上讲，政党通常置身于民间社团之外，并处于一个有时也被称为“政治团体”（依据党，非国家实体，争取直接控制国家机构的事实来区别）的领域里。但是他们赖以运行的民间社团的背景性质，对他们作为政治制度中能够保障民主问责制的能力，具有不可或缺的重要性。

在一些地方，最大规模的“公民群体”，实际上大多是从属于主要政党功能的协会。例如，在印度，这些团体的存在，一直是其民间社团的主要特点。这些群体独立行动的能力常受到限制：许多组织比如妇女组织、学生联合会、工会、农民协会，几乎都与某一个党派存在着联系，因而通常缺少自治权。[2]在这方面，具有讽刺意味的是，印度竟是专制政权，如印度尼西亚和越南的情况相似。20 世纪 90 年代早期，当非政府组织在这些国家合法化时，他们面临的一个主要挑战是，把自己“从国家控制的松散、附属的群众组织”中解放出来（Clarke，1996，6）。

在促进诸如政党之类的政治制度发挥其作用方面，民间社会组织可为问责制功能所作的奉献，取决于多种民间社团的多种结构性特征。Scholte（2004）确认，影响民间社团作出此类贡献能力的六个特征：

1. 资源，包括但不限于金融支持；
2. 公民群体拥有的社会和政治网络；
3. 他们必须进行互动的官方机构的态度；
4. 媒体的性质和组成，公民群体借此详述其消息并披露其研究和调查所确认的任何不当行为；

5. 流行的政治文化（“给定社会背景下，解决权力的获取、分配及实施相关问题的公认方法”）；

6. 民间社团本身的问责制。

虽然 Scholte 专注于全球治理的过程，但这些特点也同样适用于国内政策领域。明白政治党派和民间社团之间的关系，对把握民间社团承担四个角色方面的能力和重要性也就不再困难，Scholte 认为，对民间社团而言，这四个角色可以促进问责制。这四个角色为：增加公共治理运作的透明度、监督和审查政策、寻求政府当局造成的错误和危害的矫正、推进正式问责机制的建立。

专门的问责机构

从理论上讲，专门的问责机构意味着独立并区别于政治机构。实际上，这被视为他们在促进更强大问责制上所具有的一个巨大优势。但在实践中，他们往往被党派精英所俘获。出于此原因，在本章讨论政治机构在促进问责制中的作用时是一个必要的因素。

调查机构的自主权

问责制的横向途径与纵向途径一样存在很多困难：在监督机构形成真正的问责制方面，与选举一样低效率。虽然这些困难大多源于制度设计的特殊性，其核心问题是横向问责机构本身作为代理人，其难以为其所代表的委托人（普通民众）保持持续的追索。因此，在公民与号称致力于使政治和官僚代理人受到控制的监督机构之间的关系中，发现亦存在着困扰公民与其政府之间关系的同样的委托—代理问题，也就不足为奇。

例如，负责密切监视政府医生的审计人员，也存在极大的动机与那些他们所监督的人发生共谋：作为交换，审计人员也可以通过滥用其惩罚手段（比如允许医生通过向患者收取本该免费的治疗费用，允许其通过偷药品并出售给黑市），进而取得部分滥用权力的医生的回报。作为民主政治系统的必要组成部分，横向问责机构最终却回避长期存在的“谁将监视监督人”的问题。

澳大利亚、香港（中国）、南非、瑞典及乌干达，通过使用专门的横向途径问责制条款，取得了不同程度的成功（Coldham，1995）。处于更自由政治形式早期阶段的国家，特别是从内战中兴起的国家，则面临更多阻碍这些机构有效工作的障碍。

萨尔瓦多和危地马拉，都属于试图以建立机构来支持法治（Dodson 和 Jackson，2004）的这类国家。这两个国家的政府司法部门，都被广泛认为充满了腐败，并受其党派路线公开对政治的影响。这破坏了负责检查行政机构和立法机构滥用权力的一个关键机构（包括立法机关本身的专业化问责机构，如公共账目委员会）。

为填补这一缺陷，在萨尔瓦多和危地马拉都创立了一个叫人权监察员（HRO）的新机构。新机构失败的原因各不相同。但部分原因在于，机构建立的方式，即造成这两个国家许多现有机构失败的同样弊病，使他们遭受了破坏（Dodson 和 Jackson，2004）。在萨尔瓦多，人权监察员不仅缺乏独立性（这种机构常见的制度缺陷），而且太过孤立了，“在向前发展的过程中，人权监察员办公室简直成为公共事务部里的一个孤岛”（Dodson 和 Jackson，2004，2）。在危地马拉，主要问题则是，其主要参与者的冷漠而非公然的敌视，这种冷漠是在多年相对平静之后，在零星发生的有组织的暴力事件呈上升趋势的背景下出现的。

尽管有所差异，萨尔瓦多和危地马拉政府组织都存在的两个问题：一是中央集权、条块分割的官僚当局，其遗留问题仍然是建立横向问责制的一个障碍（Dodson 和 Jackson，2004，15）；二是司法部门本身的薄弱。具有讽刺意味的是：起诉案件时没有法院对人权监察员的宪法赋权，使这些机构几乎没有机会履行职责以填补易妥协的司法机构留下的问责制空白。

专门机构的政治化

因为俘获或偏见的原因，监督或监管机构不经常采取行动去调查他们管辖权限之下的公共或私人机构权力滥用。审计办公室、环保机构、选举委员会、平等机会机构、劳工标准办公室，甚至反腐败委员会均可能因回应政治领导人或利益集团的俘获而表现不佳。当政府为这些机构配备的是对官员的不当行为视而不见的人，或者因为这些被考察的人本身是有偏见的，或者因为他们寻求不当的报酬，则这些专门问责机构名义上的独立性将受到破坏。设计用来维护专业标准的监督机构如医疗或教学协会等，可能不能要求公共机构包括他们专业领域内那些扮演公共职能作用的机构给予解释，因为内在大量的不被注意的偏见阻碍了对某些类型滥用的发现，如滥用下属群体的权利。

当法院官员破坏官方正式操作程序，以使行贿者得益或当法官缺乏政治行政自主权并顺从政治议程时，则司法机构被俘获。偏见内在于司法程序中。当穷人受限于无力雇佣法律代表，前往法院所在地或理解司法诉程序中所用语言时，他们正式的、公正性的提供的保护对穷人而言几乎是不可获取的。隐藏更深并不那么明显的偏见也很常见，法院一贯不重视某类原告的证词，如妇女或穷人，特别是当他们控告强大的社会部门时。当罪行主要由穷人犯下时，如小偷小摸，会比逃税等精英犯下的罪行更快得到调查，精英的偏见得以反映。更重要的是，这些国家问责机构的工作仍然在很大程度上受制于行政部门的政治干预（专栏5.4）。

专栏5.4　马拉维起诉腐败中的政治干扰

因为行政部门的介入，2001~2002年马拉维一些非常明确的腐败案件被搁置。来自执政党的议会议长的党偏袒行为，进一步破坏了把立法监督作为问责制工具的信心。议会的政府账目委员会就滥用政府资金第一次编制了一份量重的报告。有关执法机构并没有执行其结果。

这种典型表现并不局限于马拉维。当推动依赖援助的国家打击腐败时，往往是那些没有政治支持的人成了替罪羊，难以强化公正的法治观念。

资料来源：Jenkins和Tsoka（2003）。

公务员问责制和政治进程

公务员的报告和管理系统使下属对其上级负责，其结果往往是俘获。在取悦上级的压力下，下级官员无论其倾向如何，常常不得不与滥用公权的行为共谋以保持职位，逃避处罚性的换岗，甚至以确保他们自己不被控告为腐败。典型的权利滥用包括买卖官僚阶层的职位，取得不当提升，以及破坏竞争性采购程序。所有这些机制为官员提供了非法收入。

社会公共官僚阶级内，不利于穷人的偏见遍及问责制体系的方方面面。没有直接或明确服务穷人的任务，甚至那些寻求这样做的有良好意向的官员可能会发现，不按照各种官方激励是不可能的，这些激励迫使他们把重点放在其他有良好关系的选民身上。反对可能构成俘获的政治压力。

这些形式的偏见和俘获的后果是：一般认定的公共产品，甚至那些基本的如维持法律和秩序的公共产品，均可能被根据喜好进行分配而不是作为权利，使公民不是权利持有者而是祈求者。公共支出管理系统只是使各直属部委的开支建议和实际支出模式之间有名义上的联系，未能阻止花费在军事和高层政治家额外津贴上的预算外开支，而且缺乏足够的审计机制来揭露这些偏差，这些是公共资源被俘获的例子。虽然公然俘获本身会造成事前资源稀缺，但是精英们在关于如何分配有限资源的决策中的偏见也可能是公共支出产生不利于穷人的原因。关于税收和资源调动的决策也许有利于富人，但其结果会造成政体总体收入不足。公共财政管理中的此类偏见可能完全未受到正式审计的检查，因为他们代表的是批准的支出，而不是盗窃。

克服这些问题的一个方法是结果导向的管理计划，这一计划把晋升和加薪与具体产出结果挂钩。这些计划可能因为偏袒或未充分兑现资金而被滥用。

从理论上讲，通过建立额外监督层，克服来自绩效合同和基于结果管理型系统的颠覆，这是有可能的。[3]公务员委员会就是一个例子，可以抵消基于绩效管理改革机制中的政治颠覆。这个想法认为，如何评估公务员的决策应交给由完全独立的委员会去做，这个委员由不受政治压力影响的人所组成。这个模式在许多国家被采用，只是各国公务员委员会权限有极大差异。在某些情况下，他们主要负责公务员招聘，制定规范并实施检查。有时他们在确定就业条款中发挥作用，在这种情况下，他们帮助确定可接受的绩效的构成要素。

在过去几年里，已经做了一些努力，赋予某些公务员委员会更突出的角色。在寻求创建扶贫战略可以有效实施的制度环境的过程中，马拉维政府（由世界银行和其他捐助者援助）开始探讨改善其公共支出管理系统的其他方法。截至 2001 ~ 2002 年，公共支出管理改革已进行了好几年，产生了非常复杂的结果。政府自己的中期支出框架审查确定了一系列问题（马拉维政府，2000）。其中最重要的是实际支出模式往往与预算根本不相同。不同预算项目间的支出转移经常发生。以上所列各部门和其他政府机构也经常违反支出上限规定而不受惩罚。

2001 年，马拉维公共支出审核文件提出了深入财政管理制度的内部次级结构的改革。这些包括高级公务员的绩效合同，合同把个人薪酬和他们坚持适当的财政管理惯例的能力挂钩。但决策者认识到这还远远不够。世界银行的另一个建议是：扩大马拉维公共服务委员会的作用，作为使高级官员面对执政党和内阁的强大力量施加的政治压力下影响的方式。政府官员，包括财政部长，公开支持需要这种变化（但并不完全同意世界银行具体提议的细节），并同意实施其中一部分，作为世界银行和国际货币基金组织的贷款安排的一部分。其结果还需要进一步分析。

这些创新表现把新思维带入一个长期存在的问题，但他们遇到一个难以解决的障碍：设计一个在必要时确保公共服务委员独立性的机制是很困难的。如果委员推翻政治决策的权力是很大的，政治家自然会设法用听话的人填充这些职位，甚至是启用本身已经腐败的人，并借助有可能披露的威胁而对其进行操纵。

减少经济自由化和庇护主义

自由主义经济改革被普遍认为是任何一种削弱庇护主义方法中的一个关键因素。市场化改革被认为是直击政治机器的核心，而不是通过政治机器才能得到选民支持。根据这个逻辑，庇护主义关系——在这种关系下政府机器被用以奖励那些支持（或可能支持）获胜政党的人——被国家参与经济决策制定所减少和市场力量的崛起所削弱。

要理解庇护主义会还是不会以改善问责制的方式受到经济制度转变的影响，就有必要设计一个比通常使用的庇护关系更复杂的模式，该模式具有更广泛的影响。虽然如 Waterbury（1977，329）认为，“一个无可辩驳的事实是，能被一致接受的标准，无论其何时（更不要说如何了）变成了其他什么东西，仍一定能得到普遍维护”，但是尽可能地确认该现象的各个方面，无论如何都很重要。

庇护主义是如何对自由经济改革作出反应，而发生变化的模式应被纳入，并因此反映以下罗列的五个因素：

支出和非支出形式的庇护

庇护人吸引当事人参与互惠政治关系的相对机会的讨论，往往注重于物质利益的提供，通常以获得可大量分配商品和服务的政府项目的形式存在着，诸如就业创造计划、住房建设补贴和信贷计划等。因为这些是可度量的商品，所以他们给政府官员和其政治老板提供了可自由裁量控制的有用替代物。也有如何实施这些项目方案的规则，这些规则可显示出参与者的数量和类型、支出的期限以及受益者所在区域和概况。政府工作是一个典型的庇护形式，政治家通过定期宣布其录用情况以引导其支持者。

其他类型的自由裁量，对维护政治家和选民之间的庇护关系如果不是更重要，至少也是同等重要。例如，在地方层面，可用警察来照顾其政治追随者。这种非支出形式庇护的使用，远远超过了警察工作的范围。还包括更多的用来执行法律和解决争端的机构。例如，劳资纠纷的管理是一项极其重要的服务，庇护人可以代表其当事人提供该服务。在某种程度上，经济改革在争夺资源的权利索求者之间产生了需要裁决的摩擦，无论其是正式还是非正式的，所出现的调解机会对政治追随者而言，有助于取代其因偏见而直接进行国家资助所带来的能力丧失。

庇护关系调停者的角色转变

各种庇护关系的性质可能有所不同并受到各种因素影响。Khan 注意到，潜在当事人的数量会影响他们在与庇护人谈判时组织的集体行动的成败，以及当事人的同质性。相对异质当事人群体可能给庇护人带来更高的交易成本，从而导致对更多同质群体的偏好，“即使其他人可能名义上愿意多付”（Khan，1998，25）。他还列举了庇护人和当事人互动以及庇护人和当事人的相对权力。

更好地理解政治调停者在破坏问责制中发挥作用的关键环节，可以提供一个线索，即庇护主义可能由于经济改革而发生变化的方式。Krishna（2002）对印度的研究对充实庇护主义政治的相对精简的模式，具有潜在的作用。更复杂的模式也应该使其更容易重视庇护主义政治运作的改变，和任何这样的改变与更广泛的经济政策转变之间的联系。

政治中间人扮演两种不同的角色。他们的工作称为“行政调停者”（代表个人处理政府业务）和“政治经济人”（获得政治家用于交换团体集体投票的承诺）。这些角色也可以看作是关于零售政治和批发政治的功能。在任何特定国家的背景下，与其问及庇护主义是否在下降，不如问及庇护主义中间人在这两个角色中显而易见的变化。

可以想象得到，如果经济改革减少了当选者和官僚人员的自由裁量权，这两个角色将先后改变。例如中间人（作为政治经纪人）和当选代表之间的关系会影响中间人进入国家官僚机构，从而影响他或她作为行政调停者的绩效。其他中间变量也可能会影响两种角色之间这样一种关系奏效的程度。

第二个问题是行政调停者和政治经纪人行业的传统精英垄断程度，

以及非精英面临高准入障碍的程度。如果完全消除调停者政治体系是最佳选择，则向非传统参与者开放“调停者”市场，可能是迈向正确方向的一步。事实上，这通常发生在民主化且教育的可获得及社会流动性强的社会里。由此产生的调停者市场自由化结果，对这些服务的消费者而言，无疑是一种福利，因为消费者现在可以选择提供服务的供应商。

至于说到政治经纪人的作用，增加中间人可能更多的是具有相对模糊的意义。更多的中间人会增加政治企业家的数量，这些政治企业家作为本地投票“批发”的经纪人向政党领导人提供服务。奇怪的是，这种中间人的增加，可能会破坏庇护主义的多样性，因为任何声称有能力提供最多数量选票的优势政治经纪人数量的增加，均可能意味着经纪人可信度平均水平的下降。于是可以推测，政治家越不相信他们能够正确选择最可靠的经纪人的能力，他们对庇护主义政治价值的评价就越小。然后，经过更长时间，更广范的政治经纪人的参与（但不是教科书上的那种非问责制解决方式），可以通过减少投票经纪交易的预期收益（给政治家），来破坏庇护主义政治的基础。

怎样才算改革?

基于自由化的修辞描述，改革者常被认为将其精力用于增加经济活动的开放，以及对市场力量的服务。许多“市场”改革，实际上充满了庇护（这不同于私下贿赂补偿反对改革的强大的经济利益集团的观点）。

什么是选民认为的“政策”?经过一段时间的改革，当政者落选后，选民会投票反对新自由主义经济改革或诸如政府进行的许多其他行政和体制改革吗?有些倡议被以支持市场化改革的名义引入，但从改善公民与政府对接领域的许多一般需要看是合理的。事实上，许多引起选民愤怒的改革，实则是源自治理改革（如管理农村发展规划的参与式发展委员会的创立），并不一定源于市场偏向的排序。政治影响往往被运用于将这些复杂任务中的关键职务给予政党的忠诚分子，或者其忠诚可以购买的不附属于任何组织的群体。

经济改革对庇护主义影响的研究，其中一个主要问题是：有大量的分析犹如蜻蜓点水。除了邀请来源于国内外公司的私人部门投资，并开展一些市场友好型的其他经济改革以外，许多政治家作为表面上的改革派，则追求大规模的行政和其他组织改革。其中一些改革注重政府内部程序，其他的改革则涉及方案设计和结构的大规模改变，通过这些改革，使政府的一些高调倡议得以执行。对许多被认为是乐于破坏庇护主义政治（以加强当选代表对普通民众负责的问责制的名义）的选民来说，尽管他们仍可能对在选举调查结果中被视为“新自由主义”改革不满，但这类改革（与“自由化”几乎没有直接关系）可能已经是政府政策改变最为明显的表现形式。

为什么这很重要？可能是因为改革导致政府失去政权的不是市场导向的政策，而是各种被视为改革战略的治理改革，改革者通过这种治理改革，力求对 Chandra（2004a）标记的“庇护民主”，在其运作范围内，保持施以政治手段的控制。正如 Chandra 认为，如果情况确定如此，则“庇护民主”将有如下一组不同的分析前景出现：.

“庇护民主”是一种将选举变为政府服务所销售的拍卖品之一。政府所提供的最起码的产品应该是生命与财产安全、受教育机会、公共医疗设施与供给，以及最低生活标准。对许多人来说，这些已成为市场商品而不再是权利，所以这恰好违反了现代治理准则。糟糕的是，在这种违反的影响之下，市民出现不平等。而且最糟的是，这种违反已经在日常想象中变得常规化，因此它现在已不再被视为非法。

在许多发展中国家，政治偏袒可以如此大规模存在，且赤裸裸的将庇护主义政治称为政治生活普遍特征的事实，这确实影响着个人政治参与者（例如，依赖援助的国家中，会认真考虑影响各项改革的政策组合）的意愿和能力，用 Kitschelt 和 Wilkinson’s（2006）的术语讲，影响了向政治竞争形态（相比于庇护主义形式）“纲领性”的转变。

这些领导人发现，很难把这些方法转化为持久的选举支持（并因此转向更专制的方法），其原因可能是：他们没有成功地设计好足够严明的纪律，也没有以政治上有效的方式迅速进行庇护的政党手段。如果这些领导人采取措施，使经济自由化，并因此失去政治支持，他们通常被认为误陷入纲领性政治太深。但也有可能，他们只是无力建立一个用以有效进行庇护主义“游戏”的组织。也就是说，以政治上的最佳方式，提供奖励和实施惩罚。这在某种意义上并不奇怪，因为松散民主政体里的党派，却因高度集权而臭名昭著，这意味着信息向上流动到政党领导人的系统受到严重阻碍。在发展中国家，自由主义者选举上不成功的教训，或许正是党内民主有助于创立能够更有效分配庇护的政党。

交叉改革路径的影响

交叉改革的路径，是许多发展中国家自由化方案的特征，可能会使其难以区分政策决策是庇护还是公共产品。

许多发展中国家领导人为了让党的追随者渗透国家每一个角落，其表现出来的天赋受到大声（和低声）谴责的同时，也受到其政治对手“无可奈何”的钦佩。以庇护主义方式奖励追随者，而不是对全体选民负责，甚至寻求使主要基础设施部门商业化，出现这种典型的自由化改革也是可能的。

例如，改革电力部门，往往就是把已形成的国家垄断再拆成商业化的发电、输电、配电单位，并引入一种分阶段的计量使用方案，以提高所有类别用户的价格。发展一种有利可图的定价方法，并不总是（甚至也不通常是）在公正的基础上进行。由于官员常会将改革的目标投向那些拒绝向统治集团投诚的反对党派，致使有些用户被推向市场，而另一些则得到有效保护。政治反对者和他们的当事人可能会发现，他们的财产往往在别人之前被计量，并要求其更及时地支付具有一定比例的费用。更新设备的成本回收，也会转嫁给这些客户，而如果在政治上越顺从，则越容易得到宽松的对待。

这种“市场庇护主义”，与人们预计的庇护民主下的庇护主义政治是一致的。一个主要的分析难题是：庇护主义政治经常被错误地归为纲领性政治，因为在许多情况下，市场自由化是庇护主义政治以其他方式进行的延续。

具有讽刺意味地是，如果一个反对党通过承诺当选上台，则又会废除相关的用户收费，以便争取选民的支持。它可能会收取外国捐助者费用，作为其参与民粹主义，但不会让其（从技术上说）参与重返庇护主义政治。事实上，它会采取一种纲领性姿态，尽管以一种非市场形式。免费电力（如果当权党承诺将它作为逆转用户收费政策的措施）将是非排他性的，从理论上讲，适用于所有用户，不管他们支持哪个政党。这个例子揭示出，即使依靠熟悉的类别，也难以分析出政策变化的方式，而这种政策变化也许会也许不会为减少庇护主义并增加对选民负责的问责制奠定基础。

赞助分配的委托—代理困难

一些政治家可能会发现，庇护主义是不可能作为政治策略的，并为了避免它，为选民增加了问责制。他们可能认为这个策略不可靠，因为政党过于集中化，或者因为官僚机构正在接受腐败指控，从而使选民觉得，为了取得政府支持，他们不得不两次付费，一次是用选票，一次是用现金。如果把政治领导人视为委托人，把官僚视为代理人，则政治家面临着一个潜在的致命的机构两难问题：机构是否威胁到庇护主义作为投票获胜的规则，从为支持者工作转向为腐败提供便利的现金经济？如果是的话，这将是一个惊人的讽刺，到目前，许多国家在结构调整时期所形成的最具有潜力的市场化方式，可能已沦落为腐败的区域。

基于全国范围的坊间证据，这也许是合理的，因为正是（官僚）代理人对各种资源的俘获，阻碍了（政治）委托人收买持票选民的目的。人们喜欢把这看作为将发生改变的、有希望的预兆。实际上，这是庇护主义赖以存在的长期受益于自由裁量控制系统的政治家和官僚应得的惩罚，但这也可能是一厢情愿的想法。如果官僚代理人的俘获的确被政治主体看作一个政治策略，来作为对庇护主义有效性而又关键的一个制约因素，政治家就可能投资于新系统，以监视这些代理人。无可辩驳的是，许多国家的政治家，根本不是投资于减少自由裁量权和提供公共产品的新政策，而是在努力寻求使其政党“专业化”，进而使其不必再民主化。

换句话说，政治家越是把选举失败视为委托与代理在其政治机器布局中的主要缺点，而不是选举政治行为构造变化的反应，就会要求更强的问责制、更纲领性的政治或更多公共产品供应，他或她投资于使政治去庇护主义的政策和组织结构的可能性就越小。当对许多政策加以市场引导，以寻求未来能减少官方在资源分配的自由裁量权时，不是所有这种去庇护主义的政策都是对市场的拓展。

影响改善问责制努力的主要变化趋势

许多变化趋势会影响问责制关系的性质。本节讲述了对低收入国家问责机构改革前景最有直接影响的变化趋势，这些国家的民主制度正在不断巩固。

问责制关系中主要参与者扮演角色的改变

在问责制关系中，各参与者所扮演的作用处于不断变化之中：普通民众越来越不倾向于依靠监督机构履行问责职能，他们更希望能直接参与进来。普通公民要监督监督者，在某些案例中，诸如在审计支出、审议所提议的立法，以及评估政府和企业项目对环境的影响等过程中，均可扮演正式的角色。

当这种正式角色没有向公民团体开放时（由于法律禁止或实际约束），他们经常试图以准正式的方式执行此监督功能，诸如通过举办非正式公开听证会、发表报告、呼吁召开新闻发布会，努力争取选民的意见。通过加大需求（部分受民主文化传播的影响），以及增加供给（最显著的形式是争取得到官方信息的获准，通过信息自由的规定在法律上获得，或通过其他手段，如利用具有同情心的公务员的泄漏而获得)，参与这些活动的资格会得到提升。这些团体通过非常规媒体，传播其研究结果的能力（特别是电子邮件列表、网上讨论小群和网站）也有助于这一进程。

由于公民团体在监督监督员方面扮演着日益突出的角色，或在某些情况下，可代替运作不佳的官方监督机构发挥更大的作用，公民团体本身成为一定范围选民及政府官员寻求问责的目标，也就不足为奇。政府官员所真正关注的：一是非政府监督团体的问责制与动机；二是其如何才能设法转移这些监督团体对自己错误行为的注意。至于谁扮演目标角色，或者谁扮演寻求问责者的角色，无论是哪种情况，都比以前更加不可预测。临时安排的重叠任务和重复的努力，越来越多地成为一种常态，人们所面对的不再是那种总体设计的正式整合或是协调一致的系统。

对当权者问责方法的改变

对当权者问责的方法也发生了改变。目前，该变化趋势首先与问责制关系中参与者的新角色有关，特别是官方流程中非政府参与者的大量介入，影响着改善问责制的方法。

例如，基于非官方调查的基础，发行报告卡的做法，不仅针对公共服务提供机构，而且也针对个别民选官员的绩效，这种做法被设计用来促进不同的问责程序。报告卡可帮助选民了解政治家的绩效，从理论上看，会影响选民在下次选举中投票的方式。这也为立法机构提供了一个激励，可促进其对那些在这种排名中低于一般水平的行政机构提出问责的要求（例如，以举办立法机构听证会的形式问责）。报告卡甚至可以帮助促进其他私人团体对公益问题的诉讼。

同样地，改变法律和机构形势可以提供对参与者问责的新方法。尽管这些方法可能会也可能不会比以前更有效，但在改变问责制目标面临的激励的同时，它们的存在改变了问责制寻求的行为模式。例如，管理私营部门活动的监管机构，已经出现在所有发展中国家的某些部门中。在这些机构的具体规定中，允许（或禁止）公众成员对监管机构职权范围内的部门就其操作的公司业绩提出意见。这些规则也可以为寻求问责的行为提供机会。鉴于监管机构有权对没有坚持公共服务任务的公司执行制裁，特别是监管者比之前政府部门在相关管理中（或事实上本身提供服务）更为独立时，这样的监管过程就成为强化问责制最具潜在希望的途径。

对当权者问责的标准的改变

任何关于问责制的讨论都隐含着一个问题："无论是来自公共的还是来自私人的问责，其行为主体都该如何扮演自己的角色?"也就是说，问责制的相关标准是什么？在实践中，这个问题很难与前述的两种趋势分开，因为同时涉及参与者角色与方法的改变。如果提交给独立监管机构的方法引发不满，其所执行的相关标准则很可能是过于拘泥其立法机构相关规则的定义所致。例如，假设服务质量是一件市场通过消费者选择机制来决定的事情，那么指导其立法所关注的就可能仅涉及垄断行为，而不是所提供的服务质量。

标准问题包括两个方面：第一个方面是绩效水平：负责的行动者如何更好地执行以避免制裁。根据其基准、目标和其他管理工具，似乎有更加细化绩效校准措施的趋势。不管这些标准措施是否适当，或是否充分与执法过程相关联，但这两方面还是代表了一组相互关联的标准。

各种标准发生深刻改变的第二个方面，是目标应被问责的行动。这个方面最重要的发展是人们越来越重视其结果，而不是其过程。曾经认为，只要坚持一套规范的程序，就足以证明负有责任的参与者，是在依照他或她的职权范围运作。但如今，只有实际结果越来越被视为寻求问责者最有用的度量工具。所使用标准的改变，离不开使用的方法问题（取决于偏好，或多或少都适用于结果度量）和参与者性质的改变，当涉及更广泛范围的问责寻求者时，包括更在乎结果的普通民众时，则标准有可能发生变化。

改变援助方式的影响和捐助者与受援国政府之间的关系

从20世纪90年代末以来，捐助者和受援政府之间的关系发生了重要变化。"新援助方式"是这种转变的核心，最明显的表现是国家减贫战略的扩展。

2005年3月，在经济合作与发展组织的发展援助委员会（DAC）的支持下，发布了巴黎宣言，承诺援助方政府和多边机构，将通过受援国国家的预算渠道按比例增加各种资源。[4]其目标是要扭转两种长期存在的援助局面：即落实援助的条件是由捐助者而非受援国政府来优先改革这些措施，强调要削弱而不是增加发展中国家成员国改革这些措施的能力。这些都是有价值的目标，公正地显示出20多年来外部强加的市场改革所带来的毁灭性影响。政府对政府施加压力很少产生预期的发展结果，[5]而缩小国家活动的范围，仍可提高国家承担基本任务的能力，[6]这些都是很重要的见解。

新的援助共识着眼于提高受援国的政策和治理，把该国作为单一实体。也就是说，把一个国家作为一个整体，而不是把一个国家分成几个部分（诸如某个执行部门，某个地区或某个半自治机构）。新共识特别关注发展中国家的国家预算（和相关的反贫困计划），并把它作为实现持久变化的主要手段。值得称赞的是，这提升了发展中国家的国家预算能力，在其发展战略中输入了国家主人翁意识。当受援国政府必须按照每个捐助机构的优先事项和报告程序向广大捐助者作出解释时，进而降低了交易成本（也降低了政策冲突）。

新援助共识中也含有问责制。最值得注意的是，在巴黎宣言中，该思路指出，捐助者就财务预测、国家扶贫计划的优先顺序及条件的降低等，也有履行其承诺的责任。这是一种相互问责的思路。与该思路相联系的是，在某种意义上这还是其逻辑的必然结果，那就是对各受援助国政府问责的责任，将从外部主体转向国内选区和机构。

目前对该问责制模式的长期影响还很难衡量。许多制定了减贫战略（与捐助者合作以增加预算支持并降低扶贫条件）的国家，其民间社团的反应很鼓舞人心，因为它已就扶贫内容和程序问题，从政策对话和协调抗议两个方面给出了一个框架。但在这个假设想法中还存在一厢情愿的元素，即认为在新的援助关系下，将足以导致国内政治力量的出现，以促使政府（或捐助者）为其承诺负责。事实上，在许多依赖援助的国家，民间社团仍然四分五裂极为薄弱，而政府仍然对来自其中的许多声音保持高度戒备。

在国家问责机构的正式领域，其改善治理与制定国家扶贫战略过程间的联系都是因国家而异的。在许多国家，这些计划的编制，为小群体国会议员转而参与实质性监督提供了机会，但是承诺有足够能力和较长时间参与各种过程的立委数量依然很小。对议会的各个委员会而言，相关预算的规模往往已经缩小。

在一些国家，尽管其问责机构的资源都有所增加，但他们的工作却经常受制于行政机关所控制机构的政治干扰。此外，无论是官方（与政府机构合伙）或非官方（通过独立于国家运作系统的并行过程，跟踪反贫困指标的落实进程），根据新援助模式，作为监督承诺的一种安排，强化了民间社团参与其中的核心角色。鉴于许多依赖援助的国家的弱势，由于民间社团与国家之间需要保持更强的独立性，从长期来看，非官方的安排终将被证明是更有效的机制。不过，民间社团执行这种监督所需的大部分资金，仍将继续依靠大量的外部援助，因为执行这种监督需要大比例资金。不管是采用哪种安排，为了监督反贫困战略的实施及这些战略所产生的后果，捐助者都要在中长期里坚持自己对财务监督机制的监督。

对创新的反对意见

试图通过创新手段来改善问责制的方式已导致各种问题。诸如，在假设的论据和经验证据的基础上，采用原则性异议的形式，来努力改革机构的问题。当参与者获得权力或资源的机会受到改革的威胁时，他们便采取政治反击的形式。基于理论上可行但未经实证检验的批评，那些寻求重塑问责制关系的人，努力改革所面临的更为困难的问题是，既得利益者与原则性反对者之间的结盟。以上所概括的这两点问题，已造成创新者需要预见的抵制，一方面因为可能已有不断增多的实质性索赔，另一方面则因为即使他们受特权而不是原则驱使，也有必要提出一个合理的反驳理由。

问责制的不断重塑代价很高

对重塑问责体系的努力，第一个批评便是问责制代价太高：设计监督体系并为其配备胜任的人、参与联系事前协商、为广泛的选区提供信息，以及评估对渎职行为的索赔等，都需要大量的资源。这些都是问责制创新的直接（或交换）成本。

由于时间延长导致决策的低效率，间接成本包括重点否决导致阻碍了实现重要政策变化的努力，致使许多本来可以简单决策的事项，却因监督引发了各种附加的关卡，进而在经济代理人（投资者、雇主、消费者）的心目中产生了不确定性。这与争论腐败是否产生效率不是同一件事情，因为该争论近年来已不受欢迎。这里的观点是，有一个临界点，过了这个点的反腐败斗争（或实际上是偏见）是不利于生产活动的。

这个观点的一个变化是关于改革进程：如果寻求确立问责制代价高，则不断重塑问责机构的代价甚至更高。不管是设计这些新系统，还是教授改革的目标模式和寻求者如何操作这一系统下的问责制，其再造监督程序、重新调整绩效合同、重构报告关系都是有费用的。有些民间组织认为，如果不断改变规范和程序意味着官员可以振振有词地宣称他们不了解新规则，并因此找到证明其权力滥用的合理性的一种便捷方式，那么相比于追究他们的责任，重塑对于促进其腐败助力更大。

破坏国家发展的并行系统

对于加强问责制的创新方法，反对者通常认为，改善问责制的努力常把非政府参与者放到了显著的位置上，这会破坏国家能力的正常发展。当国家能力较弱时，替代国家的参与也许很吸引人，但是却目光短浅，因为绕过运作不良的国家机构，会导致官方机构进一步退化。

在特定的时间和地点，这个看法或许有一些价值，特别是在通过其他方式的努力仍没有建立相关国家机构时。但是促进问责制的各种替代方法和途径，可以作为推动国家机构发展的动力，注入一个可以提高整体问责制绩效的机构间的竞争元素，这也有一定的道理。但这是一个经验问题，不是诉诸了一般原则，创新的替代物就会因此可自动地剥夺国家的权力。

诊断政治制度的问责故障

为了诊断政治制度在保护问责制、确定变革的现存障碍、指明改革问责制的潜在促进因素之中，什么阻碍了其发挥更具建设性的作用，以下四个步骤的程序可能会有帮助：

第一步：根据出现的后果描述问题。

所调查的问责制问题是什么？也就是说，项目干预所能够追索的问题是什么？

第二步：确定制度性的失败。

都有哪些问责制制度用以阻止这种不利结果的发生？或事后处罚了责任人（法律上的问责系统）？它们主要是属于内部监督的制度（横向问责制），还是属于受公众影响（纵向问责制）的制度？

制度问题发生在哪个层面？是在该制度与公民之间的交接处？还是在最高层面？

第三步：明确问责制失败的原因。

在多大程度上，这些制度的失败可归因于俘获或偏见？如果涉及俘获，那么是腐败还是胁迫？如果是腐败，是有盗窃腐败还是无盗窃腐败？如果是偏见，是非职权范围形式的偏见还是妨碍贫困者激活问责制系统能力的意想不到的偏见？在多大程度上，该制度由于无法提供事前可答复或事后可执行/制裁而失败？

第四步：评估问责方案的补救办法。

针对已确认的制度缺陷，评估潜在问责方案补救办法的适用性，有五个方面的考虑值得铭记在心：

第一，考虑部门具体因素，如地理上的集中情况、与供应商的接触频率、服务上的技术强度，这些将决定改革求诸于公民权或问责制系统监督权的程度。不同类型的改革，往往会在某些部门出现比在其他部门更好的结果。

第二，调整偏见问题的解决办法。偏见问题扎根很深，且只有当长期态度和社会变化后，偏见才会发生改变，但有些可以采取紧急行动，以解决无免除及准入受限形式的偏见。无免除形式的偏见可以通过政策和法律改变解决，以确保特定的群体，能够在法律上得以确认其劣势，或在政策上予以解决这个劣势。对于已经内化到准入条件、操作程序和付款要求的偏见，可以通过简化措施来予以去除，使问责机构更便于面向这些群体。

为了处理严重的腐败问题，一个好的治理议程，往往涉及私有化的解决方法。研究表明，首先解决无盗窃腐败有见效快的好处，从改革中受益的选区的公民将支持更具挑战性的解决有盗窃腐败的或是更难的问题（Jenkins，2004）。

第三，评估建立混合问责制的前景。是否可以采取措施，使公民参与及对相关问责机构的监督制度化？是否可以使公民参与变得更加名正言顺？也就是说，可以在一个专门的监督小组中，给予所参与的公民正式获准的位置；准许获得官方文件；有向其他问责机构包括媒体发表不同意见报告的权利；有使投诉得到正式调查的权利。

第四，确定问责周期的适当阶段。如果问责失败源于事前审议不足（例如，关于工业发展规划及其对环境的影响），则可能需要拓展协商机制。

第五，确定新出现的问责制创新，这个创新可能会产生新的问责寻求者，或产生有关批判当权者行为标准的公开辩论。下列问题可以用来做问责制的推进因素：

- 谁在寻求问责制？
- 从谁那里（或什么是）追求的问责制？
- 在哪里（在哪个论坛和在什么地理范围内）寻求问责制？
- 怎样（通过什么手段）才能达成强有力的问责？
- 寻求问责制是为了什么（对此要有哪些行动和依据哪些规范）？
- 什么时候（在政策制定/执行/审查过程的什么阶段）引发了问责机制？

本章注释

本章大量借鉴了之前与 Anne Marie Goetz 的协同工作。

1. 问责制日益凸显的一个显著的指标是 1995～2002 年之间每年 USAID 出版物的标题增加问责制这个词的数量在上升。1995 年有 4 个这样的出版物，1996 年有 7 个，1997 年有 14 个，1998 年有 16 个，1999 年有 17 个，2000 年有 21 个，2001 年有 27 个，以及 2002 年有 40 个。作者感谢 Andrea Cornwall 使他注意到这条信息。

2. Rudolph 和 Rudolph（1987）认为，这些组织中的一些将会是高效率运作的需求群体。

3. 绩效合同本身是设计用来作为克服对破坏公务员规则两种形式的破坏的方法，这两种破坏包括勤勤恳恳的官员有效、公正地履行他们的职责及使用政治压力保护没有有效、公正地履行职责的官员。

4. 2005 年巴黎宣言是关于援助效益的高级别论坛的成果，其中包括捐助国和受援国的代表，多边机构和民间社团组织。这个论坛是工作小组关于援助效益和捐助实践工作组进行的审议过程的高潮，该工作组由经济合作与发展组织（OECD）发展援助委员会于 2003 年成立。该文本可在 http：//www1. worldbank. org/harmonization/Paris/finalpari declaration. pdf 找到。

5. 基于条件限制的发展计划的失败成为 20 世纪 90 年代一个日益突出的主题。这在 Burnside 和 Dollar（1997）；Mosely、Harrigan 和 Toye（1991）；van de Walle 和 Johnston（1996）进行详细地记录和分析。

6. Fukuyama（2004）阐述了这一相当简洁的概念。

本章参考文献

Blair, Harry. 2000. "Participation and Accountability at the Periphery: Democratic Local Governance in Six Countries." *World Development* 28 (1): 24.

Bowen, Jeff, and Susan Rose - Ackerman. 2002. "Partisan Politics and Executive Accountability: Argentina in Comparative Perspective." *Supreme Court Economic Review* 10 (1): 157 - 210.

Burnside, Craig, and David Dollar. 1997. "Aid, Policies, and Growth." Policy Research Working Paper 1777, World Bank, Development Research Group, Washington, DC.

Chandra, Kanchan. 2004a. "Elections as Auctions." *Seminar* 539. www. india - seminar. com/2004/539/539% 20kanchan% 20chandra. htm.

——. 2004b. *Why Ethnic Parties Succeed: Patronage and Ethnic Head Counts in India.*

Cambridge: Cambridge University Press.

Clarke, Gerard. 1996. "Non - Governmental Organisations (NGOs) and Politics in the Developing World." Papers in International Development 20, Centre for Development Studies, University of Wales, Swansea.

Coldham, Simon. 1995. "Legal Responses to State Corruption in Commonwealth Africa." *Journal of African Law*39 (2): 115 - 26.

Dodson, M. , and Donald Jackson. 2004. "Horizontal Accountability in Transitional Democracies: The Human Rights Ombudsman in El Salvador and Guatemala." *Latin American Politics & Society* 46 (4): 1 - 27.

Fearon, James D. 1999. "Electoral Accountability and the Control of Politicians: Selecting Good Types versus Sanctioning Poor Performance." In *Democracy, Accountability and Representation*, ed. Adam Przeworski, Susan C. Stokes, and Bernard Manin, 55 - 97. Cambridge: Cambridge University Press.

Fukuyama, Francis. 2004. *State - Building: Governance and World Order in the 21st Century*. Ithaca, NY: Cornell University Press.

Government of Malawi. 2000. "MTEF Phase Two: Consolidation Revitalisation.

Overview and Plan of Action." October. Lilongwe.

——. 2001. "Malawi 2000 Public Expenditure Review." August. Ministry of Finance and Economic Planning, Lilongwe.

Jenkins, Rob. 2004. "In Varying States of Decay: The Politics of Anti-Corruption in Maharashtra and Rajasthan." In Regional Reflections: Comparing Politics across India's States, ed. Rob Jenkins, 219-52. Oxford: Oxford University Press.

Jenkins, Rob, and Maxton Tsoka. 2003. "Institutionalization and Malawi's PRSP." *Development Policy Review*21 (3): 197-215.

Keefer, Philip. 2002. "Clientelism, Credibility, and Democracy." Background paper to the *World Development Report* 2004, World Bank, Washington, DC.

Keohane, Robert. 2002. "Global Governance and Democratic Accountability." Working Paper, Department of Political Science, Duke University, Durham, NC.

Khan, Mushtaq. 1998. "Patron-Client Networks and the Economic Effects of Corruption in Asia." In *Corruption and Development*, ed. Mark Robinson. London: F. Cass.

Kitschelt, H., and S. Wilkinson, eds. 2006. *Patrons or Policies.* Durham, NC: Duke University Press.

Krafchik, Warren. 2001. "Can Civil Society Add Value to Budget Decision-Making?

A Description of Civil Society Budget Work." Background paper for the Exploratory Dialogue on Applied Budget Analysis as a Tool for the Advancement of Economic, Social and Cultural Rights, International Budget Project, World Bank, Washington, DC.

Krishna, Anirudh. 2002. *Active Social Capital: Tracing the Roots of Development and Democracy.* New York: Columbia University Press.

Lonsdale, John. 1986. "Political Accountability in African History." In *Political Domination in Africa: Reflections on the Limits of Power*, ed. Patrick Chabal, 126-87.

Cambridge: Cambridge University Press.

Manzetti, Luigi. 2000. "Keeping Accounts: A Case Study of Civic Initiatives and Campaign Finance Oversight in Argentina." Working Paper 248, Centre for Institutional Reform and the Informal Sector, University of Maryland, College Park, MD.

Mosely, Paul, Jane Harrigan, and John Toye. 1991. *Aid and Power: The World Bank and Policy - Based Lending.* London: Routledge.

Navarro, Zander. 1998. "Participation, Democratizing Practices and the Formation of a Modern Polity: The Case of Participatory Budgeting in Porto Alegre, Brazil (1989 - 1998)." Federal University of Rio Grande do Sul, Brazil.

Pharr, S., and R. Putnam. 2000. *Disaffected Democracies: What's Troubling the Trilateral Countries.* Princeton, NJ: Princeton University Press.

Rudolph, Lloyd, and Susanne Hoeber Rudolph. 1987. *In Pursuit of Lakshmi: The Political Economy of the Indian State.* Chicago: University of Chicago Press.

Schedler, Andreas. 1999. "Conceptualizing Accountability." In *The Self - Restraining State: Power and Accountability in New Democracies*, ed. A. Schedler, Larry Diamond, and Marc F. Plattner, 14 - 17. Boulder, CO: Lynne Rienner.

Scholte, Jan Aart. 2004. "Civil Society and Democratically Accountable Global Governance." *Government & Opposition* 39 (2): 211 - 33.

Shleifer, A., and R. Vishny. 1993. "Corruption." *Quarterly Journal of Economics* 108: 599 - 612.

Staudt, Kathleen. 1978. "Agricultural Productivity Gaps: A Case Study of Male Preference in Government Policy Implementation." *Development and Change* 9 (3): 439 - 58.

Steel, B. S., J. C. Pierce, and N. P. Lovrich. 1998. "Public Information Campaigns and 'At Risk' Voters." *Political Communication* 15 (1): 117 - 33.

van de Walle, Nicolas, and Timothy A. Johnston. 1996. "Improving Aid to Africa." Policy Essay 21, Overseas Development Council, Washington, DC.

Wade, Robert. 1985. "The Market for Public Office: Why the Indian State Is Not Better at Development." *World Development* 13 (4): 467 - 97.

Wampler, Brian. 2004. "Expanding Accountability through Participatory Institutions: Mayors, Citizens, and Budgeting in Three Brazilian Municipalities." *Latin American Politics & Society* 46 (2): 73 - 99.

Waterbury, John. 1977. "An Attempt to Put Patrons and Clients in Their Place." In *Patrons and Clients in Mediterranean Societies*, ed. John Waterbury. London: Duckworth.

第六章

支持预算编制和服务提供绩效问责制的法律和制度框架

MALCOLM RUSSELL – EINHORN

所有发展中国家的公民，都要求政府具有更多的问责制和更强的回应性，以及提供更好的公共服务。全球化所加剧的经济不平等、滞后的公共部门改革、根深蒂固的腐败问题，以及对各级政府决策整体合理性的持续担忧，更加剧了对问责性和回应性方面的要求，因此，对克服预算编制和公共服务中出现的不足，产生了更强烈的紧迫感。

倾向于创建更为有效的参与式决策机制是发展专家的一个共识，以便对服务提供的设计与行为实施更强的控制，但实施这种机制也被证明绝非易事。更强的公民“声音”——来自需求方呼吁进行改革的压力，政府官员按照公众期望的类型和数量进行预算及提供服务，形成更好的激励。

合适的法律和制度框架，可以创造巨大的参与“空间”和机会，通常这源于个人和集体权利，让公众对这些机构施加影响，并对所提供的公共服务的质量、问责、效率和公平等作出有意义的选择。然而范围广泛的背景因素，使得直接突出这些正式的互动组织安排更加复杂化——这些因素包括政治背景和权力关系，社会文化规范以及政府和民间团体组织（CSO）的能力。改革者既需要将这些因素的影响纳入法律和制度设计之中，又要承认所存在的巨大局限性，至少在短期内要提升减轻这些因素影响的能力。

为支持公民在预算编制和公共服务提供上拥有更大话语权，本章就其全球趋势和经验以及相关的法律和制度安排提供一个概述。本章重点关注相对直接的、底层的需求机制，尤其是在地方层面上，而非间接的高层机制（如法院、最高审计机构以及国家立法机构），公民很难接触或影响这些高层机制，且其易被特殊利益集团掌控。虽然并不充分，但为使公民话语权得以有效实施，本章总结了源自需求侧机制（及这些机制的各种属性）的经验教训。在使公民导向型问责制逐渐确立方面，特别是在地方层面上，本章探讨了法律和制度框架可以发挥的更广泛作用。由于公民无处进行索赔，也无法从任何地方获取参考经验，本章亦围绕以公民为导向的问责机制，特别是针对这一机制能否在地方层面生根发芽，对这些法律和框架所能扮演的最大范围的角色进行了检验。这些法律和制度框架包括直接的和间接的促进机制（如参与式预算编制方面和独立媒体方面的法律）。但着重点还是各项直接的法律条款，主要是那些涉及参与和监督当地待议机构（立法职能），以及那些涉及各级政府官僚体制透明度和问责制（行政职能）的法律条款。

本章探讨正式的法律和体制、机制本身有时不但不能促进充满活力的参与空间，而且由于阻碍了更自发和更具创新性的非正式做法的发展机会，限制了参与空间。因此，调查研究都有哪些类型的过程改进（有些是非正式的），可以强化现有的问责机制？这也证实，一个范围很广的促进活动或主动活动，包括媒体、公共教育和能力建设（特别是交叉培训）——亦需要促使人们参与，并能够更有效地运用民意进行问责的工具。在任何时候，讨论都始终意识到公民“参与”的可变性——其属性在很大程度上取决于所涉及的个人和群体的不同利益和地位、所涉问题的特定类型（产生不同的成本和效益），以及各种内嵌式的社会规范。讨论还认识到引入和实施有效民意表达机制所面临的严峻挑战（在政治经济学方面）。

本章结构安排如下：第一部分通过对预算和服务提供的理论与实际更好结合的回顾，增加倾听公民之声的机会。第二部分探讨了现有的主要民意表达机制类型，包括体现或影响其运作的主要法律和体制结构。第三部分提出了一个立足于经验的评估各种民意表达机制的潜在或实际影响的框架，同时还确认了应贯穿于决策者思维的制度设计和过程考虑。第四部分介绍了在地方层面上公民参与规划和决策方面相对发达的法律和制度框架的案例研究（来自玻利维亚、菲律宾和南非）。本章还证实，只要有了各种法律、制度就能解决环境缺陷，对此人们未能实现此承诺。本章的结论部分描述了政治经济因素可以更好地被用以使有用的法律和制度机制效用最大化的方法。

有效的民意表达机制对预算编制和服务提供之绩效的重要性

过去几十年来，参与的概念已越来越多地从社区或发展项目转向更广泛的民主治理领域，其中公民的话语权被视为政府问责制和有效公共服务提供必不可少的一个元素。确保民间团体充分参与民主治理和服务提供被视为有助于阐明和汇总社会需求，建立有着更广泛基础的政治经济改革共识，以及完善或改进公共政策建议。这一进程包括同时使政府面向民间团体及超越单纯的社会和项目参与而面向更广泛的公民权利概念（UNECA，2004）。公民参与治理的各个方面被视为纪律、指导和需求的一个潜在来源（Andrews，2005）。

在很大程度上，这些转变在世界银行赞助的“减贫战略文件”（PRSPs）的演变中得以反映，文件反映了民间团体更广泛地参与扶贫政策制定的强烈愿望（Eberlei，2003）。在《世界发展报告》（*World*

Development Report，2004）中，世界银行强调了在预算编制和服务提供中公民选择和参与的扩大程度，这种扩大有助于公民监督服务提供者，使之对公共需求能有更大的回应。这是世界银行和其他各方在“社会问责”方面有更广泛的兴趣的一部分，公民和民间组织可借以创建新的纵向问责机制和加强现有的横向问责机制（Malena，2004）。

关于这种经由民意表达实现的公共部门问责制，已达成初步共识。民意表达机制最好让公众“通过某种形式的参与或以抗议/反馈的表达形式，来影响某项公共服务的最终结果”（Paul，1992，1048）。这种机制对基于绩效的政府而言至关重要，这种机制下，公民作为最终用户，能够将政府提供的服务与特定的社会需求和偏好之间匹配程度的相关信息传递回馈给政府（Gopakumar，1997）。民意表达机制支持各种法律和制度途径，通过这些途径公民能够定期向政府表达其意见。

这些机制可以有多种形式，这取决于其具体功能以及在特定国家和地方的不同表现形式。但它们都有一个共同的改革逻辑，那就是由于它们能够增强民意表达的“表达力”，而这相应地可以强化公共部门的问责制（Andrews，2005）。这些预期影响虽然适合于发展中国家背景，但总体上与经济合作与发展组织（OECD，2001b），以及其他各方（如 Fung 和 Wright，2003）所述的相似。OECD 和其他各方看到了整个世界范围内的强化公民协调和参与的需要，以促进：（1）社会和市场所要求的更好的公共政策及其实施；（2）政府服务的更大透明度和问责制；（3）对政府的更大信任和更为合理的决策；（4）更加积极的公民意识和参与（以抵消日益增加的“民主赤字”）。

几十年来所实行的传统的自上而下的、供给方的公共部门改革经验——以行政、公务员制度和能力建设改革为特征，以结果或绩效为导向的管理以及权利下放（特别是委托式或分散式）——并没有改善治理。考虑到此种失败，Andrews 和 Shah（2005a）设想了一个针对地方和区域政府的“以公民为中心的治理”替代方法。他们的方法包括如下要点：

- 通过公民及其代表之间隐含的社会合同和明确的政治合同进行沟

通和参与（凭借建立的合同，公民可对公职人员施加社会、政治和法律压力，以及创造性的政治和经济压力均可通过诸如公民宪章之类的手段予以制度化）；

- 政府内部以结果为导向的关系和绩效合同，其中行政部门负责确保管理人员使用全面质量管理（TQM）和类似的方法来发展政府和公民之间富有成效的互动，以及使用目标管理办法（基于绩效的预算编制、基准管理、定期报告、作业成本管理法）以满足公民需求；
- 内部和外部的影响以及政府实施的过程评估，公民评价、计分和民间组织对政府服务提供绩效的其他宣传，以提供经由公民需求满足程度给予反馈。[1]

在上述的每一个层面，对公民在当地当选代表及管理人员的激励结构均已进行改进，并可相互促进。

这种以公民为中心的治理模式令人信服且具有直接吸引力。一些经验证据支持这些因素对预算编制和公共服务提供结果的积极影响。[2]一些案例研究也证明了向公民开放参与及评估的正式和非正式渠道的积极影响。考虑到授权公民参与此种一般模式的重要性（尤其是在一个以自上而下的命令、庇护、腐败和穷人缺乏能力为主导的世界），面临的挑战是确定哪些特定类型的参与需要加以护持及如何护持。鉴于上述妨碍发展中国家公民参与的强大背景因素，此类参与应具备哪些特征？参与应如何进行组织和保护？为了回答这些问题，可对设计用以促进更大的公民话语权的现行法律、政策和制度进行研究和分析。

支持民意表达机制的法律和制度框架的跨国经验

作为对政策制定中更多的公众参与的需求及其可感知益处的回应，发达国家政府——相对低程度的发展中国家政府，其问责制体系和公共压力要弱得多——已采用各种广泛的民意表达机制。广泛的法律、政策和制度可以体现或加强这些机制（表6.1）。

表 6.1　　　支持民意表达机制的主要法律、政策和制度

类别	法律	政策	机构	工具
信息				
被动的	信息自由法	回应时间和费用/收费	实施：所有公共单位 强制执行：监察专员、法院	信息登记表 信息管理系统 政府网站和门户
积极的	信息自由法；部门法律	政府沟通和透明度政策	政府信息办公室	电视、广播、印刷媒体 官方公报、年度报告、宣传册 互联网广播
协商和反馈				
主动提供的	行政程序法 通告和评论阶段	投诉的管理和分析	实施：公共关系办公室 强制执行：监察员、法院	数据分析软件 电子邮件联系群众
请求的	环境影响评估法	管制影响评估 协商方面的政策（例如，与社会合作伙伴之间的协商）	政府部委和机构 中心战略和支持单位	调查、民意调查、公众听证会、焦点小组、公民监督小组、协商指南 在线聊天活动
积极参与				
政府主导	公民投票	关于公民参与的政策 公共—私有领域伙伴关系	政府部委和机构 中央战略和支持单位	共识会议、公民评审团、公共对话会议、在线讨论小组
公民主导	公众立法倡议	替代性政策建议的提出 自律监管	民间组织、学术中心、智库	讨论会、独立网站、网上聊天室、电子邮件列表

资料来源：经济合作与发展组织（2001a）。

一些政府已正式建立这种机制；其中大部分全盘照搬发达国家的法律和制度。在正式法律和制度不存在或不充分的情况下，非正式的临时制度已建立以回应公众的需求和要求。[3]

有许多方法来构思，如何将这些不同的机制或组成部分予以归类，以及应如何运作它们。Arnstein（1969）是早期理论家，她以公民活动家的立场，提出了一个统一的参与“阶梯”，从最低级的参与和操纵，通过知会、协商和安抚（具有某种程度上的装点门面的特征）向上发展，再到合作、授权和公民控制。她认为只有最后阶梯的三种参与形式可提供更有意义的参与。Paul（1987）设想了一个提高公民参与程度、生成信息共享、协商、决策和政策建议启动的系列组合。经济合作和发展组织（2001a，23）设想了一个规模递增的参与形式，包括信息（政府向公民提供信息的单向关系）、协商（公民向政府提供反馈意见的双向关系），以及积极参与（即公民“积极参与界定决策过程和内容的合作关系”）。

从政府官员的有利角度考察参与，Thomas（1990）确认了对参与的不同需求，这些参与模式依问题类型和社会资源的不同而有所差异。Bishop 和 Davis（2002）描述了一个更加细致入微、间断的参与情形，部分源自经合作与发展组织（OECD）对各国的公共协商方法的调查，没有作出规范性的判断，而是更强调五个不同的以互补的方式用于公共政策过程的参与含义或类型：（1）以协商的形式参与；（2）以合作伙伴的形式参与；（3）以法律地位的形式参与；（4）以消费者选择的形式参与；（5）以控制的形式参与（最为突出的是通过公民投票）。他们指出，广泛的参与可能“提高了期望值而使得政策的决议更难以形成，或引入否决权从而使得一些人可以阻挠有利于他人的项目”（Bishop 和 Davis，2002，26）。一般来说，这些概念框架有助于显示一些特定的机制，尤其是结合起来运用时，是否可以使公民对政府透明度和服务提供的绩效产生广泛的实际影响。

在探讨参与机制实例及分析其效果之前，认识清楚两个重要的基本考虑将是很有帮助的。第一个是，关于发展中国家使用法律和正式制度与运用非正式的规范和制度相比较的特点和优势。第二个是，制度和制度设计在多大程度上才是对特定民意表达机制最终成效造成影响的众因素的关键之一。

在传达公众意见方面正式的制度与非正式的制度相比较的优势

虽然很难找到严格的实证研究，以表明立足于法律的民意表达机制将提供更好的公共服务或产生更好的问责结果，但 Andrews（2002）对分权和南非某些城市案例的深入研究间接支持了这一观点。[5] Andrews（2005）对民意表达机制的更大样本空间的研究表明，更广泛、更具影响力的民意表达存在于一些地方性的规划过程之中，在这些过程中公民的意见被直接纳入正式的决策过程之中，而非与实际的规划决策分开。

由于大量的背景和混杂的因素也起到了一定的作用，且许多与当地政治和社会文化传统有关，这使得民意表达机制难以在上述事实上作出明确的判断。同时，需要注意的一点是，法律上根深蒂固的参与规范，尤其是那些已内在于当地政府立法程序规则的规范，包括国家和地方行政程序上的官僚规范，相较于非正式的习俗或惯例，将为立法者和管理者在采取以公民服务导向时提供更强有力的激励。支持这一论断的多个可能原因如下：

■ 实际与形式上的影响。通过法律规定强制推行的公共参与，比起非正式或自由裁量的参与方式，让公务人员很难忽视。法律赋予的权利还可为公民和民间组织在政策制定过程中寻求自己的话语权提供实际和形式上的武器。

■ 更大的准确性及更重视程序细节。法律要求和法律文化中的基本惯例，使政府和民间团体的权利和责任更为明确，减少模棱两可的情况，这一点对于界定决策过程各个方面的深度和重要性往往至关重要。

■ 合法性。在现有的正式政府机构内——特别是公民代表政权机构，如市议会——采纳和使用有效的民意表达机制，可能对政府官员和公众等具有更大的重要性和合法性，除非此类机构实质上已被消弱，在这种情况下，新的机构可提供重要的优势（Ackerman，2004）。

■ 政治动力。根据政治经济学，立法者和官僚可能痛恨或回避那些不仅寻求政府决策的更加透明化和减少自由裁量，还可能规避正式法律程序或与之并行的新的参与机制。即使是在准正式或混合机制情况下也可能如此。其结果是，此类分开的或部分融合的机制，可能不会被政府官员认真对待，或被他们有意识地边缘化。

■ 行政文化和社会资本。仅仅是影响行政文化和官僚程序，将民意表达机制纳入现有的法律框架和代议流程，可能要比在政府渠道之外建立新的结构和程序更为容易。

■ 成本和努力。不管其财务成本如何，建立新的参与机制可能需要公民和政府官员投入大量的时间和精力，并超出给定社区所拥有的社会资本。最起码，这些参与渠道在某种程度上是重复的，而且就政府官员和公民而言，在提供“拓展公民的兴趣和时间”这两个方面均是不足的（Andrew 和 Shah，2005b，193）。

且不说当前的有效性问题，如果可行，就法律框架和正式代议制度长期改善方面进行投入，似乎比建立一个并没有解决根本问题的独立参与机制更为可取。[6]但是对那些特定的国家，所依赖正式的制度和法律规定是否是可行的，必须逐案予以确定。依赖那种并不具备却宣称具有纵向和横向问责机制功能的正式问责渠道，往往是徒劳的。由于政治庇护、薄弱的国会或市议会监督、对公务员的内部控制欠佳、任命和议程的过度行政控制（例如，在强大的总统制或其他行政体制内），或民间团体缺乏基本的能力或经验，这些传统形式的问责制往往是低效率的，因此，非正式的民意表达机制成为唯一的问责制政治追索，也就不足为奇了。

在政治经济情况稍有不利的情况下，混合（或所谓的 diagonal）问责机制可能仍然能够确立，公众（作为纵向参与者）可借此通过具行政法律特征的横向制度使政府官员负责。这些制度包括运用协商或公共监督机构、监察专员和行政诉讼（Ackerman，2004；Goetz 和 Jenkins，2001）。事实上，在国家积极推动公民参与的情况下，“社会问责制”通常能够建立（Ackerman，2005）。

在政治经济情况非常不利的情况下，民意表达机制可能在很大程度上或完全在国家认可的正式渠道之外起作用（例如，非政府组织安排的服务记分卡评分、媒体曝光和特别公共会议）。在衡量正式参与机制的有效性时，必须牢记这些动态因素。事实上，这方面的发展过程中充斥着使用不足或根本不予使用的无效法律，由于缺乏予以支持的政治、经济或社会文化环境，更不用谈不充分的政府，公共教育、培训和能力建设的不足了。[7]例如，一些东南亚国家具有充满活力和参与性的地方治理，以及提供高效的社会服务，却没有复杂的法律规定（可以想象这种复杂的法律规定会限制进一步的发展和创造）。[8]

其他主要的背景制约因素

不论是否涉及正式或非正式制度，除了制度设计以外，一系列的广泛因素对于民意表达机制的成功也是必要的（即使不是必不可少）。由于本章强调的是法律和制度手段，关于影响民意表达效果的其他因素的讨论必须简要概之。但在考虑是否以及如何纳入或加强各种民意表达机制时，改革者应牢记这些因素。

至少有六组关键因素会限制参与机制在实现民主和发展目标上的有效性（图 6.1）。这些因素可以进一步分为两大类：

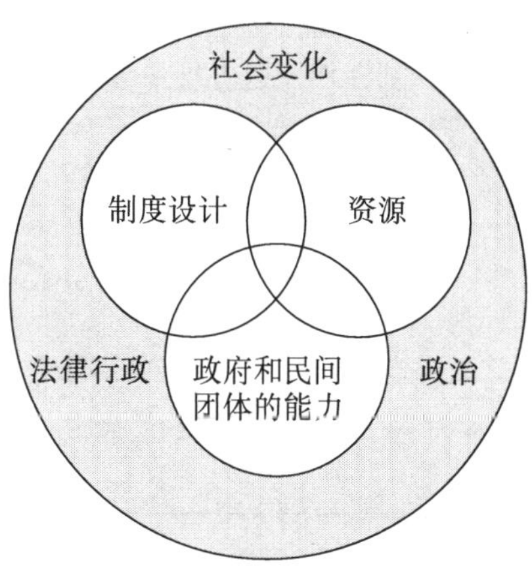

图 6.1　六个背景制约因素

第一类包括社会文化、政治和法律行政传统及遗产。第二类涉及制度设计、资源可获得性以及主要政府和民间团体参与者的能力。这些因素与“世界银行参与和公民参与小组”在 ARVIN（结社自由、资源、民意表达权、信息和谈判）框架下所使用的因素重叠（Thindwa、Monico 和 Reuben，2003）。ARVIN 提出一个更详细的评估公民参与环境支持的方法（见附件表 6A. 1）。

内在的文化局限——如顺从统治阶层和正式权威的传统（这至少能获得弱势群体的合作）、根深蒂固的不信任和社会冲突、薄弱的社会结构和民间团体能力、性别歧视和文盲——需要纳入关于近期运用特定民意表达机制的任何制度设计计划和成本效益计算之中。政治传统，政党制度化和政治真正民主化、竞争化的程度（相较于基于人治主义和庇护主义）也一样要纳入考虑。[9]例如，传统上菲律宾的政治要比印度尼西亚更加充满活力，也更为民主。这让前者在一定程度上能形成更大的问责效果。关于国家是否是朝着发展的方向、是否有一个合理的专业化公务员队伍、是否有中期程度的分权施政以及是否官僚代表了在很大程度上或完全的封闭文化，这些方面的国家治理相关性质进一步增加了复杂性。所有这些因素都对民间团体影响力的潜在范围有着深刻的影响。

第二类制约因素可能更易受近期或中期改革的影响，至少在特定项目或辖区层面上如此。可能需要资金和技术援助、事项指导（范围从法律知识到内部组织和透明度），以及培训（尤其是交叉培训）方面的重大投入，以加强政府和民间组织的能力，从而让相关政府和民间组织的决策参与者增强相互信任和工作关系，并运用民意表达机制来实现他们的预期目的。[10]根据对民意表达机制的一项多国调查，与建立和维护与公民的功能性衔接有关的资源问题一直被忽视（McGhee，2003）。必须经常对公共官员和民间组织代表进行鼓励和培训，使其能以凭借实证经验获知的、更有说服力的方式进行交流，从而缩小由于根深蒂固的想法而产生的差距。必须对民间组织代表加以培训使其善于与内部成员沟通和保持透明度，并善于感知代表社会上更多共容利益以及建立联盟和联合的需求。这样的过程强化必须与制度创新齐头并进。对坦桑尼亚深入评估所体现的地方参与制约因素，也回应了这些考虑（Cooksey 和 Kikula，2005）。

这些观点作为对追求“将赋权视为一项技术”或寻求“最佳制度安排”的局限性的有效提醒（Li，2006，34），将毫不含蓄地（即使不是明确地）解决内嵌式的社会规范和结构，以及“历史上与社会力量和利益集团的斗争结果联系在一起的……数世纪以来塑造社会变化的产物的”可能的权力关系（Hadiz，2004，702）。对制度的关注可能变成“过于简单的进化论”，其中非正式的规范和理解令人遗憾的是在发展战略中不具备什么重要性，或重要性很小（Cleaver，1999）。

支持民意表达机制的法律和制度框架实例

许多不同的法律、政策和体制框架能够支持有效的民意表达机制，而民意表达机制反过来则可以改善服务提供绩效。但是在发展中国家，它们很少以完全合乎逻辑、互补的方式结合在一起。对应于其采用是通过连续的、渐进的改革倡议而进行的，其中许多反映的是妥协和折中的措施（且其中许多本质上是社会利益先于公民参与的），这些框架和手段常存在较大的空白和含糊之处。

本节从国家层面开始，向下直至地方政府，提供关于当前世界各地使用民意表达机制中最重要的法律、政策和制度因素的一个高度印象式的概述。在这些正式机制不存在或运行不良的情况下，本节则主要在地方层面，对某些相关的非正式机制进行探讨。

直接和间接的国家层面法律框架和制度

四个主要类型的国家层面法律框架对民意表达机制的有效性有重大影响：宪法条款、针对地方政府的法律、行政程序法及涉及公众参与法律法规草案的其他法律和信息自由法，再加上其他间接影响民间团体自我组织以及代表公民进行有效游说的能力的法律立法。

宪法条款。许多国家的宪法包括关系到公民能在多大程度上影响国家、省或地方公共服务提供质量和问责制的直接和间接条款。宪法解决诸如言论自由、道德、集会和结社，以及其他公民和社会权利（包括为公民的组织和宣传提供重要基础的信息权）等重要问题。更为直接的是，许多宪法规定全民公投（复决权）和全民投票、选举和选举代表制以及民间团体在发展规划和政策制定中发挥作用。例如，乌干达宪法规定全民公投的直接民主制（包括以该国至少一半的地区议会通过的多数票形式进行表决），以及国家层面的少数代表（宪法保证为每个地区提供一个妇女议会席位，议会还应为青年、残疾人士和其他弱势群体提供代表席位）。

在发展中国家，由于法律、制度、能力和资源制约使得这些权利难以实施。1987 年的菲律宾宪法，包含公民倡议的和地方立法议会边缘群体的特别民意表达代表提出的宪法修正案渐进完善条款，但实施的法律仍然缺乏，这意味着这些条款很大程度上仅仅具有表面意义。坦桑尼亚宪法包括广泛的人权宣言，但这些宣言被限制其应用的大量措辞谨慎的例外条款所削弱。印度宪法通过第 73 修正案（1992 年）和第 74 修正案（1993 年）建立新的地方治理层级（市政当局和村务委员会），把重要的经济发展和社会服务提供责任从联邦各州向下移交到市政当局和城市议会。但印度各州的宪法中对这些义务的解释各不相同，导致责任极度不平衡地向地方政府转移。许多国家的宪法都宣称广泛的经济、公民和政治权利，但由于政治和资源压力很少能够实现，乌干达便是其中的一个典型代表。

一般情况下，宪法条款为促进有效的民意表达机制提供一个强大的形式上的基础，但它们通常不能产生实际效果——即使有精心的法律设计规定——因为执行机制及法律和政治文化问题。没有有效的政治和经济竞争，以及有效并可问责的司法、审计和执法机构，宪法条款本身的价值有限。

针对地方政府的法律。许多地方政府和权利下放的相关国家法律可对地方政府的公民参与程度和质量产生影响。至少就其规定或没有规定地方财政责任、立法创制权和公民参与而言，这两种法律是非常重要的，这些规定的细节则通常交给市政当局负责。在某些情况下，关于如何进行预算、规划和整体决策（包括其参与的质量）的国家法律还是相对统一和规范的。所谓的“大撒把（综合去看）式”的权利下放举措就是这种情形，过去15年，诸如玻利维亚、菲律宾，以及从某种程度上说印度尼西亚所采取的那些措施。在其他国家，如巴西和印度，转移给各州和地方政府的责任的程度和性质以及各州和地方政府的规划和预算制度，都存在很大的法律上的（更不用说事实上的）异质性（Bardhan 和 Mookherjee，2006；Rocamora，2003）。

在一些国家，如泰国和乌干达，地方政府法律相对统一和规范，但是关于制度化参与应采取的形式，他们也是含糊的、矛盾的或具局限性的。

（Gaventa，2002；Orlandini，2003；Rocamora，2003）。相比较而言，玻利维亚和菲律宾地方层面上的公众参与的法律框架十分先进，在设计上也相对具体。玻利维亚1994年的《公众参与法》新成立311个市政府，分配20%的国家预算给这些城市（由地方土地税、汽车税和其他税收项目予以补充），并将经济发展、社会服务、基础设施投资和维护的责任下放给它们。除了这些变革，它还为土著、农民和邻里组织作为当地基层组织（OTB）具有法定权利参与地方政府事务建立机制和创造条件。具体来说，要求市政当局必须有当地基层组织参与到市政当局的“年度运营计划”和“市发展计划（PDM）”——一个被视为将贯穿于各个POA的5年计划。国家和地方的各种指导方针也纷纷出台以通告参与过程的相关信息。同时，《公众参与法》创立的由当地基层组织代表组成 *comites de vigiliancia*（监督委员会），这成为一个民间团体初步参与预算编制以及确保地方政府问责制的机制。监督委员会被特别赋权以监督和监控POA（预算）的实施，甚至在特定情况下可以冻结预算并帮助重新制定POA（Faguet，2006；Saule、Velasco 和 Arashiro，2002）。乌拉圭对于地方政府参与的国家法律框架同样内容广泛（专栏6.1）。

专栏 6.1 乌拉圭 1992 年国家协定下的地方政府参与

1990 年蒙得维的亚（Montevideo）在其行政部门实行一个令人印象深刻的权力下放的案例。受这个模式的启发，国家整体在 1992 年通过了一项国家协定，协定为市政层面的民众参与创造了正式的空间，包括对地方议会和国家行政部门具有协商和管理功能的社区委员会。该协定还要求地方议会要有不同政党的代表。之后，社区委员会获得提出公民倡议的权利。参与式规划和决策已从地方议会和社区委员会进一步演进、扩展到由地方政府和民间团体代表共同管理的医疗和社会计划专门委员会。

资料来源：Saule、Velasco 和 Arashiro（2002）。

国家层面制定的地方政府法律和制度（相对于地方制定的法律和制度）在公民参与方面产生了极为不同的结果。此类法律通常对权利和责任的规定不够周密详细，更不用说对公民和民间组织参与者的培训和信息不足了。对公民代表的拉拢也是个常见的问题（Antlov，2003；Beneria - Surkin，2005；Iszatt，2002；Rocamora，2003；Saule、Velasco 和 Arashiro，2002）。在某些情况下，规范形式的参与会与地方传统和创造性发生冲突或对其形成限制（Goudsmit 和 Blackburn，2001；Iszatt，2002；Li，2006）。另一个影响参与的常见问题是各级政府之间关于财政责任和服务提供责任存在相互冲突的法律规定，并缺乏合适的制度协调（Beneria - Surkin，2005；Goudsmit 和 Blackburn，2001；Iszatt，2002）。这些问题的解决过程往往非常缓慢。

行政程序相关法律和制度。国家在行政程序和其他公共法律关键问题上的法律为公共参与提供重要的直接支持——在行政机构向行政系统内的上级机构或司法机构作出决策（或决定上诉），或规定在公开规章起草和政策制定规则的情况下。

这种类型的法律，往往在理论上相当成熟（但在实际运用中却并非如此），赋予个人和团体一些基本权利，包括对行政决策过程的知情权，可获得由国家掌握的与其相关的信息，有机会在行政决策者作出某个决定之前向其提供相关信息，获知某个决策结果的理由和法律依据，清楚了解如何及何时可对此种决策结果提出上诉。通常在民间团体能力较差且游说技巧较低，以及在官僚文化既封闭又质量很差的情况下，在国家层面上或市级（市级行政机构通常受这些法律的约束）层面上，这些行政程序原则的依从性很可能是较低的。在缺乏司法独立性和有效性的情况下，可能行政上的有罪免罚现象甚至更为严重。

即使在许多成熟的民主国家，公开法规起草程序的法律也很少。它通常仅在某个部门或逐个部委予以通过（因为长期的民间团体压力，环境规则的制定和决策在这方面通常是最进步的）。在这些情况下，可能存在某种通告和评论机制，要求公共当局将所提议的法规或法令草案提交议会审议前向公众公布，并征求意见，并与民间团体代表或偶尔与公众进行法定磋商（通过公开听证会或公共集会）。有时候，这些程序还附有法规影响分析，这些程序至少会要求提议机构进行定性说明——它已经通过公共磋商考虑了所提议法规的潜在成本和收益。

其他三类与行政法相关的法律及伴随的制度，可促进公众参与的是那些可以管理监察专员的职能、公开会议程序和咨询理事会或委员会。监察专员通常由议会任命，负责审查行政机构的“行政失当”或违法问题。尽管缺乏执法权力，但对有些国家监察专员已发挥了有效作用（专栏 6.2）。公开会议法（其在英美法系的国家更为普遍）可作为加强地方政府议会、政府部门或其他多成员机构问责制的重要工具：他们可能被要求在可随意进入的地点公开进行审议，并且只能规定少量例外情况。关于咨询小组或理事会的法律（即使是对个别部委而言，在发展中国家也比较少见）有助于使公众成为这类小组团体成员并为其工作，有助于提高政府的整体透明度。

专栏 6.2　秘鲁监察专员的日常效力

尽管以其调查侵犯人权问题的工作而闻名，秘鲁监察专员办公室（Defensor）同时还处理普通公民提出的涉及行政失当的日常投诉。根据 1993 年宪法规定设立的监察专员办公室的八个区域办公室，每年处理大约 3000 个案件，其中许多与城市住房和公用设施方面的投诉有关。监察专员运用教育、调查和宣传等策略和手段以实现其目标。通过正式的行政和法院程序可能需要数月甚至数年才能解决的行政问题，监察专员通常在一周内就能至少形成某种解决方案，总体解决率近 85%。区域办公室还就地方和区域公共管理发布报告卡，已获得媒体的极大关注，并促使公共当局因感到惭愧从而在许多问题上采取合乎法律规定的行动。

资料来源：CIDA n. d。

信息自由的法律和制度。自由获取由政府掌握或生成的信息是政府透明化、问责及公民参与政策制定和决策的基本前提条件。大部分信息自由法还包含应尽义务，要求政府向公众提供关于其最重要的政策和做法的广泛信息，包括组织和预算（如这种要求涉及更为具体的问题的信息，他们还可能包含于专门的或部门法律、法规中）。这种与关键信息有关的应尽义务规定不仅在亲民和赋予公民权利方面有效，对政府来说更加有效，因为避免了对绝大多数需单独经常请求获得数据的逐案申请。这也可简化政府的信息管理和组织需求（特别是地方政府相关的），从而使其将重点放在与公众最密切相关的、通常最需要的信息上。

信息自由法通常认定信息披露为：国家仅在有限的情况下可以限制对信息的获取，如国家安全或涉及机密的个人或商业信息。如果国家要否认信息时，必须给予法律上许可的理由且当事一方必须有权提出上诉（起先是上诉至某个机构或监察专员，然后至法院）。这些国家法律为各级政府的信息披露提供了一个重要框架。但由于在发展中国家和发达国家大多数信息自由法在本质上主要是回应性的，因此公民参与部门或地方治理至关重要，这些部门或地方治理同时存在专门的规定必须向公众披露关键信息的法律或法规（例如，关于预算、规划文件、合同、采购和重要的政府组织和运作等的信息）。这些强制性规定可与一站式服务信息和应用窗口联系，如在印度的马哈拉斯特拉邦（Maharashtra）Sindudhurg 县所实行的那样，那里的公民可与公共官员互动，清楚地了解其有关执照、许可和提供服务方面的权利，从而有可能避免行贿的行为发生（Goetz 和 Gaventa，2001）。即使当这种强制性的信息规定力度不够时，限制较少的回应体系也可发挥巨大的效力（专栏 6.3）。

专栏 6.3　果阿（Goa）州的信息权利法案

1998 年，印度果阿州出台了一项《信息权利法案》，其中的自由披露属世界范围内最为进步的规定，其中规定公民有权复印所有涉及政府运作的文件，包括某些行政官员和政治家所做的非正式说明文件。数以百计的公民已运用此法案对政府在卫生、教育、银行、环境和外国投资等领域的决策和公共服务提供的问题进行了调查。这些调查有助于公民和民间组织就其遭受的不公平待遇寻求法律补救。

资料来源：Goetz 和 Gaventa（2001）。

在政府信息难以获得的情况下，那些实施公民报告卡的民间组织（如班加罗尔）可以收集和传播关于公共服务质量的重要信息（Goetz 和 Gaventa，2001）。

国家其他法律和制度。不论是否涉及中央、省级或地方政府，广泛的国家其他法律和制度可能对民意表达机制的程度和质量有重要的直接和间接的影响。最大程度允许公民和政党参与的选举法以及多元化和代议制的政府，对于民主政体的良好运转和政治竞争至关重要——但管理公投及公民倡议的法律也同样重要。管理营利组织及非营利组织，尤其是非营利组织的注册和税收的法律，可对第三部门的健康运作和公民参与的活跃程度产生深远的影响，管理媒体所有权和经营、诽谤、言论和集会的法律也同样如此。公共安全和反恐怖法律如果运用不当，可阻止或打击多种公民组织安排和信息传播。

国家法律可允许某些特殊类型的公民参与。玻利维亚在 2001 年制定的《国家对话法》（National Dialogue Law）将政府与民间团体之间每三年一次的协商机制制度化，以确定反贫困斗争中的优先事项。巴西的《城市法令》（Statute of the City）也同样如此，该法也是于 2001 年通过，其中阐明了通过地方参与式规划和预算编制将城市的地区参与制度化的方法。国家的法律或实行的措施还可促进特殊的监督或协商过程。例如，乌干达采用“参与式贫困评估”来就人们对贫困的看法和减少贫困的优先事项进行全国性协商，并增强公民的贫困监测能力。它还利用全面的公共服务供给调查来提供关键公共服务的效率和回应性方面的纵向数据（Gaventa，2002）。国家层面的法律和制度框架还为部门计划的联合管理提供基础。例如，在印度，流域开发方面的国家指导方针，为与政府机构和非政府组织合作进行社区动员和地方流域管理阐明了法律和组织参数（Goetz 和 Gaventa，2001）。

要在多个层级的政府建立有意义的问责制框架，通常需要一些重要的、合理运行的国家制度。这包括人员和资源充足的选举委员会、立法机构、管理人员、法院、审计机构和专业化的公务员队伍。如果缺少这些制度，基于他们所提供的公共产品，良好的治理和问责制将难以确立及得到改善。

地方一级立法和行政框架

在许多国家，国家法律规定地方代议机构的管辖范围和公众参与途径，而在另外一些国家，这些机制主要存在于省级和地方的立法和政策中。例如，在巴西和印度，各州和地方在如何安排立法和行政事务，以及如何使用参与式政策制定、规划和决策手段存在较大差异。在巴西，州宪法确定州管理和都市行政管理的参与机制；市政组织法则规定地方层面的公众参与，建立 *subprefeituras*（分区）以具有社区代表参与权的作为社区管理实体（Saule、Velasco 和 Arashiro，2002）。

也许巴西地方参与机制最为人所知的特征是过去 15 年发展而来的众多参与式预算编制过程，包括被大量研究的原 Porto Alegre 模式。利用一年一度举行的由公民和民间团体代表参与的特殊地方议会，以及来自地方会议、邻里协会、特殊利益团体、市工会和地方政府中选举的代表组成的参与式预算委员会，该过程包括对特定地区项目和整体市政投资重点的审议。从 1997～2000 年，巴西多达 103 个城市实行了参与式预算程序（Baiocchi，2006）。

在印度，各邦有较大的规划和预算编制自主权，喀拉拉邦（Kerala）发起一项规划倡议，授权地方议会制定发展计划，以确定优先发展项目（该倡议获得高达 40% 的州预算），这个发展规划的制定是建立在高度参与式的，以村为单位的涉及社区团体、资源专家、退休教师以及政府官员等的规划程序之上的（Goetz 和 Gaventa，2001）。

如果政府发起或领导的社区参与式规划或审议程序在州、地区或市级层面上不够有力或打了折扣，那么对地方重要事务上的公众参与，可能会更多地依靠市政以下的地方机构，如村民大会。例如，在印度尼西亚，朝着真正下放权利的 erratic efforts 导致了在村事务上具法律和预算决策自主权，且村长对其负责的村委会中更多的参与式事务（Rocamora，2003）。如果市议会和村民大会被特殊或精英利益集团所控制，民间组织将不得独立收集信息并调查政府的支出行为（专栏 6.4）。

专栏 6.4　非制度化参与的前景和隐患：孟买的配给行动委员会

印度受害于其公共工程项目的猖獗腐败和公共分配系统的漏损。公共分配系统的配给店销售基本的食品和家庭用品以牟取私利。因为官方的风纪委员会和村民大会经常被腐败分子所控制，并且很多配给店的店主就是政客。20 世纪 90 年代，孟买配给行动委员会（RKS）介入并且实施自己的并行监督制度。利用配给店的客户监控和评估其所销售商品的质量和价格，发起宣传活动以迫使店主公开标价和展示商品样品，之后 RKS 向孟买的用户和公共分配系统官员提供相关情况的综合报告。

只要有一个关键的进步官员担任区域配给控制人员职位，这个倡议就会成功，而他/她一旦离开这一岗位，倡议就没有什么进展。虽然国家—民间社会合作关系的制度化一开始不太可能，但没有制度化之后会被证明是有害的。

资料来源：Goetz 和 Jenkins（2001）。

民间组织和外国捐助者可以采取一种对抗性稍弱的方式介入领导，或协助参与审议那些易夭折的参与式规则、预算编制过程或服务提供。

在印度尼西亚，在实施不力的权利下放和坚持不懈的地方精英的双方作用下，促使世界银行为 Kecamatan（分区）发展项目提供了 10 亿美元的资金支持，项目旨在满足当地数万个村庄的社会发展需要。该项目包括新创建的或经过改革的参与式过程，该参与式过程利用创新型的讨论会和利益相关者委员会来引导投资选择（Li，2006）。

2003 年，尼加拉瓜开始实行国家公共投资系统的权力下放，随后通过了一项关于市政转移支付的法律，要求分配给地方更多的预算，民间组织如 Group Fundemos 与各城市政府及其地方发展委员会合作，通过参与式过程确定公共支出的优先项目。在其中一个城市，Group Fundemos 在 29 个农村社区采用审慎的审议过程就预算优先事项达成共识，并强化地方发展委员会作为社区和地方政府之间的联络人的作用。这一过程的设计说明并没有正式化，但它确实生成一些可能的制度化做法（Partners of the Americas' Center for Civil Society，2005）。

国家与民间团体间的协同效应在地方部门也很明显。例如，在巴西，权力下放催生了一大批与社会政策实施相关的共同管理部门委员会。其中健康委员会是一个公民参与和监督特别活跃的领域。

什么样的机制和条件能建立有效的民意表达机制?

对民意表达机制法律和制度框架的简要概述，引出了若干关于有效性的关键问题。一般是什么样的过程和条件产生最为有效（无效）的结果？有效性应如何界定？需要什么样的功能过程来克服民意表达机制有效性的常见障碍？这些功能过程应基于正式的法律制度还是非正式的可能是临时的制度？在决定是否建立或加强这些制度时，除了制度设计的重要性，包括参与者的能力在内，还有其他什么条件必须具备或予以考虑？

什么趋向于建立有效的民意表达机制?

改革者为确定使用哪些机制，首先必须了解这些机制的功能和预期的影响，以及这些机制有效运行可能遇到的常见障碍。接着他们还必须部分基于前述所关注的领域，考虑可能影响特定民意表达机制的具体障碍。

对是否在地方层面上提供更多的这些机制具有广泛的影响与怀疑，存在一些轶事和理由（Charlick，2001；Manor 和 Crook，1998；Mohan 和 Stokke，2000；Souza，2001）。通过对 50 多个基于文献的案例进行统合分析，并对 1995～2000 年南非 273 个城市参与和应用民意表达机制所进行的深入定量分析，Andrews（2005）探讨了民意表达机制的采纳和运用，是否对问责性具有可衡量的影响，并用资金责任、政府回应性和绩效、透明度、腐败、政治和行政问责制度的质量变化之类的指标予以界定。

他发现有三种潜在结果：（1）对问责制没有影响（或甚至有负面影响）；（2）影响很小，反映的是所选定的社会团体、有影响力的非政府组织、学术界或主要商业利益群体对这些机制的使用（或在某些情况下是捕获）；（3）广泛的影响，反映的是公共组织总体上对社会的责任、透明度或回应性的提高。Andrews 认为，这些结果可由民意表达影响力（通过某个民意表达机制予以表达的意见，在何种程度上、实际上影响了由谁来治理、如何治理、治理议程等以及治理结果）和民意表达重点（即谁的意思通过特定的民意表达机制得以表达）的联合影响和相互作用加以解释。这个影响和相互作用可用矩阵的形式予以描述，其中理想的问责制影响（在许多公众参与的文献资料中被极力宣扬）可在右上角的象限中找到（表 6.2）。

表 6.2　　　　民意表达和问责制影响

民意表达影响	大	问责制影响（捕获风险） 范围窄，影响大	问责制影响广泛（代议制） 范围广，影响大
	小	没有问责制影响 范围窄，影响小	没有问责制影响 范围广，影响小
		窄	广

资料来源：Andrews（2005）。

Andrews 给予关于如何及为什么这些问责制影响会出现的一些解释，其中多个解释均指向影响民意表达机制成功运行的一般障碍：

■ 在预算规划和其他参与式规划和审议中，表达的意见如果被纳入实际的规划工作和决策过程之中，而不仅仅是在独立的论坛中表达，往往具有一定的影响力。

■ 当机制设计限制了民意表达渠道，重点民意表达范围变窄，例如，只能通过受邀请或取决于可进入的特定会议场所进行参与时。

■ 高技术过程降低民意表达影响力，缩小重点民意表达范围，通过设计来改善公民接触和理解问题的机制，则有助于民意表达影响力的提升和重点民意表达范围的拓展。

■ 民意表达机制内置或伴随的监督和评估工具，对民意表达影响力起促进作用。

■ 在没有将批评和反馈意见直接传递给决策者和民意表达的传输媒介时，民意表达影响力较小。

■ 集权的政治和财政结构限制了民意表达影响力，并缩小重点民意表达范围，因此如果没有权力和责任对区域或地方政府的真正下放，层级压力和上级的政治及预算优先将会使权力和影响力向中央政治领导人和行政技术管理者倾斜。

■ 封闭的行政体制限制了民意表达影响力，并缩小了重点民意表达范围。它们经常与官僚主义的惰性和普遍专业技术文化密切相关。

■ 较高的参与成本及相对缺乏的语言技巧，再加上薄弱的社会结构和组织不佳的社团，穷人的民意表达或者根本没有可能或者受到压制。与社会地位较高的团体结盟，可提高民意表达影响力，但仍然没有体现出能扩大重点民意表达范围的相关优势。

什么类型的功能过程能最大化民意表达影响力?

即使存在将民意表达纳入服务提供的预算编制和政策制定中的一般机制，由于有意或无意疏忽程序上的细节，他们往往不能产生作用。

如果没有这些公民参与的基本问题，即具体、准确地回答关于谁参与、参与什么、在哪里参与、为什么参与以及如何参与的细节，许多表面上进步的机制或规定注定达不到预期目标。

Andrews 和 Shah（2005b）确认了一些更为重要的设计细节，这些细节与为公民参与公共预算编制而建立的运行良好、有效的平台有关——可以说是最广泛和最重要的平台，通过这个平台公共服务提供问题可由公民和民间组织提出。预算过程可被分为五个阶段（预算目标制定、预算申请和草案制定、预算申请的选择、预算申请实施、评估和控制），他们更深入地探究参与的各种障碍并将其指出，即使法律规定了某种形式的参与式预算，但公民也会因为缺乏关注、背景信息和文献记录的不足、过度复杂的预算文件、脱离实际预算编制过程的讨论会、缺乏一种捕获和传递公共参与的证据或结果的系统性方法而受到阻碍。因此，即使公民参与提出预算提议，也常缺乏影响管理者按照他们的建议采取措施、监督预算议定的执行途径，或缺乏对评估这些决议的影响（Andrews 和 Shah，2005）。

先将公民的实际需求分解为离散函数或阶段，然后确认和计划特定的程序类型，以便能够最低限度地实现有效参与，这样常见的障碍可得到一定缓解。当然，首要的要求是，从一开始就要求公民作为财政预算和公共服务提供政策决策中不可或缺的参与者。为了确保这一点，需要作出正式或非正式的制度安排，以将公民意见纳入政策周期的一个或多个阶段。在宪法或针对地方政府的框架法律中（以及偶尔在部门法律法规中），这一核心要求经常表达含糊或流于表面，对于具体程序则很少付诸实施。哪些公民或公民团体将被纳入决策过程这一关键问题要么不予解决，要么向最小化参与倾斜。确定具体参与规则和程序所面临的挑战就在于，怎样以及如何对其进行最佳组织。这些程序应认可所有的不同级别参与主体的效用，和参与强度的不同形式——信息共享、咨询和行动参与——一般在文献中被用以描述民意表达有效性的规模递增（Andrews 和 Shah，2005）。[11]

借鉴 Andrews 和 Shah 的经验，但超越了公民参与预算编制的特定背景，进入形成、监督、评估和寻求对各种服务提供的改进——这一更为广泛的领域，可以确认有 8 种制度化过程有助于满足公民需求（表 6.3）。[12]其中一些过程暂时侧着重于决策周期的各个阶段。其他过程则交叉作为其他过程的前提条件。

表 6.3 有效的利益相关者参与/咨询必需的关键功能性制度

暂时的（各阶段）	民意表达引导	商议和决策	报告、反馈和评估	投诉和补救
基本的（交叉，在每个阶段）	强制性的/均衡的代表制度 通告和议程设置 强制性的信息提供 透明度和文件记录			

强制性的/均衡的代表制度

作为选民，公民应在地方政府至少有一些均衡代表，这种均衡代表通过合理公平的地方政府选举法律或规则以及必要时——取决于文件证明的需要——的特别法律产生，特别法律强制赋予未被充分代表的社会阶层在市或省议会中某种形式的补充性参与或投票地位。这些条款的范围涵盖，市或区议会为妇女或少数族裔提供的少数保留席位，和那些以特殊议题或选区为导向的社会团体在特定部门或主题理事会或委员会中派出的代表。同时，可运用其他的民意表达引导程序来收集更为广泛的民意表达（如下所述），一个有效的参与计划必须首先考虑，是否需要以某种形式的公平代表规则和制度来解决谁参与的问题，而非优先考虑参与什么以及如何参与的问题。

通知和议题设置制度

要求或邀请媒体参与公共讨论或决策，要及时准确地提前进行通知，使媒体有时间为此类事件作出准备。媒体——从广播、报纸和电视的公告到在公共建筑物上张贴告示，均应可采用（视情况而定），以确保这些相关信息能被传播。公民还应知晓已计划的议程，并有对其进行评论和施加影响的机会。这些议题应易于读懂，且必要时应包括有用的背景解读或文献资料（如必要）。

强制性的信息提供制度

应要求政府对其非正式施压，使其向公众（在指定地点按规定的数量免费）提供某些类型的信息和文件，以用于研究、讨论、评论、决策、监控和评估。这些信息应包括法律、法规和预算，预算规划、实施和评估文件，重要项目文件，年度报告，公共会议记录和总结，调查结果，审计，组织结构图以及信息目录。这一强制性措施——政府承担提供信息的责任——与许多信息自由制度形成鲜明的对照，这些制度在很大程度上或完全依赖所谓的“回应性”信息获得系统，其中的信息披露仅针对个体化的已确认的信息请求，且通常需要收费。

透明度和文件记录制度

应要求政府对其施压，使其举行向公众和媒体开放的立法议会或官方顾问委员会会议规则。应要求所有的会议记录以某种形式进行保存、总结并报告给参与者，并在指定地点以规定的数量向公众提供。至关重要的是公民的意见及需求以及公共代表和官员对此的回应——应被留存并引起注意以建立公共部门公民利益的有效激励。

强制性的民意表达引导制度

各国政府应具有规则和程序——或如果没有，则应采用习俗或惯例做法，要求政府征询公民关心的问题、需求和重要事项方面的信息。这可以通过不同方式来进行，具体于当地环境、传统和需要。如果可能，规则和程序应该是强制性的，而非有自主裁量权的，并要求对当选代表（议会成员）、行政人员或对两者同时制定强制性的、系统性程序，这样他们可借以对少数有一定影响力的、组织良好的民间组织（可能提出小范围的一些意见）的倡议推动行为做出回应。这些引导方法的书面信息要逐级地加以收集，直到由议会成员和官员召集专门的公众听证会。这些信息收集渠道的确定结果，也应进行总结、记录并通过特定的媒体发布。

商议和决策制度

在政策制定的讨论或决策阶段（这个阶段可能需要或可能不需要小团体公民或特别指定的公民代表的参与），应具备相应的程序，要求政府机构采取积极步骤以易于理解的形式（由认可的参与者提供适当的背景文件和适当考虑），提出政策提议、支出目标或拟议的法律法规变化。[13]取决于谁被授权投票，投票可采取通过咨询意见通知的议会投票形式，或通过协商小组或全体公众的咨询投票形式；或者，对预算或特别提议可进行具约束力的公民投票。如果公民最感兴趣且最能理解的信息能被适当组织，公民可就包含多年期的特定服务提供计划和支出的种类、方法、成本和过去的影响作出明智的决定。

报告、反馈和评估制度

不管公民参与政策或预算的规划和决策阶段到什么程度，他们通常都被剥夺对政策和预算的执行——即实际提供服务的机会。正如 Andrews 和 Shah 注意到，之后便听任行政人员不再在一致同意的监督或激励层面上自行其是。因此，“行政人员经常被批评支出超过预算，生产的产品和服务并非所要求的…… 使用的生产和供给技术，既不能保证有竞争力的生产，也不能保证可接受的质量水平，或在腐败上损失大量钱财”（Andrews 和 Shah，2005）。各国政府应具有正式的系统化程序来公布实施数据、服务结果和客户反馈（包括服务的质量和及时性）等情况，或应在各种企业、社区和非政府组织的协助下，以非正式的形式朝着这个方向发展。同样地，应该在民间社会合作伙伴的协助下，制定促进政府进行有意义评估的正式或非正式激励，且在立法人员和行政人员包括第一线的服务提供者中，这些评估广为传播、共享和讨论。

投诉和补救制度

公众参与最好应予以制度化，以便公民可以系统地获得个人或集体投诉的机会（通过投诉窗口、监察专员办公室，如适用或投诉行政法院或其他特别法庭）。此外，应要求政府机构以易于理解的形式向审计人员和公众公布结果数据，以促进立法者、特别顾问小组和其他监督机构的审查。设计来促进个别案件补救和公正的机制应通过必须采取的政策层面的回应予以补充，尤其是当公共服务提供报告显示全体系绩效不佳时。这些政策层面的回应，包括从审计人员、立法者或这两者兼具的简单报告到对应负责的行政人员施以强制预算削减或纪律惩诫措施。

前面的讨论不仅确定了具体的步骤和程序，从而改善因公民参与计划（其中许多计划的制定仅是出于形式上的目的）设计不当所导致的最严重的问题，它还为评估现有民意表达机制的有效性，提供一个框架——包括民意表达机制的实施能力、资源和政治关系。这些制度化功能中多个功能的重要性在世界银行最近考察印度尼西亚几个城市服务提供项目结果的一项研究中得到强调（Leisher 和 Nachuk，2006）。[14]其范围从实施手册（RTI，2003；Sera，2004）到模型战略（ICPS，2006；Tikare 等，2001），对于构建和管理各种有效的公民参与机制，增加了对程序细节的兴趣和对实践的指导。

强化民意表达机制以改善服务提供的案例研究

以上所讨论的功能分析框架的实际经验主要来源于拉丁美洲，尤其是巴西参与式预算的成功经验，这些经验反映了政府和民间团体积极分子在重视过程细节、保持参与、降低普通公民参与成本，以及使整个系统成为一个真正的协商系统和学习经验方面的自愿性。这一框架可导致扶贫投资以及向普通民众提供的服务数量、质量上的真正改善（Baiocchi，2006）。

有足够的证据可以证明，这样一个框架是民意表达有效性和可衡量的问责结果的必要而非充分条件。一系列广泛的背景因素对结果至关重要——从巴西最初有利于劳工党在众多城市（这些城市后来采用了参与式预算体系）获得选举成功的政治经济到民间组织者（这些组织者有组织地与公民和基层组织发展了实验性伙伴关系）的技能和能力。

为了更好地理解这些民意表达机制在不同的情况下如何得到加强，本章现在转向玻利维亚、菲律宾和南非的案例研究。玻利维亚的案例提取自若干记录《公众参与法》在玻利维亚几个城市实施经验的定性研究。菲律宾和南非的案例研究强化了玻利维亚的许多经验教训。

这些案例研究的选取基于第二手文献资料的可获得性，以及在每个国家中央政府改革者和主要立法者寻求增加底层群体影响其地方政府政策的机会时，所讨论的三个地方政府法律都在众人的较高期望中获得考虑。每个案例均反映着混合结果（仅通过具有从较低到中等程度的民意表达重点和民意表达影响力）并容许对采用上面提出的功能分析框架元素是否可能产生更广范围的民意表达重点和更大的民意表达影响进行考察。所有案例研究揭示了大量环境因素的密切相关性，其中仅有部分元素容易在短期内直接得到改善。

这些案例研究具有双重目的。首先，他们突出了法律和制度框架的常见弱点——这些弱点是能分析框架中某个或多个组成元素可能加以改善的。其次，他们强调，在高嵌入的社会、政治和行政环境下，此类技术解决方案在激励公众参与时面临着许多挑战。通过在相对制度化的环境中考虑这些因素，他们提出一个警示，即在制度禀赋较少和民间团体较弱的国家和地区，改革举措可能伴随着更为艰巨的挑战。

玻利维亚《公众参与法》的实施

1994 年，玻利维亚颁布了《公众参与法》，就其经验这里以几个轶事式的研究加以考察（Beneria - Surkin，2005；Faguet，2004、2006；Goudsmit 和 Blackburn，2001）。这些研究大多从政治经济学和人种学的角度，近距离地探讨了玻利维亚少数社区的实施过程，包括几个在该法通过时尚没有重要制度禀赋的社区。

该法有几个关键要素：

■ 设立198个新城市（总共311个）。

■ 严格按人均标准将国家全部税收的20%转移给各城市。

■ 将地方政府在教育、医疗、灌溉、道路、体育和文化方面的基础设施所有权，连同对这些基础设施的维护、管理和投资责任移交给各城市。

■ 为原住民、农民和邻里组织以地方基层组织身份（具有法定权利的当地基层组织）参与地方政府规划和预算编制建立参与机制和条件。

■ 设立由城市内各区域（通常来自当地基层组织）的当选代表组成的监督委员会，为公众在政策制定过程的需求提供一个针对性的可供选择的沟通渠道，对政府预算和运作进行审计，并且在其确定资金被滥用的情况下寻求补救措施（包括重新制定预算和暂停从中央向地方当局的款项支付）。

以社团组合方式和基层选区为基础，监督委员会具有很大的道德权威。委员会由选举产生的主席领导，主席的法律地位相当于市长（Faguet，2006）。随着2001年《国家对话法》的通过，各城市有资格从中央政府获得“重债穷国基金”，高达60%的资金流向最贫困的农业城市。监督委员会同样负责监督这些资金的支付。[15]

当地的领土基层组织（OTBs）最重要的作用是帮助制定城市的“年度运作计划”（POA）和城市发展计划（PDM）——一个旨在加强“年度运作计划”的五年计划。除了国家和地方已制定的旨在宣传参与过程运作方式的指导方针外，许多城市已正式雇用非政府组织来帮助实施这些过程。

Vallegrande是最近研究的一个约有1.6万居民的城市，它的人力资本水平大大高于许多情况类似的城市。这个城市允许一家主要的非政府组织——Grupo Nacional de Trabajo para la Participacion（GNTP），在2003年至2004年，动员当地23家组织较以前更有条理的方式来实施“年度运作计划”和城市发展计划过程。这一倡议还涉及其他几个非政府组织、市政府、其他政府机构和当地大学。最初的规划过程具有高度参与性。这几个机构负责研究、教导和动员城市里八个区的群众并用参与式方法培训代表。紧跟着意识的提升和信息的共享，该非政府组织（GNTP）及其合作伙伴，接下来通过参与式研讨会对几十个社区进行评估，然后与当地社区分享结果以进行修正和确认。为了准备城市发展计划的起草，该非政府组织（GNTP）召开了几场由来自61个社区的参与者参加的筹备研讨会，一场由249名民间团体代表参加的市级部门战略研讨会，以及一次综合众多民间组织和协会混合的意见和需求与特定项目类型的机构大会。大会的一个特色是向公众分发简要且易于阅读的城市发展计划文件。2003年度的预算也在该市政办公室展示，并且政府官员们也可对预算相关问题进行解答（Beneria - Surkin，2005）。

同时，2004年的“年度运作计划”过程籍由74个社区评估传阅、一个122名领土基层组织代表、生产者协会、社区团体、水务委员会、学校团体以及42个社区会议，参加的对提议的市政预算提供反馈的研讨会而得以强化。所有这些最终促使市参与式预算研讨会的召开，会上参与者最后确定了每个城市八个区的远景展望，并审查自1998年以来的市政支出。对于每个区，参与者确定了其预算的主要目标、战略、项目和计划，并选举参与式预算委员会的三个代表，该预算委员会成员包括市政府和非政府组织代表并负责预算的批准。一旦获得批准预算将向公众广泛传播（Beneria - Surkin，2005）。

2003年至2004年度的预算过程，产生了喜忧参半的结果。自1994年减贫以来，贫困稳定减少、人均消费和税收收入增长趋势一直在继续着，且似乎都与公民的高参与率相关。这一年度中，参与程度和对社会问责制及地方政府管理能力给人的印象也在显著提高，在这一过程中，接受调查的参与者中有96%的人认为，他们有很好的机会参与预算并发表意见（同时有97%的参与者指出，这之前他们从未参与过

“年度运作计划”和城市发展计划的制订过程）。然而，对许多领土基层组织和监督委员会代表的合法性、透明度和激进主义（或不够积极）人们仍存在普遍的不满。[16]地方精英随后通过市政府控制了预算实施优先事项（没有监督委员会的干预下重新制定预算），致使2004年“年度运作计划”的许多承诺未能兑现。监督委员会明显管得过多，疏远了一些市政官员。监督委员会成员缺乏足够的培训、技能和资源来做好本职工作。由于部分源于这些原因，部分源于可能的拉拢收买，他们未能争取到社区代表的继续参与。与此同时，由于过去预算决策的关键性政府信息和计划文件不是丢失就是难以获得，此后不久，人们对参与式预算的兴趣和努力便逐渐减少（Beneria - Surkin，2005）。虽然Vallegrande的市政府和民间团体都相当发达和进步，参与式预算编制过程也相对完善，但他们仍然感觉受到了来自强大政治影响和自身能力局限的制约。

这些背景因素反映在另外两个最近研究的城市中——Baures和Guayaramerin（Faguet，2006）。Baures的经济、政治和民间团体等利益集团之间存在显著的竞争、平衡和委托关系，这个城市产生成功的“年度运作计划”和城市发展计划过程和扶贫投资决策。与此相反，Guayaramerin由能够控制主要政党的强大、集中的经济精英们所掌控。此外，Guayaramerin的民间团体则没有赢得公众的信任，而且处于分裂敌对状态，许多新的移民加入者发现，他们很难获得其他族群和社会团体乃至整个社区的接受。规划程序由市政工作人员控制，并禁止民众的参与。社区的意见对项目规划或执行几乎没有影响。正如一位公共官员指出的那样，“我们以我们自己认为合适的方式重新制定‘年度预算’。我们不征询基层组织的意见，因为他们会把事情弄糟。我们知道我们应该那样做，但我们不那样做”（Fa、guet，2006）。

基于玻利维亚土著非政府组织社区的经验，Goudsmit和Blackburn（2001）则发现在实施过程中普遍存在的难题。他们指责《公众参与法》是一个以闭门造车的方式创造出来的技术层面的产物，并批评其只是根据国家民众参与秘书处的建议生搬硬套地进行应用。那些负责法律实施的人士不是探索各种各样的实验性参与方法，而是根据规定的做法来执行其条款——这种规定做法有时与原住民社区的参与形式相冲突。在应对社会文化敏感性问题所需的技巧方面或在实质性问题（如土地使用权）处理上，促进者和活动家有可能没有接受足够的培训，导致在参与过程中未能获得足够信任。同时，Goudsmit 和 Blackburn 把城市发展计划过程视为不得不符合预想的国家和部门计划及支出优先事项，因此实质性的参与实验同样经常受到压制。他们建议，社区活动家、领土基层组织领导人、监督委员会成员和其他人士要在社区内进行更为广泛的宣传，把他们自己的角色定位为磋商者而非无利益关系的解读者，以便进一步努力使参与者在研讨会和议会上表达自己的意见（而非促进者为他们总结或描述他们的意见）。

该《公众参与法》的主要设计特点是，它的建立旨在鼓励广泛的民意表达范围和较大的民意表达影响。既有官方的指导，（理论上）也为适应地方具体情况留下了很大的空间，鼓励建立旨在接触到更广泛的群众和不同社区的机制；同时还建立有效的论坛来征询和传播各种关注的问题和关注重点。使参与成本由此变得相当低。如果玻利维亚的参与式预算编制过程得到很好的实施，它可涵括不同的参与和代表形式，合理有效地收集和记录公民意见，并为公平全面的商议留下一定的空间。

然而，即使该《公众参与法》得到很好的实施，其框架和指导方针以及支持性制度，似乎仍不足以确保有效的民意表达影响所必须的许多其他重要功能性过程能够良好运行。基于上述的案例研究，无论是对最初的参与式评估而言，还是对预算筹备研讨会和议会而言，目前还不清楚议题设置的参与情况如何。对该《公众参与法》的官方指导，应要求或鼓励更加重视所有论坛参与式议程的设置。而时间往往是关键，为了能如期实现，大部分参与式预算编制过程似乎起了很大作用，但又都非常仓促。这导致错失了更全面或考虑周全地对意见进行阐述或综合的机会。在某些情况下，它还会导致失去信任和引来嘲讽。

信息的可获得性似乎也是个重大的问题。特定环境下决策、规划和监督所必需的信息，尤其是背景文件，通常无法获得或被高度控制。市政府、领土基层组织和监督委员会的主要代表，可能需要更多的培训和监督以分享更多信息，特别是在民间团体的意见被收集之后。这些代表可能还需要更频繁地轮换，以防止其获取和促使其更多的相关利益。更广泛地说，《公众参与法》本身、国家秘书处的指导和市政府的实施附则，可能都需要修正，从而对公众的广泛可获得性提供积极的条款和关键类型信息，这些信息包括过去的预算、重要的预算支持文件、部门计划，以及参与式信息收集论坛本身的结果。

总体而言，特别是根据 Vallegrande 的经验，显然该法设计上所存最大的潜在功能性不足及可以确定的执行性，均与公众的持续反馈以及监督、评估和投诉/补救过程有关。Vallegrande 的民众不断抱怨，缺乏来自组织者、监督委员会和市政府关于信息收集结果和城市发展计划起草情况的反馈，即便该计划可在特定地地点和特定时间获得。这就要求将该《公众参与法》的参与特点，要能更进一步和更好地融入常规预算过程，并通过印刷媒体、广播和电视进行更积极的信息传播。

尽管有广泛的民间团体合作伙伴的参与，但无论是监督委员会和领土基层组织代表，还是更广泛的民间社会团体，对预算都很少进行持续监督和评估。虽然对参与和整体投资水平进行了学术调查，却很少或没有对具体的重点项目或部门服务进行计分卡评分或其他监督。也许一个修订后的法律，或有关该《公众参与法》的法规或指导意见，应要求进行某些类型的监督或数据收集，且其结果应公诸于众。

为了确保适当的问责制，同时还需要更好的投诉和补救制度。实际上，目前还不清楚，从绩效方面的角度，可向公民提供什么渠道来记录有关预算或服务缺口或糟糕服务的投诉（例如，监察专员、市投诉服务台、官方行政程序，以及由非政府组织代表提起的诉讼）。基于一定标准重新制定预算的方法，对于探索促进公民社会可能会有所帮助，这一标准包括诸多“年度运作计划”优先事项，或支出类别上的重大偏差。

监督委员会成员似乎无法或不愿行使其合法的权利和义务以寻求重新制定预算，使其与原先的“年度运作计划”和城市发展计划优先事项和承诺相一致。针对监督委员会成员的顽固或疏忽，目前还不清楚最有效的追索是什么。当然，公众可被赋权根据市议会提议或公诉机制，对这些人进行某种形式的罢免。对监督委员会成员实行较短任期，可能也会起到一定的作用。另一种途径可能是，诉诸暂停中央政府的转移支付，以此来加强对监督委员会的法律追索权。按照现在的情况看，这种暂停与其说是一种权利，不如说是需要将某个请求或投诉呈给中央政府主管机关，以引起其注意，其中，部分机关可能具有支持市政府和地方精英的制度或政治动机。

在更深的层面上，所有这些潜在的法律和制度完善需要一个有利的政治经济环境，一个相对坚定的市政府领导层和一个开放的管理文化。更不用说《公众参与法》的原条款，每一项都取决于所有主要参与者，特别是市政府官员和监督委员会代表的关键能力和专业技能。在一个特定地区，这可能需要在实质性的、以过程为导向的技能方面的大量培训，包括积极倾听、协商和预算分析。可能还需要更多以深入案例研究为基础的培训手册和指导方针。

这样的过程完善和能力建设，反过来可能需要大量的预算支出，这些支出可能超过《公众参与法》允许的市政运营成本15%的上限（这可能是大部分资源有限的城市所能承受的全部费用）。或许更令人沮丧的是，即使表面上为达成正确的目的且面向正确的人员，改进的实施活动仍可能须花费大量的时间来改变运作情况，特别是信息贮藏，其实际情况不易观察，更难监控且更容易被忽视和操纵，而不仅仅是简单的绩效不佳问题（例如，见 Azfar、Livingston 和 Meagher，2006）。

除制度设计之外，专业技能和能力以及资源属于很难以影响的文化和政治领域。然而，官僚和社会文化比以前变化更快，至少在玻利维亚不太偏远的地区是这样的；参与过程中的公众教育实际经历对个人和集体态度产生了深远的影响，使得动员选区及强化对不同来源需求方的问责压力更为容易。在政治领域，健全的参与机制的启动和维护可能在很大程度上取决于执政的特定政党或联盟，如同巴西的情况（Baiocchi，2006）。假定政治保持相对的竞争性，随着社会对参与机制作为地方治理的一个固有要素而对其更为了解，这些机制将成为不同政党进行政治游说和竞争的对象。但同时这些参与过程的质量将继续取决于政治精英对其有效实施的支持。正如 Andrews（2004）提出的及 Faguet（2006）研究的 Baures 和 Guayaramerin 实例所隐含支持的那样，如果同时得到政治精英和公众基于公共选择考虑基础上的支持，参与机制就能建立。对于在何处以及如何在公共服务提供中的支持这些重要的民意表达渠道，改革者始终需要在谋划时把它们考虑在内。

菲律宾1991 年《地方政府法典》方面的经验

菲律宾 1991 年制定的具里程碑意义的《地方政府法典》方面的经验，强化了一个观点，即如果穷人面临的结构性劣势没有得到解决，并且支持公众参与决策的法律条款没有予以明确并具体化，那么一项原本进步的法律能取得的成果，相对而言就很少。在 20 世纪 80 年代中期，Marcos 政权垮下之后，1987 年通过的宪法中，有一个条款（第十三条，第十六款）确立了人们及其组织机构，有效合理参与各层面社会、政治和经济决策的权利。该条款还要求建立协商机制。在此基础上，1991 年，菲律宾通过了一项《地方政府法典》，目的是打破中央集权的自我延续性质。该法典有几个突出特点，包括倡议权和全民投票（复决权）；针对重要决策召开众听证会（例如，对农业土地的重新划分、地方税务条例的制定、公共设施的选址，以及公共街道和公园的关闭）；建立旨在动员公民参与地方发展规划、实施和公共服务提供的乡村发展委员会（Iszatt，2002）。

尽管有活跃的民间团体，及大量组织良好且广受尊重的非政府组织活动，该法典并没有实现对其弱势群体或地方一级或省级主要群众组织以及非政府组织授权的承诺。该法典对于如何进行公开听证会，仅给予了含糊的不必要规定，并且没有规定把这些听证会的召开提前通知公众，也没有要求地方政府公开某些信息或文件以对公众的参与提供支持。没有详细规定强制性的公众评价和监督功能或机会，对于剥夺公民参与权的公共官员没有相应的制裁措施。该法典允许专门的地方机构作为特定问题的重要咨询小组，包括那些负责卫生、公共安全、教育、基础设施采购或地方发展（通过地方发展委员会，其中不少于1/4的委员会成员由非政府组织或群众组织的代表组成）的机构。这些团体可以提出建议，但不能批准或监督倡议，也不能强制要求提供信息。公共预算编制本身或公共服务绩效的审查均不受强制性的公开听证会和公众参与的约束。

《地方政府法典》除了缺乏明确性和赋权，其他许多更深层次的问题妨碍其被最大限度地用于监督公共服务提供。参与通常取决于非政府组织或群众组织中专业且具献身精神的领导者，而许多社区的领导者缺乏经验，很容易被地方政治家或商业精英拉拢。[18]资源难以获得，并且流行的社会和政治文化可能对于弱势群体或边缘化群体的真正参与持漠视或敌视态度。[19]

在法典没有规定、规定过于含糊或笼统，或实施不力的情况下，政府部门或个别城市层面上会逐渐形成其他参与机制，其中许多涉及非常实际的问题和更为具体的正式或非正式做法。许多涉及环境保护和农业改革，其中参与式规范常常被纳入各种援助计划。少数进步市政当局和城市通过了可以巩固各个领域的参与过程的法律规范。其中最著名的是《那加市赋权条例》（Naga City Empowerment Ordinance），有意通过它来弥补《地方政府法典》留下的空白。该条例于1995年颁布，允许非政府组织和群众组织进行地方认证，并建立由认可的组织组成的唯一群众委员会。该委员会选举或任命在所有城市政府机构、理事会、议会或委员会及任务小组的代表，并选举或任命代表以观察、表决和参与城市计划的构思、实施和评估；提议立法；以及在市议会的各委员会进行表决。该条例还明确支持边缘化群体或弱势群体在城市各理事会、委员会和专门机构的代表权，并有管理公开听证会、咨询、信息告示板和意见箱，所有这些都可影响服务提供的质量（Iszatt，

2002）。

《地方政府法典》和《那加市赋权条例》之间的对比强调为了能够付诸实施，参与规定必须具体化和明确化的程度。特别是，它强化了对上一节所讨论的交叉和功能性制度进行构思和应用的必要性。确保了一个由真正多元化和有能力的公民和政府代表组成的团体参与过程，对即将召开的会议或听证会给予足够余地的提前通知，在这些过程中给这些代表提供足够的相关背景信息，重要讨论和其他形式的参与被予以充分记载和传播以建立适当的公共记录，这些都非常重要。一个适当的公众参与法律和制度框架，还应具备投诉和制裁制度，以建立使公共官员重视他们在这类参与上的义务激励。此外，虽然这些法律和制度内容非常重要，但如果没有额外的大众媒体、主要游说团体以及大量愿意摆脱传统上对权威顺从的公民的积极参与，他们几乎不会产生任何影响。

南非《地方政府转型法》的实施

为了为地方治理奠定新基础，1996 年南非通过了一项《地方政府转型法》（LGTA），为政策制定合理公众参与规定透明机制。该法要求各市建立咨询机制以征询社区组织对服务需求的意见，建立允许公民参与服务绩效评估的反馈机制，建立记录公民投诉的服务台，以及建立对预算实施和服务提供投诉建议的回应程度（Andrews，2002）。虽然这些条款是一种民主化推动力，他们同时也有一个务实的目标：更好地让市政当局了解未得到满足的公众需求，并对此做出回应。

Andrews（2005）确定了若干正式通过的参与规范未达成最初承诺的情况。在许多情况下，《地方政府转型法》（LGTA）的有效实施由于对实际程序细节有意或无意的疏忽而被削弱，导致参与行为基本上没有什么意义，对问责制也毫无影响。在一些城市，协商论坛的参与者被从决策过程中孤立出来，并且他们与公共官员割裂的互动也没有获得反馈。

这在公众参与被称为“综合发展计划”的规划和预算倡议中尤为突出，其中技术专家仅允许公众参与该过程的无关紧要部分。在其他情况下，如，在寻求公众参与预算编制和支出优先事项的研讨会中，妇女、青少年和穷人的代表人数不足，而研讨会本身缺乏透明化的方法（Andrews，2005）。在 Uthungula 市，对会议地点的选择和宣传不足，限制了参加者的人数及其多样性（与此相反，在 Thabanchu 市，公共规划会议和研讨会通过媒体公告并且可以看到更广泛的公众参与）。在一些实例中，呈现的意见往往被忽略：“如果个人阐述的问题与过程顾问对该会议的定义不符，那么此类信息（大多是有用的）将在过程中消失”（DCD - GTZ，1999，在 Andrews，2002，27 中引用）。在 Nelspruit 镇和 Cradock 镇，公开听证会结果没有被系统地处理、解释、翻译或传达给决策者（Andrews，2005）

在 Howick 市，出席社区会议只能通过邀请并且由商界领袖支配，导致与旅游相关的基础设施显著增多，而向穷人提供的直接服务则下降。在 Thabanchu 市，许多市民因为语言障碍和对关键概念缺乏理解而无法参与。在 Bothaville 市，社区参与者因为“对政府缺乏了解”而对参与并不怎么感兴趣，且由于能力有限而放弃对规划过程发表意见（DCD - GTZ，1999，在 Andrews，2005，28 中引用）。

Andrews（2002）在这些过程中没有发现广泛的民意表达重点。缺乏广泛的民意表达似乎反映了 LGTA 的实施者或促进者密切关注在玻利维亚的 Vallegrande 或菲律宾的 Naga City 看到的那种程序细节和代表性的能力不足。南非很不重视参与式论坛的可获得性（从地点、时间安排、使用的语言看）或收集和传达论坛内容给决策者。南非的案例研究展示了落后社区组织相关问题的顽固性，特别是偏僻的农村。与玻利维亚和菲律宾——以及世界上其他众多发展中国家一样——即使进步的、有效的法律和制度参与框架正付诸实施，南非存在必须加以解决的巨大的资源和能力建设需求。

结　论

公民参与以及通常假定对其有促进作用的权利下放和民主进程是一个特定政治和社会环境的产物。就这点而论，他们很容易受到正面和负面结果的影响，最突出的是精英的俘获和操纵。Fung 和 Wright (2003) 深具洞察力地认为，不同的治理模式——作为对抗或合作方式的交集以及从上至下的过程或参与式过程的产物——面临“特征性危险，即部分利益集团和政党可能不恰当地服从于更强大的利益集团和团体。”此外，“没有恰当形式抗衡力量的协作治理可能会失败”——蜕变为更为对抗的模式，巩固强大的既有利益集团或干脆让这些利益集团（即使具备协作的制度性规则）更有力地、更有效地推进其事业发展。因此，“生成适合协作治理的抗衡力量的问题通过巧妙的公共政策和制度设计并不容易解决”（原文中强调）（Fung 和 Wright，2003）。

这个问题不是通过据称中立的技术专家、高层次的非政府组织或具备特殊游说能力的其他组织的活动和对抗模式的行使权力予以解决。最强的协作式抗衡力量来自地方有组织的对抗实体和寻求民粹主义机会的政治家。地方有组织团体具有深厚的本地知识且“已组织好在最适合解决分散问题的各级政府和社会开展行动”（Fung 和 Wright，2003）。很多地方有组织团体参与到地方服务提供，且愿意并能够进行协作和尝试，而不仅仅是进行抽象的政策讨论。寻求民粹主义机会的政治家视参与式协作不仅是好的政策且是好的政治。

这两个群体——具改革头脑的政治家和具对抗性、基层关系和良好信誉的民间团体组织——需要进行结盟，以便资源得以释放、实施以及能力建设行动能够支持体现有效民意表达机制的良好制度设计（及本章讨论的功能性过程）。这当然是从被广泛研究的巴西参与式预算中得到的经验教训，[20]它与玻利维亚《公众参与法》的实施经验和《那加市赋权条例》的成功相符。只有这两个群体进行建设性的对话并协同工作，公共服务问责制的有效制度设计承诺才可能实现。

附表 6A.1　ARVIN 框架：评估公民参与实现环境的方法

项目	法律和监管框架	政治和治理背景	社会文化特征	经济条件
结社	结社自由	确认和认证政策和程序	社会资本、性别障碍、文盲情况	法定登记和认证的成本，举行会议和论坛的成本
财力	税收系统；筹资和采购监管条例	政府补助，民间资金，承包和其他资金支付	社会慈善事业（给予文化）、组织生活史、自助和互联	经济规模和经济压力，失业，经济对成员出资的影响，基础设施和交流成本
话语权	表达自由；媒体；信息和通信技术相关的法律	公共媒体的政治控制	交流方法（不同社会团体对媒体的使用）	在媒体表达看法的相关费用（广告与专栏）；演讲、出版和散布观点的成本（请愿、新闻通讯、广播公告）
信息	信息自由；公共信息获得权与公共信息供给	信息披露政策和做法，公共政策和预算公开化的能力	信息网络、文盲情况、口头传播	信息获取的成本/费用
协商	依法建立的对话空间（公投、游说监管法规、公共论坛等）	政治意愿，制度化的对话和社会问责机制，议会和国家政府处理事务的能力	确定谁可以在何时、在什么背景下、关于什么主题发表意见的社会价值和等级制度	议价能力，经济制约对自治和宣传的影响

本章注释

1. Andrews 和 Shah 还注意到，基于发起改革的方式，以及中央政府和外部改革合作伙伴对于可降低援助交易成本和有助于监督资金使用情况的集权等级制度的偏好，绝大部分公共部门改革的发展趋势是产生向中央集权的较大效应。

2. 证据表明，某些形式的“民意表达”（如透明度和强化参与机制）比起内部行政规则的质量、精英化的人事标准，或较高的公务员工资，对政府问责制有更大的影响（例如，见 Kaufmann、Mehrez 和 Gurgur，2002）。巴西参与式预算经验的研究表明，相较于一般预算实践，这些预算做法能更好地面向较贫困居民和更需要帮助的地区。巴西 1997 年至 2000 年的参与式预算改革伴随着市政在医疗服务支出上的增加、财政状况改善、服务提供（例如饮用水）以及一些人文发展结果包括贫穷率和教育入学率上的一些改善等（Baiocchi，2006）。世界银行一项对 49 个发展中国家的 121 个农村供水项目的研究发现，项目的成功与受益人的参与有很强的相关性：参与程度较低的 49 个项目中，仅有 8% 的项目获得成功，而参与程度较高的 64 个项目中，有 42% 的项目可视为是成功的（Narayan，1995）。一项对印度班加罗尔公民报告卡使用情况的研究同样发现了对服务提供结果的一些影响（Ravindra，2004）。在玻利维亚，分权式的公众参与程度的日益增加，与人力资本和社会服务的高投资之间显然存在相关性，包括最贫穷的城市（Faguet，2004）。

3. 在本章中，制度主要表示组织形式或过程，而不是其范围更大的包括广泛的规则、标准和做法等的“新制度经济学”含义。

4. 这些模式以一个大略的连续性可以包括自主管理决策（不参与），修正的自主管理决策（可能反映或不反映团体影响的决策），分散式的公众协商（基于独立协商——其形式从访谈到会议到调查——确实反映了团体影响），单一公众协商（通过顾问小组或公共会议形成一个统一的公共团体共同商议），以及公共决策（同样通过顾问小组或公共会议，由更广泛的公众共同商议和决策）（Thomas，1990）。

5. 该项研究表明，20 世纪 90 年代通过立法要求新的预算规划、信息披露、审计、参与式治理和行政程序规则的城市比那些没有采取这种做法的城市具有更好的财政结果。

6. 根据 Ackerman（2004）的观点，根据这些制度正式化的不同程度，可采取三种形式。第一，这些制度可被纳入政府机构的战略计划，可制定规则和程序要求一线的政府官员以协商或以其他方式与社会参与者互动。第二，可建立旨在确保政府事务的社会参与（即，作为政府和民间团体的联络）的特定机构。第三，可将参与机制写入法律之中，要求各机构或整个政府在公共政策周期的各个阶段都要有社会人士参与。

7. 许多国家寻求公共参与中的“立法进步”，依靠法律来规定公民意见传达的主要形式。在那些官僚自主裁量权和腐败泛滥而看起来表明需要严格、详细法律规定的国家，这种做法最初似乎是一种合理的方式。然而，这种死守法律权的做法，并不能保证符合民意表达机制或保证民意表达机制的运用。

8. 自上而下、高度正式的规定可能赋予精英和中央政府关于地方民主制度应如何运作的解释权；最糟的是，它们可能规定了上限而非底线，阻断了地方自身的理解和自下而上的创新，而这些可赋予地方参与者更大的社会资本并给予他们更多的投资以实现民意表达机制的有效运作。在许多发展中国家，解决这些困境的最好办法可能是制定关于地方自治的国家法律，以规定公民参与的某种最低标准——其中许多可以追循上节所述的功能性要求——而让地方当局和民间组织来决定这些规则和制度何如——或各种非正式程序——可以被最好的与当地价值和规范相一致地构建起来。

9. 根据 Goetz 和 Gaventa（2001，11），“在存在完善的多党竞争及良好制度化和意识形态多样化的政党情况下，民间社会团体可寻求对抗性的、高度可见的战略来促进团体利益或挑战国家行为，希望感兴趣的反对党在立法机构中会讨论如何处理他们关注的这些问题”。

10. 在对关于七个国家的研究进行评述的基础上，Gaventa 和 Valderrama（1999）概括了常见的制约因素以及减缓此类障碍的建议。

11. 经合组织（2001b）和英国萨塞克斯大学的发展研究学院（Institute of Development Studies）都采用了该三层式框架的变量来描述日益增加的公民参与强度。

12. Andrews 和 Shah（2005b）列举了关于预算编制的不同的制度过程，但他们大部分的功能相同：知情权制度、信息披露制度、反映和决议制度、报告制度、回应和补救制度。这些机会结构与 Goetz 和 Gaventa（2001）所提出的过程重叠，其中他们假定这些过程可促进协商、出席和影响（大致相当于提供意见、在有限程度上参与决策和帮助制定服务提供相关实际政策和财务决策的机会）。

13. Andrews 和 Shah（2005b）提出，预算格式应清晰，易于阅读且可理解，应集中并重点关注公民最感兴趣的预算信息。他们提出所有机构和部门各自提出着重于产生特定结果的预算要求。他们还建议，部门在产出怎样进行生产上应制定若干备选方案，并披露他们愿意为之努力的具体绩效标准（基于预计能生产的特定产出，按照数量、地点和日期确定）及相关基准目标（基于总成本、单位成本和质量）。

14. Leisher 和 Nachuk（2006）发现一个良好的权利下放法律框架、正式的地方法律、强大的信息传播体系，以及可靠的监督和数据收集计划对于地方政府成功地向公众提供更好的服务至关重要。他们还指出非制度性因素的重要性，如地方政治领导和财政可持续性。

15. 政府只能支出不超过15%的共同参与资金用于运营成本。在某些情况下，这不足以支持监督委员会在参与式预算编制过程中的工作（Beneria - Surkin, 2005）。

16. 在巴西，有些参与代表据说被讥讽为“职业公民”，他们经常垄断和控制信息获取渠道（Beneria - Surkin，2005）。

17. 在2003至2004年度的参与式预算编制过程中，近40%的民间团体参与者说，他们对于参与式规划功能如何运作以及市政预算的规则有哪些仍然知之甚少或一无所知（Beneria - Surkin，2005）。

18. 为了减少这些障碍，《地方政府法案》建立了乡村发展委员会，其任务为负责动员公民参与包括发展规划在内的地方发展努力。公众还获得全国各地250多个村法律资源中心提供的重大的组织和法律援助，为资源使用和获得司法正义提供了法律救济和问责（Iszatt，2002）。

19. 宪法规定各级立法议会中必须有部门代表。其中三个席位留给妇女、劳工团体、城市贫民、原住民文化社区或残障人士。但近20年的执行情况参差不齐，部分原因在于对可在代表选择上确立更大的针对性的相关执行法律缺乏足够的支持。

20. 足够的证据表明，Porto Alegre 参与式预算编制的初步成功及其在其他几个城市的成功复制可直接归因于这两个参与者的努力。参与式预算不仅仅为劳工党的政治家所捍卫，而且还是由具有社区组织长期经验的公民活动家精心设计。这些社会行动者基于先前已有的做法和需求，领导并建立该预算编制过程。例如，Porto Alegre 实验最初是由居民协会联盟（Union of Residents' Association）发起的一项倡议（Ackerman，2004；Baiocchi，2006）。

本章参考文献

Ackerman, John. 2004. "State - Society Synergy for Accountability." Working Paper 30, World Bank, Washington, DC.

——. 2005. "Social Accountability in the Public Sector: A Conceptual Discussion." Social Development Paper 82, World Bank, Participation and Civic Engagement,

Washington, DC.

Andrews, Matthew. 2002. "Fiscal Institutions Adoption in South African Municipalities."

Paper presented at the Center for Science and Industrial Research, Pretoria, South Africa, March 15.

——. 2004. "Selecting and Sustaining Community Programs in Developing Countries" *Public Administration Quarterly* 28 (1/2): 12 -46.

——. 2005. "Voice Mechanisms and Local Government Fiscal Outcomes: How Does Civil Pressure and Participation Influence Public Accountability?" In *Public Expenditure Analysis*, ed. Anwar Shah. Washington, DC: World Bank.

Andrews, Matthew, and Anwar Shah. 2005a. "Citizen-Centered Governance: A New Approach to Public Sector Reform." In *Public Expenditure Analysis*, ed. Anwar Shah.

Washington, DC: World Bank.

——. 2005b. "Toward Citizen-Centered Local-Level Budgets in Developing Countries."

In *Public Expenditure Analysis*, ed. Anwar Shah. Washington, DC: World Bank.

Antlov, Hans. 2003. *Civic Engagement in Local Government Renewal in Indonesia.*

Logo Link report, Institute of Development Studies, Brighton, United Kingdom.

Arnstein, Sherry, 1969. "A Ladder of Citizen Participation," *Journal of the American Planning Association*35 (4): 216 -24.

Azfar, Omar, Jeffrey Livingston, and Patrick Meagher. 2006. "Decentralization in Uganda." In *Decentralization and Local Governance in Developing Countries: A Comparative Perspective*, ed. Pranab Bardhan and Dilip Mookherjee. Cambridge, MA: MIT Press.

Baiocchi, Gianpaolo. 2006. "Inequality and Innovation: Decentralization as an Opportunity Structure in Brazil." In *Decentralization and Local Governance in Developing Countries: A Comparative Perspective*, ed. Pranab Bardhan and Dilip Mookherjee.

Cambridge, MA: MIT Press.

Bardhan, Pranab, and Dilip Mookherjee, eds. 2006. *Decentralization and Local*

Governance in Developing Countries: A Comparative Perspective. Cambridge, MA: MIT Press.

Beneria – Surkin, Jordi. 2005. "The Struggle for Resources: Citizen Engagement and Democratic Governance in the Municipality of Vallegrande, Bolivia." Paper presented at the workshop proceedings for the "International Conference on Resources, Citizen Engagement, and Democratic Local Governance," December 6 – 9. http://www.ids.ac.uk/logolink/resources/ReciteConfpapers.htm#Bolivia.

Bishop, Patrick, and Glyn Davis. 2002. "Mapping Public Participation in Policy Choices." *Australian Journal of Public Administration*61 (1): 14 – 29.

CIDA (Canadian International Development Agency). n. d. "All I Want Is Justice." www.acdi – cida.gc.ca/CIDAWEB/acdi.cida.nsf/En/EMA – 218121723 – PL4.

Charlick, Robert. 2001. "Popular Participation and Local Government Reform." *Public Administration and Development*21: 149 – 57.

Cleaver, Frances. 1999. "Paradoxes of Participation: Questioning Participatory Approaches to Development." *Journal of International Development* 11: 597 – 612.

Cooksey, Brian, and Idris Kikula. 2005. "When Bottom – Up Meets Top – Down: The Limits of Local Participation in Local Government Planning in Tanzania." Special Paper 17, Research on Poverty Alleviation, Dar es Salaam.

DCD – GTZ (Department of Constitutional Development and German Technical Corporation).

1999. *Integrated Development Planning Pilot Projects Assessment Study.*

South African Department of Constitutional Development, Pretoria.

Eberlei, Walter. 2003. "Institutionalizing Participation in the PRSP Implementation, Monitoring, and Review Process." Paper presented at the "International Forum for Sharing of Experiences on PRSP Monitoring and Implementation: The Involvement of Civil Society," Lusaka, Zambia, June.

Faguet, Jean – Paul. 2004. "Does Decentralization Increase Government Responsiveness to Local Needs? Evidence from Bolivia." *Journal of Public Economics* 88 (3): 867 – 93.

——. 2006. "Decentralizing Bolivia: Local Government in the Jungle." In *Decentralization and Local Governance in Developing Countries: A Comparative Perspective*, ed. Pranab Bardhan and Dilip Mookherjee. Cambridge, MA: MIT Press.

Fung, Archon, and Erik Wright. 2003. *Deepening Democracy: Institutional Innovations in Empowered Participatory Governance.* London: Verso.

Gaventa, Jonathan. 2002. "Legal and Policy Frameworks for Citizen Participation in Local Governance in East Africa: A Regional Report." LogoLink report, Institute of Development Studies, Brighton, United Kingdom.

Gaventa, Jonathan, and Camilo Valderrama. 1999. "Participation, Citizenship, and Local Governance." Background paper for workshop on "Strengthening Participation in Local Governance," Institute of Development Studies, Brighton, United Kingdom, June 21 – 24.

Goetz, Anne Marie, and Jonathan Gaventa. 2001. "Bringing Citizen Voice and Client Focus into Service Delivery." Working Paper 138, Institute of Development Studies, Brighton, United Kingdom.

Goetz, Anne Marie, and Rob Jenkins. 2001. "Hybrid Forms of Accountability: Citizen Engagement in Institutions of Public – Sector Oversight in India." *Public Management Review*3 (3): 363 – 83.

Gopakumar, Krishnan. 1997. "Public Feedback as an Aid to Public Accountability: Reflections on an Alternate Approach." *Public Administration and Development* 17 (2): 281 – 82.

Goudsmit, Into, and James Blackburn. 2001. "Participatory Municipal Planning in Bolivia: An Ambiguous Experience." *Development in Practice* 11 (5): 587 – 96.

Hadiz, Vedi. 2004. "Decentralization and Democracy in Indonesia: A Critique of Neoinstitutional Perspectives." *Development and Change* 35 (4): 697 – 718.

ICPS (International Centre for Policy Studies). 2006. *Model for Public Watch over Healthcare Spending.* Kiev.

Iszatt, Nina. 2002. *Legislating for Citizens' Participation in the Philippines.* LogoLink report, Institute of Development Studies, Brighton, United Kingdom.

Kaufmann, Daniel, Gil Mehrez, and Tugrul Gurgur. 2002. "Voice or Public Sector Management? An Empirical Investigation of the Determinants of Public Sector Performance Based on a Survey of Public Officials in Bolivia." Draft. World Bank Institute, Washington, DC.

Leisher, Stefan, and Susannah Nachuk. 2006. *Making Services Work for the*

Poor: *A Synthesis of Nine Case Studies from Indonesia.* Washington, DC: World Bank.

Li, Tania. 2006. "Neo - liberal Strategies of Government through Community: The Social Development Program of the World Bank in Indonesia." International Law and Justice Working Paper 2006/2, Global Administrative Law Series, New York University Law School, New York.

Malena, Carmen. 2004. "Social Accountability: An Introduction to the Concept and Emerging Practice." Social Development Papers, Participation and Civic Engagement Paper 76, World Bank, Washington, DC.

Manor, James, and Richard Crook. 1998. *Democracy and Decentralization in South Asia and West Africa*: *Participation*, *Accountability and Performance.* Cambridge: Cambridge University Press.

McGee, Rosemary. 2003. *Legal Frameworks for Citizen Participation*: *Synthesis Report.*

LogoLink report, Institute of Development Studies, Brighton, United Kingdom.

Mohan, Giles, and Kristian Stokke. 2000. "Participatory Development and Empowerment: The Dangers of Localism." *Third World Quarterly* 21 (2): 247 - 68.

Narayan, Deepa. 1995. "The Contribution of People's Participation: Evidence from 121 Rural Water Supply Projects." Environmentally Sustainable Development Occasional Paper 1, World Bank, Washington, DC.

OECD (Organisation for Economic Co - operation and Development). 2001a. *Citizens as Partners*: *Information*, *Consultation*, *and Public Participation in Policy - Making*. Paris: OECD.

——. 2001b. *Citizens as Partners*: *OECD Handbook on Information*, *Consultation and Public Participation in Policy - Making*. Paris: OECD.

Orlandini, Barbara. 2003. *Civic Engagement in Local Governance*: *The Case of Thailand.*

LogoLink report, Institute of Development Studies, Brighton, United Kingdom.

Partners of the Americas' Center for Civil Society. 2005. *Involving Citizens in Public Budgets*: *Mechanisms for Transparent and Participatory Budgeting*. Washington, DC: U. S. Agency for International Development.

Paul, Samuel. 1987. *Community Development in Development Projects*: *World*

Bank Experience. World Bank Development Paper 6, Washington, DC.

——. 1992. "Accountability in Public Services: Exit, Voice and Control." *World Development* 20 (7): 1047 -60.

Ravindra, Adikeshavalu. 2004. *An Assessment of the Impact of Bangalore Citizen Report Cards on the Performance of Public Agencies.* Evaluation Capacity Development Working Paper Series 12, World Bank, Operations Evaluation Department, Washington, DC.

Rocamora, Joel. 2003. *Legal and Policy Frameworks for Participation in Thailand, Indonesia and the Philippines.* LogoLink Regional Report, Institute of Development Studies, Brighton, United Kingdom.

RTI (Research Triangle Institute International). 2003. *A Practical Guide to Citizen Participation.*

RTI - USAID Local Government Assistance Program, Bucharest.

Saule, Nelson, Alejandra Velasco, and Zuleika Arashiro. 2002. *Legal Frameworks for Citizen Participation: Latin American Regional Report.* LogoLink Regional Report, Institute for Development Studies, Brighton, United Kingdom.

Sera, Yumi. 2004. *Consultations with Civil Society: A Sourcebook.* Working Document, World Bank, NGO and Civil Society Unit, Washington, DC.

Souza, Celina. 2001. "Participatory Budgeting in Brazilian Cities: Limits and Possibilities in Building Democratic Institutions, Urban Governance, Partnership and Poverty."

Working Paper 28, University of Birmingham, United Kingdom.

Thindwa, Jeff, Carmen Monico, and William Reuben. 2003. *Enabling Environments for Civic Engagement in PRSP Countries.* Social Development Note 82, World Bank, Washington, DC.

Thomas, John C. 1990. "Public Involvement in Public Management: Adapting and Testing a Borrowed Theory." *Public Administration Review* 50 (4): 435 -45.

Tikare, Seema, Deborah Youssef, Paula Donnelly - Roark, and Parmesh Shah. 2001. "Organizing Participatory Processes in the PRSP." World Bank, Washington, DC.

UNECA (United Nations Economic Commission for Africa). 2004. *Best Practices in the Participatory Approach to Delivery of Social Services.* Addis Ababa.

第七章

根据国情制定反腐斗争计划

Anwar Shah

虽然腐败统计数据经常受到质疑，但即使这样的数据仍表明腐败在经济活动中占有较大比例。在肯尼亚，仅 1997 年引起审计员和审计长关注的“可疑”公共支出就达到国内生产总值的 7.6%。在拉脱维亚，世界银行最近的一项调查发现，超过 40% 的家庭和企业认为，“腐败已成为我们生活的一个天然组成部分，并且有助于解决许多问题”（Shah 和 Schacter，2004，40）。坦桑尼亚的服务供给调查数据显示，支付给警察、法院、税务和土地部门等机构的贿赂数，已达到这些领域官方公共支出的 62%。菲律宾审计委员会估计，每年因公共部门腐败而改变用途的资金就多达 40 亿美元（Tapales，2001）。

2004 年，世界银行关于腐败对提供服务所产生影响的研究结论表明，其《国际政府风险指南》显示，每改善腐败指数的一个标准差，就会使婴儿死亡率下降 29%，公共医疗接受者满意度提高 52%，并使源于道路状况改进的公众满意度增加 30% 至 60%。研究同时表明，腐败会减缓经济增长速度，削弱资本积累，降低发展援助有效性，加剧收入不平等和贫困（Gupta、Davoodi 和 Alonso - Terme，1998；Hall 和 Jones，1999；世界银行，2004）。

毫无疑问，谴责腐败行为的全球运动不断发展——这一运动已使一些国家领导人下台。近年来，许多国家政府和发展机构已经投入大量资源和精力反腐败。尽管有这些努力，依然不能明确腐败发生率是否有所下降，特别是在腐败高发国家。

本章认为，反腐败斗争未取得显著进展，可归因于实际上许多反腐项目只是“民间偏方”或者“包治百病”的方法，这些方法几乎没有任何成功的可能。要使这些反腐项目奏效，必须确定其已锁定的腐败类型，解决造成政府治理腐败不力的全国性原因或“腐败驱动”因素（voodi 和 Alonso - Terme，1998；Hall 和 Jones，1999；World Bank，2004）。

本章探究这些问题的概念实证基础。第一节界定腐败和治理的定义，讨论当前关注腐败问题的重要意义。第二节描述关于腐败驱动因素的一些理论模型，总结从全国性案例研究得出的经验教训。第三节研究政府政策制定者如何根据本国的具体情况进行反腐败斗争。最后一节提出结论。

什么是腐败?

腐败是指违背公共利益行使职权或滥用公职谋取私利的行为。[1]公共部门腐败意味着国家治理出现失败。国家治理的概念，由一国权力和政府职权在实施中所依据的规则、传统和制度所定义。这些规则、传统和制度包括参与制度和治理问责、公民话语权和退出机制、公民参与规则和网络；宪法法律框架以及公民和政府之间问责关系的性质；挑选、监控、问责、更新或更换政府的程序；公民之间以及公民和政府间政治、经济、文化、社会往来管理机构的合法性、可性和有效性。

对腐败问题的关注与政府历史一样久远。公元前 350 年，亚里士士德在《政治学》中指出：“要避免国库被他人私吞，就必须在整个城市公开发行货币，并把账户存放于多个渠道进行监督。”

近年来，日积月累的证据表明，腐败对发展产生了不利影响，人们对腐败问题的担忧加剧（世界银行，2004）。腐败使国内生产总值（GDP）增长减缓（Abed 和 Davoodi，2000；Mauro，1995），不利于资本的积累（Lambsdorff，1999a 和 1999b），降低了教育（Gupta、Davoodi 和 Tiongson，2000）、公共基础设施（Tanzi 和 Davoodi，1997）和卫生服务的质量（Tomaszewska 和 Shah，2000；Treisman，1999b）。腐败也降低援助发展的有效性，加剧了收入不平等和贫困（Gupta、Davoodi 和 Alonso – Terme，1998）。贿赂是公共部门腐败的最明显表现，它破坏国家声誉，侵蚀公众对国家的信任。国家治理不力和腐败使穷人和包括妇女和少数族群的在内的弱势群体更难获得公共服务。腐败也可能会影响宏观经济的稳定，例如金融机构基于裙带关系或欺诈的债务担保分配会导致储蓄者、投资者和外汇市场失去信心。例如，1991 年曝光的国际商业信贷银行（BCCI）丑闻，就使加蓬养老保险制度遭受经济损失；20 世纪 90 年代中期，巴基斯坦信德省迈赫兰银行的腐败行为，导致人们对该国金融体系丧失信心。

腐败不是以单一形式表现出来的，它主要有以下四种形式：

1. 轻微的行政或官僚腐败。许多腐败行为是个别政府官员的独立交易，他们通过索取贿赂和回扣、挪用公款或出于个人利益给他人好处的形式滥用职权这类行为通常被称为小额腐败，即便总计起来可能涉及大量的公共资源。

2. 重大腐败。国家官员盗窃或滥用大量公共资源——通常是某些政治或行政精英或相关人员——构成重大腐败。

3. 国家俘获或监管俘获及以权谋私行为。国家俘获指私人参与者与政府官员或政治家为了他们共同的私人利益而进行的共谋行为。在这种形式的腐败中，私营部门为了自己的目的而“俘获”国家的立法、行政和司法机关。与国家俘获共存的还有传统（或相反）的腐败观，在这种腐败中，政府官员为谋取私人利益而勒索或利用私营部门。

4. 赞助、家长制、庇护主义和成为“团队成员”。当官员利用公职向具有相同地域、民族或文化根源的委托人或同事提供帮助，以便其在与公共部门打交道时（包括公共部门聘用时）得到优待，即构成腐败。

是什么驱使腐败发生？

治理腐败的方法因国家的不同而有所差异。在腐败行为和治理质量差异较大的国家，使用通用型的政策和工具（即“一刀切”），其方法可能会以失败告终。政策制定者必须了解当地的具体环境，看看都有哪些因素在鼓励或允许公共和私人部门参与腐败。反腐败斗争要想获得成功，并有可持续性，还需要有较强的地方领导者，及私人所有者。

作为政府治理不力的一个表现形式，公共部门的腐败取决于多种因素的影响，如公共部门管理质量、政府与公民之间问责关系的性质、法律框架和公共部门程序的透明度和相关信息传播程度。如果不能充分考虑这些基本驱动因素，反腐败的努力就不可能产生深刻持久的效果。

要了解这些驱动因素，需要从概念和实证角度来理解，为什么腐败持续存在，以及可用什么对策来遏制它。在概念层面上，已经提出许多有意义的想法。[2]这些想法大致可以归为三种类型：委托代理模型、新公共治理视角和新制度经济学框架。

委托代理模型

最广泛应用的建模策略是委托代理模型。这类模型的共性是，政府由一位旨在鼓励政府官员（代理人）诚实使用公共资源的“仁慈”独裁者（委托人）领导（见 Banfield，1975；Becker，1968；Becker 和 Stigler，1974；Klitgaard，1988 和 1997；Rose - Ackerman，1975 和 1978）。

Gary Becker 的“罪与罚”（1968）模型就持这种观点，其模型提出，只要腐败预期收益超过与腐败行为相关的被发现和惩罚等预期成本，自利的公共官员就会寻求或接受贿赂。这种观点认为，减少政府官员具有自主裁量权的事务、减少每项事务的收益范围、增加腐败被发现的概率或加大对腐败行为的惩罚，可以减轻腐败。Klitgaard（1988）重新论证了该模型，以强调政府官员不受约束的垄断权力和自主裁量权。根据其观点，腐败等于垄断加上自主裁量权减去问责。在这一框架下，可通过建立内部控制力强、政府官员自主裁量权少、以规则驱动为特点的政府来减少腐败。该模型在公共政策领域被广泛接受，并成为打击行政、官僚和轻微腐败的经验研究和政策设计的基础。然而，这种模式并不适用于腐败高发国家。那些国家的政策执行者会自行施加额外的腐败包袱，而且行贿与受贿者之间的共谋也阻碍了减少自主裁量权对腐败的抑制。事实上，缺乏自主裁量权常常被腐败官员用以做他们免受起诉的辩护工具，在纵向组织严密的网络中，这些腐败官员仅作为其中的某个部分来参与腐败。

另一种委托代理模型则在分析中把立法者和当选官员的作用统一起来。在这个模型中，以立法者或当选公共官员为代表，制定或操纵有利于特殊利益集团（代表私营部门利益和公共部门争取更高预算能为之带来利益的实体或个人单位）的政策和法律，以换取租金行为或交易选票。立法者会权衡腐败行为所带来的私人收益，会相比于被抓获、被惩罚及名誉受损而选举失败的几率，及获得连任的胜算。影响这个决定的因素包括：竞选活动融资机制、选民可获取信息的渠道、公民投票罢免腐败立法者的能力、政治竞争性的程度、选举制度类型、当前民主制度和传统及治理问责制度（见 Acconcia、D'Amato 和 Martina，2003；Andvig 和 Moene，1990；Chand 和 Moene，1997；Flatters 和 Macleod，1995；Grossman 和 Helpman，1994；Rose - Ackerman，1978；Van Rijckeghem 和 Weder，2001）。该概念框架有助于分析政治腐败或国家“俘获”。

关注地方化对腐败的影响的理论模型与在腐败类型框架产业组织多层等级下研究腐败分权的理论模型有着明显的界限。多层等级模型区分了自上而下的腐败（高层腐败官员通过共享部分收益收买低层官员）和自下而上腐败（低层官员为免被发现或受惩罚而与高层官员分享其得到的贿赂）。自上而下的腐败更可能存在于联邦治理体系，因为该体系通过各种政府号令分享权力。自下而上的腐败则更可能流行于单一制或集权制形式的治理体系中或独裁政权下。

对腐败网络治理所产生的影响是一个很有趣的话题，但尚未对其进行充分研究。Tirole（1986）借助一个三级的“委托—监督—代理模型”（Guriev，1999）分析了这个网络的一个侧面。对传统委托代理模型的这一扩展，有助于得出关于在三级单一制政府结构下可能形成的腐败关系类型的推论。这些推论对多层治理系统下委托代理关系的基本假设高度敏感。[3]在 Guriev 的 3 级等级模型中，位于中间层面的官僚监督代理人向委托人报告。Guriev（1999）的结论是，高层腐败“效率不高，因为偏向代理人重新分配资金，但因此对于潜在进入者更具吸引力”，从而导致总体上更严重的腐败。

Shleifer 和 Vishny（1993）运用传统产业组织模型分析腐败。他们的结论认为：分权可能加剧腐败。在他们的模型中，政府官僚和机构作为垄断者出售法律规定的私营部门活动所需的政府生产的互补商品。模型的主要观点是，在集权腐败中，官僚的行为更像联合垄断者，而在分权腐败中，官僚是独立垄断者。当官僚作为独立垄断者时，他们无视价格上涨对某种商品总需求的影响，因此会使贿赂负担累积增加。

Waller、Verdier 和 Gardner（2002）将分权腐败定义为高层官员从每一个受贿官僚那里获得一定量的贿赂收入，而不强制依据其受贿金额的制度。相反，在中央集权制度下，受贿金额取决于政府更高层级，他们收集官僚收受的贿赂，并在收取一定份额后对其重新分配。Waller、Verdier 和 Gardner 认为，与集权腐败的平衡体系相比，分权腐败会使经济中的腐败总水平处于较低状态，使单个企业家的贿赂水平处于较高状态，且在正规部门规模较小。

然而，此模型会因具体“管理制度”的不同而有所差异。例如，如果工资足够高，监督系统足够有效，集中腐败则可能缓解腐败总体水平和扩大正规经济范围。

Ahlin（2001）从横向而不是等级的视角关注不同类型分权的作用。在其模型中，一个国家分成若干区域，每个区域具有一定数量的独立权力群体。官僚主分权通过增加权力群体或官僚数量来影响一个区域的政治组织；管辖区的数量决定了分权程度。Ahlin 的理论研究结果表明，腐败由区域间经济主体的流动性决定。假设没有区域间流动，腐败随官僚分权程度增加，但是与区域分权程度无关。在区域间完全流动中，腐败随区域分权程度的上升而减少且与官僚分权程度无关。模型的关键之一在于，腐败官员无法内化因贿赂增加而强加于其他官员所带来的成本。

Arikan（2004）使用税收竞争框架研究地方化腐败相关因素。在他的模型中，腐败是通过官僚挪用的税收比例来衡量；分权由争取流动税基的辖区数量来体现。当地政府确定税率水平和腐败收益，以最大化其腐败收益与公民之公用事业的加权总额。分权程度越高，则预计腐败程度越低。

Bardhan 和 Mookherjee（2005）揭示了俘获民主进程的决定因素。他们得出结论，认为俘获程度不明确并取决于特定环境：地方层面上的俘获程度取决于选民意识、利益集团凝聚力、选举的不确定性、选举竞争和区域间收入不平等程度的异质性。该模型的一个重要假设是，政治意识程度与教育和社会经济地位相关。特别是，该模型还假定，中等收入阶层知情选民的比重低于或等于高收入阶层选民相应比重，高于贫困阶层选民相应的比重。不知情选民容易受竞选融资影响，知情选民则支持能最大化本阶层效用的党纲。地方和国家在政策纲领方面的选举结果在以下四个假设下将是一致的：（1）所有地区具有相同的社会经济成分，地区间的变化与其完全相关（有对一个或两个政党的特定偏好）；（2）国家选举采用多数选举制；（3）地方和国家选举中有同等比例的知情选民；（4）支持游说的富人比例在地方和国家层面上相等（即地方和国家层面富人一样被组织起来）。如果不知情选民比例在国家层面上较低，富人在国家层面上的组织不及地方层面，则地方层面的被俘获程度较高。作为选举竞争差异的结果，地方层面上的选举不确定性越大，意味着地方层面的被俘获程度越低。例如，如果中间选民偏好不同，但地区间服从相同的概率分布（假设这一分布满足正则性条件），那么中间选民的多样性偏好会使他们支持不同政党，这意味着对多方面占主导地位政党的俘获能力就会减少。

通过代理的概念模型无法得出腐败和集权—分权关系的确切结论。这些模型只是再次证明，腐败的发生概率取决于具体环境，因此无法通过广义模型揭示。

新公共管理框架

新公共管理（NPM）方面的文献指出了公共部门任务、授权环境及运作文化和能力间的更为基本的冲突。这种冲突会使该政府的行为像失控的列车，使该政府的官员更易沉溺于寻租行为，公民却几乎毫无机会约束政府行为。这种观点呼吁进行基础性的公共服务和政治改革，以创建一个受合同约束并对为结果负责的政府。在这些改革中，公共官员不再拥享有稳定的循环上升的任命机会，而是只有当他们履行了自己的合同义务，才能维持其工作（Shah，1999、2005）。

新公共管理模式对于研究地方化和腐败问题显然是有意义的，它主张通过合同安排提供公共服务。这样一个合同框架可以通过外包鼓励进行竞争性的服务提供，强化地方政府作为服务的买方且不一定作为当地服务提供者的作用。新公共管理的目标与地方化相协调，因为强化对结果的问责制能通过舆论和退出机制加强政府对公民的责任。因此，从理论上讲，新公共管理有望减少腐败的机会（Shah，1999 和 2005；Von Maravic，2003）。

Andrews 和 Shah（2005a）把这些观点整合在一个以公民为中心的通用治理框架中。他们认为，赋予公民权力是增强问责制和减少腐败机会的关键。其他人则不同意这样的结论，并认为新公共管理可能导致更严重的腐败，而无法增强问责制，因为服务提供的投标和采购商与供应商的分离可能增加寻租行为和腐败的可能性（Batley，1999；Maravic，2003）。有人认为，分权管理会削弱更高层级的垂直监督，使机制不足以对分权机构实施控制（Scharpf，1997）。他们认为这种纵向问责制的缺失被视为增大腐败机会的原因。当然，这一观点又忽略了增强横向问责制所能带来的潜在收益。

新制度经济学框架

新制度经济学提出一个关于腐败产生的原因及解决方法的新视角。这个方法认为，在公民要么没有权利迫使公共官员为腐败行为负责，要么这样做会给公民带来高额交易成本的情况下，腐败源于公共官员的投机行为。新制度经济学视公民为委托人，政府官员为代理人。委托人具有有限理性——他们根据掌握的不完全信息采取理性行为。他们在获取和处理更多信息时面对高昂的交易成本。相反，代理人（政府官员）则掌握更多的信息。由于委托人面对高昂交易成本，并且缺乏足够的抵消性平衡制度来实行问责治理，这种信息不对称会使代理人沉溺于不受节制的机会主义行为之中。[4]

腐败国家的司法制度较弱，合同执行和公共安全机制不足，且这些不足增加了经济中的交易成本，提高了私营资本成本以及公共服务提供成本。这一问题也加剧了路径依赖，所涉及的因素（由于重大改革可能会受到有影响的利益集团的阻挠，难以实现对过去的重大突破）包括：文化和历史因素；态度，即在这种态度下因腐败而受害的人们认为解决腐败的尝试将导致更多牺牲，几乎不可能将腐败人员绳之以法。这些考虑因素使委托人得出结论，即认为他们想做的任何约束腐败行为的尝试都将遭到强大利益集团的强烈报复。因此，赋予公民权力（通过委付、公民宪章、人权法案、选举和其他形式的公民参与）在打击腐败中至为重要，因为这对公共官员面对公共利益中的诱惑时做出回应有重要影响。

国家案例研究得出的经验教训

腐败方面的经验研究文献支持新制度经济学的观点。基于对一些国家深入研究（包括 2004 年世界银行对危地马拉、肯尼亚、拉脱维亚、巴基斯坦、菲律宾和坦桑尼亚的研究）和对正在转型、工业化和发展中的国家（见 Gurgur 和 Shah，2002；Huther 和 Shah，2000；Tomaszewska 和 Shah，2000）的计量经济学研究，这些文献确认了这些关键性的驱动因素。

世界银行对 6 个国家进行案例研究，考察腐败产生的根本原因，评估世界银行在每个国家减少腐败的努力所产生的影响。这些研究确认了以下几个腐败驱动因素：

■ *国家作为“公共利益”保护者的合法性存在争议*。在高度腐败国家，几乎没有公众接受这样一个概念，即国家所扮演的角色超越私人利益以保护更广泛的公共利益。“庇护主义”——公共官员专注于为与其有种族、地理或其他联系的特定受庇护群体服务——形成了特定的公共部门服务环境并创造成熟的腐败条件。因为公共和私人之间的界限模糊不清，所以滥用公共职务谋取私利常有发生。

■ *以宪法为基本大法的法治根基薄弱*。当法律适用于某些人，以及当执法常被用作获取更多私人利益而非保护公众利益的工具时，公共部门腐败将会盛行。在高度腐败的国家，法治沦丧的通常表现是警察成为违法者而不是执法者（例如，以捏造的交通违章事例拦截机动车驾驶员作为获取贿赂的借口）。司法独立——法治的一个支柱——在高度腐败国家通常被严重侵犯。

■ *参与和问责制度无效*。公共部门腐败程度相对较低的社会通常有很强的控制公共官员滥用权力的对政府部门的参与和问责制度。这些制度或由国家创立（例如，选举程序、公民宪章、人权法案、总审计长、司法部和立法机关），或在政府国家结构（例如，新闻媒体和有组织的社会团体）之外产生。在高度腐败的国家，参与和问责制度的不足显而易见。

■ *反腐国家领导人的承诺软弱无力*。当一国当局不愿意或无力强力解决腐败问题时，公共部门的普通腐败持续存在。在公共部门腐败成为通病的社会，人们有理由怀疑腐败已经触及政府最高级别，并且很多高级官员不会采取行动打击腐败。

反腐，政策制定者能做些什么?

经验充分表明，需要采用一种从根源出发的间接方法。要理解这一点，需先考察一个将发展中国家分为高、中、低三个类别以反映腐败发生率的模型，这是很有益的。模型假定，高度腐败国家治理质量较低，中等腐败国家治理质量一般，低腐败国家治理较好（表7.1）。

表 7.1　给定腐败程度和治理质量下的反腐改革的工作重心

腐败发生率/治理质量	反腐工作重心
高/差	建立法治原则，强化参与和问责制度，建立公民宪章，限制政府干预，执行经济政策改革
中等/一般	分权以及改革经济政策和公共管理；引入对结果的问责制
低/好	成立反腐败机构，强化财务问责，提高公众和官员意识，要求做出反贿赂承诺，实行高调检举

资料来源：Huther 和 Shah（2000）。

这个模型揭示，因为腐败本身是基本治理不佳的一个表现，所以腐败发生率越高，反腐策略中专门针对腐败行为的手段就应当越少，而应当更多地关注治理环境总体基本情况。例如，在腐败猖獗和治理环境有严重缺陷的环境下，对反腐机构和公众意识宣传活动的支持行为几乎不可能奏效。事实上，在治理薄弱的环境下，反腐败机构更容易被用作政治欺骗的工具。在治理基础比较合理，腐败是一种相对稀少现象的低腐败环境下，这些类型的干预会更适合一点。

这个模型还表明，腐败程度较高（治理质量相应较低）的地方，把注意力集中在公共部门不当行为的根本驱动因素上更有意义——例如，加强法治建设和强化问责制度。的确，民主制度（一个关键组成部分）已被证明是影响腐败的最重要因素之一（Gurgur 和 Shah，2002）。20 世纪 90 年代初，马来西亚采用的“委托人宪章”规定了政府机关触及违规的服务标准和公民追索权，这有助于规范公共部门的服务提供和塑造治理文化（Shah，1999、2005）。

在腐败程度不大的社会中，实施只需少量治理能力的改革可能是可取的。这些改革包括加强就结果向公务员问责、通过分权使政府决策与公民更接近、简化行政程序和减少简单政府任务的自主裁量权，如执照和许可证的分配等。

依据这一模型，就不难理解为什么这么多的反腐败行动“事倍功半”（表7.2）。媒体意识运动和针对政府官员、国会议员和记者召开的腐败研讨会几乎全以失败告终。如模型显示，在治理能力薄弱的国家，很可能出现这种结果，因为那里腐败土壤深厚，而普通公众和诚实的政府官员都无权采取反对行动，甚至害怕成为牺牲品。相反，在治理一般好或良好、腐败发生率较低的国家，意识活动预计会有积极影响。

表7.2　　　　精选自反腐败计划成功的经验性证据

计划	经验性证据
反腐败机构	反腐败机构已在澳大利亚、智利、中国香港、新南威尔士和新加坡取得成功（Klitgaard，1997；Segal，1999）。然而，发展中国家的官员并不认为这些机构会是腐败已成为通病的国家反腐的有效工具（Kaufmann，1997；Shah和Schacter，2004）
民意调查	民意调查已经成为明确表达公民关心问题的有用工具（如印度班加罗尔使用的记分卡和阿根廷一个非政府组织使用的“腐败测定计”）。透明国际组织的调查，如其所编写的那些，能充分暴露那些腐败被视为一种通病的国家
提高公共部门工资	Van Rijckeghem和Weder（2001）发现当贿赂在总收入中占很大比重时，提高公共部门工资在短期内没有影响。Gurgur和Shah（1999、2002）发现提高工资会产生消极影响，但影响不大；Treisman（1999b）、Swamy等（2001）认为两者间没有任何关系。瑞士发展与合作机构（SDC）发现巴基斯坦林业部门加薪和腐败间没有任何关系（与SDC进行个人沟通）。在腐败社会中，人们经常向家人和朋友借钱“购买”公共职位。提高公共部门工资仅仅提高了购买的价格，促进了随后“偿还贷款”所需的腐败努力。当公共部门的工资太低，以至于官员们不能靠工资生活时，提高薪资收入可能会减少小额腐败（Gurgur和Shah，1999）

续表

计划	经验性证据
缩减的公共部门规模（减小公共部门规模）	LaPalombara（1994）、La Porta 和其他人（1997）以及 Tanzi a 和 Davoodi（1998）发现，缩减公共部门的规模会减少腐败。Gurgur 和 Shah（1999）发现，只有在司法、民主制度、殖民地遗产、分权和官僚文化等重要变量被忽略的前提下，才会出现这样的结果。Elliot（1997）发现了预算规模和腐败之间的反向关系。在一些国家（如俄罗斯），私有化已经加剧腐败和剥削
媒体独立	新闻自由与腐败水平负相关（Brunetti 和 Weder，1998）
司法独立	根据 Ades 和 Di Tella（1996）、Goel 和 Nelson（1998）以及 Gurgur 和 Shah（1999、2002）的研究，司法独立减少腐败
公民参与	根据 Gurgur 和 Shah（1999、2002）以及 Kaufman 和 Sachs（1998）的研究，公民参与导致腐败减少
分权	根据 Fisman 和 Gatti（2002）、Gurgur 和 Shah（2002）以及 Huther 和 Shah（1998）的研究，分权和腐败负相关
官僚文化	Gurgur 和 Shah（1999、2002）发现了命令—控制型的公共服务定位和腐败之间的正相关关系

资料来源：Huther 和 Shah（2000）。

分权表明理解腐败发生环境的重要性。有证据表明，分权可以有效缓解腐败，因为它加强了公民公共机构的问责（见 Gurgur 和 Shah，2002；Shah、Thompson 和 Zou，2004）。但是，分权创造出数百个新公共机构，每个机构都有权征税、支出和监管，这在治理不力的情况下容易导致滥用职权。如世界银行对 20 世纪 90 年代菲律宾情况的分析（Tapales，2001）显示，如果在错误的环境下实施，分权可能会增加而不是限制腐败机会。

该模型提供了关于提高公务员工资与降低工资压缩率（一个国家中最高收入和最低收入公务员工资比率）所产生影响的一些见解。这一证据表明，在治理薄弱的环境中，以工资为基础的策略不可能对公务员腐败有重大影响（Huther 和 Shah，2000）。如果公共部门职位被看作一个有利可图的职业选择，降低工资压缩率甚至可能激发腐败行为。在腐败社会中，人们通常向家人和朋友借钱“购买”公共职位。提高公共部门工资仅仅提高了购买价格及增加了随后“偿还贷款”所需的腐败努力。

其任务为发现和起诉腐败行为的“监察者”机构的有效性——大多数发展中国家已建立这类机构——也取决于治理与腐败的关系。监察机构只在一些治理良好的国家取得了成功，如澳大利亚和智利。在治理较弱的环境中，这些机构通常缺乏可靠性，甚至出现索取租金行为。比如，在肯尼亚、马拉维、尼日利亚、塞拉利昂、坦桑尼亚和乌干达，反腐败机构已经失效。在坦桑尼亚这样一个公共部门腐败盛行的环境下，政府腐败预防局每年只能查处大约 6 项腐败案件，而且涉案人员大多是低层公职人员。在巴基斯坦，国家问责局并未获得在强大而有影响力的军队开展反腐调查的授权。在治理不力的国家中，道德办公室和监察专员在反腐败上和反腐败机构一样没有多少成就（Huther 和 Shah，2000；Shah 和 Schacter，2004）。这些探讨证实了一个政策结论，即充分认识所处的初始环境对反腐败政策的有效性至关重要。除非认清治理不良环境下各种改革的实施先后次序，否则反腐败策略不可能成功（表 7.3）。

表 7.3　　国家现存环境下的反腐败计划和相关情况

计划	不同治理质量下的计划与相关情况			评论
	弱	一般	好	
通过研讨会提高公众反腐意识	不相关	低	中等	在治理较弱的国家，腐败行为和机构一般众所周知
通过研讨会提高公共官员意识	不相关	低	中等	但由于治理较弱国家存在激励扭曲问题，公共官员也许觉察到腐败但不意或无力采取行动
反腐败机构/监察专员	不相关	低	中等	腐败盛行情况下，反腐败机构或监察专员可能会索取现金。如果治理良好的前提条件成立，他们的影响可能是积极的
道德办公室	不相关	低	中等	积极的影响可能仅限于治理良好的社会

续表

计划	不同治理质量下的计划与相关情况			评论
	弱	一般	好	
增加公共部门工资	微不足道	低	中等	对重大腐败影响很小，可能对小额腐败有积极影响。如果部分问题在于公职人员过多，影响将是消极的
降低工资压缩率	微不足道	微不足道	微不足道	和减少腐败相比，作为一种职业发展激励机制相关性更大。如果社会中的贪婪者将公共部门作为有利可图的职业，则可能增加腐败
以业绩为基础的政府公共服务	低	中等	高	可能被高度腐败社会中的官僚程序拖垮
民意调查	低	中等	中等	已经成为明确表达公民关注问题的有用工具（如印度班加罗尔）
财政问责	低	低	中等	民主问责制和大量具有诚信的会计/簿记基础设施准备就绪时适用
议会监督	低	中等	中等	可能有帮助，但议会的微观管理不是一种有效的治理形式
减少公共部门雇员	中等	低	低	可能减少腐败机会
分权	中等	低	低	可以改善问责制和提升公共官员的社会责任感
以委托人为基础的公共服务/官僚文化	中等	中等	低	成功取决于公共服务提供的定位，对结果问责可起到帮助作用
经济政策改革	高	中等	低	通过将决策权转移到私营部门减少潜在腐败
媒体和司法独立、公民参与	高	中等	低	有助于发现腐败，伴随着问责制
缩减公共部门规模	高	中等	低	使官员专注于完成国家的主要目标
法治	高	中等	低	对任何过程都至关重要

资料来源：Huther and Shah（2000）。

结论：不要只关注腐败本身

政策制定者经常过于关注腐败本身，直接关注对腐败表象问题的解决，却忽略了更为广泛的治理不力这一弊病。长期看，只有专注于治理，反腐败斗争才可能获得成功。所考虑的以下因素可能有助于我们设计和实施反腐败策略：

■ *确定各项改革的先后次序*。因为腐败反映的是一个治理不力的系统，所以腐败发生率越高，反腐策略中专门针对腐败行为的手段应当越少，而应当更多地关注治理环境总体基本情况。这就是高度腐败国家的改革次序。在这些国家中，首要的优先改革事项是实现“法治”，强化参与和问责制度以及建立界定基本合法权利的公民宪章，包括享受确立的标准公共服务的权利。限制政府干预和实施经济政策改革应成为这一揽子改革中的一部分。第二优先事项应是：明确各种政府指令的作用和职责以及引以绩效为基础的问责制，使政府对服务提供绩效负责。第三优先事项应是实施发现和惩治腐败行为的政策。

■ *评估服务提供绩效*。任何内部和外部利益相关者努力让政府提出服务标准的行为，最终都会迫使那些政府来解决腐败产生的原因和影响。考虑到通过财务审计发现腐败存在困难，通过观察公共服务绩效可能更容易发现腐败。马来西亚的委托人宪章是一个重要创举，它赋予公民要求政府对确定的服务标准负责的权利（Shah，2005）。

■ *通过支持自下而上的改革赋予公民权利*。在许多腐败根深蒂固的国家中，政府缺乏意愿或能力开展行之有效的反腐败计划。内部和外部利益相关者可能选择增加公民的话语权和强化退出机制，以增强透明度、问责制及法治。强化地方治理和建立地方自治在这方面可能是重要的手段。

■ *发布信息*。实现政府运作的公开透明是解决腐败问题的一个强有力的方法。捐助者能施加的增强公民知情权及政府及时、完整、准确发布信息的义务的影响力越大，其减少腐败的前景就越好。关于政府如何支出和管理计划以及这些计划提供什么来服务人们的相关信息是问责制的一个重要因素，这相应也是遏制腐败的重要因素。

■ 支持经济政策改革。实现贸易和金融自由化可以限制官员行使不负任何责任的自主裁定权的情形、提高透明度、限制公共部门垄断力量，从而减少腐败滋生的机会。

本章注释

1. 这一部分借鉴了 Shah 和 Schacter（2004）的研究结果。

2. 关于腐败的全面调查，见 Aidt（2003）和 Jain（2001）的研究结果。

3. Bac 和 Bag（1998）以及 Carillo（2000）建立了四层等级模型。

4. 按照这种思路，Lambsdorff、Taube 和 Schramm（2005）注意到，在新制度视角的反腐败中，政策制定者应该“鼓励腐败各方之间的背叛，从而动摇腐败协议，阻止腐败合同的合法执行，阻碍腐败中间商的操作并找到更明确的利益冲突管理办法”。

本章参考文献

Abed, George T., and Hamid R. Davoodi. 2000. “Corruption, Structural Reforms, and Economic Performance in the Transition Economies.” IMF Working Paper 00/132, International Monetary Fund, Washington, DC.

Acconcia, Antonio, Marcello D’Amato, and Riccardo Martina. 2003. “Corruption and Tax Evasion with Competitive Bribes.” CSEF Working Paper 112, Centre for Studies in Economics and Finance, University of Salerno, Italy.

Ades, Alberto, and Rafael Di Tella. 1996. “The Causes and Consequences of Competition: A Review of Recent Empirical Contributions.” *Institute for Development Studies Bulletin* 27 (2): 6 - 11.

Ahlin, Christian. 2001. “Corruption: Political Determinants and Macroeconomic Effects.” Working Paper 01 - W26, Department of Economics, Vanderbilt University, Nashville, TN.

Aidt, Toke S. 2003. "Economic Analysis of Corruption: A Survey." *Economic Journal* 113 (491): F632 – 52.

Andrews, Matthew, and Anwar Shah. 2005a. "Citizen – Centered Governance: A New Approach to Public Sector Reform." In *Public Expenditure Analysis*, ed. Anwar Shah, 152 – 82. Washington, DC: World Bank.

——. 2005b. "Towards Citizen – Centered Local Budgets in Developing Countries." In *Public Expenditure Analysis*, ed. Anwar Shah, 183 – 216. Washington, DC: World Bank.

Andvig, Jens C., and Karl O. Moene. 1990. "How Corruption May Corrupt." *Journal of Economic Behavior and Organization* 13 (1): 63 – 76.

Arikan, Gulsun. 2000. "Fiscal Decentralization: A Remedy for Corruption?" Department of Economics, University of Illinois, Urbana – Champaign.

——. 2004. "Fiscal Decentralization: A Remedy for Corruption?" *International Tax and Public Finance* 11 (2): 175 – 95.

Bac, Mehmet, and Parimal K. Bag. 1998. "Corruption, Collusion and Implementation: A Hierarchical Design." Department of Economics, University of Liverpool, United Kingdom.

Banfield, Edward. 1975. "Corruption as Feature of Government Organization." *Journal of Law and Economics* 18 (3): 587 – 695.

Bardhan, Pranab. 1997. "Corruption and Development: A Review of Issues." *Journal of Economic Literature* 35 (3): 1320 – 46.

Bardhan, Pranab, and Dilip Mookherjee. 2005. "Decentralizing Anti – Poverty Program Delivery in Developing Countries." *Journal of Public Economics* 89 (4): 675 – 704.

Batley, Richard. 1999. "The Role of Government in Adjusting Economies: An Overview of Findings." International Development Department, University of Birmingham, AL.

Becker, Gary. 1968. "Crime and Punishment: An Economic Approach." *Journal of Political Economy* 76 (2): 169 – 217.

——. 1983. "A Theory of Competition among Pressure Groups for Political Influence." *Quarterly Journal of Economics* 97 (3): 371 – 400.

Becker, Gary, and George Stigler. 1974. "Law Enforcement, Malfeasance and the Compensation of Enforcers." *Journal of Legal Studies* 3 (1): 1 – 18.

Brunetti, Aymo, and Beatrice Weder. 1998. "A Free Press Is Bad News for Corruption." Discussion Paper 9809, Wirtschaftswissenschaftliches Zentrum der Universitat Basel.

Carrillo, Juan D. 2000. "Corruption in Hierarchics." *Annales d'Economie et de Statistique* 59 (3): 37 – 61.

Chand, Sheetal K., and Karl O. Moene. 1997. "Controlling Fiscal Corruption." IMF Working Paper 97/100, International Monetary Fund, Washington, DC.

Elliott, Kimberly Ann. 1997. "Corruption as an International Policy Problem: Overview and Recommendations." In *Corruption and the Global Economy*, ed. Kimberly Ann Elliott. Washington, DC: Institute for International Economics.

Fisman, Raymond, and Roberta Gatti. 2002. "Decentralization and Corruption: Evidence across Countries." *Journal of Public Economics* 83 (3): 325 – 45.

Flatters, Frank, and W. Bentley Macleod. 1995. "Administrative Corruption and Taxation." *International Tax and Public Finance* 2 (3): 397 – 417.

Goel, Rajeev K., and Michael A. Nelson. 1998. "Corruption and Government Size: A Disaggregated Analysis." *Public Choice* 97 (1 – 2): 107 – 20.

Grossman, Gene M., and Elhanan Helpman. 1994. "Protection for Sale." *American Economic Review* 84 (4): 833 – 50.

Gupta, Sanjeev, Hamid Davoodi, and Rosa Alonso – Terme. 1998. "Does Corruption Affect Income Inequality and Poverty?" Working Paper 98/76, International Monetary Fund, Washington, DC.

Gupta, Sanjeev, Hamid Davoodi, and Erwin Tiongson. 2000. "Corruption and the Provision of Health Care and Education Services." Working Paper 00/116, International Monetary Fund, Washington, DC.

Gurgur, Tugrul, and Anwar Shah. 1999. "The Causes of Corruption." Background paper for Study on Anti – corruption and Governance, World Bank, Operations Evaluation Department Washington, DC.

——. 2002. "Localization and Corruption: Panacea or Pandora's Box?" In *Managing Fiscal Decentralization*, ed. Ehtisham Ahmad and Vito Tanzi, 46 – 67.

London: Routledge.

Guriev, Sergei. 1999. "A Theory of Informative Red Tape with an Application to Top - Level Corruption." Working Paper 99/007, New Economic School, Moscow.

Hall, Robert E., and Charles I. Jones. 1999. "Why Do Some Countries Do Much More Output per Worker Than Others?" *Quarterly Journal of Economics* 114 (1): 83 - 116.

Huther, Jeff, and Anwar Shah. 1998. "Applying a Simple Measure of Good Governance to the Debate on Fiscal Decentralization." Policy Research Working Paper 1894, World Bank, Washington, DC.

——. 2000. "Anticorruption Policies and Programs: A Framework for Evaluation." Policy Research Working Paper 2501, World Bank, Washington, DC.

Jain, Arvind K. 2001. "Corruption: A Review." *Journal of Economic Surveys* 15 (1): 71 - 121.

Kaufmann, Daniel. 1997. "Listening to Stakeholders' Views about Their Development Challenges and World Bank Instruments." World Bank Institute, Global Programs, Washington, DC.

Kaufmann, Daniel, and Jeffrey Sachs. 1998. *Determinants of Corruption.* Cambridge, MA: Harvard University Press.

Klitgaard, Robert E. 1988. *Controlling Corruption.* Berkeley: University of California Press.

——. 1997. "Cleaning Up and Invigorating the Civil Service." *Public Administration and Development* 17 (5): 487 - 509.

Lambsdorff, Johann Graf. 1999a. "Corruption in Empirical Research: A Review." Paper presented at the Ninth International Anti - corruption Conference, Durban, South Africa.

——. 1999b. "The Impact of Corruption on Capital Accumulation." Department of Economics, Gottingen University, Germany.

Lambsdorff, Johann Graf, Markus Taube, and Matthias Schramm, eds. 2005. *The New Institutional Economics of Corruption.* London: Routledge.

La Palombara, Joseph. 1994. "Structural and Institutional Aspects of Corruption."

Social Research 61 (2): 325 – 50.

La Porta, Rafael, Florenicio Lopez – De – Silanes, Andrei Shleifer, and Robert W. Vishny. 1997. "Trust in Large Organizations." *American Economic Review, Papers and Proceedings* 137 (2): 333 – 38.

Rose – Ackerman, Susan. 1975. "The Economics of Corruption." *Journal of Public Economics* 4 (2): 187 203.

——. 1978. *Corruption: A Study in Political Economy.* New York: Academic Press.

Sanjeev, Hamid Davoodi, and Rosa Alonso – Terme. 1998. "Does Corruption Affect Income Inequality and Poverty?" Working Paper 98/76, International Monetary Fund, Washington, DC.

Scharpf, Fritz W. 1997. *Games Real Actors Play: Actor – Centered Institutionalism in Policy Research.* Boulder, CO: Westview Press.

Segal, Philip. 1999. "Dealing with the Devil: The Hell of Corruption." International Finance Corporation, Washington, DC.

Shah, Anwar. 1999. "Governing for Results in a Globalized and Localized World." *Pakistan Development Review* 38 (4): 385 – 431.

——. 2005. "On Getting the Giant to Kneel: Approaches to a Change in the Bureaucratic Culture." In *Fiscal Management*, ed. Anwar Shah, 211 – 29. Washington, DC: World Bank.

Shah, Anwar, and Mark Schacter. 2004. "Combating Corruption: Look before You Leap." *Finance and Development* (International Monetary Fund) 41 (4): 40 – 43.

Shah, Anwar, Theresa Thompson, and Heng – Fu Zou. 2004. "The Impact of Decentralization on Service Delivery, Corruption, Fiscal Management and Growth in Developing and Emerging Market Economies: A Synthesis of Empirical Evidence." Cesifo Dice Report. *Journal for Institutional Comparisons* 2 (1): 10 – 14.

Shleifer, Andrei, and Robert W. Vishny. 1993. "Corruption." *Quarterly Journal of Economics* 108 (3): 599 – 617.

Swamy, Anand, Stephen Knack, Young Lee, and Ozmar Azfar. 2001. "Gender and Corruption." *Journal of Development Economics* 64 (1): 25 – 55.

Tanzi, Vito, and Hamid Davoodi. 1997. "Corruption, Public Investment, and

Growth." IMF Working Paper 97/139, International Monetary Fund, Washington, DC.

——. 1998. "Roads to Nowhere: How Corruption in Public Investment Hurts Growth." In *New Perspectives on Combating Corruption*, ed. Daniel Kaufman. Washington, DC: Transparency International and the World Bank.

Tapales, Prosperpina. 2001. "An Evaluation of Anti – corruption Programs in Philippines." World Bank, Operations Evaluation Department, Washington, DC.

Tirole, Jean. 1986. "Hierarchies and Bureaucracies: On the Role of Collusion in Organizations. "*Journal of Law Economics and Organization* 2 (2): 181 – 214.

Tomaszewska, Ewa, and Anwar Shah. 2000. "Phantom Hospitals, Ghost Schools, and Roads to Nowhere: The Impact of Corruption on Public Service Delivery Performance in Developing Countries." Working Paper, World Bank, Operations Evaluation Department, Washington, DC.

Treisman, Daniel S. 1999a. *After the Deluge: Regional Crises and Political Consolidation in Russia.* Ann Arbor: University of Michigan Press.

——. 1999b. "The Causes of Corruption: A Cross National Study." Department of Political Science, University of California, Los Angeles.

Van Rijckeghem, Caroline, and Beatrice Weder. 2001. "Bureaucratic Corruption and the Rate of Temptation: Do Low Wages in Civil Service Cause Corruption?" *Journal of Development Economics* 65 (2): 307 – 31.

Von Maravic, Patrick. 2003. "How to Analyse Corruption in the Context of Public Management Reform." Paper presented at the first meeting of the "Study Group on Ethics and Integrity of Governance European Group of Public Administration Conference," Oeiras, Portugal, September 3 – 6.

Waller, Christopher J., Thierry A. Verdier, and Roy Gardner. 2002. "Corruption: Top – Down or Bottom – Up." *Economic Inquiry* 40 (4): 688 – 703.

World Bank. 2004. *Mainstreaming Anticorruption Activities in World Bank Assistance: A Review of Progress since* 1997. Washington, DC: World Bank.

第八章

阻挠腐败

Omar Zafar

在20世纪90年代，秘鲁前总统阿尔韦托·藤森（Alberto Fujimori）政府的秘密警察头子Vladimiro Montesinos，收买了媒体、反对党、司法机关和部队，为自己且可能为藤森抽取了大量租金。[1]这样的政府寻租系统并不罕见。事实上，民主但缺乏真正政治竞争的混合政体在全世界政府中占很大比例，且比例持续增加（Diamond，2002）。虽然在某些情况下，此类政体的目标可能仅仅是获得权力本身，但在大多数情况下，至少还有一个间接目的，即寻租。

本章探讨如何才能破坏这些寻租系统。本章第一部分分析了诚实的委托人如何解决偶然性腐败问题。比较了两类关于腐败的文献——犯罪经济学（预防）和委托—代理理论——并提出一些可以帮助改变偶然性腐败诱因的具体政策和改革措施。第二部分探讨了发展中国家普遍存在的职位买卖问题，以及这种现象对问责机制的影响。第三部分分析涉及委托人的腐败（系统性腐败）。第四部分借助了白俄罗斯、巴西、肯尼亚和土耳其的案例研究，用来揭示腐败系统如何才能被揭露、破坏和根除。关于各种参与者，公民、媒体、社会活动家、非政府组织（NGO等）、大学、外国政府、援助机构、世界银行和地方政府能做些什么来预防和揭露系统性腐败，本章将在结束时提出这方面的建议。

解决附带性腐败的问题：委托—代理理论与犯罪经济学

两种微观经济理论与控制附带性腐败有关：委托—代理理论和犯罪经济学。这个术语中“附带性”，指的是不属于同一系统的各种腐败行为。这个术语中的附带性并不意味着很稀少、很偶然，所以附带性腐败可能是个例，也可能很普遍。为了精准反腐，这里有针对性地提出不同的反腐策略（表8.1）。

表8.1　犯罪经济学和委托—代理理论提出的反腐败努力范例

腐败形式	犯罪经济学解决方法		委托—代理理论解决方法	
	纠正方法	所需证据	纠正方法	所需证据
医生稀释疫苗	因稀释疫苗审判医生	实际稀释证据	给医生提供工具检查疫苗是否达到要求的作用，惩罚发现的提供不合格疫苗的医生（罚款或停职）	不合格的疫苗
专为贫困农民所设的小额贷款项目，给予非贫困户或非农民以换取贿赂	以受贿以及错配资金审判贷款官员	贿物/赃款	惩罚被发现放贷给非贫困户或非农民的官员（罚款、停职或开除）	非贫困户、非农民贷款接受者姓名
监管官员故意拖延，以获得赎金	审判收受贿赂的官员	贿物/赃款	以没有按时注册公司惩罚官员（罚款、停职或开除）	注册拖延

资料来源：作者本人研究。

委托—代理理论的基本观点是，委托人可以诱使代理人采取对其最有利的行动，即使委托人只能观察到结果，且该结果除了受代理人行为影响外，还受其他未被察觉因素的影响。典型案例是企业所有者通过与经营层或工人分享企业部分利润来激励他们努力工作，而这些利润尚取决于努力工作之外的很多变量。

犯罪经济学专注于研究如何通过对可察觉和可证实的行为采取惩罚，以劝止潜在罪犯犯罪。犯罪经济学理论的基本观点是如果惩罚的可证实性下降，就应提高惩罚力度。

因为发现一起腐败交易的概率很小，所以在反腐败中应用犯罪经济学理论，可能要涉及设置非常重的惩罚措施。许多社会对很多腐败行为的容忍度较高，这可能导致希望腐败被根除的那部分人也不愿举报犯罪行为。比如某学校有教师售卖成绩，如果其后果是这位教师被送入监狱，那么那些社会中正直、具有社会责任感的人也不会向警察举报该教师；如果可能的后果仅仅是解雇他，那么就可能会有人举报该教师。然而，证明学校教师确实收受了贿赂非常困难。因此，可能的结果是，仅依据犯罪行为的确凿证据而进行的改革是很难奏效的。

按照委托—代理理论的建议，应该不定期进行考核，而不仅仅是寻找现实已存在的贿赂证据。如果一个教师被发现偏离合理评分太远，他或她应该受轻度惩罚。例如，削减工资或强制参加一个夏季评分课程。所以，这种就事论事的反腐败不会消除腐败现象——因为一个教师通过额外加分照顾一些学生很难被发现。只有因此而进行改革，才可促使教师甚至是诚实教师的评分改善。

再举一个例子，如解决公务员蓄意擅离职守问题的两种改革。在第一种改革下，无正当理由缺勤的公务员被严格惩罚，这可能导致公务员无正当理由时更积极地寻求找到恰当的缺勤理由。在许多国家，很容易获得伪造的医护记录，而真正的病人医护记录通常很难获得。委内瑞拉医院惩罚无故缺勤护士的一系列改革并未减少缺勤，但确实导致无正当理由缺勤的减少被有正当理由缺勤的增加所抵消（Jaen 和 Paravisini，2001）。

委拖—代理理论提出的第二种改革是对总缺席人数设定一个上限。有些缺勤由代理人控制之外的因素所致，但只要惩罚不严厉，报酬很多但并不浪费，那么奖励出勤人员就不过分。例如，不管缺勤原因如何，每日缺勤都扣除教师月工资的百分之二，会鼓励教师尽量出勤，而没有产生过度负担（但是患严重慢性病的除外，在这种情况下，是否有疾病须由一个监督员核实）。

在许多情况下，是委托—代理理论，而不是犯罪经济学，能提出一套更现实的控制腐败改革措施。然而，必须牢记的是，委托—代理理论不是一个能被很好理解的工具。代理人回应的是给予他们的激励，而不是委托人之所以给予他们激励的原因。例如，教师给予学生更好表现的机会，成绩通常会提高。然而，其结果可能反映的是应试教学或教师诱导学生作弊（Jacob 和 Levitt，2003，美国公立学校甚至也发生这种情况）。激励必须以这样一种方式给予，即代理人只有通过切实改善了委托人在乎的要素，才能获得更高报酬。Azfar 和 Zinnes（2005）发现，基于学生在 80 个问题上的表现改善给予教师激励，可以改善学生的表现（以满意度而不是考试成绩来衡量），但根据学生在 20 个问题上的表现改善则不然，这可能是因为教师为考试而教学。激励应根据更广泛的绩效度量来给予，考试应由授课老师之外的人监督和设计。

总之，综合使用对良好行为的激励措施、对玩忽职守和管理不善可证实的腐败行为的民事处罚，以及对证据可证实的最有害腐败行为的刑事处罚，一个诚实的委托人就能显著减少代理人的腐败行为（专栏 8.1）。如果委托人本身是在寻求腐败，并且按大多数人的经验判断其是附带性腐败行为里的共谋，那么这问题就更加棘手了。

专栏 8.1　控制腐败的实验证据

Azfar 和 Nelson（2007）设计了一个实验来检验以下三个因素对腐败的影响：检察官通过努力成功揭露行政部门腐败的可能性，可引发潜在腐败的行政人员和检察官的工资，以及检察官的政治独立性。他们揭露行政人员行为的模式比刑事定罪简单得多；这些行政官员除了失去腐败获得的资金，以及

（通常）在下一轮选举中不会当选，几乎不用受到其他任何惩罚。除了要求由一名公共检察官执行调查，这更接近于高度公开化的民事案件审理。这个实验由8名参与者参与12回合一轮的反腐败游戏。每一轮游戏有3名参与者被选为候选人，其中之一可被选为总统。该游戏也可以改成选任司法部长（或者改为由总统任命司法部长）。总统可能偷盗公共资金，司法部长则可以向选民揭露总统的不法行为。然后，下一轮进行新的选举，上一轮的总统、司法部长和随机挑选的第三方是候选人。在这个实验中，变量是工资、透明度以及司法部长是选举还是任命产生。他们的研究结果显示，提高曝光的容易程度和加薪都会减少腐败。Barr、Lindelow和Serneels（2004）在埃塞俄比亚护士的样本中发现类似效应。

Olken（2005）指导过一次现场审计实验，通过对世界银行提供给印度尼西亚地方政府的资助项目的抽样审计，他发现，随着抽样审计发现问题的概率提高，其威胁确实能减少腐败。审计后，很少提起刑事诉讼。相反，腐败的当地官员要面对社会和政治代价。

职位买卖及其对问责机制的影响

在许多腐败系统中，职位被高级官员系统性地出售，以换取购买该职位的预付款和未来贿赂的分享协议。这种做法已存在很长时间。天主教堂在中世纪晚期就有职位买卖了（Noonan，1984）。东印度公司曾出售海关职位，许多欧洲军队出售过军事职位。以交换颇具声望的大使职位换取竞选捐助的交易持续到现在，即使在发达国家也是如此。

在发展中国家，低级别的职位，如海关官员和税收征收员等职位，常被高级官员出售以换取实实在在的资金回报。由于这些职位通常与职位保障“打包销售”，购买这些职位的官员同时也购买到了免遭解雇的保障。有时，普通公务员有了通常的保护就已足够，有的时候他们更被给予了额外保护。这些安排通常也包括贿赂分享协议，规定低级官员与雇佣他们的高级官员分享他们收受的贿赂，但并不是所有职位销售的目的都是收受贿赂，如学校教师和“幽灵工人”职位的出售目的主要不是为了销售要求贿赂的权力，而仅仅获取领取薪水的权利。

如果在一个系统中，对某一职位的微观经济补救措施，遭遇委托—代理理论或经济犯罪学所述及的职位买卖，那将会发生什么？加薪很可能会增加职位的售价。这样一种职位价格的上升，要么会限制公共部门对精英的雇佣能力，要么会导致官员不得不借钱购买职位任命。那些由此而陷入负债的人们，就很有可能不得不接受贿赂，而他们原本是不会这么做的。工资的增长也会增加赞助关系网的价值，并且可能提高加入其中的人数比例。提高公共部门的工资本来是减少腐败出现并蔓延可能性的一种有效预防措施，但一旦出现系统性腐败，除非结合其他各种问责措施，否则单纯提高工资本身，已不可能有效。

通过提高罚金、停职、解雇或囚禁的可能性而采取微观经济激励措施，这样的法律往往会夭折，很少被使用，并且可能选择性地用来惩罚那些在腐败系统中行为出格的人。Montesinos 录制受贿视频的一个原因可能是，他想要获得证据来勒索在其腐败系统中行为不守规矩的人。

解决系统性腐败问题

世界上许多国家都存在系统性腐败。这种类型的腐败类似于有组织的犯罪：参加者不独立行动，而是彼此合作，维护允许其寻租和获得其份额赃款的系统。腐败系统包括职位销售、受贿或盗窃而来的赃款共享以及对控制腐败的诚信体系的破坏。

政府通过一些机制来解决腐败问题，包括设置司法机构、巡视专员和总监察长、反腐败委员会和立法问责委员会。然而，在许多国家，这些问责机制并没有生效，因为它们已被形成系统性腐败的政府所俘获。腐败案件被分配给共谋的法官，或者公共检察官拒绝指控官员腐败。巡视专员、总监察长和反腐败委员会可能只会针对执政联盟中的反对派成员或反竞争政客。如果这样的人被授予特权，只可能使用反腐败来惩罚那些背离系统的人。[2]因此，这些机制在减少腐败上可能是无效的，甚至是起反作用的。

比如秘鲁的藤森和 Vladimir Montesinos，通过收买司法部门、立法机构、新闻媒体和广播媒体，既破坏了秘鲁的诚信体系，也使秘鲁的民主沦为仅剩的一套选举手续。本节提供的这套规则，如果能与定期的多党选举制度相配合，其实施也许可阻止秘鲁现存系统性腐败的出现（表 8.2）。

表 8.2　　系统性腐败国家传统问责制的替代机制

传统问责机制	为什么在系统性腐败国家机制不起作用的	替代机制
司法系统中，公共检察官提供案件，政府为案件指定法官	检察官不会起诉政府官员；政府为案件指定的法官腐败	■ 允许普通公民以腐败相关民事指控或刑事指控起诉公共官员（公益代位） ■ 选举或由地方政府任命检察官 ■ 将案件随机分配给法官
多数选举出的立法责任委员会	委员会与行政人员共谋	■ 建立反对党领导的问责委员会（虽然也能被控制） ■ 允许议会质询，任何立法机构成员可以每周质询行政部门人员，直播质询和回答环节
国有或国家监管的媒体	媒体被施以压力，要求不得揭露腐败	■ 允许包括网站在内的私有和国际媒体进入
弹劾	进行弹劾的立法者可能是共犯	■ 定期进行民意调查或由公民委员会决定罢免
立法委员会或巡视专员有权质询公共官员	委员会和巡视专员可能成为共犯	■ 通过信息自由法案，允许任何公民索要信息

资料来源：作者本人研究。

政治家的选举和罢免

选举是一种有序罢免剥夺腐败政府权力的机制，这些机制构成本章专栏所介绍的问责制的基础。其基本假设是，本章列出的各种机制都将揭露腐败，并使得政府可以经由投票而下台。

非民主国家可通过革命让腐败政府下台，但革命的成本比选举的成本高得多，且而出现的可能性小得多。但如果选举被操纵或取消，革命还是可以为公民抗议提供契机。从根本上讲，选举制度还是要依靠抗议作为最终制裁。为了约束最腐败的政权，如果选举被取消或操纵，必须有合理的革命机会。在智利、厄瓜多尔、乔治亚、吉尔吉斯斯坦、尼加拉瓜、菲律宾和乌克兰，受操纵的选举都引发了抗议；在许多情况下，腐败是抗议的主要诱因之一（Karatnycky 和 Ackerman，2005）。

之前已经多次讨论过民主政体的优势。本章关注民主政体可能比其他类型政体少出现腐败这一观念（Treisman，2000）。文献显示，民主政体与腐败之间有着强（负）相关关系。Persson 和 Tabellini（2005）研究选举制度各种细节对腐败的影响。他们发现总统制、更独立的立法者和更大的选区与较低水平的腐败紧密联系。

单议席选区和比例代表制在打击系统性腐败中都具有优势。单议席选区的优势在于选民可以投票反对任何他们认为腐败的人。然而，这样的选区会造成选民面对有限选择的政治垄断和双头垄断——有时除了投票给一个腐败政党，别无选择。单议席选区还会减少独立立法者的数量。在位者也有很大的优势。在美国，很多立法席位根本不是竞争得到的，特别是在州的选举中。

比例代表制具有明显优势，可以使更多政党进入立法机构。这也增加了某些积极反腐败立法者当选的可能性，如果在诸如议会质询时间他们能得到这种制度的支持，就可以减少系统性腐败。但是，比例代表制有明显的劣势，因为选民很难排除那些在政党名单上为自己购买靠前位置的腐败政客。

间接选举制度容易滋生腐败及俘获现象。[3]因此，总的来说，直接选举可能在减少腐败上更受欢迎（这可以用来解释 Persson 和 Tabellini 发现的总统制实施的结果，因为总统通常通过直接选举产生，而不像总理，其通常由立法机关通过间接选举选出或有时由总统任命）。国会上议院间接选举制度可以被直接选举制度替代。也可以通过上下议院在不同时期进行选举加强问责制。政治制度存在很大惯性是因为通常它选择的人在被选举制度选出上比较具有优势。然而，外部压力可能导致改革。美国参议员曾经拒绝将选举制度改为直接选举，除非众议院成员——过去选举参议员的人——发誓在选举中根据全民公决的结果投票选参议员。

选举制度也可以被设计成同时既可利用比例代表制的优势，也可具备排除腐败政客的能力。例如，可以对初选有一个要求，使得公民可以把腐败政客排除在初选阶段之外。另外，议会席位可以采取两阶段选举，其中得票最多的两个候选人将在决赛中竞争。这种制度将最小化第一阶段的策略性投票，并允许第三方加入。公民也可以选择在政党名单中勾掉他们不愿意被选在政党记录上的候选人姓名（只有当选民为该政党投票时才可以这么做）。

公民也可以给予通过罢免撤换腐败的当选官员的权利。罢免制度下，选民可以通过某种方式要求进行新的选举，比如说收集足够的签名，这是一种根除腐败政客的机制。为防止罢免过于草率，需要筹集大量签名，或对一个代表性样本进行随机调查，其中需要一个高标准（即百分之六十或百分之五十以上两个标准偏差）来支持罢免。

参与和调查

参与式治理的主要目的是提高偏好匹配度，问责制的改进则是其副产品。一个以调查为基础的治理系统也会有这种效果，在这个系统里，偏好通过调查获得并被传达给公共官员。参与式治理的一个例子是由斯坦福大学 James Fishkin 设计的协商民主，协商民主会随机集中一组人并要求他们讨论议题及就议题进行表决（bostonreview. net/BR31. 2/fishkin. html）。通常这些会议会进行电视转播。在某些情况下，这些会议可能会改变民众对改革的看法。

参与如何能被用于打击腐败？假定要求随机选取的一组人讨论竞选经费改革，相比于立法机构的讨论，其结果可能是更坦诚的讨论和更强有力的改革提案，因为立法机构的每个成员都有某种融资要求。

另一种做法是授权每个随机选取的小组成员确定一个接受调查的公共官员，该成员同时也可以确定由谁调查这个官员。这种机制的好处是拥有一个为调查提供的挑选系统，这一系统不会很容易地完全被控制，及浪费太多资源去调查明显诚实的官员（随机选择官员进行调查则会产生浪费）。

世界银行可以用这种制度来解决提高问责制的努力中受损害到统治权。如果一组随机选择的公民——而不是世界银行职员，被问及审计谁及谁来审计，则没有理由会损害到统治权。开放社会研究所之类的组织会赞助这些问责讨论会，并可通过电视转播唤起民众的极大关注。如果该国已颁布信息自由法案，公民就都可以观看到哪个议员的财务将被审计或被提交给公民讨论会。

民事指控

修改法律以允许私人对玩忽职守或管理不善提请民事指控，是对受害人知晓他们受到伤害的那些腐败的有效解决方式。另一种做法是，制定一条允许私人自行提出刑事诉讼的规则——为公益代位的过程。公益代位使得很多系统性腐败国家的诚信有较大改善，这些国家的检察院原来已受到破坏。

对于腐败本身难以取证的腐败相关案件，允许对工作疏忽和管理不善提请民事指控可以减少腐败（专栏 8.1）。腐败本身——及其最典型的表现方式贿赂——很容易藏匿。然而，腐败的结果通常并不容易隐藏，特别是危害性更大的腐败形式而言。

对收受涉案双方等值贿赂而后做出公正裁决的法官，很难揭露其腐败行为，做了大量不公正裁决的法官则比较容易确定。

打击法院的腐败并不总是需要直接证据。即使不存在腐败做共谋相关的直接证据，也可能有玩忽职守和管理不善的明确证据（专栏 8.2）。根据这样的证据，以腐败为由指控、判决和监禁官员是不可取的，但它足以使官员因玩忽职守或管理不力的指控被停职或解雇。这本身会对官员腐败形成一些威慑，特别是对那些具有最明显危害性的案件。

专栏 8.2 印度尼西亚的间接反腐败行动

2001 年，印度尼西亚法律令官员们很难进行腐败指控。复印件不得作为证据，法律定义的腐败只包括挪用公款。如果钱被如数归还，则可以撤销腐败立案。

印度尼西亚的一些案件显示，对官员玩忽职守而不是对腐败进行指控的间接法律手段的有用性。在东爪哇马郎，一些腐化的商人从相关政府官员那里购买许可证，用以生产不合格的机油。在消费者权益协会收到投诉后，马郎腐败监察机构调查了机油工厂，发现机油不合格。这足以构成对公司经理提起诉讼的证据，经理最终被告发，不得不停止经营。然而，尽管可以对其提出玩忽职守的指控，但要对批准该机油销售的官员提出指控则是不可行的。

北苏拉威西省咖啡公司曾被利用向农民发放小额贷款。事实上，只有一半的接受者是农民，这也意味着，只有一半的农民真正收到贷款。没有收到贷款的农民就此提出投诉，政府机构调查了此案，但检察官只可就管理不善的指控予以定罪。

资料来源：作者本人研究。

法官和检察官随机分配

在许多发达国家，法官会被随机分派各个案件，分配过程高度公开（用球、轮盘或扑克牌在每个人都可以看到的情况下分配）。假设只有少数法官勤奋工作，清正廉洁，那么随机分配案件也至少能确保一些案件可以得到公正审理。

刑法体系一般要求由公共检察官提起指控。公共检察官一般由政府行政部门指定，另由更高的权力机构把他们分配到特定案件。这些步骤中的每一步，都易被腐败系统的管理者所控制。

就存在一个问题，即案件的分配，解决方法是由检察官随机分配。

假定有一些诚实的检察官和法官，其中有些法官被随机分配到案件中，那么，至少有时会出现法官和检察官都诚实的情况。低级官员的定罪可被用于收集证据，但这些证据有可能导致高级官员和相关系统其他成员被判有罪。即使对其他人的定罪是在某个案件的管辖范围以外，谋求发现并期盼公布真相的司法调查，仍具有势不可挡的法律和政治势头。

解决系统性腐败问题很难，因为人们指望揭露腐败的许多人不能或不会这么做。但是，一个或两个案件可能足以揭露一个系统，每个案件并不必须要单独审判。单独的某一次揭露，亦可能导致整个腐败系统的瓦解。

法官和检察官的随机分配可能不是解决偶然性腐败问题的最有效方式。然而，这是解决更有害的系统性腐败问题的好方法。考虑到系统性腐败存在的更大成本及一旦有机会就会出现的可能性，建议所有国家采用法官随机分配规则，即使他们认为其不存在系统性腐败。

检察官选举

有种方法是让公民参与检察官的选择，以避免行政部门指定懒惰或有共谋关系的检察官进而出现庇护腐败政客的风险。有一种观点则认为，只要不任命太多的官员，就不必进行选举，因为选举会给公民道德带来压力，事实上他们可能并不想参与决定谁应被选举到各种单调乏味的职位上（Cooter，2003）。然而，检察官办公室是令公民感兴趣的，尤其是在腐败猖獗的地方。

反对选举检察官的另外一个理由可能是，它有利于人们喜爱——或至少能容忍——竞选的人。然而，热衷竞选可能是个优点，因为热衷政治会伴随着受人瞩目的感觉和对权力的热爱，进而产生更大的热情，去努力起诉曝光率很高的案件。

在一些联邦制度下，是由国家或省级政府分别任命检察官。例如，在巴基斯坦，旁遮普首席部长 Nawaz Sharif 任命了曾以腐败起诉总理 Benazir Bhutto 丈夫 Asif Zardari 的公共检察官。如果是由联邦政府任命所有检察官，就不太可能出现这类起诉书。

检察官选举的一种替代方式是，由立法机构甚至是反对党任命一些检察官。虽然比执政党的选择可能有所改进，但是反对党本身也有可能被俘获（如秘鲁 Fujimori 的案例那样）。

抽样审计和资产公示

资产公示使不法行为更难隐匿。不义之财可被藏在亲戚、朋友和同事的账户中，但这会使他们成为同谋，并增加了系统性腐败瓦解时暴露其身份的可能性。

官员资产公示，要求需要匹配以对这些官员抽样审计。这些审计应包括对官员的亲戚、朋友和同事展开的审计。审计时如发现有人利用了抽样审计系统的空子，应据此调整该系统。

审计人员应随机选择样本。或者，由随机挑选的一群人来决定审计谁和谁来审计。另外一种选择是允许参与社会审计的审计员，审计任何他们所发现的需要审计的人，并奖励对腐败官员的检举行为。

公共支出跟踪系统和政府财政随机审计

审查公共部门资产会暴露某些腐败行为。公共支出跟踪系统（PETS）要求各级政府公开其从其他各级政府收取或向其转移的款项，这样就可以揭露腐败。Reinikka 和 Svensson（2002）在乌干达，自从引入了公共支出跟踪系统，已将报道的漏损率从 80% 降低到 20% 。当然，实际漏损率是否下降那么多并不明确，因为有些漏损可能会被参与共谋并一意孤行的官员藏匿起来，从而无法被公共支出跟踪系统（PETS）发现。不过，在使用 PETS 的同时，如果对一些随机选择的支出进行深入审计，这样的共谋就有可能在审计报告中揭示出来。

问责委员会和质询的时间

如果获得授权，立法机构可在揭露行政部门腐败问题上扮演重要角色。责任委员会应由执政一方的反对党领导。这些委员会应被赋予调查行政部门成员并在立法机构质询他们的重要权力。这样的委员会无法完全阻止腐败（比如，Montesinos 曾与反对党达成协议），但可以减少腐败。

其他改革可能在揭露腐败上更有效，比如质询的时间，在这期间，任何立法者都可以在公开播出的定期进行的议程里质询行政人员。行政部门应当定期接受委员会和其他立法者质询，过程应进行电视直播并在晚间重播。在英国议会，首相每周都会接受质询，除周五外，他的高级部长则每天接受质询。每个立法者最多可以提出两个问题。打乱问题的次序，实际上保证反对党成员每天都可以问几个问题。口头问答阶段，那些没有回答的问题可用书面形式回答，并向公众公开。有了这样的程序，多数党想在议程中塞进一些无关痛痒问题的任何企图，都会确保被选民察觉。这些过程一般有很高的关注度，值得媒体网络进行报道。披露的信息具有重大政治影响。

在克罗地亚，议员每月可以向行政部门提出 30 个问题。一系列对外交部长 Miomir Zuzu 传闻接受贿赂的质询，最终导致其辞职。不过，其总统 Stjepan Mesic 仍于这之后不久轻松赢得连任。这表明，腐败丑闻的政治影响还是有限的（美联社，2005）。

当腐败问题在质询时间被揭露之后，是否允许议会自行解散政府，这个问题仍然并不明确。一方面，如果在曝光后不解散政府，会使立法机关看起来像一个无效的辩论社团。另一方面，如果允许议会解散政府，又将与总统制相违背，而后者显然可以减少腐败。一种可能的解决方法是，授权立法机构就官员罢免问题进行全国性调查，只有绝对多数要求罢免才重新进行选举。调查明确询问人们是否认为政府腐败，而不是是否希望政府被罢免。然而，这无法预防有些公民趁机回应说政府是腐败的，要借此获得换掉政府的机会，但对一定比例的有公民道德的公民而言，特别提出一些关于腐败的问题，会减少政府因其他原因被罢免的可能。

即使政府腐败证据确凿，也应该有一个政治机制来解散显得腐败的政府。选举被视为可解散不胜任的政府，或将所建立的政府视为与民众意愿并不相符的。所以，一旦政府腐败，选民不应被要求非要等到预定的选举时间再更换政府。

政治和司法罢免机制并不相互排斥。系统允许两者共存，取决于案件的复杂性或腐败形式的狡猾程度，司法机制可能更有效。这两种机制甚至是互补的。司法调查中发现的事实，可能有助于促进政治罢免。政治进程的优点是，即使没有确凿的证据，也允许一个腐败的政府被罢免，而不违背法治原则——法治原则要求刑事案件需要建立在确凿的证据基础上。判处严厉的刑事处罚须有确凿的证据，这是合理的；解散不称职的政府则不需要有相同标准的证据。

国会豁免权的问题很难处理。需要用它来防止立法者受到来自政府的胁迫，但它为罪犯提供了庇护所。一些罪犯逍遥法外，是享有一个独立的立法机构而付出的一个小代价。不必给予他们调查豁免权。实际上，每年应随机选择一些议员进行调查。随机选择可阻止政府利用调查进行报复，而且不时被挑选出来调查将会发挥让立法者保持诚实的激励作用。

媒　体

媒体在调查和公开系统性腐败中都起着至关重要的作用。Carl Bernstein 和 Bob Woodward 两位记者揭露了“水门事件”；Montesinos 行贿录像的曝光让 Montesinos 和藤森最终下台；2005 年，巴西媒体主导的调查，以一些资深政治家的辞职告终。

系统性腐败的政府花费大量的资金、精力和政治资本腐化媒体。事实上，Montesinos 也曾将其大部分贿金用于贿赂媒体。他用贿赂、威胁、诽谤和媒体国有来控制提供给公众的信息内容。许多其他选举独裁者使用了类似手段。记者保护委员会（www. cpj. org）和无国界记者组织（www. rsf. org）记录了许多国家的媒体受到恐吓和压制的方式。

已有大量规则在人们实施的过程中得以验证，即只要系统性腐败存在，就至少会有一些揭露腐败的追根究底的、独立和勤奋的记者。打击系统性腐败有一个好处，即只需要一些案件被揭露就能瓦解整个系统。还有一个优点在于，一个腐败系统能提供大量证据，即使证据都是私下获得的信息。Montesinos 贿赂数百人。即便是系统性腐败中的小型系统，通常也会涉及几十个人。一位勤奋的调查人员揭露这样一个系统的一些部分，就有可能导致其整个系统瓦解。不过，这些调查人员很可能受到威胁或压制：据无国界记者组织报道，2005 年，63 名记者被杀，800 名被逮捕，1 300 名遭受肉体攻击或威胁。此外，还有 1 000 家媒体渠道在 2005 年被审查。

为了阻止这种威胁，政策制定者可以采取以下几个步骤：

▪ 禁止审查制度。尽管禁止审查制度无法阻止一些简单手段的审查，包括自我审查的举措和预扣报纸广告收入等，但亦可以防止最明显的腐败行为。

▪ 承诺允许对任何记者死亡开展国际调查，并允许所有被关押记者在国际法院上诉。

▪ 允许私人电视频道播报并停办国营报纸。在各国的媒体中，属于国有制管理的通常状况都较为糟糕（Djankov 等，2001）。但也有例外，如美国国家公共电台和英国广播公司亦可提供出色的报道，总的来说，允许政府拥有媒体会扩展系统性腐败的空间。[4]

▪ 允许外国记者报道国内事件。在许多较小的发展中国家，太少有记者能有报道事件的相关培训和独立性。允许外国记者报道可以增加腐败曝光的可能性。外国记者还有受到大使馆保护的好处。

▪ 允许外国无线电、电视广播和外国报纸网站的传播报道。随着互联网访问渠道的增加和计算机翻译的改善，允许外国媒体进入一个国家可以显著提高社会活动家获得新闻信息的能力。

信息自由法案

信息自由法案允许公众通过填写申请获得资料。要求地方政府、政党和公共官员披露他们的财务状况的补充法律，使得自由信息法案成为一个有效的反腐败工具。

在过去的几年里，信息自由法案已被许多地方采用。在一些发展中国家和转型经济体里，这些法案的采用实际上已经超越发达国家的类似法律。其中一个例子是印度最近通过的法律，这个法律规定，所有未专门列为“保密”的政府文件都是公共可获得的。可悲的是，这个法案明确将克什米尔排除在条款之外（人事、公众投诉和养老金部，2005）。

信息自由法案的有效性很容易被验证。民间团体组织及公民个人可以填写信息申请，并对公务员们能够多快多好地回应他们的申请做出记录。通过对可能牵涉某丑闻的官员进行独立调查，信息自由法案可被用于腐败的初步揭发及瓦解系统系统性腐败的过程。

信息自由法案常受制于信息隐私和国家安全方面的顾虑。其上诉程序要求，对有些信息获取请求的拒绝，也包括反对党成员在内，任何文件列为机密文件需全体成员一致投票通过。这种做法也使得揭露腐败的信息不大可能被人伺机贴上国家安全机密的标签。

地方政府的角色

多层级政府的存在为分权创造了可能。在多层级政府里，各级政府可以互相约束。在印尼，只要中央政府机构的审计有可能增长，就会减少地方政府的腐败（Olken，2005）。然而，如果中央政府机构本身是腐败的，审计系统最终会被用作巩固而不是破坏租金盘剥系统的工具。打击腐败的逻辑表明，应该实施第二轮审计，允许任何私人企业或非政府组织中央政府实施的审计进行复审，以阻止牵涉中央政府审计机构的系统性腐败。

打击系统性腐败面对的一个难题是政坛中的有限竞争性。在一些民主但高度腐败的国家，如孟加拉国，所有值得信任的领导人都受到腐败侵蚀。对此，地方政府要为政治家学习治理和开展竞选活动提供一个更好的舞台，这样可以增加竞争性。地方政府的存在可以增加选民的选择，让他们可以剔除政治流氓，而不是在政治流氓之间做选择。

地方政府也可以在某些地方试验一些想法，如果生效，再在其他地方尝试。这些想法还可以把不同地方随机分配为试验组和对照组，并在此基础上实施科学分析。

在许多国家，这里所提出的很多改革措施可经地方议会多数人投票通过后予以立法。如果改革成功减少了腐败，相邻地区迫于压力将会实施类似改革。大学或非政府组织可以安排高度公开的竞赛，让不同地区通过竞争实现反腐立法。罗马尼亚最近的一个项目就为解除管制改革的实施建立了这样的竞争平台，最后，中央政府也采取了一些解除管制的改革（蒂米什瓦拉市政府，2007）。如果改革有效，那么整个过程甚至可能引发中央政府也实施其中一些改革——尽管实施反腐败改革的阻力可能更大。

系统性腐败案例研究证据

下述四个案例研究的例子将得出应对系统性腐败的一些经验教训。本节探讨白俄罗斯、巴西、肯尼亚和土耳其的情况，然后简要探讨选举（或其他事项）欺诈所激发的革命对破坏系统性腐败的作用。

白俄罗斯

20 世纪 90 年代中期至 2005 年这段时间，Alyaksander Lukashenka 政府在推翻民主制度的同时，保留了多党选举形式（Silitski，2004 年）。Lukashenka 用人身恐吓和宪法改革来确保其选举获胜以继续掌权。从他的统治中，可以得出一些避免民主制度被颠覆的经验（表 8.3）。

表 8.3　　可以阻止白俄罗斯民主制度被推翻的规则

Lukashenka 的行动	防止推翻民主的规则
杀害或囚禁记者	政府允许对任何记者的死亡进行独立调查（由记者家人选择调查员）。被关押记者有权向国际法庭上诉。转播死因调查报告的内容和上诉判决结果

续表

Lukashenka 的行动	防止推翻民主的规则
拒绝委派选举观察员	由一个包含不同派别同等数量成员的小组进行委派。有一个最初由委派委员会任何成员都可以批准的简单委派程序。拒绝委派要求绝对多数票或全票通过
在选举委员会安插亲信	立法机构中任何重要政党（比如说，政党人数超过议会人数的 10%）在选举委员会里提名同等数量成员。较小政党也可以提名选举委员会成员。委员会的每个成员撰写一份独立选举报告，报告将被播放、刊登在报纸上并在因特网上发布。委员会成员的报告播放之后，进行媒体的问答环节
不允许投票后调查民意	多个组织被允许实施投票后民意调查，这样民意调查者可以标明其民意调查和其它民意调查以及民意调查和选举结果之间统计上的的显著差异，以作为操纵选举的证据。这样一个制度可能无法发现较小的操纵，但是会发现较大的投票欺诈问题
关闭大学	禁止关闭大学或者关闭大学须经反对党多数票同意
使用武器对付抗议者	禁止使用真枪实弹对付手无寸铁的抗议者
改变宪法以指定区域行政负责人	要求选举——最好是直接选举——各省和首都领导人。这些其他权力中心的存在对于形成可靠的反对党派很重要
审查大众媒体	任何情况下不得进行审查。允许反对党监督国有公司的广告预算，这样重要报刊就不会被以不给予广告收入而受到惩罚

资料来源：作者和 Silitski（2004）。

巴　西

巴西的一系列腐败丑闻揭示了如何利用系统性腐败的内在联系来瓦解系统性的腐败（Saibro，2006）。《观察》周刊记者报道了该国邮局中的政府采购部门领导捞取回扣的情况后，反对党当时就呼吁国会进行调查。对此，政府先是抵制，但最后还是同意了。在随后进行的调查中，政府联盟党派 PTB（Partido Trabalhista Brasileiro）成员 Roberto Jefferson 也受到牵连。Jefferson 还卷入了另一个丑闻，巴西 Reinsursers

学院校长 Lidio Duarate 向媒体透露，Jefferson 在给 Duarate 安排工作后索要回扣，并要求 Duarate 雇用他的伙伴。

Jefferson 则指责议会中仅仅获得少数席位的执政党贿赂立法者以获得多数席位。反对党的两位领导人，即保守党的 Severino Cavalcanti 和自由党的 Waldemar Costa Neto 亦受到牵连，Costa Neto 最终辞职；总统的幕僚长 Jose Dirceu 也辞职。这场危机增加了反腐败改革的压力，使执政党不得不付出很大的政治代价。

这个案例能给我们什么经验教训？第一，媒体在调查和公开揭露腐败中起着重要的作用。第二，议会调查至关重要。未经多数人同意而授权议会反对党进行调查，可增强问责制。第三，只要有人开口说话透露信息，以职位买卖为基本形式的腐败系统就会崩溃。

肯尼亚

Mwai Kibaki 总统在战胜腐败对手 Daniel Arap Moi 赢得选举后，于 2002 年执政。Moi 曾试图操纵选举，但在国际观察员和国内社会活动家联合行动中挫败了其企图。新政府依靠诚信力量，任命 John Githongo 为肯尼亚反腐败委员会负责人。

Githongo 调查的首要重大腐败案件牵涉盎格鲁租赁公司提供给肯尼亚政府的所谓的“服务”销售。经查，该公司显然是个虚构公司，且该销售需要得到内务部长和财政部长的签名才能得以实施。Githongo 发现的证据表明，至少有 10 名高级官员或立法者参与了这个涉案金额数百万美元的交易，而且还存在许多其他类似的案件（Githongo，2005）。

Githongo 试图取消这个销售服务和撤换涉案部长的努力，遇到来自很多高级官员的极大压力。这些压力包括，威胁要杀死他和对他的家人诉诸法律。然而，他在这个问题上的执着追求确实收到了一些成效，有些资金返回了肯尼亚政府。但是，他最终还是被迫辞职。在他辞职后，一位反对派领袖负责的议会公共账户委员会在 Githongo 流亡英国时采访了他。这个采访又导致两名部长辞职。

这个案例的许多方面值得我们注意。第一，莫伊政权末期可能经历了一个不同寻常的政治时期，通常政治上不太可行的改革此时变得可行。这导致 Githongo 获得任命。如果坚持诚信的力量有一些强化诚信的规则，如本章讨论的这些，那么其中一些规则可能已被采用。第二，系统性腐败涉及很多人，这个系统会瓦解。第三，系统会反击。这些规则因此必须保护维护诚信的主要参与者。第四，以宪法形式或政治传统表现出来的一些细节，如公共账户委员会中的反对派领导人，会起一些作用。

土耳其

1996 年 11 月 3 日，一辆载着一名警察局长、一名国会重要成员、一名罪犯及其情妇的汽车撞上土耳其西部城市 Susurluk 路边的一辆卡车。除了那位国会重要成员以外，车上所有人全部丧生。车上的罪犯名叫 Mehmet Ozbay（也称 Abdullah Catl），是国际刑警组织通缉的臭名昭著的走私犯和敲诈勒索者，持有一张内政部长 Mehmet Agar 亲自签署的身份证。这辆汽车还载有一整袋美元和满满一箱武器，乘客的口袋装满可卡因。这一事故导致土耳其政府的更迭（Akay，2003）。

事故发生后不久，这一涉嫌贪污的重大事件引发了学生的抗议活动，但抗议活动受到压制。然后，一些社会活动家和非政府组织通过号召人们每晚 9：00 关灯 1 分钟开始一场非暴力运动。媒体起初不愿意响应，但是后来也加入了这场运动，在抗议活动的发展中起到重要作用。这些抗议活动范围逐渐扩大：数百万土耳其人开始通过关灯来抗议政府的腐败。政府最初予以抵制并试图诋毁它，但最后这场运动产生的冲击导致国家安全委员会要求政府辞职。一次暴露出腐败的意外事故和一场继续的运动打倒了该政府。

通过这个案例，我们可以得出若干经验教训。第一，腐败曝光后需要紧跟着有持续的抗议活动，以产生真正的政治代价。政府将试图压制这些活动，但在像土耳其这样在乎其国家形象的国家，镇压一场非暴力运动的能力是有限的。第二，媒体的作用很重要。即使起初不愿意，但活动一旦持续发展，媒体通常会加入。第三，有一个能要求政府辞职的问责制外部来源至关重要。在土耳其，这一机构是国家安全委员会，只要该机构成员“不喜欢政府”，就可以要求政府辞职。在其他国家，最高法院或宪法法院可扮演这一角色。正是这样一种法院，在塞尔维亚抗议持续多日后最终要求 Slobodan Milosevic 将权力移交给当选政府。还有一种做法是制定明确的宪法条款，规定公民可以要求罢免政府。

全球诚信中心的一份报告显示，土耳其的诚信体系非常薄弱（www.globalintegrity.org）。土耳其政府对该报告的这一结果予以否认，但该中心研究方法的客观性和针对性使土耳其政府的批评没有任何依据。但愿土耳其政府会改革其诚信体系，以改善其“全球诚信”矩阵的得分。

选举和革命

格鲁吉亚、印度尼西亚、黎巴嫩、菲律宾、塞尔维亚和乌克兰都发生过民众抗议活动，重新举行选举。这些革命中有一些是由腐败激发的，但最终的驱动原因，或是来自对更换政府的宪法机制不满，或是因为选举被操纵，或是因为宪法弹劾程序被破坏（Karatnycky 和 Ackerman，2005）。

2000 年到 2001 年期间，在菲律宾参议院拒绝弹劾 Joseph Estrada 后，“人民力量”带来了政府的更迭。2005 年，在厄瓜多尔，Luizo Gutierrez 总统企图在法院安插亲信的行为引发推翻政府的抗议活动。

人们不应高估正式书面文件的力量；当自己的权利被剥夺时，诚信宪法是写在这些最终必会争取权利的人们心上的。书面文件的作用是提供一系列明确的规则，使勇敢的人们能够用扰乱腐败体制的方式来协调自己的诉求和抗议。选举就是这样一些规则。定期并经常举行选举，拥有一批可赖以通过抗议来更换政府的民众，是控制重大腐败的重要机制，特别是如果能与其他机制相联合。

建　议

不同的社会成员能做些什么来反腐败？不能指望那些处于部分民主、部分运转不畅状态的中央政府能实施改革来打击系统性腐败。建议关注以下其他群体，即普通公民、媒体、非政府组织、国际组织、外国政府和地方政府，看其都能采取什么手段来反对腐败。

公民的作用

公民应关注媒体和社会活动家提及的腐败及其他相关事项的信息。如果选举被操纵或取消，或者政府采取了重大反诚信举措，如在整个司法机构安插自己的亲信，则他们应该高声抗议，并应该对此投票。即使不在选举期，当社会活动家在系统性腐败曝光时、在群众性反腐败活动中动员公民时，公民也应关注他们的努力，如同他们在土耳其所做的那样。即使宪法里没有这样的条款，这些动员活动也能导致官员被罢免。

媒体的作用

为了防止系统性腐败，媒体在揭露腐败、促使腐败瓦解和动员公民采取行动中亦扮演着至关重要的角色。如果说公民是舆论法庭的陪审团，媒体就是检察官。记者和专栏作家应该勇敢地调查腐败案件；受到威胁和恐吓后向保护记者委员会、无国界记者或透明国际组织进行报告；公开腐败案件；追踪其他涉案者的线索；动员公众积极分子，鼓励他们采取反腐败行动。

虽然许多媒体会成为腐败系统的一部分，但只需几个独立记者就可揭露系统性腐败。一旦开始曝光，媒体中的其他人就会叛逃到诚信阵营表明他们不是同犯——或者至少他们不再同流合污。在秘鲁，第一个揭露腐败的视频播出后，甚至 Montesinos 贿赂控制的电视台也迫不得已播放了视频。在土耳其，媒体在起初的犹豫之后也开始报道，甚至宣传抗议活动。

国际媒体也可以发挥作用。如果信任当地同行不是系统性腐败的共谋，国际新闻工作者应在努力揭露腐败的同时培训这些同行。比起当地记者受到的保护，外国记者有着自己政府所提供的强大得多的保护。同时，外国媒体还应深入系统性腐败国家广播。各外国媒体应该相对于他们的政府保持独立，而不应成为或显得是其政府的代言人。

在某些情况下，外国媒体在揭露系统性腐败方面做得不够。例如，在秘鲁，要想积极努力地揭露曾贿赂 1 600 人的 Montesinos，不可能找不到一点点的证据。

社会活动家、非政府组织和大学的作用

社会活动家的作用是找到腐败系统的部分证据，并利用这些证据进行抗议，进而促使媒体追踪这些案件并公开案件，敦促议会召开听证会，形成更大的国内和国际要求改革的压力。利用互联网传播信息非常有效。社会活动家应通过曝光有关案件持续施加压力，直到下一次选举，这样才能使腐败曝光推动付出真正的政治代价。

非政府组织保持激进主义和服务提供的相对独立；理想情况下，非政府组织二者择一，而不是两者并行。实施激进主义要求与政府部门保持一定距离，且是一种对手关系；从事服务提供有时需要与政府紧密协作。激进主义的非政府组织可以与外国捐助者合作，但他们应谨慎抵制使自己成为外国代言人的压力，也不应与加剧这种压力的捐助者纠缠，因为这样做会迅速丧失自己的信誉。地方非政府组织和大学也可以组织当地政府就实施本章描述的改革进行竞赛。高校也可以研究改革的影响。

国际非政府组织和大学可以在以下两个方面用两种重要的方式发挥作用。首先，他们可以按照明文规定收集和宣传那些相关信息。鉴于欧盟和美国对改革的重视，宣传这些明确规定的规则可以为改革带来重要动力。其次，他们可以帮助非政府组织从已成功焕发改革动力的其他国家借鉴经验。

外国政府、援助机构和世界银行的作用

发达国家政府可以通过在签证申请表上询问申请人是否曾接受过贿赂来检测腐败。因为在到访国的签证申请表中撒谎是一种犯罪，如果申请人撒谎，签证发放国就会起诉。惩罚可能很轻，但形成的证据会产生政治成本。

世界银行可以在其工作申请表中增加关于贿赂的问题。因为在这些表格上撒谎会导致雇佣的终结。增加这些问题，会提高很多希望在国际机构就职的公务员的腐败成本。尽管民事处罚一般是施以罚金，会比实际罪行轻得多，但这种对人权侵犯者的民事诉讼还是会让当事人付出代价（Coliver 和 Feeney，2005）。

世界银行和援助机构会坚持要求成立问责委员会，并要求该委员会将审计作为项目的附加条件，从而为如何实施项目确立了可资借鉴的经验和范例。印度尼西亚的 Kecamatan 援助计划就是这种努力的例子之一。由于坚持了社会团体的监督，世界银行既可以绕开印尼臭名昭著的腐败政府，亦因为已经获得该国人民的授权而不再涉及主权问题的让步（Guggenheim，2007）。

援助机构和国际金融机构可在这些措施的基础上设立明确的条件限制，只向那些有着广泛公共参与性，且能够有电视转播市政厅会议和国会辩论的国家提供贷款和援助，并采取如下规则：

■ 允许立法机构每周都质询行政部门，及至少每月质询行政长官一次。这些议程应在电台和电视台现场直播。

■ 腐败案件——至少涉及公共官员的案件——审理时应向法官随机分配。

■ 谋杀或囚禁记者的案件应由国际小组调查。除非政府完全不涉及相关罪行，否则将对其取消所有援助。

■ 应许可外国记者的工作和外国广播。允许外国网站进入，地方组织可自由建立自己的网站，且上网不受干扰和限制。

■ 要求公共官员公示资产和收入。

- 允许私人审计人员审计公共官员。
- 在工作疏忽及管理不善甚至涉及腐败时，允许私人团体提起民事诉讼。
- 选举应由国内和国际观察员监督。

这些机构也可设置规则，如基于政府政治绩效评级，分配美国援助的“千年挑战账户（MCA）”（千年挑战账户旨在根据一些发展中国家在治理、人才发展和经济自由度等方面的指标，向其政府分配美国的援助。在这些资金的使用上，受援助国家可拥有比其他开发援助更大的灵活性）。同时，这些评级还能在有些领域激发重大改革，因为这些领域往往基于一些可操作的指标开展改革，诸如开办一个企业所需天数等，并且如果这些可操作的治理指标被用于分配“千年挑战账户”的资金，便有希望也能带来治理上的改革。

地方政府的作用

一个诚实的地方政府可以以身作则打击腐败。可以通过地方法律，要求所有地方公共官员公开资产；要求地方行政部门在地方议会回答质询，并进行播放；地方议会本身将由随机选择的公民组成的问责委员会监督，选择的公民每人配备一名律师和一位会计，他们可以让其调查相关的财务和法律事务。一旦有地方政府开始这样做，非政府组织和大学就可组织地方政府进行全国性竞赛。表现优秀的地方政府领导人可在国家政治高层任职。世界银行可以奖励这些地区以更多的发展项目。

地方政府也可以使用上述机制，比如通过质询在当地议会任职的中央政治家的亲属规范中央政府行为（在系统性腐败的国家，常有一个家庭的几个成员都从政；有些可能在地方议会任职）。公民也可以要求律师和会计师调查中央政府的相关问题。

证明政府不是全面系统性腐败

为了证明自身的清白，声称被错误地批评为全面系统性腐败并因此不能获得融资或贷款的政府，可就采用本章提出的一些改革措施举行全民公投。如果政府在其他绩效指标上勉强合格，并对这些规则的采用进行过议会辩论，那么应给予争取贷款或援助的机会；如果没有进行此类辩论，则不予机会。

腐败政权下台后，以反腐败政纲为基础的新政府执政时，本章的这些规则也是有帮助的。然而，这些努力往往沦为无成效夸夸其谈的表面声明或者甚至只是适得其反的行为，如低效甚至政治化的反腐败委员会的设立。这里概述的规则，是用以让社会活动家和诚信政治家们将其转变为政府关注的对象。

本章注释

作者非常感激 Melissa Thomas 和 Anwar Shah 贡献灵感和思想，感谢 Bilal Siddiqi 和 Ruth Coffman 的评论和建议。

上述学者对本章研究中的不足不承担任何责任。

1. 这个系统已录制为视频，由 McMillan 和 Zoido 进行描述（2004）。

2. 最出名的一个腐败系统出现在秘鲁。藤森政府因为与光辉道路游击队的斗争而赋予其执法机构以特权。

3. 例如，在印尼，腐败政客们在选举开始进行后购买自己在政党名单上的席位，然后卖出他们间接选举市长的选票。大多数公民和记者认为这一制度是腐败的（Azfar，2002），最终被市长直接选举所取代。

4. 媒体私有制也会成为问题，特别是如果私营业主取得垄断地位，但这个问题没有容易的解决办法，因为授权政府加强对媒体垄断的反垄断监管，会强化政府对媒体的控制。

5. 根据土耳其宪法第 118 条，国家安全委员会（Milli Guvenlik Kurulu [MGK]）作为一个咨询机构设立。该委员会由土耳其总统负责主持，由总参谋长及土耳其军队司令和部长委员会选出的四名成员组成。和其他国家的国家安全委员会一样，该委员会制定了土耳其共和国“国家安全政策”。

6. 车祸事件之后，土耳其进行过两次选举。两名卷入该事件的国会议员，即车里的 Sedat Bucak，以及在 Ozbay 的身份证上签字的内政部长 Mehmet Agar 仍赢得他们的席位，在议会任职。

本章参考文献

Akay, Ezel. 2003. “A Call to End Corruption: One Minute of Darkness for Constant Light: New Tactics in Human Rights.” www. newtactics. org.

The Associated Press, Reuters. 2005. “Croatia Minister Quits Amid Bribery Scandal.” *International Herald Tribune*, January 5.

Azfar, Omar. 2002. “Direct Elections of the Bupati.” IRIS Center, University of Maryland, College Park.

Azfar, Omar, and William Robert Nelson. 2007. “Transparency, Wages, and the Separation of Powers: An Experimental Analysis of Corruption.” *Public Choice* 130 (3): 471 -93.

Azfar, Omar, and Clifford Zinnes. 2006. “Which Incentives Work? An Experimental Analysis of Incentives for Trainers.” IRIS Center, University of Maryland, College Park.

Banisar, David. 2004. “The Freedom Info. Org Global Survey: Freedom of Information Acts around the World.” www. freedominfo. org/survey. htm.

Barr, Abigail, Magnus Lindelow, and Pieter Serneels. 2004. “To Serve One's Community or Oneself: The Public Servant's Dilemma.” Policy Research Working Paper 3187, World Bank, Washington, DC.

Coliver, Sandra, and Moira Feeney. 2005. “Reparations: Using Civil Law Suits to Obtain Reparation for Survivors of Human Rights Abuses and Challenge the Impunity of Human Rights Abusers.” www. newtactics. org/Symposium/Presentations/WK411/WK411SCpresentationoutline. doc.

Cooter, Robert. 2003. “The Optimal Number of Governments for Economic Development.” In *Market - Augmenting Government*, ed. Omar Azfar and Charles Cadwell. Ann Arbor: University of Michigan Press.

Diamond, Larry. 2002. “Elections without Democracy: Thinking about Hybrid Regimes.” *Journal of Democracy* 13 (2): 21 -35.

Djankov, Simeon, Caralee Mcliesh, Tatiana Nenova, and Andrei Shleifer. 2001.

"Who Owns the Media?" Working Paper 8288, World Bank, Washington, DC.

Githongo, John. 2005. "Report to the President on Graft in Kenya." http://news. bbc. co. uk/1/shared/bsp/hi/pdfs/09_ 02_ 06_ kenya_ report. pdf.

Guggenheim, Scott. 2007. "The Kecamatan Development Program, Indonesia." In *The Search for Empowerment: Social Capital as Idea and Practice at the World Bank*, ed. Anthony Bebbington, Scott E. Guggenheim, Elisabeth Olson, and Michael Woolcock. Bloomfield, CT: Kumarian Press.

Jacob, Brian A., and Steven D. Levitt. 2003. "Rotten Apples: An Investigation into the Prevalence and Predictors of Teachers' Cheating." *Quarterly Journal of Economics* 118 (3): 843 - 77.

Jaen, Maria, and Daniel Paravisini. 2001. "Wages, Capture and Penalties in Venezuela's Public Hospitals." In *Diagnosis Corruption: Fraud in Latin America's Public Hospitals*, ed. Raphael Di Tella and William Savedoff, 57 - 94. Washington, DC: Inter - American Development Bank.

Karatnycky, Adrian, and Peter Ackerman. 2005. "How Freedom Is Won: From Civic Resistance to Durable Democracy." Freedom House, Washington, DC. www. freedom house. org.

Klitgaard, Robert. 1988. *Controlling Corruption.* Berkeley: University of California Press.

McMillan, John, and Pablo Zoido. 2004. "How to Subvert Democracy: The Case of Montesinos in Peru." *Journal of Economic Perspectives* 18 (4): 69 - 82.

Ministry of Personnel, Public Grievances and Pensions, Government of India. 2005. "Right to Information Act." New Delhi.

Noonan, John T. 1984. *Bribes.* New York: Macmillan.

Olken, Ben. 2005. "Monitoring Corruption: Evidence from a Field Experiment in Indonesia" NBER Working Paper 11753, National Bureau of Economic Research, Cambridge, MA.

Persson, Torsten, and Guido Tabellini. 2005. *The Economic Effect of Constitutions.* Cambridge, MA: MIT Press.

Reinikka, Ritva, and Jakob Svensson. 2002. "Assessing Frontline Service Delivery." World Bank, Public Services Research Group, Washington, DC.

Saibro, Ana Luisa Fleck. 2006. *Brazil: Global Corruption Report.* Transparency International. London: Pluto Press.

Silitski, Viyali. 2004. "Preempting Democracy: The Case of Belarus." *Journal of Democracy* 16 (4): 83 - 97.

Timisoara City Hall. 2007. "Timisoara: A Five Star City." Timisoara, Romania. www. primariatm. ro/index. php? meniuId = 17&viewCat = 608&viewItem = 657.

Treisman, Daniel. 2000. "The Causes of Corruption: A Cross - National Study." *Journal of Public Economics* 76 (3): 399 - 457.

第九章

税收管理中的腐败

Mahes C. Purohit

腐败总是以一种或多种其他形式存在。早在公元前 4 世纪，梵文学者 Kautilya 就曾经写到“如同不可能不去舔食舌面上的蜂蜜（或毒药）一样，正是如此，对于一个处理国王钱财的人不可能不从金钱中‘分一杯羹’（无论量有多小）；亦如人们并不知道鱼儿一边在水中畅游时一边会把水喝进肚子，正是如此，人们也不会知道被任命的官员在执行工作时侵吞了钱款”（Kangle，1972，91）。透过学者 Kautilya 的这段话，亦可看出员工也有可能卷入腐败，同时也可看出国王对于腐败和任命所持有的基本态度和看法，以及对此开出的“药方”。

广义上讲，腐败可以归结为五类：政治腐败、行政腐败、大型腐败、小型腐败、任免权/家长式及团队合作型腐败。本章中规定的腐败，其术语包括赋予政府官员利用公职谋取私利的金钱上和非金钱上的考量因素。[1]凡是与政府无关的活动，由此而产生的个人利益或相关补偿，在此不作论述。本章内容仅限于税收管理中的腐败，分为五个小节。第一节重点关注税收管理中腐败的主要原因。第二节提出税收管理中与腐败相关的问题，并分析程序在关税、消费税和增值税管理程序的角色。第三节评论了腐败对经济的影响。第四节提出打击税收管理腐败的政策措施，并强调在设计税收结构及税收管理程序时如何能降低腐败的风险。最后一节总结了本章的各种结论和建议。

税收管理中腐败的原因

税收管理中，有太多的因素可以促成腐败（专栏9.1），包括税法及程序的复杂性、税务官员的垄断权力及其自由裁量权的程度、监督和监管的缺失、政治领导人的轻诺，以及公共部门的总体环境。

专栏9.1 保加利亚税收管理中腐败的原因

保加利亚的一项调查显示，税收腐败的主要推动因素包括：低工资、职业道德缺失、法律漏洞、利益冲突、快速致富的野心和官僚主义的繁文缛节。税务官员对自身工资标准、职业发展的公平性和财政激励机制越不满意，便越倾向于参与腐败。如果他们的工资比得上私人部门中类似工作的工资，他们也许不会冒险参与腐败。然而，如果他们的工资过低，不足以养活自己和家属，那腐败的动机就增加了。税务官员对腐败的态度，也以处罚腐败行为的严厉程度和被发现后受处罚的可能性为条件。纳税人在判决腐败行为方面发挥不了明显作用。

资料来源：Pashev（2005）。

税法的复杂性 税法及程序的复杂性加深了税收制度中腐败的程度。在高度腐败的环境中，更有可能发生逃税。缺乏必要的信息可使纳税人意识不到自身的权利，更容易遭受随意性的对待和剥削。

税务官员的垄断权力和自由裁量权

税务官员被指派负责一个特定地理区域的业务。对某一特定纳税人而言，税务官员就是税收部门。这一垄断权力给某些税务官员提供了机会，便于他们营造环境诱使纳税人行贿。

公职人员缺乏清晰的固定角色、职能和职责，便为权力滥用的行为营造了环境（Pashev，2005）。高度自由裁量权和缺乏充分的监督与举报机制是腐败有机可乘的关键。自由裁量权越大，税务官员越有机会为换取非法税款的企业提供“有利”的政府规章制度。

监督和监管的缺失

由于信息不对称，很难监督官员并对其行动进行问责。监管和问责的缺失会给公职人员履行公务中的推诿和不思进取创造机会，而缺乏旨在维持工作人员廉正的措施，诸如相关道德标准的推广和执行、择优招聘和晋升程序、定期的职工轮岗计划等，可以防止创建有利可图的关系网，且这种关系网最容易增加职工沉湎于腐败行为的可能性。

纳税人不愿纳税

在一些发展中国家，如印度，纳税人极不情愿遵守法律。因此，他们会为了减少自身纳税义务而情愿贿赂征税人员。这是导致腐败的重要原因。如果确实有利可图，许多纳税人情愿去唆使征税人员走向犯罪。在许多中等收入国家，这一现象十分常见。

政治领导

政界领导层中会有人经常制造和支持或保护腐败。腐败的政界领导人会促使较低层级中的腐败相对容易地蔓延开来。行政级别中的等级制度，往往与不同程度的腐败交易相关联。以财政激励为例，相对高级别的官员和政客更有可能参与贪污腐败。至于外贸税收和其他日常活动，较低级别的官员也可能参与其中，与那些位于权力链条上游的官员共同分享其非法所得。正是这些日常的较低层级的税收腐败行为最终侵蚀了公众对政府机构的信心。因此，比起更高层级的权力滥用，这些行为反而被视为更具腐蚀性（Asher n. d.）。随着一位领导的权力逐渐演化成一种对服务的政治管理，官员们的独立性就会因这些政界领导的干预而遭受急剧侵蚀，且腐败的风险也在增加。坦桑尼亚就是如此，由于进入警察行业和法律界，需要加入党派，所以政界的任命不仅降低了工作效率，也促进了腐败（Sedigh 和 Muganda，1999）的发生。

总体的政府环境

税收管理腐败的程度与行政环境中的腐败总体上平行。相比专制集权制度，自由经济制度为腐败提供的可乘之机相对要少很多。行政对经济的控制程度越大，需要监督和问责的问题就越大，因为更大比例的经济计划决策权取决于官僚们。[2]

管理税收政策

只有正确管理一项税收政策时，其目标才能达成。大部分发展中国家面临着各种组织及运作方面的限制条件，制约着有效的税收管理（专栏 9.2）。在这些国家，税收管理在决定实际（或有效）税收制度方面扮演关键角色，甚至税收管理本身所体现的就是税收政策（Casanegra de Jantscher 1990）。因此，不能正确管理税收，只会造成目标的失败，并威胁到公平标准，致使政府只能从容易收税的部门及无法逃税的人们身上征税。

专栏 9.2　印度税务欺诈的性质

一项以 1994 年到 1995 年间进行的实地调查为基础的实证研究表明，在印度，一定程度上的逃税是通过纳税人和税收人员的勾结造成的。在所发现的 5 840 起违法案件中，87% 是由程序问题导致。这些违法案件包括的问题有：文件材料不全、对资本货物抵免使用不当、未经许可扣除投入、尚未生产则已抵免、使用未申报投入、错误解读部门发布通知、使用未注册经销商提供的发票、延长背书发票的抵免、用地址错误的发票申报和提交非本单位名称的发票。

> “实质性”违规占税收收入损失总额的7%，包括对视为抵免的非常规使用、对免税的最终产品的抵免延长、没有抵免撤销的退回遭拒、对基本关税的抵免延长、对所谓“工作”能力的错用、对超额抵免及已退出系统的小额中央增值税（联邦增值税）的抵免使用。
>
> 欺诈性违规占税收收入损失总额的6%，包括没有出示所需文件而抵免延长、对体现不出搬运性质的发票进行抵免延长、复制同一发票的抵免延长、没有纳税的抵免延长以及使用欺诈性文件。这些违规行为表现出某些纳税人故意欺诈政府的企图。
>
> 资料来源：Shome，Mukhopadhyay 和 Saleem（1997）。

根据业务流程模型，税收管理中出现腐败的主要因素来自程序。与纳税人相互交叉的程序越多，导致腐败的可能性就越大。

关 税

在许多发展中国家，海关行政管理中的腐败是一个主要问题。例如，对马里和塞内加尔的案例研究表明：这些国家在近年来已面临严重的海关欺诈问题（Stasavage 和 Daubree，1998）。

在印度，对海关行政管理的改革已有时日，然而问题犹存。问题之一是关于货物的估价。纳税人常常会因估价不准确而遭受骚扰，货物也因此借口而被扣押。进口商经常要对海关的估价采取妥协，以免货物被扣押。尽管海关允许正规进口商的进口货物走绿色通道，临时贸易商的货物则要经过全面检查。

国内贸易税

印度的国内贸易税收制度非常独特。根据印度宪法，联合政府有权对生产或制造业强制征收广范围的消费税，而各邦有权对消费行为征收营业税。

权力的“两分法”使印度采用了双重（联邦和邦）增值税制度。联邦增值税，俗称中央增值税，已有效地取代了联合消费税制度。中央增值税允许对投入纳税即时抵免。对其影响的实证研究表明，中央增值税降低了商业的交易成本（NIPFP，1989）。

除北方邦外，印度其他各邦都已采用增值税取代古老的营业税制度，但大部分为营业税管理而规定的程序继续适用于邦增值税。各邦的边防检查站继续对通过邦际贸易主干道进入邦内的货物进行监督。使用道路通行许可证管理税收的制度也依然存在。在该制度下，进口商从进口邦的税务部门获取这些许可证，并在进口货物之前，将许可证发给另一邦的对应进口商。将特定货物运入邦内的货车便有望将这些许可证带回，以备边防检查站检查与核实。然后，一份道路通行许可证的复印件会被发送给边防检查站的相关审批人员。所有的进口都需要加以说明，进而征税。

虽然这些边防检查站扮演着重要角色，但这一制度并没有预期中的有效和顺利。这些边防检查站干预了邦内贸易和交通的往来，对许多经销商造成困扰——他们中绝大部分都没有纳税义务。由于程序考虑到了纳税人与官员间交涉的很多细节，其中有一些是完全可以消除的。

腐败的影响

腐败使税收收入大幅降低，迫使政府四处寻求其他收入，其中包括借款，以便为政府支出提供资金。因为相比其他开支，必须优先考虑债务偿还本息，所以未来的财政灵活性降低导致危及财政可持续性的恶性循环。

腐败尤其令人担忧，因为腐败会进一步地滋生腐败。正如 Andvig 和 Moene（1990）所说，“腐败了才能去腐败”。腐败的纳税人和税收人员之间的勾结，只能让诚实的纳税人处于不利地位，而且容易触动他们逃税。因为，如果他们不那么做，利润空间就会降低，对小企业来说，尤其如此。[3]

腐败对税收人员的影响也很深刻。腐败的同事和朋友会弱化诚信官员的意志，只好想方设法来降低被发现的概率，否则就会丧失名誉。随着腐败税收人员数量的增加，他们对从事违法行为的罪恶感也会下降。如 Fjeldstad（2005）指出，当腐败的关系网络存在时，开除某些腐败官员并不能改善情况，因为这些被开除的官员可能会变成顾问，继续加入腐败的关系网。

腐败影响治理的质量。它迫使官员们做出不再服务于公共利益、而是促进腐败分子们个体利益的决策。任免权和裙带关系往往鼓励录用没能力的人员，亦导致行政效率低下。

腐败对投资和增长也能产生不利影响（Mauro，1995）。当增长疲软时，相对于那些寻租者们的收益，企业家们的收益实际上是下降了。随后，寻租活动步伐的加快，也会进一步放缓增长。相对于寻租投资而言，贿赂数额越高越暗示着生产性投资利润率也会下降，并且会对生产性投资产生挤出效应。那些革新者们尤其容易受到腐败官员的支配，因为比起既有的生产商，新的生产商们更需要政府提供的物品，如许可证和执照等（Murphy、Shleifer 和 Vishny，1993）。

广泛的腐败只会加剧国内外投资的减少。作为投资者，人们更愿意寻找那些腐败较少、繁文缛节较少、法律及程序更简易、管理透明的地方进行投资。只有具备所有这些因素，才能为增长提供更多的机会。腐败同样会导致经济浪费和效率低下，因为它只会对资金、生产和消费的最佳配置产生不利影响。那些本该专门用于建设基础设施的公共资源，一旦被挪用于政客的私人消费，其提高生产力的目标也就无从谈起，增长自然就会下降。[4]无处不在的腐败也将导致捐赠团体拒绝再提供赠款援助。[5]

腐败给社会带来的（有形和无形成本）代价极高。有形的代价包括对贸易投资、行政效率、良好治理（良治）和公民平等的影响。无形的代价包括对民主、领导人、制度和同胞信心的丧失。

通过激起可能威胁宏观经济稳定的社会动荡和国内战争，腐败有破坏一国政治稳定的潜在性。在坦桑尼亚，当有领导人出于其自身政治目的，声称有些富有的亚洲商人在与某些非洲领导人相互勾结，正在将国家财富转移到国外，且正在使普通坦桑尼亚民众受穷时，腐败便会加剧其政治的不稳定，并会使民族关系更为紧张（Sedigh 和 Muganda，1999）。他还坚称，政府正把自己的国家卖给阿拉伯人和桑给巴尔人。他的这些言论，不止加剧了许多政客试图利用的种族间紧张关系，还引起坦桑尼亚大规模的资金外流。

打击税收管理中的腐败

需要采取什么样的政策措施来打击税收管理中的腐败，这取决于其社会环境以及整个社会对腐败的态度。这些因素也能说明该国的腐败程度。在一国被视为腐败的行为，也许在另一国能被视为日常交易的一部分。其社会规范可能是这样的：对自己民族或宗教团体的忠诚，将取代个体充当诚实官僚的责任。

每个国家都不得不逐步完善各种措施，以便最好地满足各自地方的要求。为此，所有正在经受腐败折磨的发展中国家均可采取下述政策。

税法设计的合理化

遏制腐败最重要的措施之一是建立一个拥有简化税法的合理税收制度。税率应尽量低，需要免税的税种应尽量少（如果它们不能被完全消除的话）。此外，应该形成一个完整的税收制度，以便使所有层级政府都有自己所要课征的不同税种。对商品和服务税而言，最为重要的是，要避免在最后的环节免税，因为这是造成腐败的一个重要源头。

税收结构的设计应尽量开阔税基。其目标应该是依靠国家的行政能力，将尽可能多的纳税人纳入到税中。如果纳税人的数量远少于其潜在的数量，那么就只会加重每一个纳税人的负担。

印度的一份调查显示，其曾征的所得税，曾使 89% 的潜在纳税人没有进行申报（Aggarwal，1991）。后来，印度采用了“六中取一方案”，由此扩大了税基。根据该方案，只要满足其个人所得税申报表中六项缴税标准之一的个体，不管其收入水平有何差异，都必须填写和申报该申报单。[6]这一措施最终显著增加了个人所得税纳税人的数量。

将腐败定性为国家犯罪

一个国家的腐败的问题需要从国家和国际两个层面上加以解决。一国政治领导人必须做出根除这一威胁的承诺。为此，一种整体性的反腐败方式，包括整体性的预防和执行，将比简单地关注每个腐败个体，会取得更多的成功机会。另外，还要通过国际层面来遏制腐败问题。事实证明，许多跨国公司是靠行贿发展中国家官员来获取订单、签订合同的，那么通过双边捐赠者和国际组织采取协调措施进行反腐将会非常有用。顺着这一方向，最重要的一步就是通过相关跨国组织把那些为获得国际合同而参与腐败行为并怂恿发展中国家腐败的跨国公司列入黑名单。

削减垄断权

因为税收官员所拥有的垄断权会怂恿其参与违法行为，所以打击腐败的第一步就是必须要约束这些官员的垄断权，但这须分两步走。

第一步，在所有行政和评估的活动都由同一单位执行的国家，必须重新设计其税务部门。比如，许多发达国家的做法是，将行政与审计的角色分配给不同单位去执行，结果是行之有效的。

第二，不能将税收人员指定到特定的辖区。要通过随机分配来安排人员，这样不仅剥夺了税收人员滥用独占权的机会，也将纳税人从税收人员的控制中解放出来。对所确定的案例进行审计时，应选择一个独立的单位审阅所有案例信息，并要应用风险管理的原则。这将会消除税收人员和纳税人之间的接触，从而降低腐败发生的机会。

除此之外，削减税收官员垄断权的方式还有赋予他们对管辖区的竞争机会。由于几个官员间难以互相勾结，竞争往往会大幅减少贿赂。对政府服务进行竞争的规定，也必须伴有更有力的监督和审计，以预防腐败。

让公务员更具责任心，使其薪水具有竞争力

对税收公务员的录用制度应当简单化，并要引进竞争性的考试体制。此外，对已录用税收官员的培训，必须使其致力于达到已明确的目标。应该让这些官员们能够弄清楚国家赋予他们的职责，并由此担负起完全的责任。

公务员的工资应该高到足以使其抵抗以权谋私的诱惑。如果公务员的工资并不能使其生活在贫困线以上，腐败的诱因便会大大增加。[7]

在许多非洲国家，公务员的工资和服务条件多年以来持续恶化，在大多数情况下，都赶不上通货膨胀的步伐（Kpundeh，1992）。在这类情况下，工作人员就有可能会寻找其他方式来创造额外收入。诸如在海关和征收增值税等的部门里，存在大量与公众有直接接触的低收入员工，发生腐败行为的时机就尤为成熟。索马里在爆发内战之前，官员们的工资低到了不得不从事多份工作的程度。这种情况也在无形中怂恿了官员们，使不少官员沦为贪污腐败的牺牲品（Klitgaard，1988）。

应该尝试减少公共部门的雇员总数[8]。对公务员而言，如新加坡和中国香港所做的那样，采取激励型工资（绩效工资）政策也是有用的（Mookerjee，1995）。在新加坡，为了抑制腐败，公共部门的工资要高于私营部门的工资（Mookerjee，1995）。最为重要的是，对于人力资源应采用更为广泛的措施，其中包括开发绩效指标、绩效激励和晋升机制等。

重组税收管理机构

税收管理机构可以进行职能上的重组。应当着眼于税收人员与纳税人之间私人互动的最小化，精简其增值税部门内的各种官员职责（Purohit，2001a）。内部审计也必须加强。对于审计事项的选择，都应当基于风险评估，并基于其所在部门的信息、以前审计执行的结果，以及从所在部门接收到的电算化收益评估结果。重要的是，必须建立

起一支经过专门培训的审计人员队伍以审查卖主账户。必须废除那些检查站式的机构，以强化审计的执行力度。

严惩腐败官员

对腐败官员的惩罚行动可以产生重要的威慑效果。媒体在宣传对腐败官员惩罚方面亦具有重要作用。对腐败行为施以罚金，应当足够地严厉，以便能够抑制官员们的违法行为。

在一些严重的腐败案件中，除施以罚金之外，还需要公开谴责或监禁那些逃税人。制定惩罚腐败官员的严厉法律并没收那些通过受贿积聚的财产将有助于减少腐败。这类法律必须同样适用于国内和国外的违法者。

利用信息技术打击腐败

世界上许多国家，尽管收入水平各异，但都在试图利用信息技术打击行政管理中出现的腐败（专栏 9.3）。通过使用这些信息技术，可以减少地方官员的自由裁量权，降低交易成本，提升透明度。最重要的是，信息技术减少了纳税人和税收官员的互动，因此也减少了他们参与腐败的机会。

专栏 9.3　印度利用信息技术精简服务并减少腐败

印度的安得拉邦，通过使用信息技术减少数个课税地区的腐败问题。其行政和登记部门的计算机辅助系统替代了原来的手工操作程序。之前的手工操作不但缺乏财产评估的透明度，还导致“剥削”公民买卖财产的经纪人和中间人行业异常繁荣。当行政和登记部门的计算机辅助系统用计算机化服务取代了人工服务后，数项新型服务被引入，纳税人与税收人员的直接接触得以消除。通过电子方式传送所有登记服务，该计算机辅助系统可以在一个小时内就完成所有的登记手续。因此，该系统既加强了公民与政府间的互动，也提高了税收部门提供服务的质量。

为了给各邦和中央政府部门以及私营企业提供更好的服务，Eseva Kendra

提供了一个一站式场所，以便人们通过在线交易处理向各政府机构支付各类缴费，然后再由这些机构颁发公民和企业所需的证明。该场所也将公民与诸如邦增值税和其他邦税收，电力、水利和电信事业设备，护照办公署，市政公司和运输、旅游及卫生部门与机构等相互联系了起来。

印度所有征收商业税的部门办公室，包括边防检查站，都已实现计算机化。该数据库包含注册商户详情，可以用来分析、调查偷逃邦增值税的情况。

计算机技术也对土地记录进行了改革。先前，获取土地记录文件非常困难，几乎都需要中间人的帮助。随着土地记录的数字化，农民们现在能够在5~30分钟内，就从税务机构的公民信息中心获取土地所有权证明文件。政府这项职能的计算机化不但确保了该系统的透明度，也给普通公民的生活提供了便利。现在，农民可以通过公民信息中心或互联网申请变更。如果在规定的期限内，该请求得不到处理，他们还可以在线查询其请求的状态，并向有关行政机构提交书面证据。

资料来源：作者。

信息技术的运用使得政府行为及程序自动化，减少了延迟和面对面接触。通过信息分享，公众更加意识到自身的权利和权益，进而增进政府运作的透明度和被信任度。正如通过曝光能引发人们的畏惧感一样，利用信息技术强化官员们的问责，也会对腐败起到很好的抑制作用。

在引进信息技术之前，拥有一个综合性的税收体系非常重要。个体或公司的纳税申报单数据应该从登记时就开始收集，一直要持续到税款缴纳和申报单处理阶段。主机和数据库里的信息应当可以用来为审计选择案例，调查的结果也应当进行记录。其他的机构，应当提供所有必要的信息。这样的系统，要保持十分严格的安全性和机密性，否则信息有可能会被滥用。

设立独立的反腐败组织

许多国家都已经设立了反腐败委员会（专栏9.4）。其中有些是按照宪法独立于行政部门，有些则是由行政部门设立，充当顾问角色，或具有调查和协助起诉各级公职人员的权力。在其他许多国家，也有采用总统委员会、跨部门顾问团体、管理道德行为规范的机构、处理或调查具体腐败指控的特别局或委员会，以及其他机构。

专栏 9.4　利用独立机构反腐败

多种多样的反腐败管理机构给不同的国家提供了多样的反腐败途径。中国香港成立了反腐败独立委员会，发挥调查、预防和沟通的职能。该委员会在打击腐败方面取得了彻底的成功：中国香港现在已成为东亚地区腐败现象最少的司法管辖区之一（www. transparency. org）。

印度和新加坡都设立了完全致力于调查腐败行为和准备起诉证据的机构。这些机构在减少腐败方面也很成功（Heilbrunn，2004；Vittal，2003）。

在新南威尔士，反腐败委员会向议会委员会汇报，它们独立于本州的行政机构和司法机构。这些反腐败委员会改变了商业运营的方式，防止了腐败的滋生（Heilbrunn，2004）。美国则实施了跨部门模式，包括通过不同的部门联合形成打击腐败的机构网络（Heilbrunn，2004）。

这类机构的成功也激励了其他国家的政府（如阿根廷、波黑、几内亚、韩国和毛里求斯），他们纷纷创立类似组织。然而，越来越多的证据表明，在政治承诺度低、国家机构缺乏接合度，以及预算限制严重的国家，无法建立相应规模大、开支大的反腐委员会，其反腐委员会并不成功（Heilbrunn，2004）。

政府分权

经验和理论表明，当官僚们对纳税人享有垄断权且采取难以监督的行动时，其组织最容易受到腐败的影响。在行政部门与其他政府参与方之间，诸如在立法、司法、地方司法、政党、媒体、私营部门和非政府组织之间，其关系需要广泛地加以接合。

民主制度通过引进治理上的更大问责制及透明度提供了一种将腐败最小化的机制。当地方政府有某些实权时，它们不仅会更可靠、更自信地解决地方利益问题，还会对更高层级政府的运作践行检查。当然，提供服务的分权效果取决于分权制的设计，以及管理其执行的制度安排。一个制度化的环境，应当授予地方政府政治、行政和财政权力，以及有效的地方问责渠道和中央权限。

为使潜在的收益大于成本，两个要素很关键。第一，分权必须涉及真正的授权，包括生成和保留一部分地方收入的权力。第二，地方当局必须对更高级的地方团体负责。如果管理地方官员的规则至少有一部分是用地方的标准来确定，那么权力滥用和公共腐败就不太可能发生了（Charlick，1993）。

建立道德规范

在国家层面，各国都应当有一套全面的道德规范，以详细说明政客和官僚们的适宜行为及不当行为。因为一个国家的未来前景在很大程度上取决于其领导者的素质和诚信，所以领导的操守非常重要。通过领导操守，应当对所期望和所禁止的政府领导行为做出具体表述（Kpundeh，1999；Ruzindanda 和 Sedigh，1999）。同时，还应当概述构成领导阶层要素的广义概念，强调领袖在树立榜样方面的角色作用，并明确好领导的各种原则。这些原则应当包括的规定有：对领导人收入、财产和债务进行年度披露，从而抑制其滥用国有资产。同时，还应当禁止其某些活动，如索要或收受与公务和私利相关的财物或好处，滥用政府资产，滥用不对外公开的信息等。

对税收人员提供道德培训

在缺乏“良治”的国家中，对官员们进行道德行为的强化，无疑是至关重要的（Huther 和 Shah，2001）。培训课程的内容应当包括管理税收方面的法律法规，并且要强调诸如廉正、诚实、公共服务、公正、透明、问责和法治等道德价值观。培训本质上应是重复性的，随后配有进修课程。官员应当知晓现行的反腐败措施，以及他们所肩负的职责和责任。

公共道德项目可以通过数种方式得以实施。道德管理指导可以通过培训税收人员来提供。可以进行道德审计的研究和调查以评估其优点和缺点。道德维护的目标是要让机构的道德收益可持续。来自反腐败机构、民间团体和私有企业的援助可以用来维持最佳实践，以及提高和监督公共道德项目的有效性。纳税人教育项目则可以通过互动式电视、广播节目和宣传册得以加强。

向纳税人告知权利

获得准确信息应当是一项需要充分公开并使纳税人完全知晓的权利。所有税收规定、税率和程序都应当能在互联网上查询到。缺失获知关于规章制度信息的权利会使纳税人无法充分意识到自身权利，从而遭受腐败官员们的任意摆布。

结论及政策建议

不合理的税收结构、由政府官员掌握的垄断权和自由裁量权、管理中问责度或透明度低，以及政府领导的干预都是税收管理中出现腐败的主要原因。低收入、缺失对贪污腐败的严厉惩罚、服务质量，以及政界领导人的干涉也都会助长腐败。

只有辅以恰当的行政作为和管理，所制定的税务政策才能最终达到其预期目标。在大多数发展中国家，税收管理就代表了其税务政策。因此，不能正确地管理和收税，只会导致丧失税收目的，并威胁到税收的公平。其所影响到的程序也会造成税收运作的缺陷，降低整体税收水平，并导致税收管理中的腐败。

当腐败成为一种生活方式，便会产生深远影响。腐败会削弱效率和公平，以及政府在宏观经济和制度上的职能，减少政府收入，危及财政可持续性，并对投资和增长产生不利影响。如果被察觉或丧失个人声誉的可能性不大，那么当有腐败官员出现时，便会促使其他官员也参与腐败。同样，当有腐败纳税人出现时，也会促使其他纳税人进行欺诈。

反腐败需要时间。利益受到威胁的权力集团可能会让反腐努力付诸东流。但是，任由腐败恶化可能出现更大的危险。需要采取什么样的政策措施，这取决于整体社会环境和社会对待腐败的态度。

遏制腐败最重要的政策良方之一，就是创建一个合理、公平和简单的税制。减少税收人员的垄断权和自由裁量权也很重要。税收结构应尽可能丰富，以便使公平能够得以最大化。应赋予官员们相互竞争的管辖权，这样一来，官员间的竞争会导致贿赂水平逐渐降至零。必须增加监督和审计以预防腐败。官员录用制度应精简化，且应给予官员集中与重复性的培训，以促进其职业操守，要强调诸如廉正、诚实、公共服务、正义、透明、问责和法治等道德价值观。官员的薪水应足够高，这样他们才能在不接受贿赂的情况下养活自己及其家属。可以设立反腐败委员会维护制度的透明性，让官员们对自身的行为负责。分权也有助于遏制腐败，其有效性取决于分权的设计，以及支配分权实施的制度安排。

本 章 注 释

作者感谢 R. J. Chelliah、Richard Bird、Tuan Minh Le、Pawan Aggarwal、B. V. Kumar、T. R. Rustagi、Vivek Johari、Sudhir Krishna、Arun Kumar、D. N. Rao 和 V. K. Purohit 等人对本章原稿的颇为有用的评论。同时，还要感谢 Madhulika Purohit 女士在本人准备该材料时所提供的卓有成效的研究协助。本章如有任何错误，由作者本人单独承担。

1. 当然，腐败在私有部门中也很普遍。

2. 在塞拉利昂共和国，从 1978 年到 1992 年间，全国人民大会党一直是唯一的政党，完全控制了公务员的政治观点和组织。从一党制开始，其最新承袭下来的政策是命令公务员们都要成为党员。作为对他们忠心的回报，公务员们通常会得到保护和纵容，而且允许他们扩充自身的权力范围和追求自我致富的机会（Kpundeh，1999）。

3. 根据欧洲复兴开发银行 1999 年进行的一项针对 20 个经济体约 3 000 家企

业的调查，"贿赂"（包含腐败的税收行为的一种）就像一项累退税。小型企业支付的贿赂款数额相当于自身年收入的5%；中型企业支付的贿赂款数额相当于自身年收入的4%；大型企业支付的贿赂款金额略少于自身年收入的3%。研究表明：小型企业需要比中型企业或大型企业更为频繁地进行贿赂（Asher n. d）。

4. 乌干达公共资源、服务和资产被挪用于私人目的，导致路况恶化、医疗设备落后、学校设备陈旧且校舍破败、教育标准不断下降（Ruzindana 和 Sedigh，1999）。

5. 1994年，国际捐助团体共同中止了对坦桑尼亚的援助，很大程度上是对税收制度中大量违规行为的回应。捐助者声明，直到政府采取措施收回逃避的税款，恢复被免除的税款并启动针对腐败税收官员的法律程序，他们才会恢复提供援助（Sedigh 和 Muganda，1999）。

6. 引入该方案以确认潜在的纳税人。它规定，凡是拥有信用卡、住房、机动车、每月支付超过5万卢比电费单、纳税年度离开本国或属于俱乐部的人，都有义务提交所得税申报表（Aggarwal，1991）。该方案于2006～2007年被废除。

7. 一个让公务员薪水具有竞争力的更可行方案是要注重工资总额中基于绩效的部分，反映并奖励每位税收人员对反腐败政策和更高征收率的贡献（Pashev，2005）。

8. 乌干达通过各种措施减少员工的数量。确认并清除"过期工人"（已过退休年龄的工人、非常规的新入职人员，以及那些通过绩效评估而被认定为没能力的工人）和"幽灵工人"（仍领取政府工资的已故工人、虚构工人或前职工）。允许高级管理者不参考已确立岗位等级招聘其临时工和短工的"小组员工计划"已被废除。有能力的过剩工人和诚实却不能调配到政府其他部门的工人，都收到了解雇补偿金。这些措施帮助乌干达以数量较少的高素质员工取代了数量庞大的公共部门雇员。

本章参考文献

Aggarwal, Pawan K. 1991. "Identification of Non – Filer Potential Income Tax Payers." *Asia Pacific Tax and Investment Research Centre Bulletin* 9 (6): 217 – 24.

Andvig, J., and K. O. Moene. 1990. "How Corruption May Corrupt." *Journal of Economic Behaviour and Organization* 3 (1): 63 – 76.

Asher, Mukul G. n. d. "The Design of Tax Systems and Corruption." Public Policy Programme, National University of Singapore.

Bardhan, Pranab. 1997. "Corruption and Development: A Review of Issues." *Journal of Economic Literature* 35 (September): 1320 – 46.

Casanegra de Jantscher, Milka. 1990. "Administering the VAT." In *Value Added Tax in Developing Countries*, ed. Malcolm Gillis, Carl S. Shoup, and Gerardo P. Sicat. Washington, DC: World Bank.

Charlick, Robert. 1993. "Corruption and Political Transition: A Governance Perspective." *Corruption and Reform* 7 (3): 177 – 88.

De Dios, Emmanuel S., and Ricardo D. Ferrer. 2001. "Corruption in the Philippines: Framework and Context." *Public Policy* 5 (1): 1 – 42.

Fjeldstad, Odd – Helge. 2005. "Revenue Administration and Corruption." U4 Utstein Anti – Corruption Resource Centre, Chr. Michaelson Institute, Bergen, Norway. http://partner.u4.no.

Goudie, A. W., and D. Stasavage. 1997. "Corruption: The Issues." Working Paper 122, OECD Development Centre, Organisation for Economic Co – operation and Development, Paris.

Heilbrunn, John R. 2004. *Anti – corruption Commissions: Panacea or Real Medicine to Fight Corruption*? World Bank Institute, Washington, DC.

Huther, Jeff, and Anwar Shah. 2001. "Anticorruption Policies and Programs: A Framework for Evaluation." Policy Research Working Paper, World Bank, Washington, DC.

Kangle, R. P. 1972. *The Kautiliya Arthasastra.* Part II. Bombay University, Mumbai.

Klitgaard, R. 1988. *Controlling Corruption.* Berkeley: University of California Press.

——. 1991. "Strategies for Reform." *Journal of Democracy* 2 (4): 86 – 100.

Kpundeh, S. J. 1992. *Democratization in Africa: Africa Views, African Voices.* Washington, DC: National Academy Press.

——. 1999. "The Fight against Corruption in Sierra Leone." In *Curbing Corruption: Toward a Model for Building National Integrity*, ed. Rick Stapenhurst and Sahr J. Kpundeh. Washington, DC: World Bank.

Kumar, B. V. 2000. "Corruption: An Indian Perspective." *Journal of Money Laundering Control* 3 (3): 266 – 79.

Mauro, Paolo. 1995. "Corruption and Growth. "*Quarterly Journal of Economics* 110 (3): 681 – 712.

Mendoza, Amado M., Jr. 2001. "The Industrial Anatomy of Corruption: Government Procurement, Bidding, and Award of Contracts." *Public Policy* 5 (1): 43 – 71.

Mookerjee, Dilip. 1995. "Reforms in Income Tax Enforcement in Mexico." India Working Paper 6, IRIS Center, University of Maryland, College Park.

Murphy, Kevin, Andrei Shleifer, and Robert W. Vishny. 1993. "Why Is Rent Seeking So Costly to Growth?" *American Economic Review* 83 (2): 409 – 14.

NIPFP (National Institute of Public Finance and Policy) . 1989. *The Operation of MODVAT.* New Delhi: NIPFP.

Pashev, Konstantin. 2005. *Corruption and Tax Compliance: Challenges to Tax Policy and Administration.* Centre for the Study of Democracy, Sofia, Bulgaria.

Purohit, Mahesh C. 2001a. *Sales Tax and Value Added Tax in India.* Delhi: Gayatri Publications.

——. 2001b. "Structure and Administration of VAT in Canada: Lessons for India." *International VAT Monitor* 12 (6): 311 – 23.

——. 2006a. *State Value Added Tax in India: An Analysis of Revenue Implications.* Delhi: Gayatri Publications.

——. 2006b. *Value Added Tax: Experiences of India and Other Countries.* Delhi: Gayatri Publications.

Ruzindana, Augustine, and Shahrzad Sedigh. 1999. "The Fight against Corruption in Uganda." In *Curbing Corruption: Toward a Model for Building National Integrity*, ed. Rick Stapenhurst and Sahr J. Kpundeh. Washington, DC: World Bank.

Sedigh, Shahrzad, and Alex Muganda. 1999. "The Fight against Corruption in Tanzania." In *Curbing Corruption: Towards a Model for Building National Integrity*, ed. Rick Stapenhurst and Sahr J. Kpundeh. Washington, DC: World Bank.

Shah, Anwar. 2006. "Corruption and Decentralized Public Governance." Policy Research Working Paper 3824, World Bank, Washington, DC.

Shleifer, Andrei, and Robert W. Vishny. 1993. "Corruption." *Quarterly Journal of Economics* 108 (3): 599 - 617.

Shome, Parthasarathi, S. Mukhopadhyay, and H. N. Saleem. 1997. "Modvat Administration." In *Value Added Tax in India: A Progress Report*, ed. Parthasarathi Shome. New Delhi: Centax Publications.

Stasavage, D., and C. Daubree. 1998. "Determinants of Customs Fraud and Corruption: Evidence from Two African Countries." Working Paper 138, OECD Development Centre, Organisation for Economic Co - operation and Development, Paris.

Tanzi, Vito. 1994. "Corruption, Governmental Activities, and Markets." IMF Working Paper 94/99, International Monetary Fund, Washington, DC.

Tirole, Jean. 1996. "A Theory of Collective Reputations." *Review of Economic Studies* 63 (1): 1 - 22.

Vitosha Research. 2004. "Corruption Monitoring System (Business Sector)." April. Sofia, Bulgaria.

Vittal, N. 2003. *Corruption in India.* Academic Foundation, New Delhi.

第十章

最高审计机关的反腐败和舞弊侦测

Kenneth M. Dye

本章总结了最高审计机关（Supreme Audit Institution，简称 SAI）遇到的贪污和腐败问题，就最高审计机关如何在稽查贪污腐败方面提高绩效贡献了策略与观点。部分策略已经通过一些最高审计机关的测试，并取得显著成效。对于另外一些最高审计机关而言，这些策略则可能帮助他们开创遏制本国贪腐现象的新思路。

本章写给最高审计机关，希望引发最高审计机关国际代表大会的讨论，并且尽快促成最高审计机关审计重点的变革。同时，本章也写给关注有效治理、问责制、透明度与廉政的政府官员和立法者们，对贪污和腐败已经根深蒂固地存在其本土文化之中的国家和地区而言，尤其具有针对性。在一些国家中，贪污和腐败妨碍了政府的有效治理，本章中的观点与策略可以作为援助机构对这些国家进行援助的主题。

贪污和腐败的增长

贪污和腐败带来毁灭性的影响，对发展中国家最贫困的公民影响尤甚。腐败没有国界，遍及世界，甚至已经蔓延到了那些曾一度被视为“净土”的国家。公共部门的贿赂、贪污和腐败已经成为全球立法者最关心的问题。滥用公款削弱了议会对公共资金的管控。对公款的挪用，就是对公共资源的抢劫；这些资源原本应当用于支撑为民众谋求福利的公共政策。

腐败与经济差异无关，污染了所有形式的政府。没有一个国家能够承受腐败带来的社会、政治和经济成本。腐败削弱了政治制度的公信力，导致了对司法的蔑视，扭曲了资源配置，阻碍了市场竞争，并且对投资、增长与发展具有破坏性的影响。腐败向穷人索取不合理的高昂价格，将他们拒之于重要的基本公共服务之外。

详细的规则和行为规范约束着发展中国家公务员的行为。然而，腐败的过程是隐性的，几乎没有任何档案记录可以作为证据。发展中国家的政府审计，除了认识到腐败在政府各部门普遍存在的事实之外，对遏制腐败几乎没有任何有效的手段。当然也有少数几个发展中国家例外，例如中国，其政府审计的成绩可圈可点。已曝光的腐败案件没有得到严肃的处理，某种程度上造成了社会对腐败的容忍度越来越高。“小人物”承担后果，“大人物”逍遥法外，让审计人员们感到气馁，认为在一个问责无力的社会中，稽查与揭露腐败是徒劳无益的。

在发展中国家中，最高审计机关常常能够揭露如下问题：非法支出、公款浪费、违规操作导致的公共财政损失等等。这些审计机关因为坚持独立审计而获得尊重，甚至令人畏惧；同时，它们也抑制了官员们的主动性，促使人们回避决策。然而，审计人员往往倾向于采用事务性的方法，要求严格遵守程序，却忽略了这些程序的目的；往往过于强调微小的偏差或资金使用不当，却未能识别导致公共资金大量流失的重大系统故障。审计官员与职员们需要事先接受培训，明确什么是真正值得报告的重大问题，同时还需要接受培训，了解政府官员与政府工作人员的采购理念、目标、过程与基本理论。

越来越多的立法者希望更为主动地遏制贿赂、贪污和腐败问题。这是一个高难度的挑战，对缺乏相关知识、经验与制度支持的立法者而言尤其困难，因为他们没有向政府问责的必要手段。在腐败的并且往往是严酷的政治体制内，最高审计团体无法就立法者们面对的特殊困难保持中立。

近年来，援助机构得出结论：强化贫弱国家的治理能力，是改善这些国家问责制度、提高其透明度与廉洁性的良好策略。善治是治疗贪污和腐败顽疾的良药。援助机构可以通过敦促这些国家接受国际会计与审计标准来鼓励善治。立法者和审计机关应当团结一致，支持国际会计与审计标准的应用。这些标准由国际会计准则委员会（International Accounting Standards Board，简称 IASB）和国际会计师联合会（International Federation of Accounting，简称 IFAC）颁布。如今，公共部门与私营企业都可以使用这些标准。同时，最高审计机关国际组织（International Organization of Supreme Audit Institutions，简称 INTOSAI）为最高审计机关提供了实用的审计与内部控制指南。

审计重点有待改变

当公共部门缺乏透明度和问责制时，贪污和腐败由此产生。完善的财务报表与审计工作有助于减少隐藏的贪污行为、减少误导读者的虚假报告。审计工作为财务报表提供了理想的信用保证。经过审计的财务报表更加可信，能够如实地呈现报表所要反映的经济活动。最高审计机关可以通过对政府与政府代理机构进行财务审计，以及定期向立法机关提供审计报告，发挥建设性的作用。

最高审计机关对审计任务的理解与审计工作受益人的期望存在着一定的差距。按照传统，最高审计机关认同：预防和稽查腐败的首要责任应当由相关行政单位承担，例如：公安或反腐败部门；破获贪污和腐败案件并非最高审计机关的主要职能；与侦查非法活动相比，审计手段应当更多用于防止领域内的腐败。然而，公众却认为，最高审计机关力求查出贪污和腐败问题。

最高审计机关需要做出努力，加强对贪污和腐败的稽查工作，缩小上述理解上的差距。在提高贪污和腐败的风险意识、培育有效治理、预设行为标准等方面，最高审计机关应当继续发挥积极的作用；但是它们应当更进一步，更加侧重对贪污与腐败的稽查工作。这些改进可以通过将控制审计和财务证明审计相结合来实现。

预防贪污和腐败比稽查它们更容易。最高审计机关已经着手建立和培育一个反贪污、反腐败的预防性环境，包括强化财务管理体系、评估内部管理体系，以及识别和修正薄弱环节。当今，“白领犯罪”普遍增长，既有谎报财务报表，也有阴谋侵吞资产。诈骗与恐怖组织通常依靠“洗钱”的方式筹措资金、掩盖犯罪活动。审计重心需要改变，需要为稽查贪污和腐败“量身定制”审计技术，同时起到防范贪污和腐败危害社会的作用。本章并不建议由最高审计机关取代反腐败机构的位置。然而，审计机关在它们的审计工作范围内，确实应当更加警觉，并且更加胜任对贪污和腐败的稽查工作。

当最高审计机关提供财务报表审计报告时，如果审计人员没有特别就管理本身提出意见，审计人员们习惯于假设所有的内部控制处于正常状态，并要求审计报告的读者认同这一假设。近年来，审计人员需要面对不断更新的审计抽样调查技术，以及与会计方法相适应的新制度、新规则。这些要求转移了审计人员对内部控制系统功能的评价与测试这一审计基础的注意力。此外，由于财务报表审计标准并不要求审计人员对内部控制的状况加以说明，审计人员往往对此保持沉默，并且较少关注这一实际上至关重要的审计区域。

转变的时刻已经来到。公关部门的审计人员应当考虑到下列问题，并且贡献已见：当前的内部控制是否合理？是否充分？作为体制支撑，它能否确保财政系统的准确性和公平性？它能否将贪污和腐败的机会降至最低？目前，在进行财务审计时，公共部门的审计人员应当能够就以下几个方面提出意见：

■ 比照相应的控制方案，对与财务报告匹配的内部控制的有效性进行评估；

■ 为上述对内部控制有效性的评估提供合理的证据支撑；

■ 对与财务报告匹配的内部控制的实质性缺陷，予以报告；

■ 对与财务报告匹配的内部控制进行审计。

完成以上转变，需要公共部门的审计人员对以往标准化的审计报告做出调整，在审计报告中纳入一份声明，说明审计人员已经对内部控制进行了调查，确认其有效而且运行良好，足以支持财务报告中的数字，并能够确保企业/机构的资产安全。针对企业/机构现有的内部控制，公共部门的审计人员可以就以下问题发表意见：

■ 保管详细的记录，该记录能够准确、公平地反映出实体机构资产配置与转移情况；

■ 为记录在案的交易提供合理保证，按照企业（机构）的日常会计准则编制财务报表，确保企业/机构的支出和票据符合政府法律、法规。

■ 为预防与定期稽查违规行为提供合理保障，这些行为包括未经授权获取、占用或转移企业/机构的资产，并且可能对年度或中期财务报表产生实质性的影响。

最高审计机关有理由主张：上述要求应当针对机构内部管理层提出，而不是由来自机构外部的审计人员负责；尽管这一主张会引起公共账目委员会的不满（在私营企业中，内部控制的有效性由企业内部的管理层负责）。一些最高审计机关对将这一职责纳入它们的财务审计报告十分抵触，因为无论是国际还是国内的审计标准都尚未包含相关条款。抵触的另外一个原因是，履行这一职责将带来额外的成本。在审计过程中，遇到问题不会产生成本，而稽查工作则费时费力。目前仅有为数不多的司法系统要求审计机关对内部控制提出审计意见，例如美国。

贪污和腐败的定义

“贪污”（Fraud）一词，没有精确的、国际化的定义，其原因在于各国的贪污事件均属本土行为范畴，而不是国际行为。“贪污”的定义可以包含：欺诈、贿赂、伪造、敲诈、贪污、盗窃、阴谋、侵占、侵吞、虚假报告、隐瞒事实和共谋。实用起见，也为了便于本章展开讨论，“贪污”在此可以被定义为，以获取利益、逃避义务为目的，使用欺诈手段，并可能对另一方造成损失。

贪污是一种蓄意的行为，通常涉及使用欺诈手段，从权力机关或信托机构，牟取某种形式的经济利益或优势，往往导致被欺诈的机构蒙受损失。它是蓄意欺骗或有意歪曲事实的不诚实行为。

“腐败”（Corruption），源于拉丁语动词 *corruptus*（打破），意思是“破碎的物品”。从概念上理解，腐败是违背伦理、道德、传统、法律和公民操守的行为表现。世界银行与国际透明组织（Transparency International）将腐败定义为“利用其公共职位非法获取私利”。滥用职权与牟取私利，既可能发生在公共领域，也可能发生在私营企业，并且往往通过来自两个领域中的个体相互勾结的方式实现。黎巴嫩人将腐败定义为“个人或公务员的行为偏离了被赋予的责任，利用其职位为个人目的效力或获取个人利益”（Kulluna Massoul，1999）。联合国全球反腐败纲领（The United Program Against Corruption）将腐败定义为发生在公共和私营两个领域中的“为牟取私利而滥用职权”。

尽管不同的国家对腐败有不同的定义，它们通常都包含了欺诈、贿赂、政治腐败、利益冲突、贪污、裙带关系以及敲诈勒索。政府行为中的一些环节特别容易被腐败入侵。例如，差旅费报销；税与关税的收缴；采购合同管理；补助、许可与执照的特批；人事与工资体制的管理；私有化过程；备用金的任意使用；电子商务和信用卡网上交易。腐败最常见的形式包括：侵吞资产、收取赞助、贩卖权利以及行贿受贿。

国际透明组织试图通过“国际透明组织年度行贿者与清廉指数”衡量一个国家的腐败程度。该指数的缺陷是，一些国家的信息收集点数量不足。然而，它确实为比较各国的腐败程度提供了方法，并且有助于识别出那些急需采取反腐败行动的国家。

腐败的成因，各国不一。这些引发腐败的因素包括：政府和发展策略的缺陷、拙劣的方案设计与管理、失败的制度、缺乏制约和平衡制度、不成熟的公民社会、软弱的刑事司法系统、公务员微薄的薪酬，以及问责制和透明度的缺失。

需要特别指出的，是司法制度的腐败。腐败的司法制度严重地阻碍了反腐败战略的成功，它意味着，无论遏制腐败的法律与制度构架设计得多么精确、高效与公正，却仍然形同虚设。在全球很多国家与地区，大量的司法腐败的证据正在浮出水面。这一趋势揭示了最高审计机关在未来将要面对的最严峻的考验。

最高审计机关国际组织对反贪污、反腐败的关注

最高审计机关国际组织是世界性的最高审计机关联盟。该组织每3年召开一次名为“最高审计机关国际代表大会”（International Congress of Supreme Audit Institutions，简称INTOSAI）的国际会议。1998年，第16届最高审计机关国际代表大会在乌拉圭的蒙特维迪亚举行。会议在一定程度上致力于对贪污和腐败的预防与稽查。大会关注：（1）最高审计机关在预防、稽查贪污和腐败方面的经验与作用；（2）预防、稽查贪污和腐败的技术与手段。

乌拉圭最高审计机关国际代表大会认为，政府腐败是对资源的浪费，降低了经济增长与人民生活的质量，削弱了国家机关的公信力，降低了它们的有效性。大会指出，腐败与国家机关的衰弱有着强大的相关性。会议期间，出现这样一种看法：腐败常常与人口社会经济环境相关（社会的不公正、贫困，以及暴力）；一个国家的传统、原则与价值观影响着腐败的性质。同时，最高审计机关国际组织社团也观察

到，诸多腐败行为难以侦查，其财务影响也很难估量，因为二者未必会在财务报表中体现。

乌拉圭最高设计机关国际代表大会通过了以下条约：

最高审计机关同意，贪污和腐败是一项重大问题，不同程度地影响了所有国家。最高审计机关能够并且应当努力创建一个贪污和腐败难以存活的环境。1977 年，在最高审计机关国际组织发表的《利马宣言》中，各国最高审计机关一直同意：最高审计机关应当具有独立性和相应的权利，以便更加有效地与贪污和腐败进行斗争。此外，他们还一致同意，只要情况允许，最高审计机关应当：

1. 寻求充足的财政保障，提升工作的独立性，逐渐扩大审计的覆盖范围；

2. 在对财务和内部控制系统的效率和成效的评估方面，发挥更积极的作用，并就最高审计机关的审计意见，进行主动的跟踪。

3. 通过制定有效的高风险指标，让审计战略更加侧重于那些容易产生贪污和腐败的领域与项目环节；

4. 为审计报告和相关信息的传播建立有效的公告手段，包括与媒体建立良好的关系；

5. 编制更容易理解、更便于用户使用的审计报告；

6. 与国外和国际的反腐败盟友们更紧密地合作，进行适当的信息交流；

7. 加强各国最高审计机关在反贪污、反腐败方面的经验交流；

8. 鼓励公共服务部门建立人事管理程序，以选拔、保留和激励诚实并且有能力的公务员；

9. 鼓励公务员建立财务公开指南，将监督其符合性纳入持续审计程序；

10. 使用《最高审计机关国际组织道德准则》（INTOSAI Code of Ethics），提高公务员的道德标准与操守；

11. 考虑建立公开渠道，接收和处理公众发现的关于违规行为的信息；

12. 延续最高审计机关国际组织现任委员会和工作组的反贪污、反腐败工作，例如，审计标准委员会（Auditing Standards Committee）将会考虑把上述问题纳入发展实施指南，并成为更广泛的标准体系的一部分（INTOSAI, 1998）。

这些建议在 1998 年是恰逢其时的。但时间证明，最高审计机关处于更为主动的位置，能够也应当在稽查贪污和腐败方面胜任更多工作，包括对政府的内部控制提出明确的意见。

反腐败政策

通过出台一系列与反腐败相关的政策，政府能够降低受到贪污和腐败攻击的机会。最高审计机关应当鼓励政府推行反腐败政策，并且进一步协助政府制定具体的反腐败方案。

最高审计机关可以对相关政策的实施情况进行审计。这些政策可能包括以下方面：

■ 所有涉及造成政府资产流失的行为、危害政府的犯罪指控、不法与其他不正当行为，都必须接受全面的调查。

■ 涉嫌犯罪的，应当向相关执法机构报告。

■ 主管部门应当保证其雇员了解，并且应当定期提醒雇员：及时上报他们所发现的违反政府法律法规、违反政府税收制度或其他危害政府的贪污行为。

■ 主管部门对犯罪与违规行为的揭露者、与犯罪分子斗争的雇员，应当采取可靠的措施，保护他们的身份与名誉。

■ 主管部门应当确保雇员了解举报信息的处理过程。这些信息包括对资产流失、犯罪、违规与渎职行为的指认。信息的来源既包括主动获取的，也包括接收到的；信息的提供者既可以实名也可以匿名。

■ 管理者对违规行为没有采取相应的行动、直接或间接容忍与姑息的，应当承担个人责任。

最高审计机关通过检验以上政策的遵守程度，确定是否已经在政府上下建立了有效的反贪污、反腐败制度，并且接受最高审计机关审计。

审计类型

所有审计均从审计目的入手。目的决定了将要展开的审计工作的类型，以及未来需要遵循的审计标准。由审计目的决定的审计工作类型包括：财务审计、合规审计、控制审计、绩效审计、司法审计和电脑审计。

审计工作也可能是多目的的组合，因此可能同时包括了不止一个工作类型，也可能将几个目的设定在同一工作类型的不同方面。最高审计机关国际组织与国际会计师联合会已经为审计工作制定了国际准则，并且对其进行说明，形成一套常规标准。许多国家都有自己的审计标准，但多数国家正在向国际会计师联合会标准，即国际审计标准靠拢。公共部门的审计人员应当遵循符合审计目的和适合其司法体系的审计标准。

财务审计

财务审计（Financial Audits）的目的不是反贪污。因此，尽管在财务审计过程中，偶尔暴露出贪污问题，但多数情况并非如此。在以提供“证明审计报告”为目的的财务记录检查中，有时能够发现贪污和腐败。一旦发现贪污和腐败，审计人员应当立刻上报；上报时不一定将其纳入审计意见，也可以采用查账报告（Clean Opinion）的形式。财务审计的目的是确保财务报表真实可靠、从会计学的角度公平呈现企业的交易情况。稽查贪污不是财务审计的首要目标。

合规审计

合规审计（Compliance Audits）的目的是确保法律、法规与制度被遵守。贪污和腐败常常是通过合规审计发现的。合规审计的目标与准则相关。合规审计准则建立的依据是：法律、法规、合同约定、协议，以及其他可能影响实体对资源的获取、保护与使用，影响实体所生产或交付服务的质量、数量、周期与成本的必要条件。

违规通常意味着虚假交易，但并非所有违规案例都属于欺诈。一些被查出的违规行为，反映了内部控制的故障，而非蓄意造假。发现这样的违规行为时，需要同时向管理层报告。为了确保机构财务政策的实施与预期目标相吻合，可以设计一些合规测试；通过测试发现偏差时，向管理层报告。一旦发现一笔或一系列的违法交易，除了向管理层报告，还要向相关的司法机关报告。

预先审计

预先审计（A Priori Audits）是一种在拉丁美洲国家颇为流行的合规审计形式，着重审计交易的合法性。每一笔支出，必须经过预先审计，确认文件合理、合法与完整，并由审计人员在每份文件上签字；否则，该项支出就不能发生。近年来，预先审计也可以被称为实时审计，即：实时地对单笔交易的合理性、合法性与完整性进行审查。预先审计侧重对交易本身而不是对整个系统的审计。

控制审计

控制审计（Control Audits）的目的是，确保对系统和软件的控制均被安置在恰当的位置，以保证内部控制和检查的功能按照既定目标正常发挥。控制审计可以自带对虚假交易的警示功能，让虚假交易难以发生或无法发生。控制审计为控制工作的正常运行提供了保障，但它的主要目的未必在于稽查贪污和腐败。

内部控制审计的目标与管理的计划、方法和流程相关。这些计划、方法和流程用于完成机构的任务、目标和目的。内部控制包括：计划、组织、指挥和管控项目的实施工作；妥善设置系统，以评估、报告和监控项目的绩效。

绩效审计

绩效审计（Performance Audits）的目的是提供公共资源管理的信息、确保公共资源管理的质量。绩效审计通过检查公共部门对资源的使用以及它们的信息系统、产品输出和服务成果，对公共部门实体管理的效率、成效与经济情况进行评估。检查的对象包括绩效指标、监控系统，以及司法和道德伦理的符合性。

绩效审计被设计为运行绩效与规范、预设标准的比较。因此，在绩效审计的设计中，可以包含一些有助于识别贪污和腐败的参照指标，例如法律和法规。由于绩效审计的重点是操作环节，特别是高风险环节，审计人员经常会发现违规和违法活动。尽管绩效审计的初衷不是发现贪污和腐败，但这些问题在绩效审计的过程中，有时会自行浮出水面。

司法审计

司法审计与法务会计为企业、政府和司法机关提供了调查与诉讼支持。对于公共部门而言，司法审计尚属新生事物。

以计算机技术为手段的犯罪活动日益日渐增多，法务会计师们面临着新的挑战。法务会计师们将审计方向定位于对证据的收集，以证实贪污和腐败的存在。司法审计所要求的技能超过了财务审计与合规审计所需技能。

在某些情况下，法律、法规或政策规定，对于特定种类的贪污，审计人员在开展审计步骤和程序之前，必须将他们所发现的贪污迹象报告执法机构或监察部门。为了不妨碍司法调查，审计人员可能被要求退出或推迟相关工作或部分工作。后续进行的审计工作也属于司法审计范畴。

计算机审计

计算机审计的目的是，确保计算机生成的财务记录，是按照会计政策与企业标准正确输入的。计算机审计探查设备故障、系统设计失误、计算错误与人为失误带来的风险，确保计算机系统传递精确的信息。审计可以用来检验法律、法规与制度是否被严格遵守，计算机审计未来将在稽查贪污和腐败方面发挥其潜在的作用。

贪污审计标准

鼓励审计人员将工作重心向稽查贪污和腐败转移，不会改变审计标准。贪污审计标准与财务证明审计标准非常相似，因为在通用标准中，对这两种类型的审计人员均单独提出要求：必须具备资格、职业的关注态度和质疑精神。它们在业务领域方面的标准包括：规划、对实体的了解、对管理层的报告，以及审计风险。然而，贪污审计与财务审计在对管理层的报告方面，审计标准不尽相同。

稽查贪污

稽查贪污通常十分困难，因为贪污者往往相互勾结，而且没有交易记录。如果内部控制系统设计到位，可以对贪污起到防范作用。同时，审计人员也需要接受一定的培训，当贪污迹象出现时，能够立即予以识别。

政府内部审计人员

内部审计在全球许多国家中并未得到充分的发展；部分原因是当地的文化，另一部分原因是政府的资金不足。因此，内部审计还未能在协助政府管理者们提高管理质量、改进问责制度方面发挥出它应有的重要作用。最高审计机关也很少倚靠政府内部审计人员开展工作，内部审计人员的工作往往缺乏足够的可信度，工作重点也与最高审计机关不同。

最高审计机关可以通过分享它们对审计能力的训练，促进政府内部审计团体的发展。尽管政府部门是内部审计团体的直接领导，最高审计机关却可以成为他们的思想领袖。最高审计机关的审计方法通常更为先进。最高审计机关可以与内部审计团体分享这些方法。

内部审计团体在财务管理制度方面的专业性以及它们对管理的重大贡献，如果能够为人所共知，将是非常可喜的一步。在加拿大，政府已经意识到，内部审计的职能尚未得到充分的发挥。尽管内部审计还存在着一些缺陷，加拿大国防部的内部审计人员还是发现了价值1亿加元的合同贪污：政府支出了经费，却没有提供服务。加拿大公务部与政府服务部的审计人员，也通过内部审计工作，揭露了“拨款丑闻”。这些重大的审计成果，让（加拿大）政府看到了优秀的内部审计工作所产生的价值。而对多数政府而言，若要真正了解内部审计团体的作用，还需要一些时间。

北美内部审计

加拿大审计长办公室在两份内部审计报告被政府忽略之后，揭露了一桩联邦政府拨款项目丑闻（Government of Canada，2003）。起初，其中一名内部审计人员作为举报者，向媒体透露了风声。2002年，政府责成审计长对此展开调查。审计长在她的第一份报告中，即严厉谴责了这一无视财务管理制度与规定的渎职行为。这份爆炸性的报告使用了“可耻”、“令人震惊”等词汇，描述了政府在这一事件中是如何无视制度、滥用职权的。

审计长发现，政府向若干个通信公司支付了1亿加元（8500万美元）的费用和佣金；设立这一项目的目的不是为了让加拿大公民受益，而是为了让企业获取佣金。审计长向公共账目委员会陈述，加拿大公务部与政府服务部在向某一营销机构授予合同时，“几乎打破了每一项规章制度”。审计长发现的问题例如：政府花费55万加元（44万美元）购买的报告根本不存在。

一年后，审计长的工作进一步深入，甚至协助国家公安机关追踪资金去向。更多的渎职行为曝光，公共账目委员会召集了非决定性的听证会；新任总理为此成立了调查委员会。2005年的大部分时间，此案的电视听证会和报告占据了加拿大纳税人的注意力。最终，国家资金贪污案的几个参与人伏法入狱，并且归还了部分赃款。事件曝光后，政府倒台。不少加拿大人相信，审计长对丑闻的报告对弹劾政府起到了重要的作用。

加拿大媒体近期还报导了另外一起重大的采购贪污案（超过1亿加元［8500万美元］）。国防部以开发软件的名义，就莫须有的成果，向企业支付费用（Bagnall 和 McGregor，2006）。尽管审计长曾经在管理信函中一再指出采购流程存在弊病，但最终还是未能制止贪污事件的发生。

以上两例加拿大政府的贪污事件，最初都是由内部审计人员发现的，都不是在财务审计中暴露的。

2003年3月，美国会计师总署（U. S. General Accounting Office，简称GAO）的报告指出，联邦政府的会计业务缺乏可信度，可能不符合普遍适用的会计准则。报告称，由于政府各个执行部门在会计和财务报告方面存在着缺陷，整体财务报表中的信息不可信，也不足以支持其结论（GAO，2003）。

2005年8月，美国政府问责办公室（原会计师总署，于2005年7月7日更名为政府问责办公室，即 Government Accountability Office，简称仍为GAO）指出一名国防工程的承包商在伊拉克项目中存在的问题。这名承包商被授予了价值100亿美元的合同。审计人员发现的问题包括：严重的资金滥用、向国防部索取高于正常价格6100万美元的高价、非法收取回扣、不合格的警方分包账单，以及在科威特希尔顿酒店的未经授权的消费。政府问责办公室发现：尽管数百亿美元的纳税人金钱被用于伊拉克的重建，当地的石油与电力生产水平仍低于战前水平（GAO，2005）。

欧洲内部审计

英国国家审计署报告了政府的创新工程—个人学习账户（Individual Learning Account，简称ILA）因为投机取巧，造成了8000万英镑（2

亿美元）的损失，以失败告终，成为培训丑闻。项目在没有商业计划的情况下，被部长们匆忙推上马后随即瓦解。粉饰不完善的合同与使用不安全的信息技术系统，均为贪污和渎职行为提供了机会。

欧盟也深受若干高度曝光的贪污和腐败丑闻所害。近期一桩丑闻涉及了资助巴勒斯坦政府向恐怖分子转移资金。审计人员指出，巴勒斯坦政府的腐败官员通过给7000名不存在的公务员发工资，转移了本应被当局用于正当用途的资金。

欧洲法庭与欧盟内部审计人员报告的贪污问题，几乎存在于所有欧盟机构与其资助的项目中。近期向法庭递交的230个案件包括：谎报支出、谎报工作成果、逃避关税、盗用资金、供应合同造价，以及索要回扣（Mobary，2003）。

中国和俄罗斯联邦的内部审计

中国国家审计署早已将反贪污和反腐败列入审计目标，试图找出问题，并且已经揭露了大量财务证明审计未能发现的贪污和腐败行为。38个中央政府部门滥用了大约91亿元人民币（11亿美元），这些对财政资金的盗用和滥用涉及了医院、大学、水利工程和高速公路的建设项目，以及科研项目。国家审计署还报告了，2003年和2004年国家体育总局的彩票部门向两个下属公司超付彩票的印刷与分发费用，价格之高以至于两家公司因此获利5.58亿元人民币（6700万美元）（*China Daily*，2005）。

民用航空总局空中交通管理局绕开国家规定，动用公款2.07亿元人民币（2500万美金），在北京购买办公楼。此后，又为使用该办公楼每年支付1350万元人民币（160万美金）的租金。

据国家审计署审计长所述：“一些部门的预算制度存在漏洞，他们违规使用资金，为自己谋取利益。”他（审计长）称，国家审计署2004年的审计工作为国家节省了10亿元人民币（1.2亿美元）（Liu Li，2005）。

在俄罗斯联邦，联邦审计院（Audit Chamber）报告了贪污和腐败事件。2005 年，联邦审计院主席报告了通过审计工作发现的高达 770 亿卢布（27 亿美元）的金融犯罪。审计院通过补救措施挽回了其中 15 亿卢布（5000 万美元）的损失。审计院还披露了 2004 年至 2005 年，俄罗斯联邦通过南部海关局出口的硫黄、天然气、煤炭及石化产品的合同价格被压低了 2.75 亿美元（Account Chamber of Russian Federation，2005）。

举报者

举报者提供的信息，是发现贪污和腐败的最有效的渠道之一。一些国家设立了便于举报者使用的热线。传统的举报信常常通过难以追踪的棕色信封匿名投递。在许多案例中，举报者则简单地向当局呼吁。直言不讳曾经导致很多举报者受到惩罚（专栏 10.1）。

道德工程与举报热线

两种项目可以有效促进对贪污的防范工作：道德工程和举报热线。针对贪污和腐败开展的深入广泛的道德工程，超越了简单的行为规范。一些政府希望帮助它们的公务员在面临环境、法律和社会方面的选择时，做出正确的和道德的决定，可以考虑设置道德工程。道德工程通过课程、政策、咨询热线和其他方式，帮助公务员把政府日常工作与政府的信仰和价值观联系起来。

建立公务员“被监察”的强烈意识，是有效防范贪污的震慑手段。投诉和检举热线可以强化公务员对监督机制的意识，但必须首先确保来电能够被接听、受理，并且处理结果会被公之于众。作为一种威慑手段，热线的价值很高，成本却相对低廉。机构既可以将热线设置于体制内，也可以设置在体制外。将热线外包给第三方，还有一项额外的优点——热线的运营过程中不会掺杂机构的倾向性。

确保热线不被滥用也是至关重要的。有些雇员可能因为与他人产生矛盾、心怀不满，而通过提供信息的方式进行人身攻击。因此，热线必须带有一定的区分信息优劣的功能，确保只有正当的指控才会被进一步处理。同时，在对热线系统的设计中，应当尽量加入对虚构杜撰或无关痛痒的信息的识别功能。从心理学的角度设计热线提问，有助于审计人员将注意力集中于那些正当合法的诉求。

具备贪污和腐败稽查标准与指南的专业机构

很多机构都曾经颁布过反贪污和反腐败的标准与指南。这些机构包括最高审计机关国际组织、国际会计师联合会、内部审计师协会、司法鉴定审计协会，以及国际透明组织。最高审计机关已经是最高审计机关国际组织的成员，实际情况允许时，也应当尽量成为上述其他组织的成员。

政府授权的反贪污和反腐败机构

许多国家的政府，除了通过警方与贪污和腐败斗争之外，还为此设立了一些特别机关。它们的主要任务是，发现和起诉参与跨国犯罪、跨境犯罪、逃避关税、贪污、造假、偷税漏税、组织犯罪，以及其他诈骗活动的公司与个人。最高审计机关如果能够提供证据，支持这些犯罪活动的立案，将是对国家反腐败机关极大的帮助。最高审计机关应当小心谨慎地处理这些证据；处理不当将会导致法庭否定证据的有效性。

对贪污的报告、与管理层的沟通

即便审计人员对反贪污和反腐败有所侧重，审计报告的标准不变。法律、法规和政策可能要求审计人员及时向司法机关或监察机构报告某些贪污和违法行为、合同或协议的违约行为以及渎职行为的迹象。面临这种情况，审计人员应当首先向权威或司法顾问（或两者同时）咨询：公开某些包含潜在贪污行为的信息是否会干扰调查或司法程序？随后，审计人员需要将公开报告的事项限定在不影响以上程序的范围之内，例如已经成为公开记录组成部分的信息。

审计人员在报告贪污行为时，必须说明这些贪污或违法行为可能对财务证明报告产生的影响。对于公共账目委员或其他具有同等权利和责任的机构而言，及时获取有关贪污和违法行为的信息是至关重要的。如果审计人员发现了轻微的、没有取得财务证明方面的实证、但仍值得报告的违约或渎职行为，他们通常以管理信函的形式向官员或审计机关报告。如果审计人员在报告中透露了内部控制的缺陷、贪污和违法行为、对合同与协议的违约或滥用职权的行为，审计人员应当总结他们的观点，并向相关负责人（官员）报告。

提高最高审计机关的反腐败绩效

最高审计机关采取多项措施提高反贪污和反腐败的绩效。一些先进的最高审计机关已经着手如下工作：

- 开设更多的反贪污、反腐败的课程和研讨会；
- 加强调查工作的力度；
- 设立司法鉴定审计单位；
- 建立反贪污审计标准；
- 鼓励更专业的任命；
- 支持国际透明组织；
- 支持和配合国家反贪污机构；
- 鼓励开展关于道德建设和增强反贪污意识的培训项目；
- 鼓励各部委、各机构和各部门制定反贪污的控制方案；
- 鼓励各部委、各机构和各部门在内部资源不足的情况下，外包贪污控制工作（热线、贪污风险评估、反贪污培训、贪污控制项目，以及对贪污的稽查）；
- 鼓励立法者为举报者立法，保护向公共控制部门提供指控信息的举报者。

对于那些至今尚未着手于反贪污和反腐败工作的最高审计机关而言，大量工作仍有待完成。

本章参考文献

Accounts Chamber of the Russian Federation. 2005. " Address of Chairman of Accounts Chamber of the Russian Federation, Mr. Sergey V. Stepashin, January 27, 2005. "

Bulletin No. 3. Moscow.

Bagnall, James, and Glen McGregor. 2006. " Inside Job. " *Ottawa Citizen*, March 12.

China Daily. 2005. " Report of Li Jinhua, Chairman of the Chinese National Audit Office to the Standing Committee of China's National Peoples Congress. " Beijing, June 28.

Cutler, Allan S. 2007. *The Whistleblower Speaks—The Sponsorship Scandal*. Ottawa, Ontario, Canada: AS Cutler and Associates.

GAO (U. S. Government Accountability Office) . 2003. "Truth and Transparency of the Federal Government's Financial Condition and Financial Outlook. " Address by David M. Walker, Comptroller General of the United States, to the National Press Club, September 17, Washington, DC. Available at www. gao. gov/cghome/2003 ngc917. pdf.

——. 2005. " Rebuilding Iraq: Actions Needed to Improve the Use of Private Security Contractors. " GAO Report 05 – 737. Washington, DC. Available at www. gao. gov/newitems/d05737. pdf.

Government of Canada. 2003. *2003 Reports of the Auditor General of Canada*. Chapters 3, 4, and 5. Ottawa. Available at www. oag – bvg. gc. ca/domino/reports. nsf/html/03menu_ e. html.

INTOSAI (International Organization of Supreme Audit Institutions) . 1998. Reports and proceedings of the 16th International Congress of Supreme Audit Institutions, Montevideo, Uruguay, November. Available at www. nao. org. uk/intosai/edp/reportindex. html.

Kulluna Massoul. 1999. *Lebanon Anti – corruption Initiative Report*. Washington, DC: U. S.

Agency for International Development. Available at www. kullunamassoul. org. lb/general/report/Final. doc.

Liu Li. 2005. *China Daily*, June 26.

Mobray, C. 2003. "Fraud against European Union Totaling More than Half a Billion Pounds Have Been Uncovered in the Past Year." *EU Weekly News*, November 30.

Sumberg, David. 2002. "Tories Fight Labour over Firing of EU Whistleblower." Posted online October 28. Available at www. davidsumberg. com/eu_ whistleblower. htm.

van Buitenen, Paul. 2000. *Blowing the Whistle: One Man's Fight against Fraud in the European Commission.* London: Politico's.

第十一章

发展中国家的公共部门绩效审计

Clleen G. Warning 和 Stephen. Morgan

绩效审计是对政府项目或活动的实施程序或执行情况进行系统、客观的评估，以期达到确认其有效性、经济性和效率性目的。通过绩效审计所取得的这一确认，将同相关的改进建议一道，汇报至负责制定建议并可根据纠正措施确保能予以问责的管理者、部长或立法者们。为了提高公共资源的问责性和回应性治理，绩效审计已成为其重要组成部分。

随着政府项目的不断增长，许多已变得非常庞大复杂，为了支持政策制定者们发挥出应有的监督作用，由此而开展的公共部门审计，已经不断地超越单纯的财务或合规性审计，逐步地拓展到绩效审计的领域。[1]在审计发展史上，绩效审计是一个全新的发展成果。伴随着政治和公共行政的变革，绩效审计已逐步从单一的注重投入（资源）控制向更广泛的注重对产出结果或结果问责的方向演进。审计方法的这种演进，表明审计人员不但可以继续保持其原有的相关工作，同时在履行治理问责任务方面又前进了一大步。

纵观审计历史，审计早已具有一定的问责职能。最初，当审计人员制定某种降低风险策略，为确保财产所有人（委托人）对受托代理人的监护权加以监督时，就已经具有一定的绩效审计成分。代理人的责任是要向委托人提交出一份能够合理运用所委托资产的账单。由于存在与物理距离有关的风险，或缺少相关活动中的专业知识，因此委托人就会聘用独立第三方（审计人员）来验证这一账单的可信度。与之相比，绩效审计在实现其目的方面，具有高度相似性：它涉及将由独立的审计员代表某位委托人——最终是一位公民——对某个公共组织或公共项目的绩效加以审计。

本章是关于绩效审计的实用指南。本章重点关注促进政府服务供给的有效性、经济性和效率性的审计方法和审计惯例；在撒哈拉以南的非洲地区，此类项目的实施情况；确保绩效审计能为立法者、公民社会及被审计机构或被审计项目的管理者所用，并能满足他们加以改善预后的需求。本章第一节明确了绩效审计的目的并描述了审计发现的类型。第二节概括了实施绩效审计的步骤。第三节调查了撒哈拉以南非洲国家将绩效审计职能制度化所面临的挑战。

绩效审计的要素

绩效审计主要是检验政府项目或政府活动在多大程度上实现了预期绩效。尽管各种机构进行绩效审计的方法会有所不同，但对这一类型审计的描述，大多数都会集中用三“E”概念加以表述，即经济性（Economy）、效率性（Efficiency）和有效性（Effectiveness）。这一类型的审计通常要对以下三个方面加以检验：

• 与健全合理的行政管理原则和实践以及管理政策相一致的行政活动的经济性。

• 利用人力、财力和其他资源的效率性，包括要检验被审计单位的信息系统、绩效检验方法、监督（制度）的安排，同时也要检验被审计单位为弥补审计后所发现的不足而采取的处理程序。

- 绩效审计的有效性则与被审计单位接受审计后所取得的客观成绩密切相关。这要与绩效审计的预期影响相比照，来检验绩效审计对被审计单位绩效目标的实际影响。

绩效审计要依据法律、法规来制定决议或设立审计目标。也可以依据最高审计机关国际组织的审计标准 1.0.38 和 1.0.40，在整个公共部门实施绩效审计。

绩效审计目标、审计发现及审计发现要素

绩效审计对项目管理者及委托人在规划、监督和评估如何运用公共资源以实现公共政策目标时采用的绩效管理概念同样起作用。这些概念如投入、过程、产出、结果、影响，以及它们与上述的经济性、效率性和有效性目标的配合是公共管理者和公共绩效审计者们采用的共同工具。然而，因为绩效审计代表了对公共绩效管理过程的评估，它采用了另外一套概念来描述其构成过程及产出。这种语言体系的要点是审计发现概念及其组成要素。

绩效审计的基本构成是审计发现。审计发现由标准要素，包括准则、条件、影响和原因组成。审计发现的结构由审计目标（需要回答的关键质问）及由这些要素构建的审计模型来决定。

准则代表的是与实际绩效相对的理想状况。准则可以是期望、标准、规则、政策、基准、项目目标或类似项目或机构中的平均绩效。在设计实地调查方法时，审计人员设计数据采集及分析程序以满足审计目标及子目标。标准可以通过以下方法建立：参照可比较项目，探寻顾客预期或需求，确定项目意图，识别内部建立的目标，在同一机构内部比较具有可比性的单位，定位行业或部门标准，比较历史趋势，确认在一个趋势中的最优或平均绩效，比较工作时间和实际运行的时间，或比较干预组和控制组的绩效。

条件是实际的状况，可描述为当前的绩效，实际的应用或情况。确认条件包括采集或制作能与准则进行比较的数据及信息。详尽阐述

条件证据的主要方法是分析被审计方收集的现有绩效数据，分析外部机构收集的绩效数据，并开发出一套特别的绩效测试体系。如果一个特别的测试标准被选定，就需要注意控制变量，或者说审计发现应该是合格的。

效果是已确立的标准和情况之间的差异，或这种差异带来的结果。效果也可代表条件的测定影响，而条件则表示一个项目干预。为了详尽阐述效果的依据证据，审计人员必须量化标准和状况之间的差异，并确认对机构产生的影响或未达标的委托人。

原因描述条件为什么或如何产生，或者当发现问题时，绩效与预期有所不同的原因。虽然通过集中讨论研究特定控制的缺失来断言原因容易成为捷径，但是为了保证审计人员对原因分析的有效性，他们必须审查造成条件和标准之间差异的各种潜在原因。审计人员可通过确认和核实阻碍和限制达到标准时的因素（资源不足、外部可变因素、不可抗力因素）来洞察原因。他们也应评估立法权威、支持系统——即预期的透明度、反馈的时效性、改进程序的授权及努力，以及工作人员工作中的问责制度。其他应该考虑的因素是人员的任职资格和培训需求，以及关键性的短缺。

虽然绩效审计人员经常想要断定任何所发现的不足都源于一个不完备的控制制度，但是几个潜在原因必须加以探索。理论框架可能是有缺陷的，项目的进展与产出和预期结果之间的直接联系可能不存在，项目目标可能不现实，或者说投入或资源可能不足。可能存在干扰因素或外部因素从而否定、歪曲或掩饰掉项目的效果。这些可变因素可能是与项目规划者无法预知的不可抗力因素联系在一起的，例如，旱灾会使一个农业支持项目失去其效果。

审计发现及相关要素的种类

特殊审计发现的要素因审计目标而异。调查结果可以是描述型的、规范型的、传统或因果型的或是影响型的（表11.1）。描述性的审计发现仅是参考条件。规范型的审计发现则涉及标准和情况。传统型的审计发现构建了一个涉及标准、条件、原因及结果的阐明因果关系的论点。影响型结果比较有项目介入和没有项目介入的条件。

表 11.1　　审计发现的类型和例子

发现类型	要素	审计发现样本
描述型	仅是条件	2005 年关押一名犯人的年成本为 67 800 美元
规范型	规范和条件	2005 年关押一名犯人的年成本为 67 800 美元，而与之相比的监狱的这一成本仅为 52 000 美元
传统/因果型	标准、条件、原因及结果	2005 年关押一名犯人的年成本为 67 800 美元，预算拨款为每名犯人 58 000 美元，导致了 1 780 万美元的赤字。额外成本主要是由于履行 2005 年 5 月工会合同而带来的劳动和福利成本的显著增加
影响型	有原因（干预）的条件和没有原因（结果）的条件相比较	在释放前参加酗酒治疗项目（alcohol treatment）的酒精依赖型同狱犯人重犯（重新被捕）的比例明显低于未接受治疗的酗酒犯人

资料来源：Raaum 和 Morgan（2001）。

项目“踪迹”及其绩效审计主要方面

绩效审计经常以立法机构制定的决议或建立的目标为基础，并可能在整个公共部门实行。

然而，政府是否清楚地说明了自己的预期，即针对哪些成就是通过公共工具，如规划或预算表来检验的结果，而这与开展绩效审计的合法性之间的关系微乎其微。那些赋予政府权力或资源的人们——例如，全体选民及其在议会中的代表——希望这些权力和资源根据一定的价值标准来运用，这些价值标准——经济性、效率性等等——被称作绩效的几个方面。

结　果

绩效方面与任何政府项目的基本“踪迹”——项目要素直接相联系。每个政府项目的要素是用于支持该项目的投入、开展项目的程序、该程序带来的产出及结果的。这种“踪迹”由一个模型来表示，这个模型具有项目各要素之间关系的特征（图11.1）。项目的每个要素与描述绩效预期的绩效的一个特定方面联系到一起。特别是人们希望政府节约地获取和运用所投入的资源，有效地完成各个程序，生产能有效地实现预期结果的产出。

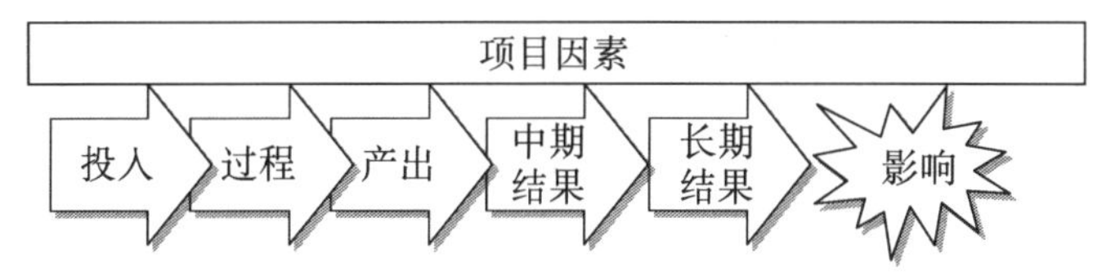

绩效审计主要方面			
投入经济性	过程效率性	产出有效性	结果有效性
财力的 ● 数量 ● 定时 物力的 ● 数量 ● 质量 ● 定时	生产率 ● 产出/投入 单位成本 ● 投入/产出 有效工作系数	水平/数量 时效性 质量 价格/成本 委托人满意度	任务及目标完成 财政活力委托 人满意度 成本收益
绩效审计诸方面的横向衔接			
遵守法律法规 可靠性、有效性和信息可得性 维持基本价值观 （●个人道德与诚信　●社会公平　●合作与伙伴关系） 不懈进取			

资料来源：作者。

图11.1　政府项目要素与绩效审计主要方面的关联

除了与具体项目要素相关的绩效审计的主要方面外，还有项目中与绩效审计诸方面横向衔接的各个预期要素。这包括对法律法规的遵守；可靠性、有效性和信息可得性；维护基本的政府价值标准，如道德、诚信与公平；不懈进取。

因为这些绩效方面代表了对政府绩效的预期，它们既与政府管理者自身应该执行的规划和正在开展的监督相关，也与开展绩效审计相关。

审查投入的经济性

投入是用于项目中的财力（以货币单位测试）及物力（如工作人员、设备、建筑空间）。预期采购（获取）投入的绩效叫做经济性。投入经济性描述的是政府对项目资源（相对于资源质量所需水平）成本最小化的预期。测试投入经济性的方法，主要是将支付给投入的成本或价格与支付给基准的成本相比较，其中包括私人部门收费、历史成本、成本比例，也包括诸如被审计项目的资源（投入）与该组织全部资源或支出的比例。对投入经济性的审计，可集中于其财力应用的经济性，或其物力应用的经济性，也可两者兼顾。

审计财力应用的经济性，需要确认是，相对于项目的质量需求，具体的非货币资源，如人力、设施及设备的现金支出，在多大程度上是合理的，或者是最低的。当借入资金应用于项目时，也会评估融资成本的经济性。也可通过与相类似的项目成本进行比较，评估营业间接成本。

审计物力应用的经济性，主要是加以确认，例如，要想确认是否最优化地利用了工作空间，就要将相当于每位全职雇员所占用的平方英尺数，与相关的基准、标准或可操作的标准相比较，通过测试加以确认。另外，也可评估设备的成本。诸如，运费是否与项目的活动直接相关？设备特点是否直接与项目需求相关，或者该项目是否存在为其设备采购“贴金”的行为？

审查程序的效率性

程序是提供政府服务中涉及的制度、步骤、任务及管理决策。程序不仅包括直接提供服务的活动（如固体垃圾收集或警察巡逻），也包括与所审计项目相关的规划、组织、监督及决策。

严格来讲，程序效率性是按照投入与产出之间的关系来测试的。产出是政府项目所提供的服务或产品。投入是支出的或消耗的资源。投入以人工工日、人工时数、用工时间或相当于全职的雇员等单位来测试。产出与投入之间的关系以两个主要效率比例来测试：单位成本和生产率。它也通过使用替代性指标来测试，如利用率或积压率。

单位成本指用于生成产出的投入数量（不同的卫生所病患的人均成本有何不同？当地政府的病患人均诊疗成本与全国医疗保险人均报销比例相比是在同一水平上还是相对较低?）。生产率测试每一单位投入生成的（产出）数量。例如，生产率审计会试图测评各分支机构每人每年所确定的进身之阶是否有显著不同。利用率包括测试设备使用率、医院床位占用率及康复中心占用率等。

评估产出的有效性

产出是实际提供服务的单位，如签发的施工许可数量或完成培训课程的学生数量。甚至政府内部的服务职能（如会计职能）也生成产出，尽管它们会被提供给该机构里的直接服务提供者，或由他们进行内部使用，而不是提供给政府的最终委托人。例如，工资支付职能的产出，是下发的工资支票数量。

产出有效性代表服务或所生产产品的质量。除了期望政府项目应节约地获取资源及有效率地执行程序之外，公民、纳税者及议员们也希望政府生成有效产出。对产出有效性的预期可以通过以下几种形式建立：产出的数量、质量以及时效性。

当审计产出的数量绩效时，关键问题是在多大程度上单位的数量与要求或需求相一致。一种测定项目产出数量之适当性的方法是检查积压待办的工作或正在进行的工作。另外一种方法是按照需求（对服务的要求）比率来测试产出。如果完成的产品没有缺陷且服务充足，即符合产出的质量。该质量既可以是产出数量的特性，也可以是产出本身的特性。可以在这些相关方面进行审计：准确性（施工检查程序是否精准地确定了所有的严重违规?）；可靠性（市民能否依赖营业中的医院?）；连贯性（安全检查是否始终解决安全状况问题?）；耐久性（一个地区的平均路面凹坑故障修补率与该行业标准相比如何?）；服务性/可用性（车辆修理的平均返修率如何?）；以及外观性（乘客们如何评价公共汽车的整洁度?）。审计人员还可选择如下审查来确认质量成本。诸如：审查在纠正错误、控制质量和收取拖欠债务方面所消耗的资源；审查垃圾处理、伤亡率、保修费用等。

产出的时效性指工作完成及交付的速度。在安保部门，一个重要的审计目标可以是与其他城市相比，警察的平均反应时间。审计人员也可在延误成本、偏离既定时限及顾客的各种等候时间方面测试产出的时效性。

评估结果的有效性

绩效审计的结果是通过项目干预所实现的结果。对政府管理层及审计人员来说，通常也是绩效审计最难测试的方面。

一种区分项目产出与结果的方法是确认参与者：产出是项目本身创造或提供的产品或服务，而结果指项目服务接受者状态或行为的变化。例如，一个教育项目的产出是注册的或上课的学生人数，直接结果是从该项目中毕业的（或成功完成该项目的）学生人数，而较长期的项目结果则是，他们在所获学位的领域能够获得雇用的比率。

有时很难区分产出质量与近期或中期结果。关键是界定或绘制出“投入—程序—产出—结果”这样一个链条，来说明项目程序所提供的产品或服务。

结果的有效性就是要确认结果的质量，以及项目结果与项目直接相联系的程度。可以用来确认评估结果有效性的特征，就是看一个项目的结果或该项目任务完成的程度。例如，在教育和综合司法部门，审计的关键问题可能是学校的辅导项目是否增加了目标人群的毕业率，以及接受过戒毒治疗的犯人，因与毒品犯罪相关而再次被捕的比率到底有多大。绩效审计也可检验成本—收益或成本—结果之间的关系。如三年后仍然带薪工作（领薪受雇）的毕业生的职业培训的总成本；财务状况指标；退休金计划中养老金福利的范围。

财务结果也可能与结果的有效性相关。例如，在公共交通投资中，绩效审计可以审查使用者付费在多大程度上覆盖该体系的成本。测试的关键特征有利润、成本收回及投资收益。

顾客满意度是用以判定结果有效性的另外一个方法。因外部事件而必须提供的诸如兵役、火灾、治安、急诊、救护及除雪等服务中，准备就绪的程度是另外一个可测试的绩效维度。一个共同的测试（标准）是在目标反应时间内调动服务的比例。

影响，是项目结果有效性的最终测试（标准），由因项目（实施）而使问题减少的比例来测试。例如，在住房方面，影响可以由确定每年经济适用房需求减少的程度来测试。

审计目标、审计结构及审计步骤之间的关系

开展绩效审计的基本模式是首先要明确审计目标（专栏11.1）。这涉及如下方面：绩效审计是否将目标与投入的经济性关联起来。换言之，绩效审计流程的效率性，或其计划产出与结果的有效性，是否已列入绩效审计的主要方面。

专栏11.1　药物滥用防治教育项目有用吗？

抵制毒品滥用教育（DARE）是预防毒品滥用的项目，旨在减少美国学龄儿童滥用毒品。其绩效审计测试了该项目在多大程度上实现了其目标。

该审计采用了实验设计，将参加该项目的（干预组）少年犯逮捕率同那些未参加的（控制组）进行比较。两组学生在人口概况上（种族、收入水平、年龄）完全相同。审计发现参加该项目的学生实际上因毒品犯罪或非毒品犯罪而被捕的频率，比控制组更高。

为了确定学生参与该项目的情况，并确认他们在地方青少年矫正体系中的逮捕信息，该审计的设计过于依赖充足的可靠数据的存在。这些条件通常很难满足，除非政府项目本身在初始阶段就规划了这种比较。

信息来源：地点已由1994年对奥斯汀抵制毒品滥用教育项目的审计部门隐匿，德克萨斯州奥斯汀市审计长办公室。

原则上，审计目标决定后续的审计步骤。例如，如果一项绩效审计的目标是确认一个描述型的审计发现，一个特定活动的效率性就会

涉及一个简化的程序：评估并建立适用的测试方法、收集相关数据并制定一个审计发现。相反，如果目标是测试项目的效率性，并提出一个涉及标准、条件、原因及结果的因果型审计发现，其绩效审计则会牵涉以下步骤：

● 建立审计中将采用的效率测试标准（或指标）。审计人员需要审查项目所用的现有测试标准，建立特别的效率标准，或两者同时进行。关键一步是对照好的测试标准规范，评判现有测试标准，并明确测试标准在哪些方面是不足的。

● 建立待用的准则。审计人员需要确定将用以测试程序效率性的理想状态。在审计中是采用项目自身所规定的理想状态还是其他标准或规则？或者通过采用甄选出的其他类似机构或项目中的测试方法来测试效率性，从而构建基准？已规定的目标是否恰当，或是否需有所改变？

● 确定项目生成的效率报告的有效性。审计人员需要评估测试标准和数据的质量。随着时间推移，测试标准是否前后一致？它们是否代表了产出？数据是否具有完整性（它们是否可以被公开操作或是独立于测试标准而被采集）？

● 确定所实现的效率水平是否达到了既定的目标或标准。

● 确定造成效率等级因标准而异的原因。审计人员必须设法确定效率与标准或平均水平不同的原由。

● 得出绩效审计发现并提出效率提高建议。作为建议的一部分，如果效率提高措施得以实施，绩效审计能够计算出有待实现的预期资源节约。

开展绩效审计

绩效审计分三个阶段进行：计划、实地调查、报告。实施三个阶段所采用的方法在世界上各审计机构之间有很大不同。

绩效审计非常适合在团队环境中开展，因为多样化的视角和经历能够增加审计发现的价值。为保证职能的协调，参加这项工作的各方都要清楚并接受他们自己的角色和责任。最基本的是他们必须一致认同并都基本清楚该绩效审计的目标。

在整个审计过程中，绩效审计人员需要与被审机构的人员进行积极沟通。审计人员对于其与被审人员关系的座右铭应该是“不出所料”。审计从“进点会议”开始，用以向被审计机构的管理人员和重要员工介绍审计团队。进点会议之后，审计人员应定期向各级管理人员简要介绍基本情况：审计团队可能犯的最严重的错误之一是以为联络人员或与审计工作联系最密切的管理者会向他/她的同事和高级管理层汇报审计发现。这种情况，即使有，在现实审计工作的沟通中也是很少发生的。

计　划

与财务审计不同，绩效审计很少重复进行（专栏 11. 2）。所以，应用到某次审计中的审计测试和程序，不一定和下一次审计有关联，或者在下次审计中都能用得到。例如，测评一个学校的成功——其参加该项目的学生结业率，或最终找到带薪工作的毕业生比率，与测评一个公路建设活动（项目）的成功不会有关系。政府项目的这种差异，意味着审计人员必须创建独有的审计方式，以评估各种项目中最重要的问题。

专栏 11. 2　开展地方层级儿童免疫服务的绩效审计

国家法律要求所有儿童在上学前接种疫苗，且政府预算中批准了开展免疫项目的资金。全国免疫计划的目的是消除可预防的儿童疾病，包括麻疹（风疹）、百日咳、破伤风、小儿麻痹症及白喉。在国家层面，国家卫生部（NHM）开展意识营销，旨在教育家长关于免疫的重要性。在地方层面，国家卫生部为地方政府免疫服务提供资金。国家卫生部设立规章制度规定资金的使用：医疗机构必须根据收入能力按国家卫生部的变动费用区间来对免疫接种收费。国家卫生部还在疫苗的安全操作和合理管理方面制定标准。地方政府负责监督以确保对规章的遵守。

国家卫生部每年按公式分配资金，用人口普查数据计算接收资金地区（管辖区）的每个学龄儿童的固定金额数量。地方卫生局用这些资金与私立医疗机构签订合同，同时补充市属卫生所的支出（成本）。2006 财政年度，国家卫生部总共向 B 城分配了 594 万美元。该城市的卫生局向地方私人诊所支付了 123 万美元（作为疫苗的报销支出），余下的 471 万美元用于市属诊所的经营开支。卫生局报告称注射了 72 333 只疫苗，每只成本为 82 美元。

信息来源：作者。

与财务报表的审计不同，在绩效审计中，通常在审计开始后，才根据与被审计项目（活动）相关的风险和脆弱性，确立实地调查的目标。然而，有时绩效审计是应议员或部长们的要求而进行的。在这种情况下，审计目标可在开始时根据他们的具体问题或所关注的问题而确立。

审计人员必须保证他们自己的管理者在计划阶段积极参与且不断提出问题。他们可以通过提交一份详细列举出步骤、时间/计划表，以及将用于完成计划中五个阶段的资源的计划书来鼓励这种参与：（1）收集信息；（2）开展风险评估；（3）评估项目明显风险带来的脆弱性；（4）确定或完善审计目标；（5）制定审计范围、审计方法、实地调查计划，及审计预算或资源。制定一个最适合特殊活动或项目的相关及最关键问题的审计程序涉及了解该项目、评估其风险及脆弱性、利用信息制定审计目标（为了说明下面所述的审计程序中的每一步，在专栏和表中以相关要点描述了一个地方政府免疫项目的假设案例研究审计）。

第一步：收集信息

为了一开始就让审计工作与被审计单位的活动相适应，审计人员要在该单位活动的相关文献中进行背景调查，回顾该单位活动的法律授权文书，并熟悉其计划、预算及支出动向，以及项目程序（表11.2）。对项目相关人员和管理层的访谈丰富了所有审计人员的行动（工作），从而能洞察环境中的文化、背景及细节。

表 11.2　　审计前信息收集活动及其益处

活动	益处
文献综述	理解活动内在的问题及风险，采用的管理惯例及绩效标准。
法律授权文书、其他规章制度研究活动计划研究	洞察授权的活动范围及其法律环境；理解预期任务及预期结果；绘制出为实现结果而制定的策略和程序的示意图。
预算和支出趋向研究	洞察运作的范围和项目的实际优先等级。
政策和程序、操作手册、绩效报告、活动日志、组织系统图研究	洞察运作和实际程序的正式规则。
绘制流程图以观察项目如何开展	了解第一线的经历和服务供给中的障碍。

资料来源：作者。

第二步：评估风险

大多数绩效审计都根据被审计活动或项目的性质来制定。这种定制过程从评估与项目相关的风险开始，以使付诸审计的努力集中于最为相关的问题。正如用在绩效审计中的那样，风险是指那些如果发生，会对该机构或其实现目标的能力产生负面影响的事件。

审计人员考虑两种风险：“固有”和“控制”风险。“固有”风险是指正好根据机构活动性质而遇到的事件。例如，警察在执法活动中面临安全风险。现金处理操作中的资金流失或被挪用的风险，比如在诊所或收取交通罚款的部门中可能会存在这种风险。在下一节将要提出的“控制”风险（也叫脆弱性），是指在考虑了所有内部控制措施后依然存在于活动当中的风险。

风险评估包括两个步骤。第一，是确认与被审计单位活动相关或产生于其中的内在风险。审计人员将在背景回顾过程中收集许多内在风险信息。

第二，是根据对机构的潜在影响进行风险评级。风险评级可通过多种方法，在各种精确级别上进行。基本的风险评估包括提出常识性的问题：如果风险事件发生，影响将会有多大？风险事件的影响集中于被审活动或机构并且会波及任何标准项目的绩效方面。如果未能节约地获取投入将对项目产生什么影响？如果程序缺乏效率将会有哪些影响？风险评级对各内在风险进行排序，将每种风险的影响评为高、中、低。不论考虑何种要素或采取何种方法，用来评估风险的标准及推断（过程）应该得以记录，以确保将来关于在审计的这一重要阶段中所做决定的问题能够圆满得以答复。

风险评估的结果是按重要性排列的固有风险清单，其中的任何一个都可能最终成为审计目标的关键点。例如，一个对儿童免疫服务项目的绩效审计可以确认威胁项目影响的风险：市属卫生所的人员成本过多、相当于全职员工的人均疫苗接种比例低、未充分利用国有的免疫设施，以及过高的费用对疫苗接种造成的障碍。

第三步：评估风险下的脆弱性

一旦风险得以评估与评级后，下一步是确认该机构对每种风险的脆弱程度。脆弱性表示考虑到有（或没有）防止风险的控制程序之后，某一特定风险将发生的概率。审计人员通过评价控制措施并判断这些控制措施是否可能有效地评估脆弱性。控制风险应明确地与被审部委、部门或机构的固有风险相联系。

脆弱性评估的产出是（表 11.3）包含于原始风险评估评级结果中的额外维度。这一维度对确定实地调查中要聚焦的问题至关重要。脆弱性评估在根本上有助于防止审计人员浪费有价值的审计资源审查已经（相应）到位的完善控制措施的高风险问题。

第四步：明确/完善审计目标

完成了风险和脆弱性评估后，审计人员必须确定他们实地调查的

表 11.3　　儿童免疫服务中风险的脆弱性评估

风险/控制措施	是否有控制措施	风险等级	脆弱性等级
市属卫生所人工成本过高		4.5	高
• 确认合理的职业等级、设定有市场竞争力的工资率、考核应聘人员、确定人员分配的人力资源管理制度；	无		
• 建立职位薪酬等级与雇佣决策的职责分离；	无		
• 确定新员工的薪酬等级的客观程序。	无		
每个相当于全职人员的低于基准的儿童疫苗接种率		4.0	高
• 收集并跟踪监测诊所工作效率的数据；	无		
• 评估合同续签期间的工作效率数据。	无		
未充分利用国有免疫设施		4.0	高
• 运用客观的人口标准进行区位选择；	无		
• 根据公共交通的可用性及与目标人口聚居区的接近性进行设施的选址。	无		
目标人群接种疫苗的极高费用		4.0	高
• 国家卫生部的条例要求诊所根据变动费用区间收费；	有		
• 城市卫生局监督签约诊所的收费；	无		
• 在合同续订期间检查费用及收费。	无		

资料来源：作者。

注：风险按 1～5 级评分。最高风险分值（5）指一个风险事件会明显损害目标的实现。

重点，从而最大程度地提升工作实效。审计目标的重点是在审计的实地调查阶段。最终，审计报告会回答审计目标提出的问题。

目标的疑问应尽可能使用特定术语来进行措辞，应以封闭而非开放的形式提出。也就是说，不是问“城市的免疫项目执行情况如何?”目标问题应该是“在多大程度上免疫项目覆盖了符合条件的人口？这应由按要求注射了所有疫苗的当地 2～7 岁儿童的比例来测试。”

目标设计还应记住审计的实际范围和方法，例如，如果要检查的绩效要素不止一个，目标就应该分开。

制定审计目标的步骤总结如下：

• 了解主要的报告用户；

- 确认所要探究的对象、问题或关注点；
- 创建一个“投入—程序—产出—结果 ”图表，并确认是否涉及程序、产出及结果；
- 围绕经济性、效率性、有效性，决定纳入绩效审计的主要方面；
- 决定审计发现中有待形成的要素，并将它们同子目标联系起来；
- 将子目标分解为一系列单独的问题，以便于使每个相关要素中的审计发现与总的审计目标保持一致。

围绕审计目标而选择实地调查之前，审计团队必须评估潜在目标的“可审计性”。要考虑好各种相关的制约因素，以便确认审计人员是否有能力按时回答与审计目标息息相关的所有问题。例如，一个信息含量很大的审计问题，可能要求相当数量的人力资源或具有特定专业知识的人员，才能确保真正地找出答案。在确认可审计性时，需要认真考虑的问题包括有：审计技术、审计能力、证据及信息的可得性、所需要的审计时间、审计士气，以及时间期限（在此期限内，结果必须提交给决策者）。一系列目标是基于风险及脆弱性评估制定而出的（表 11.4）。

表 11.4　　基于儿童免疫计划已评估风险的绩效目标

风　险	目标问题
卫生所人员成本过高	市立卫生所的人员成本与针对相同的工作和教育背景的市场薪酬福利水平是否一致?
每个相当于全职人员的儿童疫苗接种率低于基准	市立医院的每一个相当于全职人员的儿童疫苗接种率是多少? 与当地私人诊所及全国的水平相比如何?
国有免疫设施未得以充分利用	市立免疫诊所的使用程度有多高? 如果使用程度低于能使用的量，则对诊所的平均单位成本有何影响? 如果利用率低于能够利用的量，那么其原因又是什么?
接种疫苗费用对目标人群而言太高	所有接受补贴的诊所在免疫接种方面都根据卫生部的变动费用区间收费吗? 如果是这样，费用对病人的实际家庭收入水平来说，是否恰当（也就是说，收入水平如实报告了吗）? 如果不是，向家庭错收的，或不当地补贴给家庭的总额有多少?

资料来源：作者。

第五步：确定审计范围、方法、实地调查项目及审计预算

审计范围界定审计工作的深度和广度以及任何达到这种深度或广度的限制因素。审计人员通常基于审计的最终目标与时间、成本及专业知识限制之间的折中来确定范围。审计范围的决定包括所审计覆盖的时间段、证据的种类及来源、所要审查的领域（人口）、样本量及选址的基本原理以及对专家建议的需要和获取方式。在选择证据的种类和来源时，审计人员需要考虑要采集的记录种类和数量、将要参观的操作项目所在地、需要创建的新数据、有待采集的信息形式，及所要采集信息的可靠性。

方法是在执行审计中所用的数据收集和分析技术（表11.5）。对于每种方法，审计计划（有时叫“审计项目”）都详细列示出实施每一方法的步骤。审计方法可涉及收集和分析一个机构为审计之外的目的而日常保存的数据或表格，或分析审计人员收集的信息。

表11.5　　　　收集和分析数据的方法

信息收集方法	数据分析方法	
	定量分析方法	定性分析方法
■ 采样 ■ 自动数据追溯 ■ 问卷调查、民意调查、焦点小组 ■ 培训过的观察员评分 ■ 采访 ■ 制定基准点	■ 内容分析 ■ 比率分析 ■ 趋势分析 ■ 流程图 ■ 成本—效益分析 ■ 推论统计 ■ 差异/比较分析 ■ 回归分析 ■ 间断时间序列	■ 案例研究 ■ 专家判断 ■ 记录检验 ■ 案例研究

资料来源：作者。

审计团队在选择用以回答审计目标问题的合适方法时考虑几个变量：

▪ 回答目标问题需要哪些信息？例如，如果审计目标关系到一个环境检查项目的单位成本绩效，所需要的数据将是产出（检查的数量）

和投入（成本数据）的数量。

■ 审计人员从哪里获得他们需要的信息呢？在批准和开始使用一种审计方法时，审计人员应预期到所有障碍，如位置、可得性、信息可靠性及来源。

■ 审计人员如何获得需要的信息？一旦确定了数据的具体类型和来源，数据收集方法也必须得以确定。如果必须收集原始数据，则在规划阶段应设计数据收集工具并提前试验。

■ 一旦审计人员得到信息，他们将如何处理？审计人员必须确定他们将要用于回答审计目标问题的具体数据分析方法。

■ 这些信息将回答什么问题？这一重要问题有助于保证审计人员一开始就牢记审计目标。否则，之前没有考虑到的相关信息可能被忽略，或者时间被浪费在收集那些被证明不足以实现审计目标的信息上。

■ 审计有哪些限制因素？就将要开展的工作中有哪些限制因素同委托人进行沟通是很重要的。

绩效审计的一个重要原则是选择能以最低成本实现审计目标的方法。这种方法应该通过明确要收集的证据及分析证据的技术与实地调查项目联系起来。

当选择方法时，审计人员必须选择是以评估为基础还是以程序为基础来执行审计。以程序为基础的方法必须包括对与绩效有关的控制系统的审查。这种审计方法侧重于工作方法、到位的制度，以及所用的程序。以评估为基础的方法侧重于绩效具体方面的实现。所提出的审计发现亦能具体描述出绩效审计的实际状况，例如，提供服务的单位成本，或者是客户满意度所占的比率。在理想的审计中，最全面且具说服力的审计，应该能够结合起这两种审计方法。然而，对于可审计性的考虑，一般会使这一结合过于昂贵，或是过于耗时而不切实际。

一旦选定审计目标、范围和方法之后，审计团队会制定一个审计实地调查项目工作表。实地调查项目工作表应给出一个清晰的链条：从一个能够贯穿整体任务的审计目标和子目标，到所要求的任务、抽样方法、数据采集和分析方法，以及拟议的数据来源、文档记录和体系。其也应包括对监管审批的确认、审计预算和资源分配，时间表，用以涉及外部资源及与被审机构或项目沟通的方式。在实地调查开始前，应将实地调查项目提交给被审机构的管理层并就此与他们讨论，理想的情况是就主要参数与他们达成一致。免疫案例研究（表 11.6）中，给出了一个将审计目标与审计结构设计同实地调查相联系的矩阵样本。

表 11.6　开展儿童免疫项目绩效审计所需的审计发现要素、数据和分析方法

目标问题	审计发现要素	所需数据	分析方法
以程序为基础 该市有没有设计到位的制度保证市立卫生所的员工成本比得上市场上有相似工作、经验和教育背景的员工薪酬福利水平？	标准：人力资源程序的最佳做法和为补偿项目而推荐的控制措施 条件：该市的实际做法	■ 薪酬厘定的政策和程序 ■ 人力资源和人事部经理的实际做法 ■ 与工资幅度阈值相一致的招聘文档	■ 评估控制措施或程序以确认它们是否足以保证可比的薪酬与福利 ■ 开展政策、招聘形式和程序的内容分析，并与实际招聘文档相比较与评估政策和做法的一致性 ■ 将特定职位支付的工资水平与授权的工资水平相比较
以测试为基础 免疫诊所的实际利用（率）与其生产量/产能相比如何？ 如果利用（率）低于生产量/产能，对诊所平均单位成本有何影响？	标准：市立诊所的最佳利用率 条件：市立诊所的实际利用率 效果：未充分利用的诊所的单位成本差异	■ 每天、每星期、每月、每年诊所接诊病人的次数 ■ 目前平均接诊病人的时间（签到和签名登记离开的记录） ■ 可用的坐诊时间	■ 计算出一年里选定的季节性月份中每日和每星期平均接诊病人次数 ■ 计算出每次接诊的平均时间 ■ 接诊次数与实际利用率的平均时间相乘
如果利用率低于生产量/产能，那么原因是什么？	原因：未充分利用的原由	■ 诊所医护人员一览表、检查室（诊室）数量	■ 基于小时数、安置的人员数量和可用的检查室数量计算最优的接待数量 ■ 将最优与实际相比较 ■ 如果实际的利用率低于生产量/产能，对员工和顾客进行访谈以确定原因

资料来源：作者。

实地调查

实地调查项目列出所要求的任务并描述出实地调查各个方面的程序（专栏11.3）。尽管要遵循的具体步骤是针对每项审计并在实地调查规划中得以确定，但一些数据收集的注意事项对所有审计都是共同适用的。数据收集的严谨性（精确性）和安全性在作为审计证据的数据终极可靠性中发挥重要作用。审计团队的构成、特点及培训必须足以最大程度地减少偏差和解释误差。确保有一个适合于评估问题的取样策略能提高可靠性。审计管理者也可以选择向独立方征询关于方法是否妥当的意见。

专栏11.3　儿童免疫服务项目的诊所员工成本：实地审查工作计划

为确定每个职位的职称和工资标准，审计人员将收集目前的职位描述和当年每名雇员的个人档案。从每份职位描述中，审计人员将记录职位的主要职责、必须的经验类型及年限、必须的教育程度、执照及其他必须的认证。

从每名员工的个人档案中，审计人员将：

■ 收集薪酬情况的文档并记录目前授权的工资额和其他任何附加薪酬（里程补贴、话费补贴等等）；

■ 收集工作申请表和简历，并记录受雇日期，简历中的工作经验、教育，受雇时获得的执照和证书，受雇之日起的其他教育的日期和类型、获得的执照和证书；前三次绩效考核的等级评定；收集前三个月取消的当前工资名录上所有员工工资支票。

审计人员会将实际支付额与薪酬支付情况文件上授权规定的工资额进行比较并现场处理其差异。

资料来源：作者。

进行数据分析和说明时，重要的是要确保所有对于效果和原因互相矛盾的解释都应予以考虑。应该培训团队去寻找可以否定审计发现的数据。应用到实地调查过程所有阶段中的重要价值标准应该是谨慎和准确的，并且应该将对数据的最后说明和描述限定在由所用方法和所得数据特征而设立的界限内。

审计人员将他们收集的数据分为四种类型：证明型的、文件型的、分析型的、实物型的（按递增强度排序）。当审计团队开始规划审计程序时，他们应该考虑将要收集的证据及信息的类型，整合方法以保证信息与审计目标的相关性，并确保信息充分而有力地支持预期结论。这些方法其中包括重视访谈策略（如避免诱导性提问）；三角测量，通过结合数据来源、方法和其他因素来对所研究的问题进行三方位考察；进行一致性分析（例如，通过汇编完整、严格和准确的实地调查记录）；重视证据；利用任务报告和反馈；认真记录审计程序、数据和结果。

报　告

对每次审计，审计团队在实地调查开始前就已经确定报告审计发现的方式。关于报告媒介的决定将以审计机构的相关审计标准和顾客的需求为基础——都是为了收到审计发现的及时性以及审计发现的最终使用。审计报告可采取完整报告的形式描述审计目的，并全面描述结论，以及支持这些结论的证据，或者可以一种在一系列标题中突出说明目标和结果的高级陈述的形式来提供审计报告。另外，不怎么传统的审计报告媒介，则包括审计人员的报告录像或录音，及审计人员与审计中提出具体要求者的一对一的情况通报。

绩效审计报告不是事先写好的填空表格。为了能让审计报告得以有效利用，它应该能为预期的阅读对象清晰地理解。正因为审计本身是根据被审计活动的特定问题和脆弱性而制定的，所以审计报告必须展示特定条件连同采用的特殊审计程序及取得的结果。所有审计报告必须包括：一份对机构的解释或开展审计的起因；关于被审计活动的充分背景（介绍）以使读者能够理解审计发现；一份对审计目标的清晰陈述；一份对审计范围及方法的描述；审计发现；以及负责经理对被审计活动作出的结论及评价。不论审计发现以何种方式传达，审计人员都应注意保证结果以一种可检索的方式进行记录；确保大众和其他有关各方（利益相关）有适当的获取途径，与政府的透明性法律相一致；确保监督当局检查并提供对审计发现和审计建议的最终问责。

政府审计报告通常有各类读者，他们每个人都有不同的需求，在阅读报告前对所述问题也有不同程度的理解。每个读者在阅读和消化审计报告上花费的时间也不尽相同。这些在需求及对审计发现关注程度上的差异，可以由各种细节层次的审计报告信息得以充分提供。审计报告的主要读者是被审计活动内部的管理层和决策者、被审计活动的政策制定者、公众（通过媒体）、特殊利益集团、公民社会等。审计机构也越来越多地通过向新闻发布会提供他们的审计报告作为帮助媒体辨别要点及理解审计发现背景的一种方法。

传达审计发现

因为每个绩效审计所涉及的环境和问题对其本身来说是独有的，因此相应的审计报告也是特有的。这对审计人员提出了挑战，他们必须决定报告中包括什么样的信息和多少细节、如何组织信息、如何选择措辞来精准地描述他们的结论，做到既不夸张，也不模糊所发现问题的实质。

撰写有效的审计报告的关键要求是：提供一条审计发现各要素之间关系的理解性陈述，从而清晰地描述这些关系，并以符合读者现有的概念框架的方式组织信息。清晰地描述审计发现包括以要素间合理的逻辑关系来描述它们。审计发现所需的任一具体要素，将视特殊的审计目标而定。然而，审计发现各要素之间的逻辑关系是固定的。理解这种关系是构建各要素的关键。这种逻辑关系最好以图表形式来描述（图 11.2）。

审计团队在编写报告前必须对审计发现进行检查和整理，以确定最合适的组织结构。陈述报告时运用逻辑顺序和分类有利于读者理解报告。报告可按时间顺序来组织（按程序中步骤的同样顺序来展示审计发现），也可按重要性或主题（分类）来组织。

在报告中审计发现既需要被理解又要容易得到。为了实现这一目

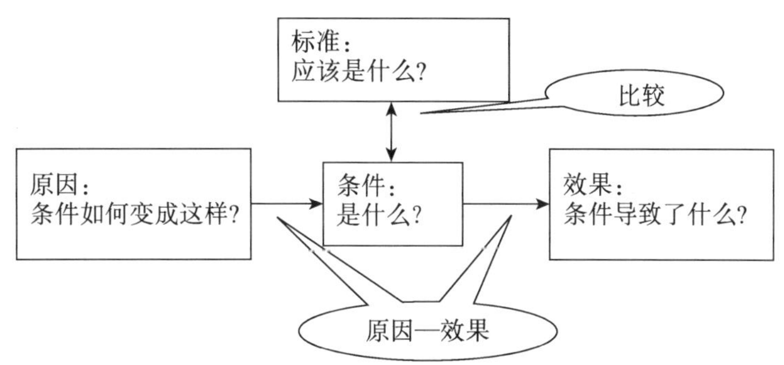

图 11.2　审计发现中各要素间的相互作用

资料来源：作者。

标，审计人员应该用推理演绎的方式组织材料，并提供不同的报告要素以满足各种读者的不同需求。这意味着虽然审计过程本身是以归纳方式进行的（从具体数据和信息的收集到一般规律或结论的形成），但是报告应首先展示关键信息或结论，然后提供证据来支持结论。报告也需要给出能够精准地传达关键信息的标题和总结资料。

设计一份有效的审计报告从其读者分析入手。谁将会阅读审计报告？他们在阅读之前对报告的理解是什么样的，对报告有什么问题？他们能用多少时间来阅读审计发现？因为不同的读者有不同的需求、问题及时间限制，审计报告经常被分为几个不同的“文件”以满足特定读者的需求，并且经常以不同的形式展现相同的信息。这些形式包括以下几种：

■ 附带有项目符号（放在一段文字前面作为强调的圆形符号）的信息概括审计发现以供快速浏览的一页总结。

■ 总结审计发现的演绎标题以供读者快速找到感兴趣的部分。较长的报告在目录中列示这些标题以供读者快速找到特殊问题或调查结果。

■ 描述程序、环境特性以及项目范围和设计特点，如预算、人员配置、地点、项目目标及策略的背景部分。

■ 正文，详细说明支持每个结论的证据，以供被审计机构的员工和管理层检查并理解审计信息。

■ 以列表或表格形式说明审计建议或确定的改正措施，以使读者快速浏览解决方案。被审计单位/人对建议和实施行动计划的一致意见也可以纳入。

- 附录，提供详细的参考信息供读者使用，包括具体的方法描述、带有支持数据的图和表、被审计单位活动的参考资料。

教育工作者当前探索的新技术——播客（任意长度的录像信息，通过点击网络链接可重复播放所记录和可用的信息）——可能会成为方便审计人员向使用者解释和展示其审计发现的有力工具。

促使被审计者积极接受（审计）

不管给予审计功能多强的独立性，审计人员必须平衡他们的监督职能和改进项目目标之间的关系。通过对被审计单位活动的全面的、批判性的评估，可以实现改进项目目标，以此为重点的双方合作的绩效审计方式，能使审计人员和被审计人员都受益。

虽然政府审计的主要作用是确保问责以满足市民的预期，但绩效审计也为提出改革路线提供了极好的契机。那些只将自己的注意力与报告聚焦于缺陷和不足的审计机构最终会发现：被审计者的防御性，胜过其采取改进方法的欲望。一方面代表委托人成为监督者，另一方面又是在变革中发挥建设性作用的代理人，平衡这两者的微妙性，强调了有效的沟通技巧的重要性。审计人员应该发挥有益性和建设性作用，即便他们要保持在政府法律面前的公正和公共服务的最大价值。

在审计的最后阶段，实现这一平衡的有效方法是将被审计者的意见纳入审计报告的正文或附录。其他方法包括认可在审计中被审计者所做的改进、表彰被审计者的最佳惯例、突出典范表现的事例。在审计范围内表彰这些成就能形成一个更具平衡性的审计报告，这也提高了实现包括问责与改进在内的预期结果的可能性。

在撒哈拉以南非洲开展绩效审计

尽管存在巨大挑战，但许多撒哈拉以南非洲国家成功地建立了有特色的良好的公共治理。一些政府尚未记录它们的运行情况，或尚未建立记录并监督其产出的追踪机制，程序型审计和测试型绩效审计两者都有利于建立这些基础。虽然审计人员必须保证他们对被审计单位活动的客观性，但在审计工作结束时，通常他们会与管理层分享他们为实施审计步骤而建立的信息和制度。例如，当流程表和程序说明书不存在时，审计文件通常作为培训或政策手册的最初基础，以帮助建立日常工作。在建立了特定制度来收集绩效信息的测试型审计中，审计人员经常分享数据收集工具的副本（表格、调查等），或重新制作审计中供管理层或员工使用的分析工具的副本。

当首次引入绩效审计时，建议将审计集中在那些容易测试的指标上，如报告信息的可靠性，或为实现特定的产出而选择的程序的有效性。直到审计功能构建了足够的公信力并在先进方法中建立起专业技术时，否则展开对试点项目或有长期影响的项目（如研究或疾病预防）的效果审计可能会不自量力。

在撒哈拉以南非洲国家的地方、区域，以及全国层面上，可以开展的最有价值的绩效审计包括：

- 征税过程的有效性，由以下指标来测试：政府征集的估定税额或费用的比例、债务讨回的时效性及纳税人报税的准确性；
- 报告的绩效数据的可靠性（是否提供了服务，委托人是否符合条件，项目资金是否如报告那样使用了?）；
- 资产管理（设备和基础设施的维护、修理、利用和置换）；
- 绩效测试的有效性（测试是否表明了真正的绩效，重要的或相关的绩效要素?）；
- 服务成本，如卫生所中接待病人的人均成本、每个家庭卫生和固体垃圾收集的成本及每千加仑水的成本；
- 服务的时效性、使用权、公正和可得性；
- 与基准相比较的用人比例（老师/学生、护士/病人、医生/病人、监狱看守/犯人）；
- 利用率（医院床位、学校桌位、车队）；

■ 监管的执行效果，由以下指标来测试：被监管活动的真正变化或监管者在裁定惩罚措施、实施改正措施、对被监管行业提供有意义的指导等方面的能力；

■ 采购程序的有效性（遵守竞争要求以保证最低成本，确保购买商品或服务质量的方法以及所有符合条件的卖方在政府采购资金面前机会均等）。

绩效审计能提供从单独的财务和常规审计无法获得的有关所提供服务的信息和问责。然而，实施绩效审计项目的决策应该根据一定前提条件的存在而定，这些前提条件形成了对政府行为和疏忽实行问责制的基础。它们包括法律规则，清晰地定义了政府机构易于理解的作用和责任，以及能用于经济交易追踪、分类和汇报的政策规划、预算结构和基本的会计制度的存在（Adamolekun，1999；Madavo，2005）。另外，应牢记一些注意事项（表 11.7）。

表 11.7　　实施绩效审计的注意事项（警告）

在你……之前	你应该……
开始绩效审计	进行有效的财务审计
试图控制产出	控制投入
设置一个综合财务管理制度	运行一个可靠的会计制度
引入内部控制	建立外部控制
坚决主张管理层有效率地使用可得资源	采用并实施可预测的预算
引入绩效或结果预算	培育一个支持并需求绩效的环境
在公共部门引入绩效合同	在私人部门执行正式的合同

资料来源：引自《世界银行（1998）》，由 Schick（1998）改编而来。

由内部审计师协会定名的一本题目为《公共部门管理中的审计作用》（Waring 等，2006）的新实践指南，强调了审计在公共部门治理中更为广泛的作用，引用了有效审计职能的几点关键要求，包括机构独立性、法律授权、不受限制的信息使用权、充足的资金、称职的领导、有能力的员工、利益相关者的支持及专业的审计标准。一些撒哈拉以南非洲国家现在具备了其中几个要素。甚至世界上那些最发达的国家也不能完全地具备这些要素。

在撒哈拉以南非洲有一些强力法律授权的不错的事例。面向中央和省政府的南非 1999 年公共财政管理立法，包括了对公共部门审计的要求和对其大力支持等内容。东南非总会计师协会（ESAAAG）修改了国际内部审计师协会的标准，并公布了公共部门内部审计标准，该标准提供了坚实的专业化基础。几项最高审计机关的内部审计法律包括了授权审计人员不受限制地获取数据和信息的语言。

然而，建立一个有利于获得定期绩效审计职能带来的好处的制度环境，挑战仍然存在。这些挑战包括对称职的员工和领导、利益相关者的支持及机构独立性的要求，而所有这些是无法通过授权或声明来实现的。

开展有效的政府绩效审计职能并获得其所带来的好处的障碍来自于非洲发展所面临的根本性挑战，包括腐败、贫穷、管理不善、基础设施落后，以及人才不断地向亚洲、欧洲和美洲流动（Madavo，2005）。所有这些挑战限制了在公共部门引入并有效发挥绩效审计的职能。一些诸如贫穷和基础设施等方面的问题，可以纳入绩效审计计划中。处理其他问题的难易度，主要是腐败和管理不善，取决于这些问题都发生在哪个层面。如果是最高级政府腐败或不称职，绩效审计人员的工作就不可能会产生效果。特别是当审计人员与反欺诈调查人员、法务会计师和执法人员勾结时，更是如此。反之，如果审计职能得到最高级政府的坚定支持，它就能成为根除腐败并找到管理实践中所需的改进措施的强有力工具。

最高级别政府的支持是开展绩效审计最重要的要求。第二重要的是找到（招聘）并留住能胜任的员工。鉴于审计的作用是评估政府活动并找到改进的方法，审计人员应该成为公共服务部门中最优秀、最聪明的群体——在任何地方他们这样的人都能最容易找到高薪工作。另外，像在某些发达国家那样，一些非洲国家已逐步形成了能限制审计机构的公共服务政府机构。

为吸引并留住那些最优秀、最聪明的人，政府必须能提供有竞争力的薪酬和服务条件（就接受小额酬金或贿赂与公务员不能靠工资维持生计的关联性程度而言，有竞争力的公务员薪酬也会有助于减少腐败）。

在为执行绩效审计职能配备人员上的其他挑战在于备选人才库的教育和任职能力。绩效审计人员应该受到良好教育并有不断学习的能力。

通过举办绩效审计新人训练营，比如举办为期一到两个月的在职浸入式培训项目，可以增加强化知识基础的机会，并成功提高绩效审计技能。这种模式的培训项目，已得到诸如非洲能力开发基金会等制度或能力开发组织的支持。新人训练营也提供了机会，让参与者在有经验的资格较老的审计人员的指导下，进行小范围的绩效审计。

另外一个策略是支持高校项目或建立实践社区，如南非内部审计师协会（SAIIA），SAIIA 当前的专业技术和服务系列面向私有部门审计。然而，随着各级政府强有力的新财务管理和审计立法的出台，南非公共部门审计人员与 SAIIA 的关系更加紧密，并且需要更多的能力开发援助。

东南部非洲地区也开始组织政府审计人员，讨论他们所面临的挑战，并为其未来工作制定策略。南非之外的政府审计的主要支持组织，相对而言就数东南非总会计师协会（ESAAAG）了。该组织侧重于财务审计。最近，该组织通过了一个类似于国际内部审计协会的《内部审计执业标准》的新版内部审计指南。同最高审计机关国际组织的标准一起，这些标准能为政府审计培训提供一个一般性的基础。

政府也可以单独地或区域性地建立工具包。在五个南部非洲国家（博茨瓦纳、马拉维、纳米比亚、赞比亚和津巴布韦），针对中央政府内部审计职能的调查中，据接受调查者称，他们最大的需求是一本最新审计手册，要专门为当地需求而制作，能用于开展机构内部的培训。接受调查者还说，他们的图书馆有限，并且表达了需要更多机会阅读书籍和期刊的愿望。关于管理实践和其他标准方面的信息，对绩效审计的可靠性和有用性亦是至关重要的（Wynne，2001）。

在撒哈拉以南非洲，有效绩效审计职能的发展要以一些基本的行政制度为前提。在薄弱而无效的行政制度下，绩效审计职能的发起者需要测试他们的资源是否最适用于设计并落实一个有效的制度，而不是试图利用资源去建立尚未建立或保留的审计证据。积压的大量财务审计工作（例如，在肯尼亚和赞比亚）可归因于会计制度的不足（Stephens（2004）具体阐述了采用先进惯例所需的一些基本制度）。

为了让绩效审计职能开始发挥作用，没必要直接就要求最大限度地发挥行政制度的职能。即便全面统一而有效的行政制度是一个必要的前提条件，但要注意，那么多发达国家政府，也要用几年时间才能利用好这些制度。绩效审计可用于评估制度效能，并帮助指导改正措施的优先顺序。此外，绩效审计人员在精通测试型审计的环境中，他们的工作有时是充当初期监督或绩效测试制度的基础的。

应该设计好清晰的报告和机构关系。在非洲，政府审计职能以多而广的方式来组织。许多国家审计职能是从其最初的殖民历史中演变而来，以讲法语国家（公法）或讲英语国家（威斯敏斯特法）的模式作为其雏形。从其根源看，各个国家已逐步形成并综合了不同的结构安排以及最高审计机构的责任范围，还有省级或地方的审计职能以及部委、部门或机构的单独内部审计。从两种模式演变而来的最高审计机构的结构都导致了支持审计职能独立性环境的形成。讲英语的国家中，对政府（公共）支出审核委员会的应用是更为有效的机制之一，从供职于最高审计机关的审计委员会的议员中选任成员。证据表明在博茨瓦纳、南非和乌干达，这些委员会是有效的（Adamolekun，1999）。

其他组织结构将内部审计人员的角色定为对金融交易进行事前审计的人。在博茨瓦纳、马拉维、纳米比亚、赞比亚和津巴布韦进行的一次政府内部审计机构调查显示："每个国家的内部审计，除纳米比亚之外，在开展事前审计检查上花费了大量时间，即在支付前确保支付有效、准确且合理"（Wynne，2001，3）。将审计人员的侧重点从支付交易的事前审计转移到更为复杂和更高要求的审计程序可能涉及文化的根本改变，或至少在会计和审计职能之间需要重新组织人力资源的分配。此外，几个国家（马拉维、南非、坦桑尼亚）的内部审计法律将内部审计职能置于部委、部门或机构的会计主管的权限范围内，这种情况会限制向开展绩效审计重新分配资源的能力。

审计人员的独立性是建立审计可靠性的基础。实现独立性涉及三个维度的处理：结构、环境和人员。结构独立性产生于对审计职能的机构配置，当审计是由被审组织或活动层级之外的官员制定并向他们提交报告时，则实现结构独立性。当审计人员自由地开展工作时，则保证了环境独立性，如不受干扰、限制或没有来自于被审计者的压力。后者则要看使用记录和雇员的限制、被审计者对预算和参与（审计工作）人员配置的控制，或被审计当局否决或修改审计报告的具体情况。人员独立性指审计人员摆脱影响他们公正性、公正形象，以及他们开展工作或报告结果的方式的利益冲突或偏见。在撒哈拉以南非洲拥有很强的非正式治理制度或部落影响的国家，特别是在地方政府，确保人员独立性的挑战变得额外重要。

不管国家还是地区，政府审计人员在向当局汇报实情时都面临巨大挑战。其最高审计机构并不总是能够自由地提出强烈批评。在那些陷入民主陷阱或民主印迹太浅以至于还未扎根的国家，其最高审计机构可能会发现它们的独立性非常脆弱。在最高审计机构向一个软弱、恭顺的议会报告工作，或其直接由总统任命并向其汇报的情况下，批评行政机构的审计工作可能需要极大的个人勇气才能发布。如果部委、部门或机构的一把手任命执行内部审计职能的负责人，特别是如果报告必须提交给议会讨论或转给中央监督机构，如财政部，内部审计的这些困难就加重了。当那些内部审计人员的报告不会分发到被审计机构层级之外的国家时，这个问题就不那么严重，但是在这种情况下，存在更大的风险——未解决的绩效问题或违规行为。一些失败的政府行为，虽然早就被审计人员发现并已进行内部通报，却在几年之后才曝光，这样的新闻比比皆是。

财务独立性是对绩效审计发现完整性提出的另一挑战，审计人员要有将政府绩效涉及敏感问题的调查结果公布于众的能力，就必须在世界范围内应对这一挑战。在2004年的最高审计机关国际组织的研讨会上，与会者讨论了独立性所面临的挑战。在讨论中强调了在被审计机构控制之外所需的预算程序和充足资源。

在撒哈拉以南非洲开展绩效审计的前提条件反映了更普遍地提高治理所面临的能力——开发挑战。因此，一旦程序得以全面规划，支持绩效审计的合理基础的建立会有助于加强并发展全方位的治理能力。从长期来看，一个有效的得到有力支持的绩效审计项目有利于公共管理的发展和强化，并提高公众对政府执政诚信和效率的信心。

本章注释

1. 虽然私营部门审计机构也会开展绩效审计，但他们的目的是为委托人提供更佳的运营管理的方法，以保证遵守法规或提高投资回报。比较而言，尽管公共部门的绩效审计也提供改进运行的意见或建议，这种审计更有可能同时也代表了政府机构的一种问责形式。“确实是出现了一些主要用于私营部门的相关审计新变化，如经营审计、管理审计、质量审计或环境审计。这些与最高审计机构开展的绩效审计的本质区别是：它们在特征上是内部化的公司控制形式，而绩效或效益审计是针对公共机构运行的外部控制制度的一部分”（Girr等，1999，19）。

2. 受法国模式的影响，有些讲法语的地区也将其最高审计机构称为审计法院，由其检查（审计）财务报表和账单，也可能会批准支出并评估违规行为（包括罚款）。纯粹讲法语国家模式的基本哲理是，依靠严谨定义的行政监管，明确公务员的应负责任。因此，审计作用多侧重于程序上和司法上的合规检查。尽管讲英语国家的模式也承担审计财务报表和账单的主要责任，但这是以公务员在很大程度上自主决策这一哲理为前提的。讲英语国家模式的哲学基础，最初更适于全面的绩效审计方式。尽管哲学方法不同，许多审计法院也纳入了绩效审计。

本章参考文献

Adamolekun, Ladipo, ed. 1999. *Public Administration in Africa: Main Issues and Selected Country Studies.* Boulder, CO: Westview Press.

Girr, Xavier, Jeremy Lonsdale, Robert Mul, Christopher Pollitt, Hilkka Summa, and Marit Waerness. 1999. *Performance or Compliance? Performance Audit and Public Management in Five Countries.* Oxford: Oxford University Press.

Madavo, Callisto. 2005. *Building Effective States, Forging Engaged Societies.* Report of the Task Force on Capacity Development in Africa, World Bank, Washington, DC.

Raaum, R. B., and S. L. Morgan. 2001. *Performance Auditing: A Measurement Approach.* Altamonte Springs, FL: The Institute of Internal Auditors.

Schick, Allen. 1998. *A Contemporary Approach to Public Expenditure Management.* (World Bank Local Government Organization and Management Participants' Manual.) Washington, DC: World Bank.

Stephens, Mike. 2004. *Institutional and Incentive Issues in Public Financial Management Reform in Poor Countries.* Washington, DC: World Bank.

Waring, Colleen, Jacques Lapointe, Joseph Bell, Jerl Cate, Jeanot deBoer, Mark Funkhouser, Steve Goodson, Jerry Heer, Ann - Marie Hogan, and Robert Schaefer.

2006. "The Role of Auditing in Public Sector Governance." Practice Guide. Institute of Internal Auditors, Altamonte Springs, FL.

Wynne, Andy. 2001. "Internal Audit in Southern Africa." *ACCA Internal Audit Bulletin.* Association of Chartered Certified Accountants, Glasgow, United Kingdom.

第十二章

议会预算办公室的发展

John K Johnson 与
F. Rick Stapenhurst

立法机构在预算过程中发挥着广泛作用（Santiso, 2005）。尽管世界上的立法机构，在不同的制度中它们对预算制定的影响有很大不同，但在对其所颁布的预算执行进行监督时，至少都扮演着同样正式的角色。区别仅在于，有些立法机构积极地参与预算制定，有些则根本不参与。此外，在很多国家，立法机构在预算过程中所发挥的作用，会随着时间而发生变化，特别是预测未来时这一作用会继续改变（Schick, 2002）。这些角色的变化，能够或者有可能帮助该立法机构在参与预算的过程中对信息来源提出异议。立法机构需要可靠而客观公正的信息，以使自己能够建设性地参与预算制定，并监督其执行。

本章将站在无党派的、独立的、客观分析的立场，讨论立法机构在颁布预算和监督预算执行中所扮演的双重角色。本章介绍了英联邦中四个地区的立法预算局，说明这样的部门如何在预算程序中发挥作用，并表明其在这些地区的单位数正在增加（尽管增加的仍然少）的原因[2]。

本章没有论证立法机构在修订行政预算中应发挥多么重要的作用。一些人认为立法预算修订的重要权力可能会弱化财政纪律（Von Hagen，1992）或增加政治/分肥拨款（议员等为争取选票而促使政府拨款给所属地区的发展项目），因此应该限制这些权力（Wehner，即将出版）。与此同样重要的是，本章仅侧重于非党派的、客观单位数的潜在价值，而不是在预算的准备工作中，如何平衡行政机构和立法机构之间的关系，这是一个更大的问题。

立法机构在预算程序中的职能

立法机构在国家预算程序中所扮演的角色在全球范围内有很大不同。有几个因素影响这种职能，其中包括政治制度类型（总统制、议会制、半总统半议会制）；选举制度类型（简单多数制和绝大多数制、比例代表制、半比例代表制）；立法机构的正式权力（修订行政预算的权力大小）；立法机构行使职责的政治环境和立法者政治意愿的结合以运用立法权力；及立法机构的技术能力（Johnson，2005；Johnson 和 nakamura，1999）。

Norton（1993，50）证实，立法机构在预算程序中所扮演的角色分三种类型：核准预算型、影响预算编制型、编制预算型。核准预算型的立法机构，没有权力或能力修订行政部门提出的预算，因此该机构只是对行政部门提交的所有预算进行审核、批准。影响预算编制型的立法机构，尽管有权修订或驳回行政部门所提交的预算草案，但他们缺乏足够的能力编制自己的预算。预算编制型立法机构既有法律权威又有技术能力来修订和驳回行政部门所提交的预算草案，并有能力以自己编制的预算取而代之。

既然核准预算型的立法机构只是在行政部门提交的预算草案上盖下“橡皮印章”，它们也就不太需要设立独立的办公室，来促使自己分析这些预算，或质疑行政部门的假设，或修订预算草案。相对而言，在过去的半个世纪左右，只有几个编制预算型和核准预算型的立法机构已建立了独立的、非党派的预算办公室（局）。成立于1941年的加州立法分析办公室（LAO），是第一个这样的办公室。之后的1974年，才建立了美国国会预算办公室（CBO）。而到更晚的1990年，菲律宾国会才创建了其国的独立预算办公室——众议院规划与预算部（CPBD）。

在过去的十年里，立法机构预算办公室（局）的成立速度加快了。墨西哥众议院下属的公共财政研究中心在1999年开始运转，乌干达议会的议会预算办公室（PBO）建立于2001年。两年后，韩国国会通过法案，成立国会预算办公室（NBABO）。2006年，肯尼亚和尼日利亚都在着手建立议会预算办公室。

案例：立法机构的专业预算办公室

早在60年前，美国的立法机构就开始创建独立的、非党派的预算办公室。到近些年，非洲、亚洲和拉美的立法机构，也开始建立类似的办公室。本节详述美国如下几个州的预算办公室。

加州立法分析办公室（LAO）

据加州立法分析办公室主任Elizabeth Hill称，早在20世纪30年代初期，加利福尼亚州的立法机构就在担心，预算权力的天平，已经在向预算执行部门倾斜。立法机构不希望仅靠行政部门来获得预算信息，而是更希望得到一个独立的预算信息源及其所作的分析，以便获得更为专业的帮助，帮助其执行预算监督职能，并确保其预算项目能得以有效实施。同时，立法机构也力图减少州政府日益增长的成本，使之更有效、更节约。1941年，尽管美国的参议院和众议院都通过立法建立了各自的预算办公室，可加州州长却否决了由加州财政办公室所提出的相关议案。不过，加州的立法机构并没有因此受阻，仍于同年根据参众两院建立预算办公室的共同规则，从而有效地否决了加州州长的意见。[3] 随后，根据相关法规，加州立法机构建立了加州立法分析办公室。

立法分析办公室评论并分析加利福尼亚州政府的财力和运作。与美国国会预算办公室不同（在下节详述），立法分析办公室代表立法机构行使监督职能，确保立法政策以低成本高效益的方式有效执行。立法分析办公室的特定职能包括以下方面：

■ 分析并出版详细的州长预算案评论（《预算案分析》），包括部门评论及关于立法行为的建议；

■ 出版《观点与问题》，关于确认主要政策问题的政府财政状况的概述；

■ 在整个预算程序中协助预算委员会；

■ 在预算颁布后，复审修订预算的行政请求，并向预算委员会提交复审结果；

■ 公布关于州预算或立法机构感兴趣的主题的专题报告；

■ 对法案和公民投票进行财政分析[4]；

■ 执行立法监督，包括项目或机构评估并正式向立法机构提出建议；

■ 针对公共政策问题制定政策备选方案，并针对政策相关事宜提出建议。

所有立法机构的委员会和成员都可得到立法分析办公室所提供的服务（见网址 www. lao. ca. gov/LAOMenus/LAOFacts. aspx）。

联合立法预算委员会，由 16 名成员组成（参众两院各 8 名），监督立法分析办公室的工作。传统上，由一位参议员任委员会的主席，一位众议员任副主席。经费两院均摊。众所周知，立法分析师，作为立法分析办公室负责人，按照联合立法预算委员会的意愿工作，并在这一职位上已任职许多年。现任立法分析师已工作了近 30 年。

立法分析办公室有 50 名员工（约 44 名专业人员和 6 名行政人员），立法分析办公室分为不同的项目部门（如卫生、刑事司法、社会服务），设主任为负责人，负责培训员工，并检查他们的工作。专业人员通常拥有诸如公共政策、经济学、公共管理、商学等领域的硕士学位，同时他们具备强大的分析和量化研究背景。每位专业人员负责州预算的特定部分并成为这方面的专家。1999 年，立法分析办公室的预算（费用）为 460 万美元。

美国国会预算办公室

根据 1974 年《国会预算和控制截留法》（也称为 1974 年预算法）的规定，成立了国会预算办公室，这也是该法的一个组成部分。1921 年，预算与审计法将预算程序集中在行政部门。在此之后的半个世纪中，总统凭借其对预算和经济信息的日益掌控而对预算有越来越大的影响力。[5] 相反，国会没有形成类似能力。国会通过委员会的分散网络进行这方面的工作，依赖总统作为其主要的预算和经济信息来源。1974 年的预算法案，创建了一个新的、更为连贯的国会预算程序，并成立了参众两院预算委员会来监督新的预算程序。该法案还成立了国会预算办公室来为各委员会（参众两院委员会）提供独立的预算和经济信息。

每年国会预算办公室都要发布 3 个主要报告，旨在协助各预算委员会及国会的预算工作：

1. 关于美国经济和预算的前景报告，预测未来 10 年的支出和收入；

2. 关于分析并独立重估总统预算提案的报告，通常在总统预算提案公布后的 1 个月内发布；

3. 关于各种预算方案的报告，包括减少支出和增加支出、减税和增税，及各种政策选择的影响。

除这些年度报告外，国会预算办公室（局）分析立法提案对支出和收入的影响，并预测待决立法的成本。作为《1995 年未安排资金委托事权法》的一部分，国会预算办公室（局）也负责确认与立法相关的成本，包括联邦对州、地方和部落政府以及私营部门委托的事务。

国会预算办公室（局）生成研究报告分析与预算相关的具体政策

和项目问题。这些旨在报告国会预算程序的深入研究，可能涉及年度预算程序中所不涉及的更长期的问题。这些深入研究，已经包括了关于随着婴儿潮一代（介于1946～1964年出生的人们）老龄化可能带来长期预算压力的报告，这是一个远超出立法者们通常所考虑的预算范畴的支出问题。提出要设立国会预算办公室的法规，同时也要求行政部门向国会预算办公室提供它所需的信息，以便其履行责任和职能。

2005年，国会预算办公室靠230名员工以及不到3 500万美元的拨款来履行职责。国会预算局局长/办公室主任的任命基于参众两院预算委员会的推荐，由众议院议长和参议院临时议长联合任命，每届任期4年；没有连任次数限制。

国会预算办公室的工作，通过7个部门来开展（比如，税务分析部、预算分析部）。约70%的国会预算办公室的专业人员，拥有经济学和公共政策学位；他们也都是众议院的正式雇员（www. cbo. gov/organization）。

每年，国会预算办公室完成约2 000份正式或非正式的先于国会待决立法提案的成本预测，发表70～80份主要报告，并在国会委员会（召开）之前，经过数十次的论证。国会预算办公室将其调查结果、分析方法和设想广泛地发布在互联网上（Anderson，2006）。

菲律宾国会的规划与预算部

1990年，菲律宾国会在其众议院秘书处下设了预算办公室。该部门模仿了美国国会预算办公室。[6]

菲律宾国会规划与预算部主要有以下3个方面的职责：

1. 协助众议院制定相关议程。

2. 向众议院领导人和成员提供关于社会和经济政策重要问题的技术信息、分析和建议。

3. 分析相关立法的影响，并就所确定的政策问题进行深入研究。

菲律宾国会规划与预算部的出版物，旨在向议员说明政府政策和立法的影响。[7]其中有政策建议（一出现政策问题就会随之更新）、年度预算宏观分析，以及中期经济发展计划分析。国会规划与预算部收集信息以协助议院进行监督，并向议长和立法发展咨询委员会及其他跨部门委员会提供技术援助。该部门不定期地发表文章，评论并分析菲律宾宏观经济数据和其他经济信息，同时也出版发行一种预示发展趋势的关于“事实与数据”的出版物，并提供菲律宾社会经济状况的统计资料。

国会规划与预算部由 1 名总局长任最高负责人，并设有 1 名执行局长协助总局长的工作。该部有 3 个部门，由服务总监领导，他们向总局长和执行局长汇报工作。国会经济规划服务部开展宏观经济政策、竞争力、基础设施改革措施、工业发展、贸易及投资等方面的政策研究。国会预算服务部开展包括政府税收和支出的宏观经济影响在内的财政措施方面的研究与分析。特别项目服务部专注于劳力与就业、教育、农业以及众议院环境型委员会（以环境研究为基础）方面的政策分析与研究。国会规划与预算部还有一个服务支持部门。

专业工作人员一般拥有经济学、财政学或公共管理方面的高级学位。除了内部员工，国会规划与预算部还定期利用顾问。

墨西哥公共财政研究中心

在革命制度党统治的几十年间，墨西哥国会只不过是在履行盖下“橡皮图章”的职能而已。20 世纪 90 年代后期，随着该党的权力开始弱化，国会成了一个更加独立自主和坚定自信的机构。[8] 1998 年，墨西哥众议院建立了墨西哥公共财政研究中心，旨在帮助议会在预算过程中能够更有效地发挥作用。

墨西哥公共财政研究中心是一个技术性的、非党派的，由公共财政领域专家任职的机构。与菲律宾国会规划与预算部一样，它为众议院而非参议院服务。它为国会内的各委员会、各附属委员会及议会个体成员，提供与预算相关的援助。它的具体职能是：

- 分析行政机构发布的关于国家经济形势、公共财政和公共债务的季度报告；

■ 分析行政机构发布的关于国家发展计划执行情况的年度报告，并向各相关领域的委员会提供相关信息；

■ 分析预算法案、税法、财政法以及行政机构向众议院呈送的财政信息。

另外，墨西哥公共财政研究中心根据需要向各委员会、议会团体和众议员个人提供信息，并维护存放财政和公共债务报告复件的图书馆。

由来自众议院不同政党成员组成的22人委员会，对墨西哥公共财政研究中心进行监督。该委员会以协商一致的方式，在必要的情况下，采用多数票决的方式通过决议。该中心主任由整个众议院通过公开竞聘程序任命，他/她任期5年，可连任1次。员工通过公开竞争的程序选拔，而与政治面貌无关。

墨西哥公共财政研究中心分为4个部门：宏观经济及部门研究、财政（或预算）研究、公共预算及支出研究，以及技术与信息系统。中心网站列出了27名专业人员。

自从墨西哥公共财政研究中心于90年代后期成立以来，更对独立自主的墨西哥国会变革进行了额外协助，以加强自己在预算程序中的作用。2005年生效的墨西哥宪法修正案，要求其行政机构比以前提前两个多月向国会提交预算，并给予国会更多的时间考虑和修订预算草案。宪法修正案也要求国会提前1个月（11月15日而非12月15日）批准国家预算，以给予中央政府和地方政府更多的时间为即将到来的财政年度（从1月1日开始）做好规划。

乌干达国会预算局

1986年，为了给乌干达激烈而暴力的政治降温，约韦里·穆塞韦尼总统致力于创建无党派的政治制度，禁止任何政党让其候选人参与预算局的竞选。2005年的宪法公投，结束了这一做法。

国会预算局是根据2001年通过的一个国会法案而成立的。如同美国1974年国会预算和控制截留法一样，该法案不仅创立了一个预算局，还成立了一个集权的预算委员会，并对国会在预算程序中的作用进行重要变革。

Hon. Beatrice Kiraso，是乌干达国会预算局法案的主要起草人，并认为乌干达的非党派制度实际上有助于国会建立预算局，因为“国会中没有政府成员或其反对派，没有多数和少数。国会议员更容易支持倾向于国会而非行政机构的立场，而这个立场有利于国会并且能增强国会作为一个机构的力量。这也会使政府怂恿其议员站在政府一边，处于劣势状态。”（Kiraso，2006，4）

国会预算局年度报告，会对地方收入、外资流入、支出及其他问题进行分析。国会预算局分析乌干达税务局交给预算委员会和国会预算局的月度报告，确认税收额是否准确，如果有短缺，要确认短缺的原因，以及确认是否应调整预算目标。利用这些报告中的信息，国会预算局向国会建议扩大课税基础的方法，并提出减税以扩大消费的可能性方式。

2001 年预算法要求总统向国会提交国家债务状况信息。国会预算局代表预算委员会分析债务报告并确定引起委员注意的问题。

预算法也要求部长们向国会提交年度政策声明，说明该部获得的拨款、下发的款项、款项用途。国会预算局制作季度预算绩效报告，能使国会跟踪各部门在一年内大致的预算绩效。它也向国会提供年度经济指标报告，以及记录国会向政府提供所有建议的报告，记录国会是否期望政府做出回应，政府是否采纳以及不采纳的原因。

预算法扩大了国会在预算程序中的作用；国会预算局提供的专业技术帮助国民议会完成这一新角色。新的预算程序为国会提供了审查、评论行政预算草案，并提出修正建议的机会，这样行政机构也有时间通过修订预算草案以及同国民议会商讨预算改动而做出回应——所有这些都在预算正式发布前完成。

以前，国民议会第一次见到政府预算数据是在宣读预算时，大致是在 6 月 15 日，刚好在 7 月 1 日开始的新财政年度之前。在新制度之下，在 4 月 1 日之前，即新财政年度之前整 3 个月，总统就可以将下个财年指标性收入支出的框架提交给国民议会。国会各会期委员会（也叫组合委员会），在国会预算局经济学家的帮助下，考虑预算分配并准备向预算委员会提交报告，该报告包括各部门预算上限之内的资金重新分配的建议。

预算委员会由 10 名会期委员会主席组成，并负责考虑所有的提案，可能会提出部门内部或各部门之间重新分配预算的建议。国会预算局要帮助预算委员会为议长准备一份全面的预算报告，议长必须在 5 月 15 日前将其提交给总统。在筹备正式提交预算报告的月份里，行政机构与立法机构进行讨论，通常行政机构需回应国会的要求，对预算进行若干修订。

国会预算局有 21 个专家职位，其中 4 个职位由于预算限制而空缺。专业人员是具有宏观经济、数据分析、财政政策和税收政策方面专业知识的经济学家。他们主要从财政部、乌干达税务局，乌干达中央银行，以及乌干达统计局选任。

其预算法，与国会预算局提供的技术援助，共同在以下几个方面增强了国会在预算程序中的作用（Kiraso，2006）：

- 如今，由政府向国会提供 3 年的收入与支出预期报告。预算委员会，在国会预算局的专家援助下，向国会报告这些预期中存在的任何矛盾的地方。它也会依据相关规定就未来 3 年的收入与支出进行报告。
- 来自各部委的政策声明要按时进行报告（在 6 月 30 日前），会期委员会可对报告进行审查。国会预算局与财政部共同制定政策声明的标准格式。在国会预算局经济学家的协助下，委员会对政策声明进行审查。声明中必须包括效益审计信息（不仅仅是支出数据），及在多大程度上实现了部门目标的报告。
- 新的预算法要求每个国会采用的议案必须附有一张财政影响的证明书。国会预算局核查这些证明书的准确性并就对当时财政年度的预算影响给出建议。在国会预算局决定它们不包含于本年度预算之后，国民议会便促使政府推迟了几个法案。
- 预算法要求政府将补充支出控制在预算的 3% 以内。国会预算局同各部委密切合作以保证对这些限制的遵守。

- 国会预算局起草一份更容易理解的总统国债报告版本。

韩国国民议会预算局

根据国民议会的法案，韩国国民议会预算局（NABO）创立于2003年10月20日。[9] 它的成立有两个目的：鼓励更严格的公共支出纪律；使立法机构在国家决定如何获得和使用收入方面发挥更大的作用。虽然法案的起草者们曾考虑扩大国民议会秘书处预算政策局的职责，但是最后认为韩国国民议会预算局在预算援助方面独一无二，因此值得在国民议会下建立一个独立的机构。

韩国国民议会预算局向国民议会各委员会及议员提供非党派的、客观的信息和分析并行使以下职能：

- 对预算及政府财政运作的绩效进行研究和分析；
- 估算立法机构中的提案成本；
- 分析和评估政府项目及中长期财政需求（审计职能）；
- 应立法委员会或国民议会议员的要求进行研究分析。

在国会指导委员会的批准下，国会议长任命韩国国民议会预算局的局长，局长任命并领导92名全职员工（70名专业人员和20名行政人员）。专业人员在会计、经济学、公共政策、法律及相关领域拥有高级学位。选聘雇员仅根据专业能力（而不是政治面貌）。韩国国民议会预算局2006年的预算（费用）是1 200万美元。

预算局所提供信息的质量取决于政府各部门为其提供信息的质量；如果政府各部委不愿给他们财政信息，预算局则不能有效工作。建立韩国国民议会预算局的立法中已有要求，各行政机构要向预算局提供其有效履行职能所需要的信息。这在说服不愿提供信息的机构提供必要数据方面是有很大作用的。

每年，韩国国民议会预算局对80～90个待决立法提案进行正式成本预估，并发行30～40个主要报告和其他出版物。与美国的国会预算办公室（局）一样，它的分析和工作成果可为议会的所有成员及网络上的大众所用。同美国国会预算局一样，韩国国民议会预算局也免费公开其研究方法和设想。

关于成立预算局的提案

有两个前英国非洲殖民地国家，正在筹划成立其国会议会预算局。

肯尼亚国会财政分析局

由肯尼亚的《国会独立法案》的作者 Hon. Oloo Aringo 起草的下院议员法案，于 2006 年 3 月提交给了肯尼亚国民议会。[10]该法案，类似于乌干达 2001 年预算法案，得到了政府的支持。

该法案力图保证政府遵循谨慎的财政管理原则，包括减少政府债务、提高透明度、建立可预测的税率。它要求政府早在新财年到来之前，就要向国民议会提交详细的预算声明。它要求设立财政分析和拨款委员会及财政分析办公室，并要求财政部长向国民议会提供具体的经济和财政报告。它授予财政部常务秘书长在该法案下从公职人员那里获得所需信息的特权，并设定了对违反此规定的公职人员的严格惩罚措施。根据该提案，财政分析办公室由“合格的预算编制者和经济学家”构成，而财政分析和拨款委员会成员则“最好是在该学科有实际能力和感兴趣的人员”，这样，两个机构不仅储备了大量的专业知识和连续积累的经验，而且也已成为国民议会预算机制的支柱。

虽然该提案还未成为法律，但 2006 年肯尼亚国会通过其在会议规程中的权力，创立了预算分析和拨款委员会，并从各党派中提名了 15 位成员供职于其中。该委员会现在正在审查和修订法案，预计将于 2007 年通过（SUNY，2006）。

尼日利亚国民议会预算和研究办公室

尼日利亚国民议会正准备成立一个预算办公室。[11]尼日利亚国民议会的两院同意制定法律改革预算程序并成立一个独立和非党派的国民议会预算办公室。该法案将明确立法机构和行政机构各部门的角色和职责，并要求政府至少在财年年底前 3 个月向国民议会提交预算，以在新财年开始前给予国民议会充足的时间考虑并通过拨款提案。议会有一个预算线和专项资金（指定用途的款项）来建立预算办公室。

根据国民议会达成的一致意见，国民议会预算和研究办公室将承担以下职责：

■ 审查行政机构提交的预算以保证预算实际可行且客观合理；

■ 向相关委员会提供技术援助和详细指示以助其理解和评估预算提案；

■ 审查、监督、评估政府前一年的预算绩效；

■ 预测经济走势，编制预算影响的简介和声明，并支持委员会的监督职能。

尽管至 2007 年年初为止，尼日利亚国会并未通过成立国民议会预算和研究办公室的立法，但国会所表现出的是正在致力于推进此项工作。[12]

独立预算办公室的潜在价值和职能

以立法为基础的、独立的、非党派的、客观的分析型预算单位能为立法机构、各委员会和公民带来哪些好处？[13]首先，独立的立法预算单位打破了行政机构在预算信息上的垄断，使立法机构和行政机构更为平等。在加利福尼亚州的立法机构和美国国会的案例中，立法领导人担心的是其预算权力会被行政机构领导人的预算权力压倒，所以他们建立预算办公室来纠正这种不平衡。

预算办公室化繁为简。政府预算机构经常不向立法机构提供其所需要的信息。即便他们提供信息，也经常以一种过于复杂的形式提供，令立法者费解。有效的立法预算办公室将简化行政机构提供的复杂预算信息，使立法者能够理解并加以运用。

独立的预算办公室也有助于提高预算透明度——不仅是行政机构对立法机构的透明性，还有对大众的透明性。许多立法预算办公室在网络上发布国家预算的信息和分析（例如，见 www. cefp. gob. mx 网站上的墨西哥公共财政研究中心的报告和 www. cbo. gov/网站上的美国国会预算局的报告）。更高的透明性能阻止行政主管和行政机构耍花招。

有效的预算办公室还有助于提高预算程序的可靠性。因为其所提供的这些服务，鼓励简约化和透明性，有助于使预算预测更容易理解且更可靠。非党派的预算办公室经常公布他们的设想、方法以及调查结果，使每个人都能理解推测的根据。

预算办公室能提高问责。行政机构的评估审查增强问责。意识到他们的设想和数字将被政府其他独立部门的预算专家们认真检查，促使行政部门的预算制定者会更加认真和准确，反之就不会那么认真了。另外，立法预算单位使预算结果变得更简单、更透明、负责，从而使预算程序更为直接且更简单易懂。

根据一位前美国国会预算办公室官员透露（Anderson，2006），独立的分析预算单位主要有以下 4 个方面的职能：

1. 进行独立的预算预测。这些预测应该是客观的；应将私人预测者、银行家和专家的预测考虑在内；且要保守一点，因为从政治意识上讲，相比在紧急关头通过减支或增税来应对超预期赤字，利用超出预期的经济效益减少赤字会更容易。

2. 建立基线估算。这些估算应该是推测，而非预测。也就是说，他们应假定现有法律不变，可能的变动不作为政策建议的考虑要素。

3. 通过对包括在预算中的预算估算进行技术（而非政治的）审查来分析行政部门的预算提案。

4. 开展中期分析。中期分析使政策制定者和公众认识到提议的政策措施未来可能产生的结果，同时也为长期分析奠定基础。

独立预算单位也发挥以下其他的职能：

- 估算行政机构和立法机构政策建议的成本；
- 准备支出减少方案，供立法机构考虑；
- 分析法规及指令给公司、地方政府和经济带来的成本；
- 开展更深入和更长期的经济分析；

- 分析提议的税务政策和实际税务政策的影响；
- 制作政策简报来解释复杂的预算提案和概念。

除这些职能之外，本章调查的一些预算办公室还承担其他角色。加利福尼亚州立法分析办公室向其立法机构提出政府可以高效、节约运转的方法。该机构也充当监察人的角色，确保行政机构遵从立法目的的字面含义和精神实质。乌干达国会预算局记录其行政机构是如何遵守国会给予政府的建议。菲律宾国会规划与预算办公室帮助其众议院规划立法议程。

为什么独立预算机构的数量在增加?

为什么以立法为基础的、非党派的、独立的、客观分析预算单位的数量在增加？原因之一可能是，根据熊彼特的程序（选举）民主概念，[14]现在比历史上任何时候的民主国家都要多。随着苏联的消失和随之而来的新国家的增加，非洲和拉美军政府的大幅减少，以及非洲一党制国家的急剧减少，如今也有了多于历史上任何时期的立法机构——其中一些可能拥有行使一定级别的独立权。独立的金融专业知识，例如由专业的非党派预算单位提供的专业知识委派的专家，帮助立法机构行使权力。

第二个原因是亨廷顿（1991）所称的“示范效应”或“滚雪球效应”的延伸，这种现象是：一个国家的民主成功现象为其他国家提供了强有力的激励机制，特别是地理上相近、文化上类同的国家。这种示范效应不仅作用于民主本身，还作用到民主的基础结构扩展方面。菲律宾国会规划与预算部模仿了美国国会预算办公室的模式；肯尼亚下院议员提出的《2006 年财政管理法案》与《2001 年乌干达预算法案》，两者有很多相同之处。Hon. Beatrice Kiraso，乌干达法案的作者，在形成该法案时，也与其肯尼亚的持不同意见者 Hon. Oloo Aringo 交换了意见。实际上，国际社会在鼓励加强国会力量方面的大部分工作都涉及分享各地区的最佳国会做法。[15]

国会预算局数量增加的第三个原因可能是世界范围内对政府透明度和问责的要求增加了。透明国际组织分支机构、反腐败机构和监督机构的激增，以及预算透明度智库等组织的增多都表明对其政府财政的更大兴趣和更严格的审查。立法机构如果要在制定和监督预算及控制政府支出中发挥作用，则需要预算专家的援助。

建立有效的立法预算单位要考虑的因素

独立预算如果能更为有效，则参与者必须是非党派的。Anderson（2006）区别了两党（或者多党）及非党派成员的行事特点。认为，两党或多党成员常试图从两个（或多个）政党的角度分析问题；而由非党派成员组成的预算办公室则更多尝试从客观角度而非政治角度提供信息。

从一开始，有些立法机构就在运用多种方式来保证其预算单位能够保持非党派性。在一些地区和国家（如加利福尼亚州和墨西哥），由两党或多党的委员会监督该部门。选聘部门人员是根据其专业知识，而不是政治面貌。

非党派的、独立的预算办公室应为立法机构中的所有党派服务，这可能会扩大少数派在审计程序中本不享有的更大发言权。Anderson指出，随着独立预算部门的“年岁”增长，以及各行政机构适应其存在，该部门的信息可能会对立法机构中的少数派而非多数派更有价值。执政党应该抵住诱惑，即不应该缩减预算部门的资金、不应该破坏预算单位的规则或将预算单位政治化，同时也应该认识到，也许有一天他们自己也可能会变成反对党，一样需要利用专业化的预算服务。

拥有有效立法的预算部门将有相应的法律来规定其存在和职能，这样，预算部门就不会因为政治目的而轻易被撤销或经受变动。Anderson（2006）认为，立法预算单位应该避免向其所属立法机构、所服务的各相关委员会和附属委员会，特别是个人成员提出建议；与议题的各方代表进行会见，这样才能够提供有根据的、平衡的分析；避免成为公众瞩目的焦点。

预算部门需要获得政府预算信息，在一些国家，包括韩国和美国，成立的预算单位的法规授予其权力强制行政机构向预算部门提供信息。肯尼亚的立法机构采用一种创造性的方法来满足预算部门的这种需求，即授权财政部可以获取国民议会所需的信息，而不是授予国民议会权力来强迫政府部门提供预算所需信息。不遵守规定的的公务员，会面临严厉的惩罚和刑期。

在一些地方，立法机构把成立预算办公室（局）作为对预算程序的独立改革。而其他的立法机构则把预算办公室（局）当做是更大预算改革的组成部分。美国根据 1974 年《国会预算和控制截留法》不仅成立了预算办公室，也建立了一个新的国会预算程序，并在参众两院各创立了预算委员会来管理该程序。乌干达国会预算局是类似改革的一部分，这使国民议会第一次成为预算程序的主要参与者。肯尼亚的新预算立法和尼日利亚的提案把成立国会预算局当做是更大范围的预算程序改革的一部分。

一个立法预算单位的规模多大才合适？本章介绍的预算办公室（局）员工从 21 名到 200 名不等（表 12.1）。它们的规模决定它们提供服务的次数和频率。但是，即使像乌干达这样贫穷的国家也认为国会预算局是不错的投资。那些向员工支付极低工资的立法机构会发现很难吸引预算局所需要的高水平专家人员，可能需要考虑调整他们的薪资水平。

表 12.1　　本章所介绍的独立预算办公室的特点

办公室	建立年份	人员规模（名）	单位评估项目	与更大范围的预算程序改革相关的单位	向立法机构提出政策或预算建议的单位
加利福尼亚州立法分析办公室	1941	44	有	无	有
美国国会预算办公室	1974	205	无	有	无

续表

办公室	建立年份	人员规模（名）	单位评估项目	与更大范围的预算程序改革相关的单位	向立法机构提出政策或预算建议的单位
菲律宾国会规划与预算部	1990	—	有	无	有
墨西哥公共财政研究中心	1998	27	无	无，但几年后修订后的预算时间表随之而来	无
乌干达国会预算局	2001	21	有	有	无
韩国国民议会预算局	2003	70	无	无	无

资料来源：作者。

除了纯预算工作之外，预算单位还应履行其他职责吗？有一些预算办公室（局）向立法机构提供的其他服务也是很有价值的。然而，国会预算办公室（局）的设计者应该聚焦他们的核心使命，并且应避免要求预算办公室（局）做过多工作从而降低其工作效率。

结　论

鉴于正在创立中的独立国会预算办公室（局）的增长率，很可能在未来十年还将出现更多的预算机构。除肯尼亚和尼日利亚处于筹备和即将成立预算单位之外，加纳、危地马拉、泰国、土耳其和赞比亚也表示出这种兴趣。其他国家可能也有意建立此类机构。

相比其他国家，有着长久的无党派议会服务传统的立法机构（存在于许多有专业秘书处的英联邦国家）更容易成立专业的、非党派的预算办公室。在分治政府制度中的立法机构，即立法机构和行政机构各自彼此被独立地选举出来，在形成独立预算办公室方面比真正意义上的议会制度中的立法机构更具激励作用。在一个现实的议会制度中，当政党或联合政党通过控制立法机构组建政府并代表其党派性，他们就几乎没有动力利用国会资源形成专业能力来挑战其所组建的政府。

而没有非党派成员传统的立法机构，以及那些由每次选举后被替换的政治任命者构成的整个行政机构，可能会觉得很难，当然也不是没有可能，去建立独立预算办公室（局）。与之相对，美国国会和各州立法机构则已开发了这种发挥专业能力的专业服务，且这种趋势在拉美地区越来越普遍。

一旦建立了以立法为基础的、独立的、专业的、非党派预算单位，其机构建设者所面临的一个关键挑战，便是保持他们的非党派性。无论何时何地取得这样的成功，他们都将提高政府预算编制和预算的质量，使得预算程序对于立法者和大众而言更加透明，更易于理解，而且通常也将提高政府公信力。

本章注释

2. 在本章中术语立法预算办公室（局）和国会预算办公室（局）可根据具体情况交换使用。

3. 加利福尼亚州立法分析办公室的许多信息取自 Hill（2003a，2003）；Vanzi（1999）；www. lao. ca. gov.

4. 加利福尼亚州是美国允许市民请愿政府通过全州投票决定特殊法案（如减税）的其中一个州。其立法分析办公室将会对所有这些措施准备财政分析。

5. 本节的很多信息来自于美国预算局局长 Dan Crippen（2002）。

6. 许多菲律宾国会规划与预算部的信息来自于国会规划与预算部网站（www. geocities. com/cpbo－hor/）。

7. 与立法分析办公室和美国国会预算局不同，菲律宾国会规划与预算部仅为国家两院中的其中一个院服务。

8. 这种权力的转移表现在 21 世纪的最初几年，由行政机构（相对于立法机构）的提案上升为法律的比例大幅下降。2001 年春季，48% 的（由立法制定而成的）法律由总统提议。仅 4 年后，在 2004 年春季，这一比例已下降为 7. 1%（Weldon，2004）。

9. 这一部分选自 Park（2006）。

10. 肯尼亚预算局的信息来自于《2006 年财政管理法案》，该法案在 2006 年

3 月 24 日的国民议会上提出。

11. 这部分选自 Nzekwu (2006)。

12. 众议院媒体委员会主席尊敬的 Abike Dabiri 先生，在 2007 年 1 月的采访时声明：“我们希望确保有一个国民议会预算局。不能让现在的国民议会落后是我们所应继承的遗产，因为没有预算机构，我们就不能有效地发挥职能，我们就不能发挥监督职能并合理监控预算”（Akinola，2007）。

13. 这些益处中有几点由 Barry Anderson，前美国国会预算局代局长兼副局长提出（Anderson，2006）。

14. 萨缪尔·亨廷顿（1991）在定义民主政治制度时使用熊彼特关于民主的最小定义：通过公平、诚实、定期的选举选出该制度权力最具权力的集体决策者，其中候选人自由竞争选票，并且所有的成年人都有资格投票。

15. 2006 年 5 月 15 日至 17 日于曼谷举行的世界银行国会预算机构研讨会，旨在分享建立国会预算机构的国际经验。

本章参考文献

Akinola, Wale. 2007. “Nigeria: Why House Won't Intervene in Obasanjo/Atiku Feud Now.” *Vanguard* (Lagos), January 23.

Anderson, Barry. 2006. “The Value of a Nonpartisan, Independent, Objective Analytic Unit to the Legislative Role in Budget Preparation.” Paper presented at the World Bank Institute Workshop on Parliamentary Budget Offices, May 15 - 17, Bangkok.

Benson, Kathuri. 2006. “MPs Get Green Light on the Budget Office.” *The Standard.* (Kenya), May 16.

Crippen, Dan. 2002. “Informing Legislators about the Budget: The History and Role of the U. S. Congressional Budget Office.” Available at www. cbo. gov/ftpdocs/35xx/doc3503/CrippenSpeech. pdf.

Hill, Elizabeth G. 2003a. “California's Legislative Analyst's Office: An Isle of Independence.” *Spectrum: The Journal of State Government.* www. lao. ca. gov/staff/journal_ articles/lao_ island. aspx.

——. 2003b. “Nonpartisan Analysis in a Partisan World.” *Journal of Policy*

Analysis and Management. www. lao. ca. gov/staff/journal_ articles/NonPartisan_ Analysis. aspx.

Huntington, Samuel. 1991. *The Third Wave: Democratization in the Late 20th Century.* Norman: University of Oklahoma Press.

Johnson, John K. 2005. "The Role of Parliament in Government." World Bank Institute, Washington, DC.

Johnson, John K., and Robert Nakamura. 1999. "A Concept Paper on Legislatures and Good Governance." United Nations DevelopmentProgramme, Management Development and Governance Division, New York.

Kiraso, Beatrice Birungi. 2006. "Establishment of Uganda's Parliamentary Budget Office and Parliamentary Budget Committee." Paper presented at the World Bank Institute Workshop on Parliamentary BudgetOffices, May 15 - 17, Bangkok.

Norton, Philip. 1993. *Does Parliament Matter?* New York: Harvester Wheatsheaf.

Nzekwu, Greg. 2006. "Nigeria: Role of National Assembly in Budget." Paper presented at the World Bank Institute Workshop on Parliamentary Budget Offices, May 15 - 17, Bangkok.

Park, Jhungsoo. 2006. "Budget Control and the Role of the National Assembly Budget Office in Korea." Paper presented at the World Bank Institute Workshop on Parliamentary Budget Offices, May 15 - 17, Bangkok.

Santiso, Carlos. 2005. "Budget Institutions and Fiscal Responsibility: Parliaments and the Political Economy of the Budget Process." Chapter prepared for the 27th Regional Seminar on Fiscal Policy, United Nations Economic Commission for Latin America, Santiago.

Schick, Allen. 2002. "Can National Legislatures Regain an Effective Voice in Budget Policy?" *OECD Journal on Budgeting*1 (3): 15 - 42.

SUNY (State University of New York) Albany. 2006. *Quarterly Activity Report* 6.

第十三章

针对地区与国家特定问题，强化公共账目委员会职能

Riccado Pelizzo 与 F. Rick Stapenhurst

两组因素对于公共账目委员会（Public Account Committee，简称PAC）的成功至关重要：委员会的制度设计与其成员的行为（Stapenhurst and others，2005）。在本章中，笔者就以上因素，对一组保持原来语序地区进行了调查，以判定究竟能否通过锁定地区与国家特定的问题，强化公共账目委员会的职能。本章的第一节，讲述了立法机构在财政监督中的作用，提出了“公共财政问责”的总概念。该节强调了公共账目委员会的重要性以及这些委员会在英联邦国家与其他地区的广泛应用。第二节，讨论了委员会的制度、权限及其开展的活动。第三节，总结了对“识别促使委员会成功的因素”所做问卷的调查结果。最后一节，指出了委员会有效发挥职能的障碍，并就消除这些障碍的方法提出可行性建议。

立法机构与公共财政问责

立法机构履行三种职能：代表职能、立法职能与监督职能（Pasquino and Pelizzo，2006；萨托利（Sartori，1987）。立法机构履行代表职能，指在民主国家中，这些机构代表民意，其权利的来源合法。立法机构履行立法职能，因为除了能够自行制定法规之外，它们还有权修改、批准与驳回政府议案。立法机构履行监督职能，确保政府部门对政策和计划的贯彻符合立法机构的目标和意图；发挥此项职能可以通过对某项政策的准备工作进行监管（事前监督），以及监管该项政策的执行与落实情况（事后监察）。

尽管多数立法机构具备了要求政府对其政策与行为负责的权利，但政体与宪制的不同导致了它们在履行监督职能时所使用的方法存在着巨大的差异。这些方法包括：立法委员会、立法机构内部的质疑、质询、辩论、评估程序、立法授权监督、下院议员提议、（议会）休会前辩论。它们允许立法者就政府如何运用或拟如何运用权利提出问题；呼吁政府对它们采取的行动予以解释；要求政府为其政策或行政决策进行说明与辩护（Pelizzo 和 Staphenhurst，2004；2004b）。

立法机构加强对政府财政运作监督的重要手段之一是成立一个特别的委员会。在“威斯敏特民主模式”中（Lijphart，1999），这一特别委员会被称为公共账目委员会[1]。公共账目委员会是立法机构的审计委员会，是公共财政问责制的核心机构。

正如佛兰茨驰（Frantzich，1979）早在20多年前指出的，立法机构需要实用的信息，用以有效履行其代议、立法与监督职能。与立法机构、立法委员会相同，信息对于公共账目委员会有效地发挥职能十分必要。一般而言，这些信息由立法机构审计人员或审计长提供。审计人员向立法机构与公众详细报告政府行政部门是否对公共部门资源进行了恰当的管理与记账。

一项政府预算执行之后，立法机构审计人员随即对政府账户、财务报表、运营情况进行审计。在多数国家中，紧随此项审计之后的是立法机构对审计结果的考量，其中可能包括效益审计[2]与绩效审计，同时也包括对财务与合规性的审计。

立法机构和审计人员之间互动关系的确切形态，部分取决于审计人员获取法律授权的模式，以及审计人员与立法机构的上报关系。在多数英联邦国家中，立法机构授权确立的审计人员即审计长，其办公室是议会监督的核心部门；他/她直接向议会与公共账目委员会汇报。在澳大利亚、英国等一些国家中，审计长是议会成员，这一设置保证了他/她独立于行政机构之外。在另一些国家中，例如印度，审计长同时独立于行政机构与立法机构两者之外。

英联邦国家公共账目委员会的组织结构

公共账目委员会通常是议会下院的常务立法委员会。在澳大利亚与印度，公共账目委员会是两院制委员会。

在有些国家中，公共账目委员会依据宪法而建立。这些国家包括：安提瓜和巴布达岛、孟加拉国、库克群岛、基里巴斯共和国、塞舌尔共和国、圣文森特和格林纳丁斯岛、特立尼达和多巴哥共和国以及赞比亚共和国。在另一些国家中，公共账目委员会是通过立法机构的会议规程将其纳入体制而存在的，这些国家包括：加拿大、圭亚那、印度、牙买加、马耳他、坦桑尼亚和乌干达。在第三组国家中，如澳大利亚与英国，公共账目委员会则是通过议会法案设立的。

公共账目委员会的规模因国家而异。在加拿大，公共账目委员会有 17 位成员；在印度，有 22 位成员；在马耳他，有 7 位成员。公共账目委员会席位的分配尽可能与立法机构的席位分配一致，意味着执政党（或执政联盟）控制着公共账目委员会的多数席位。

为了与公共账目委员会的多数席位制衡，委员会主席一职通常由反对党成员担任。在麦克奎对公共账目委员会的调研中，这类情况占调查案例的三分之二（McGee，2002，66）。在一些国家中，例如印度与英国，这一做法源于一个“非常稳固的习俗”。在其他一些国家中，这一举措被编入设定公共账目委员会本身的规范与条法中。例如，马耳他议会的会议规程规定：“公共账目委员会主席一职，应由反对党领袖提名一名（该党派）成员，经与执政党领袖协商后，指派担任。”坦桑尼亚议会的会议规程规定：“公共账目委员会主席应在委员会的反对党成员中选举产生。”

将公共账目委员会主席一职赋予反对党，体现了委员会履行两项基本职能。第一项职能是对执政党与反对党权利的再平衡。第二项职能是一个象征性的职能。公共账目委员会主席由反对党成员担任这一事实，意味着在委员会内部，执政党与反对党双方均希望委员会以一种完善的两党合作的方式运行。

对于这一总体趋势而言，澳大利亚是一个有趣的例外。澳大利亚公共账目委员会的主席通常由议会多数党成员担任。这一选择基于以下事实：“在澳大利亚，政府成员担任委员会主席是极为有利的，有助于政府采纳委员会的建议。以至于人们认为，说服政府接受和运行公共账目委员会的建议是委员会主席的一项职责。有时，可能还需要对持有抵制态度的内阁成员进行幕后劝说。较之反对党成员，执政党成员更加胜任此项工作，因为政治对手无法取得内阁成员们的信任。”（McGee，2002，66）

纵观英联邦国家，公共账目委员会的权限与工作方法存在巨大差异。在一些国家中，公共账目委员会的权限被狭义地限定在财务廉洁方面。在另外一些国家中，公共账目委员会不仅监督财务廉洁，同时监督（公共）项目达成其初始目标的效率与效力。与其他任何常务委员会相同，公共账目委员会有权调查与考察立法机构送交委员会的所有问题。它也可以对一些特殊问题展开调查，例如，由立法机构对政府进行多方面的问责，包括政府批准的支出、政府所采纳政策的效率与效力，以及行政治理的质量。

（英联邦各国的）公共账目委员会在以下方面也存在较大的差异：审计长与公共账目委员会的关系、委员会在立法机构中的位置、委员会如何开展其业务、委员会如何向立法机构报告，以及如何要求政府贯彻落实委员会的建议（以上内容及相关问题详见（McGee，2002）。而一项重要的特征几乎为辖区内全部公共账目委员会所共有，即公共账目委员会不去质疑某项特定政策的必要性，这是属于立法机构分支委员会的工作权限，公共账目委员会则着重考察该项政策实施的效率与效益。

视其工作内容，公共账目委员会委员在履行职责时可能被赋予额外的或特殊的权利。例如，它们可能被赋予审查公共账户、审阅公共账户评述以及审计长与国家审计办公室起草的所有报告的权利。公共账目委员会也可能被赋予权利直接或间接地指挥某些调查工作；接收所有充分履行其职责所必需的文件；邀请政府成员出席公共账目委员会的会议并回应委员会成员提出的问题；将委员会得出的结论公之于众；向立法机构报告；在必要时向政府建议如何调整行动方针与行动步骤。

哪些因素促使公共账目委员会获得成功?

迄今为止，人们对公共账目委员会的有效性知之甚少。公共账目委员会对政府的活动与支出是否起到了有效的监督作用？它的作用有多大？没有任何比较性的研究对此进行过系统的总结。世界银行学院与英联邦议会协会（Commonwealth Parliamentary Association）的近期研究得出了有趣的调查数据。调查问卷被送至位于非洲、亚洲、澳大利亚[3]、加拿大、加勒比地区与英国的51个国家级和州/省级议会主席的手中。问卷涉及的数据被用于评估公共账目委员会的成就，以及识别那些有助于委员会良好运作的条件与因素。

无论是在同一地区内还是跨地区比较，公共账目委员会的成功率都存在着显著的差异，这取决于委员会所力图实现的目标的性质。在加强政策决策的实施、促进立法机构获取政府信息方面，委员会的催化剂作用似乎发挥得最为成功；在推动对违规公务员的法律与纪律处罚方面，则有所欠缺。然而，调查数据显示，地区间的差异是根本性的（表13.1）。在澳大利亚、加拿大和加勒比地区，对委员会意见的接受与采纳被视为取得最多的成果。与之相比，在非洲与南非，政府接受委员会的意见与（使）政府提供更有价值的信息，被视为最频繁取得的两项成果。在英国，政府对委员会意见的采纳与采用，以及（使）政府提供更有价值的信息均被认为是最常见的成果。

表13.1　报告“频繁”取得以下各项成果的公共账目委员会主席比率（按区域划分）

成果	非洲	澳大利亚	加拿大	加勒比地区	南亚	英国
建议被接受	36%	75%	50%	50%	90%	100%
建议得以实施	18%	75%	50%	50%	70%	100%
修订法律	20%	12%	0	25%	20%	33%
改善信息	36%	57%	25%	25%	80%	100%
诉讼受理	9%	0	25%	25%	40%	0
纪律处分	30%	0	25%	25%	56%	0
样本量	11	9	4	7	10	3

资料来源：Stapenhurst等，2005。

调查问卷还为受访者提供了一个清单，列出可能有助于公共账目委员会有效运作的因素，并询问受访者是否认为这些因素非常重要、重要或不重要。在Stapenhurst等（2005）的表格发布之后，这些因素被归为三类：公共账目委员会的正式权利、委员会的组织结构、委员会的常规工作与工作程序。

正式权利

公共账目委员的五项正式权利至关重要：提出建议与公开调查结果的权利；自主选择调查对象的权利；调查所有过去的、现在的，以及已经兑现的政府支出的权利；要求政府对其支出负责的权利；以及审查公共账户的权利（表13.2）。

表 13.2　承认以下各项官方因素对于公共账目委员会的成功“非常重要”的委员会主席比率（按区域划分）

因素	非洲	澳大利亚	加拿大	加勒比地区	南亚	英国
提出建议与公布调查结果的权利	91%	100%	100%	100%	100%	100%
选择调查对象的权利	73%	100%	100%	71%	100%	100%
调查或查阅所有过去、现在，以及已兑现支出的权利	64%	100%	75%	100%	100%	100%
（将目标）明确地集中在责成政府对其支出负责	90%	87%	100%	86%	90%	100%
公共账户的永久委托调查权	64%	78%	100%	100%	80%	100%
迫使证人答问的权利	100%	78%	75%	71%	100%	100%
传唤独立证人的权利	82%	100%	75%	100%	78%	33%
迫使官员参与并对其行政表现负责的权利	73%	56%	25%	100%	67%	67%
指派立法审计人员完成具体任务的权利	56%	57%	75%	100%	67%	67%
就敏感问题召开秘密会议的权利	55%	78%	50%	86%	75%	67%
对立法审计人员的全部报告的永久审查权	86%	50%	100%	86%	83%	100%
（将目标）明确地集中在对政策的管控，而非对政策的褒贬	50%	44%	25%	43%	90%	33%
要求举行新闻发布会以及发表新闻稿的权利	64%	33%	50%	86%	57%	67%
样本量	11	9	4	7	10	3

资料来源：Stapenhurst 等，2005。

组织结构

第二组因素与公共账目委员会的组织结构相关。这些因素包括各主要党派代表数量的均衡与对政府成员的排除。公共账目委员会的使命是调查政府活动，特别是针对公共经费与公共资源的使用。为了履行其监督职能，委员会必须在不受政府干扰的情况下开展工作。如果政府成员作为公共账目委员会的成员开展工作，将很难做到“不受政府干预”。如果允许已在内阁任职的议员（MPs）为公共账目委员会工作，这些人可能会为了保护内阁利益而试图拖延或误导委员会的调查行动。即便他们并未真正采取这样的行动，但他们在委员会中的存在仍然可能干扰委员会的正常运作。

麦克奎（McGee，2002）的研究显示，对于议员们而言，为公共账目委员工作并不是最具有吸引力的职位。一些议员担心，供职于公共账目委员会将意味着承担大量鲜为人知的工作，而这一付出却不能为其增加选票。因此，供职于公共账户委员不具备选举方面的激励作用。缺乏与选举相关的激励机制，往往同时意味着缺乏来自于党派方面的激励机制（或者表现为党派方面的抑制作用）。议员们担心为公共账目委员会工作会造成他们与其所属政党之间的麻烦。执政党（或执政联盟）的议员则担心，一旦供职于公共账目委员会，将不得不在效忠其党派（不履行委员会职责）与效忠委员会（与其所属政党疏离）之间做出抉择。如果允许被任命为内阁成员的议员在公共账目委员会内任职，他们的出现将会刺激年轻的议员倒向党派的利益而非委员会的利益。以致于委员会最终将以党派的方式运行，或者索性无法发挥其应有的作用。

内阁部长（包括次长）不应被委任公共账目委员会委员职务的另外一个原因是：即便政府官员（在委员会内）的存在没有损害委员会的职能，也会对委员会的信用度与审慎度产生影响。而信用与审慎恰恰是公共账目委员会的真正价值所在。基于以上原因，政府成员不应当在公共账目委员会任职。

这些因素对于公共账目委员会的成功运行究竟有多重要？世界银行学院与英联邦议会协会的调查表明，大多数的受访者认为：公共账目委员会的组织结构非常关键。关于保持（各党派）代表在委员会内的均衡是否比将阁员—议员排除在委员会之外更为重要，各地区的反馈存在着一定的差异（表13.3）。加拿大、加勒比地区与南非的公共账目委员会主席认为，在委员会内实现多党派代表均衡比排除阁员—议员更为重要。非洲与澳大利亚的委员会主席则认为排除阁员—议员更为重要。英国的委员会主席则认为二者同等重要。

表13.3　认为以下组织结构因素对公共账目委员会的成功“非常重要”的委员会主席比率（按区域划分）

因素	非洲	澳大利亚	加拿大	加勒比地区	南亚	英国
各党派代表数量均衡	91%	63%	100%	86%	100%	100%
将阁员—议员排除在委员会之外	100%	89%	75%	83%	80%	100%
样本量	11	9	4	7	9	3

资料来源：Stapenhurst 等，2005。

常规工作

第三组因素——公共账目委员会及其成员采取的常规工作——可能有助于委员会的成功。为了区分出哪些常规工作与工作形态改善了公共账目委员会的绩效，由世界银行学院及其南亚地区金融管理部（South Asia Region Financial Management Unit）展开的问卷调查要求受访者对委员会18项主要业务的重要性进行评估（表13.4）。

受访者反馈，保存会议记录是改善公共账目委员会绩效的最重要的途径之一。他们指出，委员会成员的任期若能持续贯穿整个立法任期，将促进委员会绩效的改善。受访者同时建议，如果委员会成员在参加委员会的会议之前能够做好“功课”，委员会的绩效会显著提高。几乎所有受访者都认为以上做法重要或非常重要。加拿大、加勒比地

表 13.4　认为以下各项常规工作与工作形态对于公共账目委员会的成功“非常重要”的委员会主席比率（按区域划分）

因素	非洲	澳大利亚	加拿大	加勒比地区	南亚	英国
记录保存	73%	89%	100%	100%	100%	100%
委员会班子的任期与议会任期匹配	56%	75%	100%	86%	83%	100%
会前准备	91%	67%	75%	57%	100%	100%
各党派成员间紧密的工作关系	82%	56%	50%	83%	100%	100%
政府的全面响应	64%	89%	67%	71%	90%	67%
向立法机构提交的年度报告；报告辩论会	100%	43%	25%	100%	100%	67%
有效的跟进程序	82%	63%	75%	57%	90%	67%
与立法审计人员的密切合作，立法审计人员的调查报告	55%	33%	75%	71%	100%	100%
支持听证会的独立专业人士与独立调查	70%	67%	33%	50%	86%	100%
为相关部门分组设立的附属委员会	55%	0	33%	67%	40%	0%
对委员会关注问题的战略性排序	63%	22%	0	43%	70%	33%
便于媒体与公众参与的会议地点	56%	75%	75%	50%	66%	67%
电视公共听证会	33%	0	0	80%	40%	67%
委员会成员具有两年以上的委员会工作经验	56%	14%	0	14%	33%	0
委员会成员具有两年以上的政府或企业工作经验	38%	13%	0	29%	33%	0
鼓励成员参与听证的额外报酬或其他激励机制	75%	14%	0	0	67%	0
样本量	11	9	4	7	10	3

资料来源：Stapenhurst 等，2005。

区、南亚、英国，以及89%的澳大利亚公共账目委员会主席和73%的非洲委员会主席均认为：保存记录十分关键。这一特征是公共账目委员会活动成功的首要条件。

全体加拿大与英国的公共账目委员会主席一致认为：委员会委员的任期持续贯穿整个立法任期非常重要。86%的加勒比地区委员会主席、83%的南非委员会主席、75%的澳大利亚委员会主席和56%的非洲委员会主席对此持同一看法。公共账目委员会成功的第二个重要条件是：委员会班子的受命应贯穿该立法任期。

英国与南非的受访者一致同意会前准备的重要性。91%的非洲委员会主席、75%的加拿大委员会主席以及67%的澳大利亚委员会主席对此表示同意。会前准备是公共账目委员会成功的第三个重要条件。

两党合作或委员会内的两党共同运作被视为位居第四个的重要工作常规（或形态）。英国与南非全部的委员会主席一致认为：跨越党派界限的紧密合作关系对于委员会的成功十分关键。除加拿大之外，所有其他地区的委员会主席对此持同一看法。超过80%的非洲与加勒比地区的受访者认为委员会成员之间不受其所属党派影响的紧密合作关系非常重要。

决定公共账目委员会的有效性与成功的第五个跨区域的重要因素是：政府对委员会建议的全面响应。这一因素的重要性被认为优先于向立法机构提交年度报告、有效地跟进监督政府是否采用了委员会的建议，以及与立法审计人员的紧密合作。

影响公共账目委员会有效发挥职能的障碍与可能的解决方法

潜在的监督未必都能转化为有效的监督。本节指出了那些可能阻碍公共账目委员会有效履行职能的不利条件。

首要的障碍是“派性”，某些公共账目委员会成员凭借委员会的调查权为自身（及其所属政党）谋取政治利益。这一问题并非制度因素所致，而是一个行为问题。然而，在某种程度上，只要体制为（政治）行为提供着激励机制，就可能针对这些问题找到体制性的解决方案。例如，为尽量减少公共账目委员会内部的党派冲突，在许多立法机构中，委员会主席一职由反对党成员担任。在澳大利亚，委员会主席由多数党成员担任，强调的是对意见与建议的一致决策。为了尽量缓解委员会内部各党派之间的紧张状态，很多委员会强调，他们的职责并非对政府所制定政策的内容与政治价值进行评估，而是确认政策的实施方式是否有效与高效。

以上举措并不足以保障两党间的合作，因此必须进一步采取措施。

新成员一经加入公共账目委员会，即被要求遵守一项（正式或非正式）的职业守则，承诺效忠于委员会高效而无派别的职能。委员会主席可能借助这一承诺敦促委员会成员履行职责、遵守制度。

第二个障碍，也是一个更为严重的问题，是一个干扰公共账目委员会工作效力的问题，即政府漠视（如果不是公开表示反感）立法机构对其行为的监督。一些政府将立法监督视为对它们势力范围的不当入侵；另一些则认为公共账目委员对实际情况了解不足，无法得出值得关注的建议、批评与意见。这是一个严肃的问题，它意味着对议会制度下的行政与立法机构分别履行职责的认知严重不足，即在议会制度下，政府应当负责管理，而议会应当对政府如何管理进行监督。那些试图避免立法控制或将其视为阻碍自身有效履行职能的政府，没有充分理解议会制度是如何发挥效用的。

这种因缺乏（对议会制度的）正确理解而产生的问题，不仅出现在新兴的民主政体或民主化政体中，这些政体被视为在民主体制运行方面缺乏经验，同样也出现在成熟与稳固的民主国家中。1932 ~ 1951年的澳大利亚是一个典型案例。此间，澳大利亚公共账目委员会从未召开过会议，原因是政府不认可委员会所发挥的积极作用，因而裁定委员会的会议无召开的必要。

在一些姑息腐败与其他不正当行为（例如集团间利益冲突）的国家中，公共账目委员会的正常职能受到了严重的威胁（甚至可能妥协）。如果公民社会没有对善治的要求，没有对一种高效、有效、透明和诚实的治理的强烈呼吁，政治阶层也就没有动力动用监督机制来检验甚至可能进而着手改善公共治理的质量。

本 章 注 释

1. “威斯敏特民主模式”一词由政治学家阿伦德·里帕特（Arend Lijphart, 1999）提出，以该词替代“多数主义民主”（Majoritarian Mode），指一种民主模式，其定义如下：行政权力集中在一党多数内阁；内阁主导；两党制；多数占优与不成比例的选举制度；利益集团多元化；单一的中央政府；立法权集中在一院立法机构；弹性宪法，司法缺席审查；以及一个受行政管辖的中央银行。公共账目委员会的机构与职能可以追溯到19世纪，时任（英国）财政大臣的威廉·格拉斯通（William Gladstone）发起改革。首个公共账目委员会于1861年通过英国众议院的决议，正式建立。几乎所有英联邦国家与诸多非英联邦国家纷纷效仿。公共账目委员会被视为财政监督的最高机构，并成为影响政府财务运作透明度的一个关键机制。

2. 译者注：效益审计，原文为“VaUue - for - money audit”，也被称为“衡工量值审计”。

3. 译者注：澳大利亚，原文为“Australasia”，一般指大洋洲的地区，如澳大利亚、新西兰和邻近的太平洋岛屿。

本章参考文献

Frantzich, Stephen E. 1979. “Computerized Information Technology in the U. S. House of Representatives.” *Legislative Studies Quarterly* 4 (2): 255 - 80.

Lijphart, Arend. 1999. *Patterns of Democracy.* New Haven, CT: Yale University Press.

Maffio, Roberta. 2002. “Quis custodiet ipsos custodes? Il controllo parlamentare dell’ attività di governo in prospettiva comparata.” *Quaderni di Scienza Politica* 9 (2): 333 - 83.

McGee, David. 2002. *The Overseers: Public Accounts Committees and Public*

Spending. London: Pluto Press.

Pasquino, Gianfranco, and Riccardo Pelizzo. 2006. *Parlamenti democratici.* Bologna: Il Mulino.

Pelizzo, Riccardo, and Rick Stapenhurst. 2004a. "Legislatures and Oversight: A Note." *Quaderni di Scienza Politica* 11 (1): 175 - 88.

——. 2004b. "Tools of Legislative Oversight." Policy Research Working Paper 3388, WorldBank, Washington, DC.

Pelizzo, Riccardo, Rick Stapenhurst, Vinod Sahgal, and William Woodley. 2006. "What Makes Public Accounts Committees Work? A Comparative Analysis." *Politics and Policy*34 (4): 774 - 93.

Sartori, Giovanni. 1987. *Elementi di teoria politica.* Bologna: Il Mulino.

Stapenhurst, Rick, Vinod Sahgal, William Woodley, and Riccardo Pelizzo. 2005. "Scrutinizing Public Expenditures: Assessing the Performance of Public Accounts Committees in Comparative Perspective." Policy Research Working Paper 3613, World Bank, Washington, DC.